U0871776

漢語研究

Studies in Chinese Language & Linguistics

2024年第1辑

（总第1辑）

顾　黔 主编

上海辞书出版社

图书在版编目(CIP)数据

汉语研究. 2024年. 第1辑 / 顾黔主编. —上海：上海辞书出版社，2024 —ISBN 978-7-5326-6258-6

Ⅰ. H109.4

中国国家版本馆CIP数据核字第2024NG6174号

汉语研究(2024年第1辑)

顾 黔 主编

责任编辑 刘 博
装帧设计 梁业礼
责任印制 曹洪玲

出版发行 上海世纪出版集团
上海辞书出版社®(www.cishu.com.cn)
地 址 上海市闵行区号景路159弄B座(邮政编码：201101)
印 刷 上海盛通时代印刷有限公司
开 本 720毫米×1000毫米 1/16
印 张 19
字 数 319 000
版 次 2024年6月第1版 2024年6月第1次印刷
书 号 ISBN 978-7-5326-6258-6/H·789
定 价 98.00元

目　录

唐宋时代的汉语方言研究 …………………………………………… 游汝杰（1）
新发现兴化方言抄本《渡江书全部》音系研究 ……………………… 马重奇（12）
第一人称代词探秘 ……………………………………………………… 张惠英（32）
西方音位学的发展及中国现代音系学的形成 ……………………… 李葆嘉（42）
东亚语言中的音节末塞音：汉语东南方言、泰语和韩语 ……………
…………………… 岩田礼　广濑肇　新美成二　泽岛政行　堀口利之（80）
韵书以外的历史音韵学："儿尾"词法的演变轨迹 ………………… 史皓元（88）
《中原音韵》的成书过程 …………… 远藤光晓（著）　意西微萨·阿错（译）（114）
从"天理本"第五十七帙第六卷一组译名引起的思考与考察 ……… 梁晓虹（135）
狄考文《官话类编》登州音节表解析 ………………………………… 张树铮（145）
通泰方言的声调系统及历史演变 …………………………………… 顾　黔（166）
从入声韵看冀鲁官话的内部差异 ………………………… 桑宇红　李清华（182）
《八矢注字图说》的等韵理论与三百年前的太仓方音 ………………… 李　军（197）
动词"挂"新义溢出及归化现象研究 …………… 王建军　孙容川　倪　裳（216）
中古汉语语料库名词性词语的切分问题 …………………………… 化振红（224）
合口三等介音与汉语音系历时变化三例 …………………………… 郑　伟（241）
丹阳方言单字调系统的层次叠置与边界属性 ……………………… 徐娟娟（253）
北部吴语歌模韵的音韵格局及相关问题 …………………………… 侯　超（270）

CONTENTS ………………………………………………………………………（285）
稿约 ……………………………………………………………………………（296）

唐宋时代的汉语方言研究

游汝杰

提要 汉代是传统方言学的勃兴期，隋唐宋元时代失去了调查记录方言口语的优秀传统，并且没有真正意义的方言学著作诞生，可以说是衰微期。文章概述唐宋时代以下几类著作所见的衰微期的方言研究成果：注释扬雄《方言》的著作、韵书、辞书、字书、笔记杂考、文学作品。

关键词 方言学史 《一切经音义》《皇极经世》《匡谬正俗》《六书故》

传统汉语方言学是传统中国语言学的组成部分，不过它在传统语言学中并不占显著的地位。传统的中国语言学大致相当于"小学"，由音韵、训诂、文字三大"部门"组成。小学是经学的附庸，方言学则是训诂学的附庸。在体现中国古代学术分类思想的《四库全书》目录中，方言学著作只收扬雄《方言》一种，它是附在小学训诂之属下的。《四库全书》分经、史、子、集四部，"小学"附在经学之后。

传统方言学可以分为四个历史时期：勃兴期（两汉三国魏晋南北朝）、衰微期（隋唐宋元）、振兴期（明代）、鼎盛期（清代）。

如果说汉代是传统方言学的勃兴期，那么隋唐宋元时代应该是衰微期。所谓"衰微"的主要表现有二：一是失去了调查记录方言口语的优秀传统；二是没有真正意义的方言学著作诞生。衰微期的方言研究成果见于以下几类著作：注释扬雄《方言》的著作、韵书、辞书、字书、笔记杂考、文学作品。

一 《方言》等古籍注释

隋代曾有释智骞注《方言》，书目不见著录，内容未详，仅见于慧琳《一切经音义》卷二十三和《新译大方广佛花严经音义》卷六十六，"风黄淡热"条下注云："《文字集略》曰,淡为胸中液也。骞师注《方言》曰,淡字又作痰也。”据道宣《续高僧传》卷四十,“时慧日沙门智骞者,江表人也。偏洞字源,精闲通俗。晚以所学追入道场,自秘书正字雠校著作,言义不通,皆咨骞决”。

唐代《经典释文》,作者陆德明(约550—630),苏州人。此书为训诂学专著,共三十卷,注释了《周易》《古文尚书》《毛诗》等四十种经典的音义,其中有些条目涉及方言词汇及其读音,例如《诗·汝坟》释文:“楚人名火曰燥,齐人曰燬,吴人曰焜。”《诗·东门之池》释文:“西州人谓绩为缉。”《左传·昭公十九年》释文:“古人谓藏为去,今关中犹有此音。”

宋代王浩撰《方言》十四卷,已亡佚,书目见于宋绍兴秘书省续编《四库阙书目》。作者生平事迹未详。

二 韵书

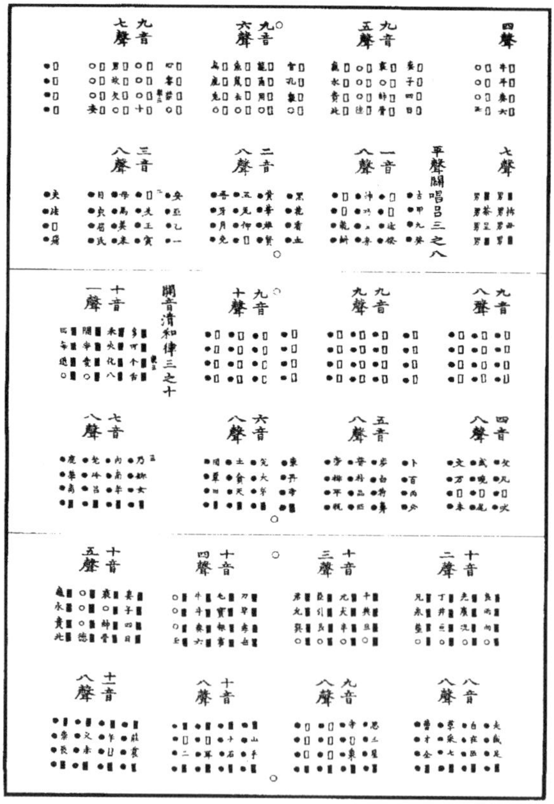

图1 《皇极经世声音唱和图》(部分)

《皇极经世》,北宋邵雍(1011—1077)撰。邵雍幼从父徙共城(今河南辉县),后迁河南洛阳。《皇极经世》乃术数之学的专著,书中有《皇极经世声音唱和图》,一名《皇极经世天声地音图》,简称《皇极经世图》。从此图天声(声母)和地音(韵母)的搭配关系,可见当时汴洛方言的语音特点,其中最重要的是浊声母消失。(何耿镛 1984:46)《皇极经世声音唱和图》(部分)见图1。

我们把此图中浊声母和清声母相配的实例抽出,至少有17对,制成表1。

表 1 《皇极经世声音唱和图》清浊声母对照表

	浊声母	清声母
一音八声表	近	九
	乾	丘
五音八声表	步	卜
	白	百
	备	丙
	鼻	必
	旁	普
	排	扑
	平	品
	瓶	匹
六音八声表	大	丹
	田	天
	弟	帝
八音八声表	曹	草
	才	采
	在	哉

关于隋唐时代方言的声调情况，陆法言《切韵·序》提道："秦陇则去声为入，梁益则平声似去。"

《切韵》一系韵书也间或载录方言资料，可分六大类。

第一类，引用扬雄《方言》。例如：

《广韵》微韵雨非切：韡，《方言》云："宋魏呼臿也。"

《广韵》仙韵食川切：船，《方言》曰："关西谓之船，关东谓之舟。又姓，出《姓苑》。"

《广韵》纸韵承纸切：㛅，《方言》云："南楚人谓妇妣曰母㛅也。"

《集韵》贿韵虎猥切：煨，《方言》："火也。"

第二类，与《方言》原文稍异。例如：

《广韵》虞韵羊朱切：堬，《方言》云："坟、堬、培、塿、采、埌、茔、垄，皆冢别名。"

《广韵》肿韵力肿切：垄，《说文》曰："丘垅也。"《方言》曰："秦晋之间冢谓之垄。"案：见《方言》卷十三："冢，秦晋之间谓之坟，或谓之培，或谓之堬，或谓之采，或谓之埌，或谓之垄。自关而东谓之丘，小者谓之塿，大者谓之丘，凡葬而无坟谓之墓，所以墓谓之墲。"

《广韵》皆韵山皆切：崽，《方言》云："江湘间凡言是子谓之崽，自高而侮人也。"案：见《方言》卷十："崽者，子也。湘沅之会凡言是子者谓之崽，若东齐言子矣。"

第三类，误《方言注》为《方言》原文，加以引用。例如：

《广韵》青韵仓经切：蜻，蜻蜓虫。《方言》曰："蜻蛉谓蝍蛉也。"六足四翼。又音精。案：见《方言》卷十一："蜻蛉谓之蝍蛉。"郭璞注："六足四翼虫也。"

《广韵》鎋韵百鎋切：杷，《方言》云："无齿杷。"案：见《方言》卷五："杷，宋魏之间谓之渠挐，或谓之渠疏。"郭璞于"把"下注："无齿为扒。"

第四类，《广韵》称引自《方言》，但不见于今本《方言》，例如：

《广韵》宵韵符霄切：薸，《方言》云："江东谓浮萍为薸。"

《广韵》麻韵於加切：桠，《方言》云："江东言树枝为桠杈也。"

《广韵》登韵他登切：䑳，饱也。吴人云，出《方言》。

《集韵》登韵他登切：䑳，吴人谓饱曰䑳。

第五类，未明言引自《方言》，实则引自《方言》。例如：

《广韵》皆韵莫皆切：䜌，慧也。案：《方言》卷一："虔，儇，慧也。秦谓之谩，晋谓之䜌，宋楚之间谓之倢，楚或谓之謕。自关而东赵魏之间谓之黠，或谓之鬼。"

《广韵》麻韵古牙切：蛪，米中黑虫。案：《方言》卷十一："姑䗐谓之强蛘。"郭璞注："米中小黑甲虫也。江东名之蛪，音加。"

第六类，明言是某地方言词。例如：

《广韵》阳韵府良切：枋，木名。可以作车。又蜀以木柶鱼为枋。

《集韵》至韵平祕切：楅，木名，蜀中有之。七八月吐穗，穗如盐粉箸状，可以作羹。

《广韵》贿韵呼罪切：煤，南人呼火也。

《集韵》换韵古玩切：煤，楚人谓火曰煤。

《集韵》登韵他登切：吴人谓饱曰䑳。

唐李涪(？—900)《刊误》论《切韵》："吴音乖舛，不亦甚乎？上声为去，去声为上……恨怨之恨，则在去声，佷戾之佷，则在上声。又言辩之辩，则在上声。冠弁之弁,则在去声。又舅甥之舅,则在上声,故旧之旧,则在去声。又皓白之皓,则在上声。号令之号,则如去声。又以恐字、恨字俱去声。今士君子于上声呼恨,去声呼恐,得不为有识之所笑乎?……凡中华音切,莫过东都。盖居天下之中,禀气特正。予尝以其音证之,必大哂而异焉。"今案:"佷、辩、舅、皓"都是上声全浊声母字,"恨、弁、旧、号"都是去声全浊声母字,李涪是从当时的洛阳音阳上已与去声相混的现状,来讥笑吴语仍分辨两者。而《切韵》采纳的也是两者不混的洛阳旧音。

元代周德清《中原音韵》原为北曲的用韵而作,但是客观上是描写了当时以大都为代表的北方方言口语语音系统。十九个韵部中除韵尾收[-m]的"侵寻、盐咸、廉纤"三部外,与今北京音韵母系统基本相同。

三 音 义 书

唐代有两种同名的佛学音义书——《一切经音义》,对当时的方言都有所记录和研究。

一种是玄应所撰的《一切经音义》,此书以长安音为标准,常标某地作某音,兼及中国、北人、江南、吴会间、关中、关西、山东、陕之西、江南、蜀、幽、冀等地方音。大致以南、北对举。由此可见唐代南方和北方方言差别甚大。

今人徐时仪(2004)曾考证书中所录读音不同的方俗口语词七十多条,见所著《玄应〈一切经音义〉所释方音考》。例如:

> 髀,蒲米反,北人行此音。又必尔反,江南行此音。(卷二释《大般涅槃经》第十二卷"柱髀")
>
> 鼾,下旦反。《字苑》呼干反。江南行此音。(卷十四释《四分律》第三十二卷"鼾睡")
>
> 揣,初委反,江南行此音。又音都古反,北人行此音。(卷十七《俱舍论》第十二卷"揣触")
>
> 壳,口角反。吴会间音口木反。(卷二释《大般涅槃经》第三十三卷明壳)。壳,口角反。吴会间音哭。(卷十《摄大乘论》第一卷"成壳")
>
> 劈,《字林》:匹狄反。关中行此音。《说文音隐》披厄反。江南通行二音。(卷十四释《四分律》第十四卷"踉劈")
>
> 虹,胡公反,俗音古巷反。(卷十九释《佛本行集经》第七卷"色虹")胡公反,俗音绛。江东呼为雩。(卷二十五释《阿毗达磨顺正理论》第二十一卷释"虹霓")

又,"江东谓瀹爍。今江南呼拍浮为泅也。柹,剳也,今江南谓斫削木片为柹,江南名柹,中国曰劄,山东日朴”。今案:煠,水煮,南北吴语皆用。泅,游泳,今南部吴语仍用。柹,从较粗木料上斫削下来的木片,今温州称为“木柹”。

另一种是慧琳所撰的《一切经音义》,常辨秦音、吴音之别,并据秦音改正吴音,所谓“辩吴音与秦音之别,明清韵和浊韵之分”。如吴语尤侯韵的唇音字,应据秦音归入虞模韵;全浊上声的字加注“上声”,以免与全浊去声字相混。唐顾齐之《新收一切经音义序》指出:“虽南北义无差别,秦人去声似上,吴人上声如去。”

四 字 书

宋末戴侗的《六书故》载录不少浙南温州方言。戴侗字仲达,庆元六年(1200)生于永嘉合溪菰田,元世祖至元世二年(1285)卒(据合溪戴氏谱)。淳祐元年(1241)进士,历国子监簿、台州守、秘书郎迁军器少监。该书元延祐七年(1320)由越凤仪初刻并序,明有张萱重刊本,今皆难见,通行为乾隆四十九年(1784)李鼎元校刻本,但多删削。现存最佳为戴侗孙子戴隆自校本,北京图书馆存二十卷残本,温州图书馆尚藏33卷精抄全本,为最善本。

此书大量收录俗字、俗音。如“晒、墩、烊、圳”等;“打”的“都假切”音等。尤其是收录大量吴语特别是温州方言,是目前研究宋元时代浙南吴语最重要的资料。

该书收录的浙南吴语方音如:尿,息遗切;母,今世俗“母马”同音,皆莫假切;侬,奴冬切,吴人谓人“侬”。按此即人声之转,瓯人呼若能;寿,人久切,则可见“日禅”母吴语宋末已合流;恁,如甚切,今俗所用犹言如是也。

还有词汇,例如:搌,挨入也。虹,越人谓虹为“鲎”。鰨,海鱼之小者,决吻芒齿,不鳞而弱,亦作鰨孱。虮俗谓荐虮,亦曰“茭虱”也。蛩,又谓曲蟮,又为康蟮。蛭,今人亦谓之马蛭。

此书已明确区分“吴人、越人、台人、括人、温人”的不同语音,例如:“那,如何之急言也,温人呼奴谐切,台人合‘作那’二字为则皆切,括人奴弟切。吴人、越人呼人为奴红切,今俗作侬。台人鱼邻切,温人奴登切。”这里“吴人”指苏州一带人,“越人”指绍兴一带人,此两地皆属吴语太湖片。“台人”是指台州人,其地相当于台州片。“括人”是指处州人,其地相当于上丽片的丽水小片。“温人”是指温州人,其地相当于温州片。可见现代所见吴语方言地理格局至迟到南宋已经形成。

从此书记载的资料来看,当时浙江吴语的温台处三州已分成不同方言,如

“人”温州说“能”，台州音“银”。“作那”的“那”，瓯人“奴谐切”，括人(处州)“奴弟切”，而台人合“作那”二字为则“则皆切”。

五 笔记杂考

在隋、唐、宋、元也有些笔记杂谈类著作涉及方言，如唐颜师古《匡谬正俗》，宋陆游《老学庵笔记》、王应麟《困学纪闻》、陈鹄《耆旧续闻》等。

《匡谬正俗》，作者唐颜师古(581—645)，名籀，字师古，以字行，颜之推之孙。著名训诂学家，著有《汉书注》一百卷、《急就篇注》四卷等。《匡谬正俗》意在匡正俗语方言在读音、用字、用词上的错误，多用“问答”形式写。全书分八卷，收录182个条目，其中明确有关方言的条目有十多条，例如：

> 隄，……又隄防之隄字，并音丁奚反。江南末俗，往往读为大奚反，以为风流，耻作低音，不知何所凭据。转相放习，此弊渐行于关中。其提封本取提挈之义，何作低音？而呼隄防之字，即为蹄音。两失其义，良可叹息。《传》曰：“君子于其所不知，盖阙如也。”苟不明练，岂宜臆说，以误将来。(卷五：159)
>
> 绹，或问曰：蒲州盛酒堈谓蒲绹，何也？答曰：此堈既从远来，运致非易，恐其破损，故以蒲索缠之。按：《尔雅》：云：“绹，绞也。”《诗》云：“宵尔索绹。”即是其义。此堈为加蒲索，故谓之蒲绹尔。(卷六：98)
>
> 刚扛，或问曰：吴楚之俗，谓相对举物为刚，有旧语否？答曰：扛，举也。音江。字或作舡。《史记》云项羽“力能扛鼎”，张平子《西京赋》云“乌扛鼎”，并是也。彼俗音讹，故谓扛为刚耳。既不知其义，乃有造掆字者，固为穿凿也。(卷六：208)

《匡谬正俗》(万有文库本)第八卷首页书影见图2。

因作者不顾语言古今演变，有些条目论断有失偏颇，故《四库全书提要》批评说：“唯拘于习俗，不能知音有古今。”此前旨在驳正读音、用字、用词错误的著作少见，宋元之后才逐渐增多，此书可以说开风气之先。

《老学庵笔记》，作者陆游(1125—1210)，山阴(今绍兴)人。卷二载：“《酉阳杂俎》云：‘茄子一名落苏。’今吴人正谓之落苏。或云钱王有子跛足，以声相近，故恶人言茄子，亦未必然。钱王名其居曰‘握发殿’，吴音握、恶相乱，钱塘人遂谓其处曰：‘此钱大王恶发殿也。’”卷三载：“吴人谓杜宇为谢豹。……唐顾况《送张卫尉》诗曰：‘绿树村中谢豹啼。’若非吴人，殆不知谢豹为何物也。”卷六载：“四方之音有讹者，则一韵尽讹。闽人讹高字，则谓高为歌，谓老为罗。秦人讹青字，则谓青

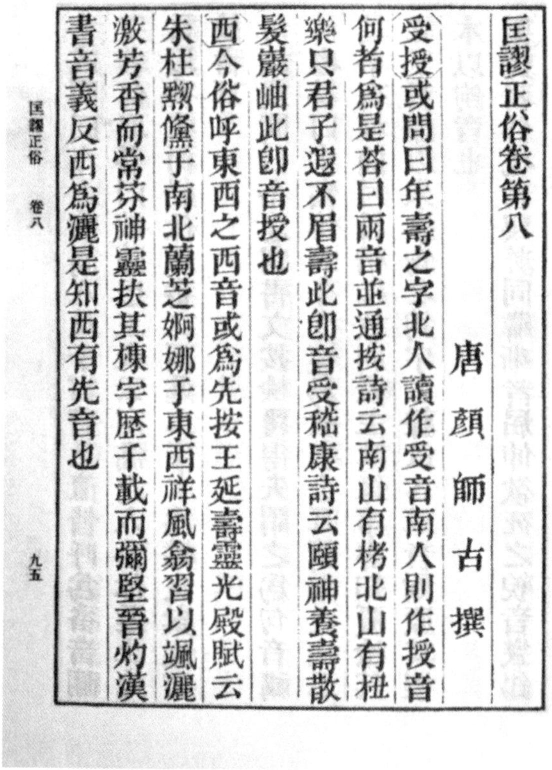

匡謬正俗卷第八

唐 顔 師 古 撰

受授或問曰年壽之字北人讀作受音南人則作授音何者爲是荅曰兩音並通按詩云南山有栲北山有杻樂只君子遐不眉壽此即音受嵇康詩云頤神養壽散髮巖岫此即音授也

西今俗呼東西之西音或爲先按王延壽靈光殿賦云朱柱黝儵于南北蘭芝婀娜于東西祥風翕習以颯灑激芳香而常芬神靈扶其棟宇歷千載而彌堅晉灼漢書音義反西爲灑是知西有先音也

匡謬正俗　卷八　九五

图 2　《匡谬正俗》第八卷首页书影

为萋,谓经为稽。蜀人讹登字,则一韵皆合口。吴人讹鱼字,则一韵皆开口。"《老学庵续笔记》:"《麻姑传》:王方平曰:'吾子不喜作狡狯事。'盖古谓戏为狡獪。《列异传》云'北地传书,小女折荻作鼠以狡狯',是也。今人间为小儿戏为狡顽,盖本于此。或谓奸滑为狡狯,则失之。"(今案:温州玩耍仍谓"狡[kuɔ^{3}]调"或"顽顽爽")。

北宋刘攽(1023—1089)《贡父诗话》载:"周人语转,亦如关中以中为蒸,虫为尘,丹青之青为萋也。……向敏中镇长安,土人不敢卖蒸饼,恐触中字讳也。"意谓通摄和曾摄合并。

朱熹《偶读漫记》:"打字今浙西呼如谪耿切之声,亦有用去声处。大抵方言多有自来,亦有暗含古语者,如浙人谓不为弗,又或转而为否,(呼若甫云)。闽人有谓口为虎,走为祖者,皆合古韵。此类尚多,不能尽举也。"(朱杰人等主编 2004:

3420)。朱熹《楚辞辩证·上》中注:“堂、宫、中,或云皆并叶堂韵。宫字已见《云中君》,中字今闽音正为当字。”

朱熹《朱子语类》一百三十八卷:“因说四方声音多讹,曰:‘却是广中人说得声音尚好,盖彼中地尚中正。自洛中脊来,只是太边南去,故有些热。若闽浙则皆边东角矣,闽浙声音尤不正。’”可见宋代粤语语音与中原汉语较接近,而吴语、闽语则有较大不同。

《朱子语类》所见闽方言研究见刘晓南《朱熹与闽方言》(2001)。

宋洪迈《容斋随笔》卷四:“宁馨、阿堵,晋宋间人语助耳……至今吴中人语言尚多用宁馨字为问,犹言若何也。刘梦得诗‘为问中华学道者,几人雄猛得宁馨’,以宁字作平声读。”今北部吴语各地称“怎么样”为“哪亨、亨、哪能、哪哈、能亨”等,语音形式略有不同,皆来源于“宁馨”。

宋陈元靓《事林广记·滑稽笑谈·钱大王说梦》记王梦死狗、钵盛鳖、柏为雷震碎,“近侍奏曰:大王合寿一百岁。大王曰何以知之?近侍曰:死狗者,死狗三十六;钵中鳖,鳖钵六十四,其数是一百。廷中柏碎,是知一百岁。大王乃喜。闽语“死狗”音同“四九”,“鳖钵”音同“八八”。此笑话利用闽语谐音谈笑,颇为巧妙。

宋王应麟(1223—1296),浙江鄞县人。《困学纪闻》卷十九集举“俗语有所本者‘若干事’,如:‘生活’,出《孟子》,‘行头’,出《吴语》,‘功夫’,出《王肃传》,‘娄罗’,出《南史·顾欢传》,‘收拾’,出《光武纪》,‘阿谁’,出《蜀·庞统传》。”

南宋陈鹄《耆旧续闻》十卷,采录宋代文人学士轶事,卷七有一段涉及方言:“乡音是处不同,唯京师天朝得其正。陆德明作《释音》,韵切亦多浙音。司马温公论九旗之名,与旂相近,缓急何以分别?《小雅·庭燎》诗‘言观其旂’,《左传》‘龙尾伏辰,取虢之旂’,然则此旂当为芹音耳。关中人言清浊之清,不改清字;丹青之青,则为萋音。又以中为蒸,虫为尘。不知旂本是芹音,亦周人语转,如青之言萋也。五方言若是者多。闽人以高为歌,荆楚人以南为难、荆为斤。文士作歌,亦多不悟。”真宗朝试《天德清明赋》,有闽士破题云:“天道如何,仰之弥高。”闽语“何、高”同 o 韵,考官闽人,遂中选。(据《古今诗话》)

六 文学作品

包括诗词、变文、戏曲、话本、说唱等几大类,每类都有大量现代仅用于方言的词汇,但在古代不一定是方言词,例如唐李贺《南园》:“请君暂上凌烟阁,若个书生万户侯。”“若个”意谓“哪个”,今温州方言仍用。以下所举例子古今皆较明确属方言词。

南宋时代,在浙闽沿海地区流行的戏曲被称为南宋戏文。因其最初诞生于温州,故又称为温州杂剧。《张协状元》是现存最早的南宋戏文,编剧者是温州“九山书会才人”,其中有一些温州方言词汇。例如:

驮(大):“老鼠拖个驮猫儿。”(第二出)

月日(月,时间单位):“二十四个月日,没一人上门。”(第四出)

买归(买回家):“有好膏药买一个归。”(第五出)

科(料想、猜度):“此人有一举登科分,科汝辈怎安稳!”(第十出)

迷(密封):“开时要响,闭时要迷。”(第十出)

着(要):“单是铁槌,又着打钉。”(第十出)

亢(藏):“不知我屋里长长亢大麦饭,长长亢大芋羹。”(第十一出)

吃教(吃了):“靠歇吃教醉醺醺,我方才骂它。”(第十六出)

洋(田间):“小二,去洋头看,怕有人来偷鸡!”(第二十三出)

讨柴(吃打):“(净)我讨柴,我讨柴! 要撕打只得清退。”(第二十四出)

争(欠缺):“为你争些不见了性命。”(第三十二出)

物事(东西):“亚婆,甚物事?”(第三十八出)

根据方言区诗人所写诗词的用韵也可以发现、研究方言的音韵特点。刘晓南(1999)曾对宋代福建诗人421家16185首(篇)诗文共19900余韵段,进行分类排比,整理出宋代福建地区的通语韵系和重要闽音特征。

历史上文人创作的方言诗歌数量很少,并且形诸文字之后,也都是雅言化了的。譬如《楚辞》是最可代表方言文学的,但其中的方言成分也不过是保留楚语词汇而已,如“羌、謇、纷、些、然、汩、扈、阘阘、侘傺”等。有时候文人为了猎取奇辞艳语,以达到修辞上的效果,也杂用一些古方言词。自六朝至明清不少文人都有此癖好。

宋代之后有些诗人把运用方言词汇作为一种创作方法来对待。其中又分两种情况。一种可以江西诗派所谓“化俗为雅”作代表,如释惠洪《冷斋夜话·诗用方言》说:“句法欲老健有英气,当间用方俗言为妙,如奇男子行人群中,自然有颖脱不可干之韵。”另一种情况见于宋词元曲之中,当时诗人认为作词不必像作诗那样认真,所以词曲中方言俗语较多。举数例如下。

宋吴文英《三姝媚·过都城旧居有感》词:“春梦人间须断,但怪得,当年梦缘能短。”杨万里《姑苏馆夜雪》:“谁信雪花能样巧,等他人睡不教知。”又《望姑苏》:“最爱河堤能底巧,截他山脚不胜齐。”宋贺铸《浣溪沙·负心期》:“不拼尊前泥样醉,个能痴。”刘克庄《满江红》词:“俄变见、金蛇能紫,玉蟾能白。”今案:这些词中的“能”用作指示代词“这样”。今吴语普遍仍用。

宋杨万里《步过分水岭》:“路险劳人役,侬须下轿行。”《过瘦牛岭》:“夜来尚有余樽在,急唤渠侬破客愁。”今案:“侬、渠侬”今吴语仍普遍使用。

宋叶适《吴江华严塔院赠了洪讲师》:“飞者自无极,游者自无涯;造物不谆谆,亦莫分何谁。”杨万里《夏夜玩月》:“上下两轮月,若个是真底?”今案:叶适,永嘉(今温州)人。“何谁、若个(哪个)”今温州方言仍用。

参考文献

[唐]颜师古　1937　《匡谬正俗》,商务印书馆。

丁介民　1969　《方言考》,台湾中华书局。

傅国通　郑张尚芳(总编)　2015　《浙江省语言志》,浙江人民出版社。

何耿镛　1984　《汉语方言研究小史》,山西人民出版社。

胡裕树(主编)　1992　《中国学术名著提要·语言文字卷》,复旦大学出版社。

刘晓南　1999　《宋代闽音考》,岳麓书社。

刘晓南　2001　《朱熹与闽方言》,《方言》第1期。

徐时仪　2004　《玄应〈一切经音义〉所释方音考》,《开篇》第23期。

游汝杰　2018　《汉语方言学导论》修订本,上海教育出版社。

朱杰人　严佐之　刘永翔(主编)　2002　《朱子全书》(第二十七册),安徽教育出版社。

游汝杰　复旦大学中国语言文学系　rjyou@ fudan. edu. cn

新发现兴化方言抄本《渡江书全部》音系研究*

马重奇

提要 文章主要探讨新发现兴化方言抄本《渡江书全部》的音系及其性质。文章分为四个部分：一是兴化县的历史沿革。兴化是福建一个旧地名，始于北宋太平兴国四年(979)，以莆田、仙游、永福(今永泰)、福清四县之部分属地置兴化县。民国二年(1913)，撤销兴化府，莆田、仙游两县属福建省南路道管辖。二是李靦南抄本《渡江书全部》(1917)音系研究。该韵书有52个韵部，其中"正音字祖"三十字祖，与《渡江书十五音》字祖三十字属承袭关系，表现在韵目用字多数相同，且[-m/-p]、[-n/-t]、[-ŋ/-k]韵字对应得很整齐；"副音字祖贰拾贰字俱呼兴化腔白是也"。《渡江书十五音》也"附音十三字"，即"箴寡尼俙茅乃猫且雅五姆么缸"。其中"俙"下平声他母之下有"糖"字，注明"本啌"。据考证，这里的本啌，即长泰腔。三是《渡江书全部》音系的历史比较研究。通过将《渡江书全部》音系与《渡江书十五音》进行共时比较，并与现代长泰、莆田方言做历时比较，我们认为《渡江书全部》音系反映了清末民初兴化方言正音系统和兴化土腔系统。《渡江书十五音》则反映了清代漳州府长泰县语音系统，其中包含文读和白读两个系统。四是《渡江书全部》音系与《石部字祖》音系的关系研究。《石部字祖》所反映的音系也是清末民初兴化方言语音系统。

关键词 兴化方言 新韵书音系研究 共时与历时比较 音系性质探讨

---

* 本文为国家社会科学基金冷门绝学学术团队重大项目《明清以来中外濒危中西文闽方言文献发掘、集成与研究》(项目编号21VJXT003)阶段性成果。

一　兴化县的历史沿革

早在5000年前的新石器时代,莆田境内已有人类活动。

南北朝之前,境内无县及县以上建制。按地域,夏、商时期,属扬州。西周时,属七闽地。春秋时,属越国。战国时,属百越。秦时,属闽中郡。西汉前期,属闽越国;后期,属会稽郡冶县。东汉后期,属南部都尉侯官县。三国时期,属建安郡侯官县。西晋时期,属晋安郡侯官县。南朝前期,属南安郡。陈光大二年(568),析南安县地建莆田县,不久撤县。

隋开皇九年(589),置莆田县,不久即废。唐武德五年(622),再置莆田县,属丰州(州治今南安丰州)。圣历二年(699),复以南安、莆田、龙溪三县置武荣州,治所仍设今南安丰州镇。同时,析莆田县西界置清源县(今仙游县),隶属武荣州。圣历三年州复废,属县仍隶泉州(治所设在今福州)。天宝元年(742),清源县改名仙游县,莆田、仙游2县均属清源郡(郡治今泉州)。

北宋太平兴国四年(979),宋太宗诏以莆田、仙游、永福(今永泰)、福清四县之部分属地置兴化县(治所在今仙游县游洋镇),并在其地建太平军。太平兴国五年(980),改太平军为兴化军,划出平海军(今泉州市)的莆田、仙游二县归兴化军管辖,兴化军直属两浙西南路,与建州、福州、泉州、漳州、汀州、南剑州、邵武军合称为“八闽”,辖地基本上与今莆田市相同。太平兴国八年(983),军治迁至莆田县城。雍熙二年(985),闽地从两浙西南路分出,置福建路,兴化军隶属福建路。南宋德祐二年(1276),恭帝在临安(今杭州)降元。5月,益王赵昰在福州登位,是为端宗,改元景炎,升福州为福安府,定为行都。景炎二年(1277),兴化军城失而复得,端宗诏改兴化军为兴安州,故莆田市又有“兴安”之称。

元至元十四年(1277),元军陷兴安州城。地方设行中书省,兴安州改称兴化路,属江浙行中书省管辖,设总管府,置录事司,统莆田、仙游、兴化三县。至元十五年(1278),设福建行中书省,兴化路属之。元皇庆二年(1313),兴化县治由游洋镇迁到广业里湘溪(今莆田县新县乡)。至正二十七年(1367),福州参政文殊海牙开城降明,兴化路亦纳款归明。

明洪武二年(1369),兴化路改称兴化府,隶福建行中书省。洪武九年(1376),福建行中书省改为福建承宣布政使司,兴化府属之。兴化府废录事司,辖莆田、仙游、兴化三县不变。正统十三年(1448),地处山区的兴化县,虎患严重,病疫流行,人丁渐少,百姓不堪重负,因而裁革兴化县。将武化、长乐两乡并为广业里,划归莆田县,兴泰、福兴、来苏三里并为兴泰里,划归仙游县。清沿明制,兴化府建制不变,仍辖莆田、仙游两县,隶属福建省闽海道。

民国二年(1913),撤销兴化府,莆田、仙游两县属福建省南路道管辖。民国三年(1914),实行省、道、县三级制,莆田、仙游两县属厦门道管辖。民国十五年(1926),国民革命军北伐入闽,成立福建省政府,同时废道,莆、仙两县直属福建省管辖。民国二十二年(1933),国民革命军第十九路军在福建举事,成立中华共和国人民革命政府,福建分为闽海、兴泉、龙汀、延建四省和福州、厦门两个特别市,莆、仙两县属兴泉省管辖。民国二十三年(1934)1月,十九路军"福建事变"失败。2月,福建省政府在仙游县城设立行政专员第四督察区公署,辖莆田、仙游、永春、德化、大田、惠安六县。翌年秋,专署由仙游县城迁到同安县。直至民国三十八年(1949),莆、仙两县均属第四行政督察区。8月21日和8月25日,莆田、仙游两县先后解放。1949年10月1日,中华人民共和国成立,福建省分为八个专区及福州、厦门两市。莆田、仙游两县隶属福建省第五行政督察区。①

二 李靦南抄本《渡江书全部》(1917)音系研究

清代有三种漳州十五音韵书,其中《渡江书十五音》是其中重要的一种。关于《渡江书十五音》的编撰年代,李荣在《渡江书十五音序》(1988:9)中考证说:"《渡江书十五音》编撰年代待考,可以确定的是在《康熙字典》之后。"黄典诚在《关于〈渡江书十五音〉的"本腔"》(2003:273)一文中指出:"《渡江书十五音》的作者既承认[t^hɔ̃]为本腔,则其作者确系今漳州市长泰县籍无疑。而书中[iɔŋ]、[iaŋ]两韵,证作者虽籍隶长泰,但和厦门一地有着较深厚的关系。"据马重奇(2001)考证,《渡江书十五音》所代表的音系是清代漳州府长泰县方言音系。

新近我们又发现了一本闽方言韵书,书名曰《渡江书全部》。此书作者不详,封面只有"仰峰主人抄"五字,此书为手抄本。该书最后一页落款"中华民国陆年丁卯春季月定笔",即公元1917年。正文前还有一短文,落款为李靦南教抄。因此,仰峰主人可能就是李靦南,乃《渡江书全部》手抄人,但并非手抄本作者。他在短文言及读书人碰到古僻字,常翻阅《洪武正韵》《康熙字典》,并特意罗列了"韡"

① 参考百度百科:莆田市(中国福建省下辖地级市)。

“䩷”“𣐊”等近百个古僻字。《渡江书全部》与《渡江书十五音》两种文献，“渡江书”三字是其重要字眼，他们之间究竟有什么重要联系呢？

（一）《渡江书全部》有“正音字祖”和“副音字祖”

1.《渡江书全部》“正音字祖”

《渡江书全部》有52个韵部，其中“正音字祖”三十字祖：君坚今归家干公乖京官姑娇街宫高皆根姜甘瓜江兼交迦魁他朱芭居ㄐ。稿本还设计了“正音平仄”表，详见表1：

表1

居己记筑其己具噱	朱子注啐慈子自潗	蓏粿桧郭栝粿蓏鱠	交九教确猴九厚軳	江讲降角跭讲共掷	甘敢监蛤唅敢艦欿	根谨艮吉钯谨近糙	高果告阁筌果号岆	街改计荚鲑改易豿	姑古固啒糊古怙鼛	京景敬格琼景梗极	公广贡国狂广䫄咯	家假嫁格枷假下极	今锦禁给捦锦妗及	君滚棍骨羣滚郡滑
ㄐ纠究帀求纠咎啤	芭把豹礟钯把罢矾	他搁彭搭吔搁艳匌	迦假寄格岐假崎屐	兼检剑夹盐检镰蛱	瓜凹卦割槛凹秙瓞	羌缯殡却强缯㝗剧	皆解介嗑睐解嗑恩	宫拱粠菊穷拱共局	娇皎叫勪桥皎轿噭	官卷贯决权卷倦七	乖枴怪䙫趹枴㦮迳	干简谏葛眨简豜嘎	归鬼桂揆葵鬼馈吰	坚蹇建结羡蹇健桀

《渡江书全部》很重视“正音”问题，这与清雍正皇帝提倡率先在闽粤两省举行正音运动有关系。《语言文字百科全书》（中国大百科全书总编辑委员会1994：422）有一词条：“【正音书院】清雍正年间在福建、广东两省设立的北京语音训练班，由当地驻防的旗人任教。这种训练班的设置，是由于雍正六年（1728）下了一个谕旨，说：‘每引见大小臣工，凡陈奏履历之时，惟有闽广两省之人乡音不可通晓。’”故“正音学院”为朝廷下谕旨举办，在清朝年间闽粤两省出现了许多正音类

文献的原因也在于此。《汉语大词典》第五卷:“正音:标准语音;字的本音。”《现代汉语词典》第7版:“正音:标准音;矫正语音。”可见,“正音”就是标准音,也就是我们现在所说的“共同语读书音”。作者编撰《渡江书全部》“正音字祖”三十字祖的目的,主要考虑的是“正音”问题。故《渡江书全部》“正音字祖”三十字祖还设计了“正音平仄”表,可能与此有关。“正音平仄”表中有13组鼻音韵母与入声韵母整齐相配,现展示如下:

君-n/骨-t/滑-t	坚-n/结-t/桀-t	今-m/给-p/及-p	干-n/葛-t/嘎-t	公-ŋ/国-k/咯-k
京-ŋ/格-k/极-k	官-n/决-t/七-t	宫-ŋ/菊-k/局-k	根-n/吉-t/糙-n	羌-ŋ/却/-k 剧-k
甘-m/蛤-p/欲-m	江-ŋ/角-k/掷-k	兼-m/夹-p/蛱-p		

其中,有三个韵部用字值得商榷:(1)七《唐韵》亲吉切《集韵》《韵会》《正韵》戚悉切,并音桼。少阳数也。因闽南方言读作[ts'it],主要母音不符,误。今依《渡江书十五音》改为“橜”。橜《说文解字》弋也。从木厥声。一曰门梱也。瞿月切。(2)糙《集韵》居言切,音犍。粥也。亦作馕。把阳声韵字误为入声韵字,误。今依《渡江书十五音》改为“犰”。犰《集韵》极乙切,音姞。有志力也。(3)欲《广韵》火含切《集韵》《类篇》呼含切,并音欱,把阳声韵字误为入声韵字,误,今依《渡江书十五音》改为“颌”。颌《广韵》古遝切《集韵》葛合切,并音閤。其余10组阳声韵尾[-m -n -ŋ]与入声韵尾[-p -t -k]均配得很整齐,符合中古韵书《广韵》韵尾的对应情况。鉴于此,我们在构拟《渡江书全部》“正音字祖”三十字祖时,务必把握一个原则,就是要根据文本[-m/-p]、[-n/-t]、[-ŋ/-k]相对应情况进行语音构拟。

徐通锵《历史语言学》(1991/1996:349)指出:“‘文’与‘白’代表两种不同的语音系统,大体说来,白读代表本方言的土语,文读则是以本方言的音系所许可的范围吸收某一标准语(现代的或古代的)的成分,从而在语音上向这一标准语靠拢。”因此,《渡江书全部》“正音字祖”三十字祖指的是文读音,即在以兴化方言的音系所许可的范围吸收中古的标准语。这种文读音即代表清末民初兴化方言的文读音系统。

2.《渡江书全部》“副音字祖”

《渡江书全部》“正音字祖”三十字祖之后,还有“副音字祖贰拾贰字”,即“箴寡尼傩茅乃鸟娲牛且闯様这雅聩伍姆么鞠扛官光”。还特地提出“副音字祖贰拾贰字俱呼兴化腔白是也”。《渡江书全部》“副音字祖贰拾贰字”并不像“正音字祖”三十字祖还设计了“正音平仄”表。此部分与“正音字祖”三十字祖最主要的区别是：前者说的是“正音”，后者则说的是“兴化腔白”。可见，《渡江书全部》既要谈“正音”，又要谈“兴化音”。

（二）《渡江书十五音》有“字祖三十字”和“附音十三字”

1.《渡江书十五音》“字祖三十字”

《渡江书十五音》虽不分卷，但按“渡江书字祖三十字”，应该也有6卷：“君坚今归嘉干公乖经官姑娇鸡恭高皆根姜甘瓜江兼交加蓏他朱枪几鸠”。“又附音十三字”，即“箴寡尼傩茅乃猫且雅五姆么缸”，共四十三字字母。《渡江书十五音》还说明“以卷中字祖三十字，又附音十三字共四十三，以本喉呼之别为序次如左”。现将“渡江书字祖三十字”排比如表2所示：

表2

扛	喑	[illegible]	猫	䅅	拈	箴	几	朱	蓏	交	江	甘	根	高	鸡	姑	经	公	嘉	金	君
管	姆	雅	鸟	楳	屡	怎	己	主	粿	姣	讲	感	谨	果	改	古	景	广	绞	锦	滚
槓	叭	蔥	脊	殁	爈	谯	记	注	桧	教	降	监	艮	告	计	故	敬	贡	驾	禁	棍
迸	醺	嘎	擣	扒	畏	啒	钦	恸	郭	鋏	角	鸽	桔	阁	锲	鹘	革	国	钾	级	骨
桄	嗡	皷	撩	茅	年	撢	其	慈	葵	猴	忊	唅	釿	鞲	鲑	糊	鲸	狂	珈	頷	羣
节	婴	硬	繆	貌	莅	摺	技	自	趼	厚	共	瞰	近	镥	易	诂	梗	镬	啲	妗	郡
锑	嘤	甓	蒲	懇	撿	吥	啹	咮	鱠	嗀	磔	颌	钊	窖	[illegible]	钴	极	咯	㹢	及	滑
	么	浯	笡	痛	滩	官	鸠	鎗	他	迦	兼	瓜	姜	皆	恭	娇	官	乖	干	规	坚
	眗	五	且	乃	蓏	寡	九	抢	提	假	检	凹	缯	解	拱	矫	管	枴	简	鬼	蹇
	熎	忢	倩	氖	藾	镭	究	錩	㬤	寄	剑	卦	[illegible]	介	供	叫	贯	怪	谏	桂	见
	约	魯	碃	挨	鄉	挌	咎	飩	诩	絜	夹	割	脚	觧	菊	勪	适	[illegible]	葛	軌	吉
	箹	跳	磕	脱	傩	寒	求	墙	膛	夯	监	槛	强	甑	穷	乔	权	硃	稚	馗	键
	鹞	肸	揩	赖	懦	汗	旧	象	艳	崎	刿	秸	詈	盇	共	轿	倦	懞	干	跽	徤
	药	籍	訹	躝	物	噼	叴	踪	祏	屐	鞅	[illegible]	臄	绛	局	噭	檿	槩	[illegible]	劫	杰

经比较，《渡江书全部》“正音字祖”三十字祖与《渡江书十五音》字祖三十字，基本上是继承关系。就上平声字韵部比较而言，30个韵部有21个韵部用字完全相同，有8个韵部用字情况如下：家/嘉、京/经、街/鸡、宫/恭、迦/加、魁/蓏、居/几、

丩/鸠,基本上是 8 对同音字;唯有字祖芭/枪,是对应错了。据比较,《渡江书全部》芭部应与《渡江书十五音》嘉部相对应,《渡江书十五音》枪部与《渡江书全部》鞘部对应。此外,《渡江书全部》“正音字祖”三十字祖是以八音来设计的,但第二音与第六音同,实际上是七音,《渡江书十五音》是以七音来设计的,二者实际上是相同的。

2.《渡江书十五音》“附音十三字”

《渡江书十五音》“又附音十三字”,即“箴寡尼傩茅乃猫且雅五姆么缸”。李荣(1988)受到《汇音妙悟》“管部注‘漳腔,有音无字’”的启发,从《渡江书十五音》找到标注“泉腔”四例、“潮腔”一例,从而排除了该韵书属泉腔和潮腔的性质。他又找到“本腔”一例,提出可据此进行研究。此乃内部寻找证据的重要方法之一。这里的“啌”字就是“腔”。李荣(1988: 8)把以上例证“拿来跟本书卷首‘以本腔呼之’对比”,认为“似乎本啌指本书依据的方言,泉啌潮啌并非本书依据的方言。参考《汇音妙悟》明说‘悉用泉音’,管部注‘漳腔,有音无字’。本书还有一处糖字注‘本啌’(按: 傩韵他母: ‘糖,本腔。’)”。根据李荣的说法,考证“糖,本腔”就是一个关键问题。据马重奇(2001)考证,这“本腔”就是指长泰腔。至于《渡江书全部》明确点出反映的是兴化腔,与《渡江书十五音》反映的是长泰腔是有区别的。

三 《渡江书全部》音系的历史比较研究

索绪尔在《普通语言学教程》(1980)一书中提出了必须区分共时语言学和历时语言学。他认为,语言中存在着两个交叉的轴线,即体现同时存在的事物的关系的同时轴线和体现语言符号替代关系的连续轴线。对这两个轴线的区分,即分别从某一轴线研究语言,形成共时语言学和历时语言学的区分。共时语比较就是比较同一时期中两种或两种以上的语言加以对照,以说明它们在某些方面的相似或差异及其原因的研究类型。历时语言学比较是指对不同时期语言现象的异同点进行比较和分析,揭示语言现象的发展趋势或一般模式的语言学的研究方法。它是一种纵向比较,从历史资料的比较中考察语言结构特征,由此探讨语言差异的原因所在。

在本节里,我们将《渡江书全部》音系与《渡江书十五音》进行共时比较,并与现代莆田方言做历时比较,从而进一步探讨《渡江书全部》音系进行语音构拟。

（一）声母系统比较研究

现将《渡江书十五音》《渡江书全部》和现代莆仙方言声母系统（蔡国妹 2016；黄国城编 2021）比较如表 3 所示：

表 3

《渡江书十五音》	今长泰方言	《渡江书全部》	今莆仙方言	《渡江书全部》例字
柳里[l/n]	[l/n]	柳[l]	[l]	林[lim^{5}]、立[lip^{8}]、雷[lui^{5}]、类[lui^{7}]、辣[lat^{8}]
边比[p]	[p]	边[p]	[p]	别[pet^{8}]、芭[pa^{1}]、八[pat^{4}]；牌[pai^{5}]、病[pẽ^{7}]
求己[k]	[k]	求[k]	[k]	君[kuon^{1}]、骨[kuot^{4}]；坚[ken^{1}]、虔[ken^{5}]、侨[kiãu^{5}]
去起[k‘]	[k‘]	去[k‘]	[k‘]	却[k‘uɒk^{4}]；俭[k‘iam^{5}]、撽[k‘iãuʔ^{8}]
治底[t]	[t]	地[t]	[t]	段[tuɤn^{7}]、丈[tiɒŋ^{7}]、帐[tiũ^{3}]、场[tiũ^{5}]、喋[tiap^{4}]
波鄙[p‘]	[p‘]	波[p‘]	[p‘]	雹[p‘auʔ^{8}]、坪[p‘iã^{5}]
他耻[t‘]	[t‘]	他[t‘]	[t‘]	他[t‘ã^{1}]、潭[t‘iam^{5}]
曾只[ts]	[ts]	曾[ts]	[ts]	章[tsiũ^{1}]、蒋[tsiũ^{2}]、箴[tsiam^{1}]、仄[tsẽʔ^{4}]；节[tseʔ^{4}]
入耳[dz]	[dz]	入[n]	[n]	染[nĩ^{2}]、聶[nĩʔ^{4}]；尼[nĩ^{5}]、傩[nɔ̃^{5}]、怒[nɔ̃^{7}]
时始[s]	[s]	时[ɬ]	[ɬ]	设[ɬet^{4}]；萨[ɬua^{6}]、铩[ɬuãʔ^{8}]、纱[ɬe^{1}]
英以[ø]	[ø]	英[ø]	[ø]	唉[ãi^{1}]、么[iɔ^{1}]、姆[m^{2}]、梅[m^{5}]、不[m^{7}]
门米[b/m]	[b/m]	门[m]	[m]	免[men^{2}]、魅[muã^{7}]、物[mĩʔ^{8}]、芒[mɔ̃^{1}]、莫[mɔ̃ʔ^{8}]
语拟[g/ŋ]	[g/ŋ]	语[ŋ]	[ŋ]	蛲[ŋiãuʔ^{4}]、獍[ŋiãu^{7}]、雅[ŋẽ^{2}]、伍[ŋẽu^{2}]
出齿[ts‘]	[ts‘]	出[ts‘]	[ts‘]	焠[ts‘uʔ^{4}]、鞘[ts‘iũ^{7}]、闯[ts‘uɤŋ^{3}]
喜熹[h]	[h]	喜[h]	[h]	佛[huot^{8}]、槐[huɤ^{5}]、发[huɤt^{4}]；罚[huat^{8}]、嗐[haiʔ^{8}]

关于《渡江书全部》的声母系统,有三点与《渡江书十五音》不同:(1)《渡江书十五音》所反映的是清代漳州府长泰县方言音系,传统十五音中的"柳[l/n]""门[b/m]""语[g/ŋ]"在与鼻化韵母相拼时就读作鼻音声母[n]、[m]、[ŋ],在与非鼻化韵母相拼时就读作浊音声母[l]、[b]、[g]。而《渡江书全部》则不然,不管在与鼻化韵母相拼或与非鼻化韵母相拼时一律读作[l]、[m]、[ŋ],并无浊音声母[b]和[g]。(2) 传统十五音中的"入"母字,《渡江书十五音》读作浊塞擦音[dz],而《渡江书全部》则读作鼻音声母[n]。(3)传统十五音中的"时"母字,《渡江书十五音》读作清擦音[s],而《渡江书全部》则读作舌尖中请边擦音[ɬ]。因此,《渡江书全部》只有 15 个声母,比《渡江书十五音》少了[b]、[g]、[dz]三个声母。

(二) 韵母系统比较研究

现将《渡江书十五音》《渡江书全部》和现代莆仙方言韵母系统比较如下。

(1) "君坚今归嘉/君坚今归家"各 5 个部的历史比较,如表 4 所示:

表 4

《渡江书十五音》	今长泰方言	《渡江书全部》	今莆仙方言	《渡江书全部》例字
^{1}君[un]骨[ut]	[un/ut]	^{1}君[uon]骨[uot]	[uɤŋ/uɤʔ]	君[kuon^{1}]、骨[kuot^{4}];群[kuon^{5}]
^{2}坚[ian]别[iat]	[ian/iat]	^{2}坚[en]别[et]	[eŋ/eʔ]	坚[ken^{1}]、免[men^{2}]、设[ɬet^{4}]
^{3}今[im]及[ip]	[im/ip]	^{3}今[im]^{3} 给[ip]	[iŋ/iʔ]	今[kim^{1}]、锦[kim^{2}]、给[kip^{4}]
^{4}归[ui]𧺆[uiʔ]	[ui/uiʔ]	^{4}归[ui]呃[uiʔ]	[ui]/——	归[kui^{1}]、鬼[kui^{2}]、季[kui^{3}]
^{5}嘉[a]白[aʔ]	[a/aʔ]	^{28}芭[a]八[aʔ]	[a/aʔ]	芭[pa^{1}]、把[pa^{2}]、八[pat^{4}]

根据《渡江书全部》"正音字祖"三十字祖设计的"正音平仄"表,[1] 君韵拟音为[uon],鼻音韵尾拟音为[-n],母音韵母根据现代莆仙方言拟音为[uɤ];骨韵拟音为[uot],入声韵尾拟音为[-t],母音韵母拟音为[uɤ]。[2] 坚韵拟音为[en],鼻音韵尾拟音为[-n],母音韵母根据现代莆仙方言拟音为[e];别韵拟音为[et],入声韵尾拟音为[-t],母音韵母拟音为[e]。[3] 今韵拟音为[im],鼻音韵尾拟音为[-m],母音韵母根据现代莆仙方言拟音为[i];给韵拟音为[ip],入声韵尾拟音为[-p],母音韵母拟音为[i]。[4] 归[ui]和^{28} 芭[a]与现代莆仙方言相同。

(2)"干公乖京官/干公乖京官"各 5 部的历史比较,如表 5 所示:

表 5

《渡江书十五音》	今长泰方言	《渡江书全部》	今莆仙方言	《渡江书全部》例字
^{6}干[an]八[at]	[an/at]	^{6}干[an]^{6}八[at]	[aŋ/aʔ]	干[kan^{1}]、八[pat^{4}];板[pan^{2}]
^{7}公[ɔŋ]国[ɔk]	[ɔŋ/ɔk]	^{7}公[ɔŋ]国[ɔk]	[ɔŋ/ɔʔ]	公[kɔŋ^{1}]、国[kɔk^{4}];郎[lɔŋ^{5}]
^{8}乖[uai]朒[uaiʔ]	[uai/uaiʔ]	^{8}乖[uɤ]呹[uɤʔ]	[uɤ/uɤʔ]	乖[kuɤ^{1}]、决[kuɤʔ^{4}];槐[huɤ^{5}]
^{9}京[eŋ]格[ek]	[eŋ/ek]	^{9}京[iŋ]^{9}桔[ik]	[iŋ/iʔ]	京[kiŋ^{1}]、桔[kik^{4}];擎[kiŋ^{5}]
^{10}官[uan]发[uat]	[uan/uat]	^{10}官[uɤn]发[uɤt]	[uɤŋ/uɤʔ]	官[kuɤn^{1}]、发[huɤt^{4}];段[tuɤn^{7}]

根据《渡江书全部》"正音字祖"三十字祖设计的"正音平仄"表,^{6}干韵拟音为[an],鼻音韵尾拟音为[-n],母音韵母根据现代莆仙方言拟音为[a];八韵拟音为[at],入声韵尾拟音为[-t],母音韵母拟音为[a]。^{7}公韵拟音为[ɔŋ],鼻音韵尾拟音为[-ŋ],母音韵母根据现代莆仙方言拟音为[pɔ];国韵拟音为[ɔk],入声韵尾拟音为[-k],母音韵母拟音为[ɔ]。^{9}京韵拟音为[iŋ],鼻音韵尾拟音为[-ŋ],母音韵母根据现代莆仙方言拟音为[i];桔韵拟音为[ik],入声韵尾拟音为[-k],母音韵母拟音为[i]。^{10}官韵拟音为[uɤn],鼻音韵尾拟音为[-n],母音韵母根据现代莆仙方言拟音为[uɤ];发韵拟音为[uɤt],入声韵尾拟音为[-t],母音韵母拟音为[uɤ]。^{8}乖[uɤ]和呹[uɤʔ]与现代莆仙方言相同。

(3)"姑娇鸡恭高/姑娇街宫高"各 5 部的历史比较,如表 6 所示:

表 6

《渡江书十五音》	今长泰方言	《渡江书全部》	今莆仙方言	《渡江书全部》例字
^{11}姑[eu]鹘[euʔ]	[eu/euʔ]	^{11}姑[ɔu]鼛[ɔuʔ]	[ɔu]——	姑[kɔu^{1}]、啩[kɔuʔ^{4}];糊[kɔu^{5}]
^{12}娇[iau]勪[iauʔ]	[iau/iauʔ]	^{12}娇[ieu]勪[ieuʔ]	[ieu]——	娇[kieu^{1}]、勪[kieuʔ^{4}];侨[kieu^{5}]
^{13}鸡[e]八[eʔ]	[e/eʔ]	^{13}街[e]拔[eʔ]	[e/eʔ]	街[ke^{1}]、改[ke^{2}]、八[peʔ^{4}];鲑[ke^{5}]
^{14}恭[iɔŋ]局[iɔk]	[iɔŋ/iɔk]	^{14}宫[iɔŋ]^{14}约[iɔk]	[ɒŋ/ɒʔ]	宫[kiɔŋ^{1}]、菊[kiɔk^{4}];共[kiɔŋ^{7}]
^{15}高[ɔ]阁[ɔʔ]	[ɔ/ɔʔ]	^{15}高[ɔ]阁[ɔʔ]	[ɔ/ɔʔ]	高[kɔ^{1}]、告[kɔ^{3}]、阁[kɔʔ^{4}];牙[kɔ^{5}]

根据《渡江书全部》“正音字祖”三十字祖设计的“正音平仄”表,[14] 宫韵拟音为[iɔŋ],鼻音韵尾拟音为[-ŋ],母音韵母根据现代莆仙方言拟音为[iɔ];约韵拟音为[iɔk],入声韵尾拟音为[-k],母音韵母拟音为[iɔ]。[11] 姑[ɔu]、[12] 娇[iau]、[13] 街[e]、[15] 高[ɔ]与现代莆仙方言相同。

(4)“皆根姜甘瓜/皆根姜甘瓜”5 部的历史比较,如表 7 所示:

表 7

《渡江书十五音》	今长泰方言	《渡江书全部》	今莆仙方言	《渡江书全部》例字
[16]皆[ai]欸[aiʔ]	[ai/aiʔ]	[16]皆[ai]喈[aiʔ]	[ai]——	皆[kai¹]、嵦[kaiʔ⁴];牌[pai⁵]
[17]根[in]结[it]	[in/it]	[17]根[in][17] 必[it]	[iŋ/iʔ]	根[kin¹]、必[pit⁴]、陈[tin⁵]、阵[tin⁷]
[18]姜[iaŋ]脚[iak]	[iaŋ/iak]	[18]姜[iɒŋ][18] 掠[iɒk]	[iɒŋ/iɒʔ]	姜[kiɒŋ¹]、却[k'uɒk⁴];丈[tiɒŋ⁷]
[19]甘[am]合[ap]	[am/ap]	[19]甘[am][19] 纳[ap]	[aŋ/aʔ]	甘[kam¹]、蛤[kap⁴];滥[lam⁷]
[20]瓜[ua]割[uaʔ]	[ua/uaʔ]	[20]瓜[ua]辣[uaʔ]	[ua/uaʔ]	瓜[kua¹]、割[kuaʔ⁴];萨[ɬua⁶]

根据《渡江书全部》“正音字祖”三十字祖设计的“正音平仄”表,[17] 根韵拟音为[in],鼻音韵尾拟音为[-n],母音韵母根据现代莆仙方言拟音为[i];必韵拟音为[it],入声韵尾拟音为[-t],母音韵母拟音为[i]。[18] 姜韵拟音为[iɒŋ],鼻音韵尾拟音为[-ŋ],母音韵母根据现代莆仙方言拟音为[iɒ];掠韵拟音为[iɒk],入声韵尾拟音为[-k],母音韵母拟音为[iɒ]。[19] 甘韵拟音为[am],鼻音韵尾拟音为[-m],母音韵母根据现代莆仙方言拟音为[a];纳韵拟音为[ap],入声韵尾拟音为[-p],母音韵母拟音为[a]。[16] 皆[ai]和[20] 瓜[ua]与现代莆仙方言相同。

(5)“江蒹交迦蒩/江兼交迦蒩”各 5 部的历史比较,如表 8 所示:

表 8

《渡江书十五音》	今长泰方言	《渡江书全部》	今莆仙方言	《渡江书全部》例字
[21]江[aŋ]角[ak]	[aŋ/ak]	[21]江[aŋ][21] 北[ak]	[aŋ/aʔ]	江[kaŋ¹]、北[pak⁴];聋[laŋ⁵]、六[lak⁸]
[22]蒹[iam]夹[iap]	[iam/iap]	[22]兼[iam][22] 夹[iap]	[ieŋ/ieʔ]	兼[kiam¹]、夹[kiap⁴];俭[k'iam⁵]

续表

《渡江书十五音》	今长泰方言	《渡江书全部》	今莆仙方言	《渡江书全部》例字
^{23}交[au]确[auʔ]	[au/auʔ]	^{23}交[au]确[auʔ]	[au]——	交[kau^{1}]、确[kauʔ^{4}];厚[kau^{7}]
^{24}迦[ia]壁[iaʔ]	[ia/iaʔ]	^{24}迦[ia]壁[iaʔ]	[ia/iaʔ]	迦[kia^{1}]、壁[piaʔ^{4}];瓦[hia^{7}]
^{25}蕐[ue]缺[ueʔ]	[ue/ueʔ]	^{25}蕐[uɤ]郭[uɤʔ]	[uɤ/uɤʔ]	蕐[kuɤ^{1}]、郭[kuɤʔ^{4}];内[luɤ^{7}]

根据《渡江书全部》“正音字祖”三十字祖设计的“正音平仄”表,^{21} 江韵拟音为[aŋ],鼻音韵尾拟音为[-ŋ],母音韵母根据现代莆仙方言拟音为[a];北韵拟音为[ak],入声韵尾拟音为[-k],母音韵母拟音为[a]。^{22} 兼韵拟音为[iam],鼻音韵尾拟音为[-m],母音韵母根据现代莆仙方言拟音为[ia];夹韵拟音为[iap],入声韵尾拟音为[-p],母音韵母拟音为[ia]。^{23} 交[au]、^{24} 迦[ia]、^{25} 蕐[uɤ]与现代莆仙方言相同。

(6)“他朱枪几鸠/他朱鞠居丩”各5部的历史比较,如表9所示:

表 9

《渡江书十五音》	今长泰方言	《渡江书全部》	今莆仙方言	《渡江书全部》例字
^{26}他[ã]凹[ãʔ]	[ã/ãʔ]	^{26}他[ã]踏[ãʔ]	[ã]——	他[t‘ã^{1}]、敢[kã^{2}]、呷[kãʔ^{4}];骂[mã^{7}]
^{27}朱[u]焠[uʔ]	[u/uʔ]	^{27}朱[u]焠[uʔ]	[u]——	咮[tsu^{1}]、焠[ts‘uʔ^{4}];有[u^{7}]、舅[ku^{7}]
^{28}枪[iɔ̃]□$_{1}$[iɔ̃ʔ]	[iɔ̃/iɔ̃ʔ]	^{49}鞠[iũ7]——	[iũ]——	章[tsiũ^{1}]、蒋[tsiũ^{2}]、帐[tiũ^{3}]、场[tiũ^{5}]
^{29}几[i]裂[iʔ]	[i/iʔ]	^{29}居[i]裂[iʔ]	[i/iʔ]	居[ki^{1}]、据[ki^{3}]、鳖[piʔ^{4}];其[ki^{5}]
^{30}鸠[iu]惫[iuʔ]	[iu/iuʔ]	^{30}丩[iu]啾[iuʔ]	[iu]——	丩[kiu^{1}]、救[kiu^{3}]、帀[kiuʔ^{4}];舅[kiu^{7}]

由表9可见,^{26} 他[ã]、^{27} 朱[u]、^{49} 鞠[iɑ]、^{29} 居[i]、^{30} 丩[iu]与现代莆仙方言相同。

(7)“箴寡尼倠茅/箴寡尼倠茅”各5部的历史比较,如表10所示:

表10

《渡江书十五音》	今长泰方言	《渡江书全部》	今莆仙方言	《渡江书全部》例字
^{31}箴[ɔm]揖[ɔp]	[ɔm/ɔp]	^{31}箴[em]^{31}喥[ep]	[ieŋ/ieʔ]	箴[tsem^{1}]、喥[tep^{4}]
^{32}寡[uã]捁[uãʔ]	[uã/uãʔ]	^{32}寡[uã]鋏[uãʔ]	[uã]——	寡[kuã^{2}]、逫[kuãʔ^{4}];縻[muã^{5}]
^{33}尼[ĩ]物[ĩʔ]	[ĩ/ĩʔ]	^{33}尼[ĩ]物[ĩʔ]	[ĩ]——	边[pĩ^{1}]、染[nĩ^{2}]、变[pĩ^{3}]、躡[nĩʔ^{4}]
^{34}倠[ɔ̃]麼[ɔ̃ʔ]	[ɔ̃/ɔ̃ʔ]	^{34}倠[ɔ̃]麼[ɔ̃ʔ]	[ɔ̃]——	芒[mɔ̃^{1}]、麼[mɔ̃ʔ^{4}];倠[nɔ̃^{5}]、怒[nɔ̃^{7}]
^{35}茅[ãu]构[ãuʔ]	[ãu/ãuʔ]	^{35}茅[ãu]沰[ãuʔ]	[ãu]——	菵[mãu^{1}]、敹[tãu^{3}]、沰[tãuʔ^{4}]

《渡江书全部》“正音字祖”三十字祖还设计了“正音平仄”表中没有的^{31}箴[iam],实际上,该韵部也属“-m/-p”正音韵部,只不过该韵部排在三十字祖之外。因此,我们还是把它当作正音韵部。^{31}箴韵拟音为[iam],鼻音韵尾拟音为[-m],母音韵母根据现代莆仙方言拟音为[ia];喥韵拟音为[iap],入声韵尾拟音为[-p],母音韵母拟音为[ia]。至于^{32}寡[uã]、^{33}尼[ĩ]、^{34}倠[ɔ̃]、^{35}茅[ãu]四韵与现代莆仙方言相同。

(8)“乃猫且雅五/乃鸟且雅伍”各5部的历史比较,如表11所示:

表11

《渡江书十五音》	今长泰方言	《渡江书全部》	今莆仙方言	《渡江书全部》例字
^{36}乃[ãi]誓[ãiʔ]	[ãi/ãiʔ]	^{36}乃[ãi]捺[ãiʔ]	[ãi]	唉[ãi^{1}]、痆[nãiʔ^{4}];璇[kãi^{5}]、耐[nãi^{7}]
^{37}猫[iãu]擽[iãuʔ]	[iãu/iãuʔ]	^{37}鸟[iãu]擻[iãuʔ]	[iãu]	猫[niãu^{1}]、蛠[ŋiãuʔ^{4}]、侨[kiãu^{5}]
^{38}且[iã]栟[iãʔ]	[iã/iãʔ]	^{40}且[iã]吓[iãʔ]	[iã]	京[kiã^{1}]、吓[hiãʔ^{4}];坪[p‘iã^{5}]
^{39}雅[ẽ]脉[ẽʔ]	[ẽ/ẽʔ]	^{44}雅[ẽ]脉[ẽʔ]	[ẽ]	更[kẽ^{1}]、雅[ŋẽ^{2}]、仄[tsẽʔ^{4}];病[pẽ^{7}]
^{40}五[ẽu]蜀[ẽuʔ]	[ẽu/ẽuʔ]	^{46}伍[ẽu2]——	[ẽu]	伍[ŋẽu^{2}]、努[nẽu^{2}];奴[nẽu^{5}]

由表 11 可见，^{36}乃[ãi]、^{37}鸟[iãu]、^{40}且[iã]、^{44}雅[ẽ]、^{46}伍[ẽu]与现代莆仙方言相同。

(9)“姆么缸/姆么扛”各 3 部的历史比较，如表 12 所示：

表 12

《渡江书十五音》	今长泰方言	《渡江书全部》	今莆仙方言	《渡江书全部》例字
^{41}姆[mʔ]	[mʔ]	^{47}姆[m]——	——	姆[m^{2}]、梅[m^{5}]、不[m^{7}]
^{42}么[iɔ]脚[iɔʔ]	[iɔ/iɔʔ]	^{48}么[iɔ]脚[iɔʔ]	[iɔ/yɒ/iɒʔ]	么[iɔ^{1}]、脚[kiɔʔ^{4}]；茄[kiɔ^{5}]、赵[tiɔ^{7}]
^{43}缸[ŋ]涟[ŋʔ]	[ŋ/ŋʔ]	^{50}扛[ŋ]物[ŋʔ]	[ŋ/ŋʔ]	扛[kŋ^{1}]、广[kŋ^{2}]、钢[kŋ^{3}]、丈[tŋ^{7}]

由表 12 可见，^{48}么[iɔ]和^{50}扛[kŋ]与莆仙方言相同。现代莆仙方言无^{47}姆[m]韵母，其拟音借助于《渡江书十五音》的拟音。

(10)“家娩牛闯�这瞶官光”各 9 部的历史比较，如表 13 所示：

表 13

《渡江书十五音》	今长泰方言	《渡江书全部》	今莆仙方言	《渡江书全部》例字
——	——	^{5}家[ɛ]百[ɛʔ]	[ɛ/ɛʔ]	家[kɛ^{1}/kɛʔ^{4}]、架[kɛ^{3}]、百[pɛʔ^{4}]
——	——	^{38}娲[ɤ]末[ɤʔ]	[ɤ]——	娲[ɤ^{1}]、报[pɤ^{2}]、钵[pɤʔ^{4}]、箩[lɤ^{5}]
——	——	^{39}牛[u]	[u]	丑[tiu^{3}]、肘[diu^{2}]、牛[gu^{2}]、苹[gu^{2}]
——	——	^{41}闯[uɤŋ]	[uɤŋ]	光[kuɤŋ^{1}]、访[huɤŋ^{2}]、闯[ts‘uɤŋ^{3}]
——	——	^{42}槺[uãi]	——	槺[uãi^{1}]、闩[uãi^{1}]；轼[huãiʔ^{7}]
——	——	^{43}这[e/eʔ]	[e/eʔ]	纱[ɬe^{1}]、节[tseʔ^{4}]；这[tse^{5}]、袋[te^{7}]
——	——	^{45}瞶[uĩ]	[uĩ]	�革[nuĩ^{1}]、瞶[luĩ^{7}]

续表

《渡江书十五音》	今长泰方言	《渡江书全部》	今莆仙方言	《渡江书全部》例字
——	——	51官[uã]重出	——	——
——	——	52光[ŋ]重出	——	——

以上9个韵部是《渡江书十五音》里所没有的。但这9个韵部可以分成两类:一是5家[ɛ]、39牛[u]、41闯[uɤŋ]、45瞶[uĩ]等4个韵部与现代莆仙方言相同;二是38娲[ɤ]末[ɤʔ]、43这[e/eʔ]、51官[uã]重出、52光[ŋ]重出,是现代莆仙方言没有的。因此,《渡江书全部》52个韵部,实际上只有50个韵部。其50韵部94个韵母及其音值构拟如表14所示:

表14

1君[uon] 1骨[uot]	2坚[en] 2别[et]	3今[im] 3给[ip]	4归[ui] 4呃[uiʔ]	5家[ɛ] 5百[ɛʔ]	6干[an] 6八[at]	7公[ɔŋ] 7国[ɔk]	8乖[uɤ] 8呋[uɤʔ]	9京[iŋ] 9桔[ik]
10官[uɤn] 10发[uɤt]	11姑[ɔu] 11鼙[ɔuʔ]	12娇[ieu] 12勪[ieuʔ]	13街[e] 13拔[eʔ]	14宫[iɔŋ] 14约[iɔk]	15高[ɔ] 15阁[ɔʔ]	16皆[ai] 16唶[aiʔ]	17根[in] 17必[it]	18姜[iɒŋ] 18掠[iɒk]
19甘[am] 19纳[ap]	20瓜[ua] 20辣[uaʔ]	21江[aŋ] 21北[ak]	22兼[iam] 22夹[iap]	23交[au] 23确[auʔ]	24迦[ia] 24壁[iaʔ]	25葩[uɤ] 25郭[uɤʔ]	26他[ã] 26踏[ãʔ]	27朱[u] 27焠[uʔ]
28芭[a] 28八[aʔ]	29居[i] 29裂[iʔ]	30丩[iu] 30啾[iuʔ]	31箴[em] 31嗖[ep]	32寡[uã] 32铩[uãʔ]	33尼[ĩ] 33物[ĩʔ]	34傩[ɔ̃] 34麽[ɔ̃ʔ]	35茅[ãu] 35沰[ãuʔ]	36乃[ãi] 36捺[ãiʔ]
37鸟[iãu] 37撽[iãuʔ]	38娲[ɤ] 38末[ɤʔ]	39牛[u] ——	40且[iã] 40吓[iãʔ]	41闯[uɤŋ] ——	42樣[uãi] 42轼[uãiʔ]	43这[e] 43节[eʔ]	44雅[ẽ] 44脉[ẽʔ]	45瞶[uĩ] ——
46伍[ẽu] ——	47姆[m] ——	48么[iɔ] 48脚[iɔʔ]	49鞝[iũ] ——	50扛[ŋ] 50物[ŋʔ]	51官[uã] 重出	52光[ŋ] 重出		

《渡江书十五音》43个韵部86个韵母,《渡江书全部》52个韵部,其中51官[uã]与32寡[uã]重出,52光[ŋ]与50扛[ŋ]重出,50韵部94个韵母。

《莆仙方言大词典》(黄国城 2021)有莆田韵母41个、仙游韵母44个,《莆仙方言研究》(蔡国妹 2016)有36个韵母,《莆田县志·方言》(涵江区地方志编纂委员会编 1997)有42个韵母,《仙游县志·方言》(仙游县地方志编纂委员会 1995)有50个韵母。《渡江书全部》之所以能达到48个韵部91个韵母,是因为根据该文献"正音字祖"三十字祖还设计了"正音平仄"表,完整保留了中古音[-m/-p]、

[-n/-t]、[-ŋ/-k]三套鼻音韵尾和入声韵尾,同时还增加了一些鼻化韵母和声化韵母。

但是这与戴黎刚《莆田话〈新约全书附诗篇〉(1912 年)所见音系》(2007),尤其是鼻音韵母和入声韵母相左。戴氏归纳出来的这两类韵母如表 15 所示:

表 15

ang/aŋ	担[taŋ^{1}]、侬[naŋ^{2}]、汉[haŋ^{5}]、红[aŋ^{2}]、帮[paŋ^{1}]	iang/iaŋ	嫌[hiaŋ^{2}]、点[tiaŋ^{3}]、验[ŋiaŋ^{6}]、欠[k‘iaŋ^{5}]、严[ŋiaŋ^{2}]
uang/uaŋ	翻[huaŋ^{1}]、判[p‘uaŋ^{5}]、弯[uaŋ^{1}]、管[kuaŋ^{3}]	ọng/ɔŋ	工[kɔŋ^{1}]、方[hɔŋ^{1}]、功[kɔŋ^{1}]、通[t‘ɔŋ^{1}]、洪[hɔŋ^{2}]
iọng/iɔŋ	向[hiɔŋ^{5}]、上[ɬiɔŋ^{6}]、赏[ɬiɔŋ^{3}]、长[tiɔŋ^{3}]、想[ɬiɔŋ^{3}]	eng/ɛŋ	连[lɛŋ^{2}]、陈[tɛŋ^{2}]、先[ɬɛŋ^{1}]、信[ɬɛŋ^{5}]、天[t‘ɛŋ^{1}]
eong/ɔŋ	本[poŋ^{3}]、文[moŋ^{2}]、问[moŋ^{6}]、君[koŋ^{1}]、勋[hoŋ^{5}]	ẹng/øŋ	原[ŋøŋ^{2}]、用[øŋ^{6}]、中[tøŋ^{1}]、量[løŋ^{6}]、缘[øŋ^{2}]
ing/iŋ	新[ɬiŋ^{1}]、经[kiŋ^{1}]、身[ɬiŋ^{1}]、英[iŋ^{1}]、程[tiŋ^{2}]	ụng/yŋ	近[kyŋ^{6}]、荣[yŋ^{2}]、永[yŋ^{3}]、恨[hyŋ^{6}]、银[yŋ^{2}]
ng/ŋ	伓[ŋ^{6}]、当[tŋ^{1}]、央[ŋ^{1}]、两[nŋ^{6}]、方[hŋ^{1}]		
ah/aʔ	学[haʔ^{8}]、读[t‘aʔ^{8}]、觉[kaʔ^{7}]、撒[ɬaʔ^{8}]、法[haʔ^{7}]	iah/iaʔ	食[ɬiaʔ^{8}]、□$_{2}$[liaʔ^{8}]、接[tsiaʔ^{7}]、劫[kiaʔ^{7}]
uah/uaʔ	哗[huaʔ^{7}]、发[huaʔ^{7}]、活[uaʔ^{8}]、罚[huaʔ^{8}]、夺[tuaʔ^{8}]	ọh/ɔʔ	国[kɔʔ^{7}]、督[tɔʔ^{7}]、独[tɔʔ^{8}]、族[tsɔʔ^{8}]、各[kɔʔ^{7}]
iọh/iɔʔ	约[iɔʔ^{7}]、若[tsiɔʔ^{8}]	ạh/eʔ	提[t‘eʔ^{8}]
oih/ueʔ	月[kueʔ^{8}]、□$_{3}$[mueʔ^{8}]、果[kueʔ^{8}]	eh/ɛʔ	责[tsɛʔ^{7}]、设[ɬɛʔ^{8}]、得[tɛʔ^{7}]、别[pɛʔ^{7}]、伯[pɛʔ^{7}]
eoh/oʔ	蜀[ɬoʔ^{8}]、不[poʔ^{7}]、出[ts‘oʔ^{7}]、律[loʔ^{8}]、物[poʔ^{8}]	ẹh/øʔ	缺[k‘øʔ^{7}]、逐[tøʔ^{8}]、肉[nøʔ^{8}]、狱[køʔ^{8}]、属[ɬøʔ^{8}]
ạuh/euʔ	着[teuʔ^{8}]、箬[neuʔ^{8}]、石[ɬeuʔ^{8}]	ih/iʔ	译[iʔ^{8}]、力[liʔ^{8}]、壹[iʔ^{7}]、实[ɬiʔ^{8}]、直[tiʔ^{8}]
uh/uʔ	就[tsuʔ^{7}]、[puʔ^{7}]$_{(又)}$	ụh/yʔ	疫[yʔ^{8}]

因此,我们在对《渡江书全部》“正音字祖”三十字祖的拟音时应该如何解释比较妥当。李觐南抄本《渡江书全部》成书于 1917 年,蒲鲁士译《新约全书附诗篇:

兴化白话》成书于 1912 年,相差 5 年,可否说李觃南抄本《渡江书全部》处于[-m/-p]、[-n/-t]、[-ŋ/-k]六套韵尾正处于弱化、合流之前的历史阶段,作者比较保守;蒲鲁士比较开放,则采用弱化、合流为两套韵尾[-ŋ/-ʔ]的音变阶段。因此,造成我们拟音时的矛盾。当然,这种情况也时常会出现在汉语韵书和西班牙传教士文献里,同一音系的两种文献,出现鼻音韵尾/入声韵尾六套还是两套的问题。

(三) 声调系统比较研究

现将《渡江书十五音》《渡江书全部》和现代长泰和莆仙方言声调系统比较如表 16 所示:

表 16

《渡江书十五音》	今长泰方言	《渡江书全部》	今莆仙方言	《渡江书全部》例字
上平声	上平声	上平声	阴平声	甘、根、高、街、姑、京、公
上上声	上上声	上上声	上声	敢、谨、果、改、古、景、广
上去声	上去声	上去声	阴去声	监、艮、告、计、固、敬、贡
上入声	上入声	上入声	阴入声	蛤、吉、阁、荚、啩、格、国
下平声	下平声	下平声	阳平声	啥、钦、筌、鲑、糊、琼、狂
——	——	下上声同上上声	——	敢、谨、果、改、古、景、广
下去声	下去声	下去声	阳去声	鑑、近、号、易、怙、梗、頷
下入声	下入声	下入声	阳入声	歙、糶、岰、新、鼜、极、咯、极

由表 16 可见,《渡江书十五音》7 个调类,《渡江书全部》八音,实际上是 7 个调类,与现代莆仙方言一样,下上声同上上声,例字可证。

综上所述,《渡江书全部》深受《渡江书十五音》的影响,反映了清末民初兴化方言正音系统和兴化土腔系统。《渡江书十五音》则反映了清代漳州府长泰县语音系统,其中包含文读和白读两个系统。

四 《渡江书全部》音系与《石部字祖》音系的关系研究

《渡江书全部》的后半部分还附有《石部字祖》51 个韵部,如表 17 所示:

表 17

1 天为坚	2 开为皆	3 于为居	4 朱为朱	5 珍为根	6 东为当	7 张为姜	8 烧为麽	9 姜为鞴
10 嗟为迦	11 酸为光	12 悠为丩	13 添为兼	14 甜为尼	15 兵为京	16 刀为高	17 交为交	18 加为家
19 心为今	20 耽为甘	21 崔为归	22 招为娇	23 呼为姑	24 厅为且	25 春为君	26 专为官	27 夸为瓜
28 班为干	29 鸡为街	30 江为江	31 歪为乖	32 鞍为官	33 三为他	34 更为雅	35 堝为这	36 葠为箴
37 閪为寡	38 胶为葩	39 魁为藉	40 脉为闽	41 扛为扛	42 恭为宫	43 毛为毛	44 猫为鸟	45 怒为伍
46 攅为姆	47 蒯为樸	48 我为傩	49 迈为乃	50 卦为瓜	51 爻为茅			

《渡江书全部》有"正音字祖"三十字祖设计的"正音平仄"表和"副音字祖贰拾贰字"。《石部字祖》开头白云:"《石部字祖》与正音略同而小异,其用字具有腔白,若要用者,仔细推寻方可用。"《石部字祖》共 51 个韵部,每一个韵部先列"某字韵",次列十五音,即柳[l]、边[p]、求[k]、去[k‘]、地[t]、波[p‘]、他[t‘]、曾[ts]、入[n]、时[ɬ]、英[ø]、门[m]、语[ŋ]、出[ts‘]、喜[h]。以声母为单位再列八音,因第二字与第六字同,实际上是七音。据考证,两种文献声母系统与声调系统基本上相同,韵母略有差异。《石部字祖》51 个韵部模仿了"正音平仄"表,文本中的[-m/-p]、[-n/-t]、[-ŋ/-k]相对应的情况十分清楚。现将《石部字祖》51 个韵部与《渡江书全部》上半部分 52 个韵部拟音比较如表 18 所示:

表 18

《渡江书全部》	1君[uon] 骨[uot]	2坚[en] 别[et]	3今[im] 给[ip]	4归[ui] 呃[uiʔ]	5家[ɛ] 百[ɛʔ]	6干[an] 八[at]	7公[ɔŋ] 国[ɔk]	8乖[uɤ] 呋[uɤʔ]
《石部字祖》	25春[uon] 骨[uot]	1天[en] 烈[et]	19心[im] 及[ip]	21崔[ui] 揆[uiʔ]	18加[ɛ] 百[ɛʔ]	28班[an] 别[at]	6东[ɔŋ] 国[ɔk]	31歪[uɤ] 呋[uɤʔ]
《渡江书全部》	9京[iŋ] 桔[ik]	10官[uɤn] 发[uɤt]	11姑[ɔu] 鼕[ɔuʔ]	12娇[ieu] 勪[ieuʔ]	13街[e] 拔[eʔ]	14宫[iɔŋ] 菊[iɔk]	15高[ɔ] 阁[ɔʔ]	16皆[ai] 喈[aiʔ]
《石部字祖》	15兵[iŋ] 革[ik]	26专[uɤn] 决[uɤt]	23呼[ɔu] 鼕[ɔuʔ]	22招[ieu] 勪[ieuʔ]	29鸡[e] 吒[eʔ]	42恭[iɔŋ] 约[iɔk]	16刀[ɔ] 落[ɔʔ]	2开[ai] 嵫[aiʔ]
《渡江书全部》	17根[in] 必[it]	18姜[iɒŋ] 掠[iɒk]	19甘[am] 纳[ap]	20瓜[ua] 辣[uaʔ]	21江[aŋ] 北[ak]	22兼[iam] 夹[iap]	23交[au] 确[auʔ]	24迦[ia] 壁[iaʔ]
《石部字祖》	5 珍[in] 日[it]	7张[iɒŋ] 掠[iɒk]	20耽[am] 纳[ap]	27夸[ua] 辣[uaʔ]	30江[aŋ] 剥[ak]	13添[iam] 劫[iap]	17交[au] 确[auʔ]	10嗟[ia] 壁[iaʔ]

续表

《渡江书全部》	25蒐[uɤ] 郭[uɤʔ]	26他[ã] 踏[ãʔ]	27朱[u] 焠[uʔ]	28芭[a] 八[aʔ]	29居[i] 裂[iʔ]	30丩[iu] 啾[iuʔ]	31箴[em] 喥[ep]	32寡[uã] 铩[uãʔ]
《石部字祖》	39魁[uɤ] 郭[uɤʔ]	33三[ã] 踏[ãʔ]	4朱[u] 镤[uʔ]	38胶[a] 甲[aʔ]	3于[i] 滴[iʔ]	12悠[iu] 啾[iuʔ]	36葠[em] 粶[ep]	32鞍[uã] 割[uãʔ]
《渡江书全部》	33尼[ĩ] 物[ĩʔ]	34傩[ɔ̃] 麼[ɔ̃ʔ]	35茅[ãu] 汒[ãuʔ]	36乃[ãi] 捺[ãiʔ]	37鸟[iãu] 撒[iãuʔ]	38娲[ɤ] 末[ɤʔ]	39牛[u] 重出	40且[iã] 吓[iãʔ]
《石部字祖》	14甜[ĩ] 乜[ĩʔ]	43毛[ɔ̃] 嘆[ɔ̃ʔ]	51爻[ãu] 汒[ãuʔ]	49迈[ãi] 捺[ãiʔ]	44猫[iãu] 叱[iãuʔ]	——	——	24厅[iã] 赫[iãʔ]
《渡江书全部》	41闯[uɤŋ] ——	42槎[uãi] ——	43这[e] 重出	44雅[ẽ] 脉[ẽʔ]	45聩[uĩ] ——	46伍[ẽu] ——	47姆[m] ——	48么[iɔ] 脚[iɔʔ]
《石部字祖》	40脉[uɤŋ] 呼[uɤk]	47蒯[uãi] 詌[uãiʔ]	35埆[e] 重出	34更[ẽ] 剔[ẽʔ]	11酸[uĩ] 玭[uĩʔ]	45怒[ẽu] 等[ẽuʔ]	46攒[mʔ] 姆[m]	8烧[iɔ] 鼙[iɔʔ]
《渡江书全部》	49鞝[iũ] ——	50扛[ŋ] 物[ŋʔ]	51官[uã] 重出	52光[ŋ] 重出	——	——		
《石部字祖》	9姜[iũ] 毯[iũʔ]	41扛[ŋ] 膜[ŋʔ]	37閞[uã] 重出	——	48我[ɔ̃] 重出	50卦[ua] 重出		

经比较,《石部字祖》51 个韵部有四组同音字重出,即35 埆[e]与29 鸡[e]重出、37 閞[uã]与32 鞍[uã]重出、48 我[ɔ̃]与43 毛[ɔ̃]重出、50 卦[ua]与27 夸[ua]重出。因此,《石部字祖》51 个韵部,实际上只有 47 个韵部。其 47 韵部计有 94 个韵母及其音值构拟如表 19 所示:

表 19

1天[en] 烈[et]	2开[ai] 嶬[aiʔ]	3于[i] 滴[iʔ]	4朱[u] 镤[uʔ]	5珍[in] 日[it]	6东[ɔŋ] 国[ɔk]	7张[iɒŋ] 掠[iɒk]	8烧[iɔ] 鼙[iɔʔ]	9姜[iũ] 毯[iũʔ]
10嗟[ia] 壁[iaʔ]	11酸[uĩ] 玭[uĩʔ]	12悠[iu] 啾[iuʔ]	13添[iam] 劫[iap]	14甜[ĩ] 乜[ĩʔ]	15兵[iŋ] 革[ik]	16刀[ɔ] 落[ɔʔ]	17交[au] 确[auʔ]	18加[ɛ] 百[ɛʔ]
19心[im] 及[ip]	20耽[am] 纳[ap]	21崔[ui] 揆[uiʔ]	22招[ieu] 勪[ieuʔ]	23呼[ɔu] 鼙[ɔuʔ]	24厅[iã] 赫[iãʔ]	25春[uon] 骨[uot]	26专[uɤn] 决[uɤt]	27夸[ua] 辣[uaʔ]
28班[an] 别[at]	29鸡[e] 吒[eʔ]	30江[aŋ] 剥[ak]	31歪[uɤ] 呋[uɤʔ]	32鞍[uã] 割[uãʔ]	33三[ã] 踏[ãʔ]	34更[ẽ] 剔[ẽʔ]	35埆[e] 重出	36葠[em] 粶[ep]
37閞[uã] 重出	38胶[a] 甲[aʔ]	39魁[uɤ] 郭[uɤʔ]	40脉[uɤŋ] 呼[uɤk]	41扛[ŋ] 膜[ŋʔ]	42恭[iɔŋ] 约[iɔk]	43毛[ɔ̃] 嘆[ɔ̃ʔ]	44猫[iãu] 叱[iãuʔ]	45怒[ẽu] 等[ẽuʔ]
46攒[mʔ] 姆[m]	47蒯[uãi] 詌[uãiʔ]	48我[ɔ̃] 重出	49迈[ãi] 捺[ãiʔ]	50卦[ua] 重出	51爻[ãu] 汒[ãuʔ]			

从韵部数及语音构拟情况来看,《石部字祖》51 个韵部与《渡江书全部》52 个韵部及其语音构拟基本上相同,所反映的音系均为清末民初兴化方言语音系统。

参考文献

蔡国妹　2016　《莆仙方言研究》,厦门大学出版社。

戴黎刚　2007　《莆田话〈新约全书附诗篇〉(1912 年)所见音系》,《中国语文》第 1 期。

涵江区地方志编纂委员会(编)　1997　《莆田县志·方言卷》,方志出版社。

汉语大词典编辑委员会　汉语大词典编纂处(编)　1990　《汉语大词典》第五卷,汉语大词典出版社,上海辞书出版社。

黄典诚　2003　《关于〈渡江书十五音〉的"本腔"》,载《黄典诚语言学论文集》,厦门大学出版社。

黄国城(编)　2021　《莆仙方言大词典》,厦门大学出版社。

李觋南(抄)　1917　《渡江书全部》,中华民国陆年丁卯春季月定笔。

李　荣　1988　《〈渡江书十五音〉序》,《方言》第 1 期。

马重奇　2001　《〈渡江书十五音〉音系性质研究》,《中国语言学报》第十期,商务印书馆。

马重奇　2004　《清代三种漳州十五音韵书研究》,福建人民出版社。

索绪尔　1980　《普通语言学教程》,商务印书馆。

仙游县地方志编纂委员会(编)　1995　《仙游县志》,方志出版社。

徐通锵　1996　《历史语言学》,商务印书馆。

中国大百科全书总编辑委员会　1994　《语言文字百科全书》,中国大百科全书出版社。

马重奇　福建师范大学文学院　chongqima@263.net

第一人称代词探秘

张惠英

提要 文章旨在介绍汉语方言和少数民族语言中比较少见的第一人称印象，并指出其中或隐或现的某种社会心理状态，如“我、吾”作为武器在原始野蛮杀伐中的自强自卫；“爷、老子、大、头（首领）”反映了在部族争雄社会进步中的自重、自豪、自大；而“洒、沙、社、魏”之类则反映了华夏地区信奉祖先鬼神的以神自称或称人的历史文化现象。

关键词 我 吾 爷 老子 社

笔者在2022年秋的第十一届吴方言学术研讨会会议《从崇明话“我、翁”同音说起》结尾说道：我们看到，从野蛮争战的以兵戈为自重的“我”，到文明农耕后的以“农（侬）”为本的重农尊老，以“翁、爷”称己称人，到后来的谦称“某、小人”，乃至皇上都自称“孤、寡人、不榖”等，到有些方言以“我、吾”做词头词尾表亲昵，看到了人类社会的进步和融洽。笔者长期关注汉语方言代词问题，随着时间的推移，接触面的增广，观察和思考的问题也有所拓宽。

我们对常见的第一人称的印象，是自重、自强、自豪、自大、自尊、自傲、自立。请看：

1. 我、吾

“我”字从“戈”，所以《说文解字》早已记录：“我，施身自谓也。或说我，顷顿也。……一曰古杀字。”

王国维曰：“‘我’字疑象兵器形，训‘余’为借义。见朱氏文字编十二卷八页下‘我’字条引。”（李孝定 1970：3797）

李孝定《甲骨文字集释》：“契文‘我’象兵器之形，以其柲似戈，故与戈同，非从戈也……卜辞均假为施身自谓之词。”（《汉语大字典》）

《书·泰誓》:“我伐用张。”按:《孟子·滕文公下》作“杀伐用张”。(《汉语大字典》)

笔者认为王国维、李孝定所说甚是。

“吾”字通“禦”。抵御。《广韵·模韵》:“吾,禦也。”杨树达《积微居小学述林·本字与经传通用字》:“《毛公鼎》云:‘以乃族干吾王身。’徐同柏读吾为御,此以经传常用字读之也。”《墨子·公孟》:“厚攻者厚吾,薄攻者薄吾。”孙诒让闲诂:“吾当为圄之省。”《说文·口部》:“圄,守也。”又作棒名。汉朝执金吾等官用之。《集韵·模韵》:“吾,棒名。”(《汉语大字典》)

所以,无论“我”还是“吾”,都与戈棒杀伐守御相关。显然是蛮荒时代先民杀伐征战时的自强自重之谓。

2. 爷、老子(湖南宁远,新化)

湖南宁远平话第一人称为“爷”(张晓勤 1999:196):

我 io^{53}(阴去调)　我哩(我们)io^{53}la^{0}　我的 io^{53}kə^{0}

我们从张晓勤(1999:64)同音字表看到,“爷”读[io^{213}]阳平调。显然“我”和“爷”声韵相同,可以认为来源一致。声调不同可以看作故意避让。

又如湖南江永方言(黄雪贞 1993:18):

我 ie^{13}　我们 ie^{13} nɯ^{55}(入声)/ni^{55}

这个[ie^{13}]和“人仁寅檐引应孕”声韵母同(黄雪贞 1993:43),疑为“爷[yə^{42}]”[和“云允君闰运”声韵母同(黄雪贞 1993:45)]的异读。

笔者以为,[ie]和[yə]的异读,有点像“的”的异读:-的-kɯə^{21}/kie^{21}(黄雪贞 1993:18)。此“的”本字为“个”。

笔者还以为,江永话的第一人称“爷”和第二人称“翁”也相对,“爷、翁”都是对男性的尊称。“翁”作人称代词还见湖南娄底话、东安话、新化话,详参张惠英《从崇明话“我、翁”同音说起》(2024)。

又如沈明、周建芳《湖南道县梅花土话》(2019:190,196),词表代词部分没有交代“我”,从后来的语法部分可以看到:

我 iu^{33}　我们 yo^{51}　我个崽(我儿子) iu^{33}kə^{0}tsɤ^{55}　分我一本书 pie^{51}iu^{33}i$^{35\text{-}44}$pie^{55}ɕyo^{51}

在第 63 页同音字表,[iu]韵零声母字 51 调有“夜”,21 调有“爷营”,33 调有

“我野也”,和宁远评话一样是“爷”的声调变读。

又如湖南新化话,则用“老子”作为第一人称的替代用语。如:“老子[$lau^{21}ts\eta^{0}$]”,表示自称或指年纪大的男性,可独立运用,做主语、宾语和定语。(罗昕如微信提供,2022 年 8 月 10 日)具体例证如:

(1) 老子哪个哒唔怕我谁都不怕!

(2) 尔凭么个欺负老子你凭什么欺负我?

(3) 哪个在背背底讲老子个空话谁在背后讲我的闲话!

(4) 三隻老子在尔脑扯谈三个老头儿在聊天。

(5) 尔个是隻老子那是一个老头子。

“老子”还具有较强的构词能力,构成的词多表男性,也有女性。“老子”在其构成的词语中意义趋于虚化,可以看成“类后缀”,由“老”和“子”两个语素构成。由“老子”构成的名词如:

爷老子父亲　娘老子母亲　家爷老子公公　家娘老子婆婆

寿星老子老寿星　槽门老子守大门的人　渡船老子驾渡船的人

大话老子爱说大话的人　阎王老子阎王　雷公老子雷公

3. 郎罢、老婿

陈泽平《福州方言的代词》(1999)一文,提出福州方言的代词,还有倨称形式,如“郎罢[$nou\eta^{21}ma^{242}$]”和“老婿[$nau^{53}lai^{213}$]”。“郎罢”即福州话的“父亲”,自称“郎罢”与北方人自称“老子”一样,倨傲而且粗鲁。“老婿”则更显得粗野。有趣的是,这两种倨称形式也是男女通用。

4. 大(老子)

位于广西境内的京语,用“大”做第一人称。(韦树关等 2014:4,290)

些　[ta^{1}]〈代〉1) 咱们,我们。2) 我。3) 老子(对卑辈自称)。

碎　[toi^{1}] 1)〈名〉仆役,奴仆。2)〈代〉我。

笔者以为,第 4 页写作“些[ta^{1}]”,从同韵的“魔马破他多那左罗邪泻借谢”看,好像写作“大”或“爹”都可以。而从第 290 页又读“碎[toi^{1}]”看,这就只能是“大”了。

大,《广韵》有果摄开口一等去声个韵“唐佐切”和蟹摄开口一等泰韵“徒盖切”两读。《说文》:“大,天大、地大、人也大,故大象人形。”所以,无论是[ta^{1}],还是[toi^{1}],都和“大”的古反切一致。

“大”无论在南北的方言中，称父、称伯、称母、称姑、称姐等长辈到处可见。（参张惠英 2020）少数民族的族名“泰、傣、㑊㑊”都是“大”的异写。吴语方言如崇明话称曾祖父母为“太太”，祖上祖则为“太里太”，这个“太”也来自“大”。

韦树关《京语研究》（2009：25）认为京语汉音韵母的特点为：

果开一歌……读 a。

蟹合一灰泰多读 oi。

作者韦树关先生的说明，正好解释了笔者关于“大”的两种读法。例句如下（韦树关 2009：75—80，83）：

（6）ci^{6} ɤi^{5} jai^{6} cuŋ^{5} toi^{1} haːt^{7} ka^{1} tieŋ^{5} viet^{8}。
她 教 我们 唱 歌 越南语
（她教我们越南语歌曲。）

按：［cuŋ^{5}toi^{1}］是“众大”，表示我们。又见例 3、例 6。［cuŋ^{5}］，即汉语“众”。

（7）toi^{1} kɔ^{5} haːi^{1} ɛm^{1} jaːi^{1}。
我 有 两 弟弟。
（我有两个弟弟。）

（8）cuŋ^{5} toi^{1} dem^{1} dem^{1} kuŋ^{2} di^{1} jɯ^{3} vɯɤn^{2} kwa^{3}。
我们 夜 夜 都 去 守 果园
（我们每天晚上都去守果园。）

（9）toi^{1} ŋi^{3} an^{1} la^{2} ŋɯɤi^{2} viet^{8} naːm^{1}。
我 以为 你 是 人 越 南
（我以为你是越南人。）

（10）toi^{1} di^{1} kwa^{1} bak^{7} kin^{1} haːi^{1} lɤn^{2}。
我 去 过 北 京 两 次
（我去过北京两次。）

（11）cuŋ^{5} toi^{1} hom^{1} nai^{1} di^{1} joŋ^{2} kɤi^{1}。
我们 今天 去 种 树
（我们今天去种树。）

（12）cuŋ^{5} ta^{1} di^{1} sɛm^{1} sɛm^{1}。
咱们 去 看 看
（咱们去看看。）

按：[cuŋ^{5}ta^{1}]的译文是咱们，构词方式同[cuŋ^{5}toi^{1}]，译文是我们。

(13) cuŋ^{5} ta^{1} di^{1} vaːu^{2} ɲa^{2} nɔi^{5}。

咱们 进去 屋 说

(咱们进屋去说。)

(14) cuŋ^{5} ta^{1} nen^{1} tim^{2} viek^{8} ma^{1} laːm^{2}。

咱们 应该 找 事情 来 做

(咱们应该找事情来做。)

5. 头、爹、天

下面看临高话和黎语的例子。

临高话的第一人称“我[hau^{2}]”，来自“头”。《临高汉词典》(刘剑三 2000：116—117)记载：

[hau^{2}]我

hau^{2} lo^{4}我们

[hau^{3}]首 1) 头。2) 首位，位置在前的……

hau^{3} be^{2} eŋ^{1}【父兄头】乡绅(村中首领的旧称)

hau^{3} bit^{7}【笔头】笔帽

hau^{3} tsau^{3}【灶头】厨房的旧称

hau^{3} tsuaŋ^{1}【庄头】庄家

hau^{3} səŋ^{3}【秤头】所称的重量

hau^{3} koŋ^{1} 工头

hau^{3} hun^{2} 头晕引者按，即“头混”

[hau^{4} tsiaŋ^{1}]首长(源于海南话)

显然，“我[hau^{2}]”和“首[hau^{3}]”完全同源，只是声调用来标异别义而已。临高话第一人称就是“头”。临高话复数第一人称[hau^{2}lo^{4}]大概就是“头老”，“老”读[lau^{4}]，此处可能是“老”的又读[lo^{4}]音，和“嫂也可称母”读[to^{1}]相对应。(刘剑三 2000：35)

再看黎语的第一人称代词，我们就可看得清清楚楚了：黎语第一人称[hou^{1}]显然和临高话的“头”同源，而表示头颅的头另读[gwou^{3}]/[gau^{3}]/[rau^{3}]/[ɣo^{3}]/[vo^{3}]等。(欧阳觉亚，郑贻青 1983：488)古效摄和古流摄在广东、海南等方言中常混淆不分，临高话和黎语也是这样的情况。

黎语保定方言第一人称一读[de^3],大概是借用汉语“爹”的音。这和宁远、江永、道县等地方言第一人称说“爷”正相呼应。又如湖南新化土话用“老子”来做第一人称,表示一种自尊自傲。

黎语保定方言第一人称复数[fa^1],则和“天[fa^3]”同源,临高话称天也是[fa^3],详见表1。①

笔者注意到,黎语、临高话的单数第一人称是“[hau^2](头)”,就是用表示首领的尊称来称自己。复数第一人称用[fa^3],就是用“天”来称呼。多么自信、自大、自傲!

表1　黎语、临高话第一人称代词和“天”说法对照

	我	我们	天
保定	hou^1　de^3	fa^1	fa^3
中沙	hou^1	$ʔa^3tau^1$	fa^3
黑土	hou^1	$ʔa^2rou^1$	pa^3
西方	hou^1	fau^1	fa^3
白沙	ho^1	$fə^1$	fa^3
元门	$houʔ^7$	$feɯʔ^7$	fha^3
通什	hou^1	fau^1	fa^3
堑对	hou^1	fau^1	fa^3
保城	hou^1	fou^1	fa^3
加茂	kau^1	$ʔau^1$	$vuəi^1$
临高	hau^2	hau^2lo^4	fa^3

6. 洒、社(佮、奢、沙、撒、萨、魏)

湖南嘉禾土话的第一人称很有意思,是一个少见的“洒[sa^{33}]”(阳上)。例如(卢小群 2002:110):

洒 sa^{33}(我)　　洒们 san^{33}(我们)引者按:是“我[sa^{33}]”和“身[$sən^{22}$]”的合音。

洒各 sa^{33} $kə^{22}$(我的)　　洒两人 sa^{33} $liom^{33}$ in^{11}(我们俩)

---

① 语料来源:临高引自刘剑三(2000:3,116),其余引自欧阳觉亚等(1983:485,495)。

《汉语大字典》"洒"：

> 代词。表示自称,相当于"余""我"。清郝懿行《证俗文》卷十七:"五代、宋初人自称沙家。明杨慎曰:沙家即余家之近声可证。赊字从余,亦可知也。按:沙家亦曰洒家。"章炳麟《新方言·释言》:"明时北方人自称洒家,洒即余也。"《永乐大典》卷一万三千九百九十一引《张协状元》:"洒是厮杀汉。"《水浒传》第三回:"洒家是经略府提辖,姓鲁,讳个达字。"

笔者以为,"洒家"的"洒",来自"社"。《说文·示部》:"社,地主也。"《玉篇·示部》"社,土地神主也。"

"社",既是土地神主、地主,又为古代江淮方言称"母"之词。《说文·女部》:"姐,蜀谓母曰姐,淮南谓之社。"《淮南子·说山》:"东家母死,其子哭之不哀。西家子见之,归谓其母曰:'社何爱速死。吾必悲哭社。'"高诱注:"江淮谓母为社。"(《汉语大字典》)

楚人称公为"阿社",而称"社"为母,和闽人祖母为"嫲俈"类似,和侗人称女性神为"萨"也相通,和北方民族称女巫为"萨"也一致。

今客家话如江西瑞金称土地神为"社公",江西上犹社溪称土地庙为"社宫",赣语如江西波阳称土地神为"社公社婆",江西莲花称土地神为"社庵菩萨"。吴语如上海松江称收生婆为"社婆"。北方话如河南沈丘称坟前烧的纸扎人马为"社花",山东枣庄称出殡时扎的纸人等为"社耗"。(许宝华等 1999:2946)

台湾土人之"社",既可指村社,也可指族群或土人种类。徐珂(1964:1935)《清稗类钞·种族类·台湾番人》谓:"台湾土人,不知所自何方,俗谓之番人。闻自海外迁来,及宋末零丁洋帅败,遁归。其种类甚多,南自加六堂至崇爻七十二社,北自崇爻至鸡笼番社尤不可胜数。"又"台湾内山有社,曰嘟咽,其人剪发,突睛,大耳,……俗称之曰鸡距番"。显然用"社"指土人种类,也就是称土人为"社"。"畲客"条还提出:"或曰,畲客即社民,在闽浙间,俗讹为佘民,而又讹为畲客,盖汉时所谓山越者是也。"徐珂所说,和我们语言学声韵之考察相合,"社、佘、畲、奢、沙、撒、萨"声音相通,译写不一。

闽语用"俈"指人,这个"俈"和"奢、舍、佘"都是麻韵三等字,音韵地位相当。我们认为,"俈"指人的用法,可以给我们一些启示。先看永安、沙县、三元"俈"的用例(陈章太,李如龙 1991:209):

	永安	沙县	三元
丈夫倯(男人)	꜃tiɑm ꜀pu ꜁sɒ	꜃tiam ꜀pu ꜁sɒ	꜃tiŋ ꜀pu ꜁ʃia
阿娘倯(女人)	꜀õ ꜁ŋiɑm ꜁sɒ	꜁õ ꜁ŋiɑm ꜁sɒ	꜀a ꜁iŋ ꜁ʃia
囝子倯(小孩儿)	꜂kyɛiŋ ꜂tsã ꜁sɒ	꜂kyaiŋ ꜂tsa ꜁sɒ	꜂kyẽ ꜂tsai ꜁ʃia

陈章太、李如龙(1991)同时说明“闽西客话亦称倯”。不妨再看看边疆邻舍边远民族相关词义的说法。

李拂一(1947：24)在注释“魏猛”时指出：“魏”是“一种鬼神之称,略等于社。亦可作护国神或城隍解。疑‘魏’即‘社’之转”。

我们以为李氏对“魏”的解释很给人以启发。由此出发,我们以为,“奢、沙、撒、萨”大概都和指神的“社”有关。“社”本指土地神,而在少数民族的用法中,“社”已可指所有的神。

请看少数民族语言中“萨”用来指神的例子：

彝族“萨喃”指土地公,是所在村寨议事会的主要成员。广西那坡县彝族,称土地公为“喃”或“萨喃”。“凡与‘土地’有关的祭祀、祷告活动他都出面。其职能主要是：负责保护农作物的种植；主持节日活动中有关土地、农作物内容的仪式；打开公房上的公门——社神门,它象征着一切祭祀娱乐活动将在此开始。”(广西壮族自治区编辑组 1987：71)

侗族用“萨”称神,而且大都属于女性。例如(《侗族简史》编写组 1985：6,19)：

萨岁(侗族女神)	萨多(天花奶奶)
萨对(山坳奶奶)	萨高降(床头奶奶)
萨高乔(桥头奶奶)	萨叭(雷公)

拉祜族天神名“厄萨”：“远古时候,宇宙间还是一片朦胧,天地粘在一起还没有分开,当时一位天神,名叫厄萨(也译为厄霞)便想造成天地。”(云南省编辑组 1987：47)基诺族家神之一叫作“内佘”：“在房屋内供奉着家神,‘内佘’、‘白腊泡内’和‘牟泡内’等各种神祇。”(云南省编辑组 1986：171)

北方女真、满族等称女巫为“萨玛、萨满”。宋徐梦莘《三朝北盟会编》卷三作“珊蛮”：“珊蛮者女真语巫妪也。”今阿尔泰语系的满族、鄂温克族、鄂伦春族、赫哲族和锡伯族,都称他们的巫师为“萨满”,行诸文字,则有多种写法,如西清的《黑龙江外记》,姚元之的《竹叶亭杂记》和《清史稿 · 礼志》都写作“萨玛”,吴振臣的《宁古塔记略》写作“叉马”,方式济的《龙沙记略》写作“萨麻”,索礼安的《满训四礼集》写作“萨莫”,还有写作“叉玛、沙漫、撒卯、撒牟”的。(秋浦 1985:2)我们以为,写法可以各异,但女巫在北方少数民族以“萨”为称,则是很明白的。清徐珂《清稗类抄·宗教类》谓:“萨满不知所自始,西伯利亚及满洲、嫩江之土人多信奉之。其教旨与佛氏之默宗相似,疑所谓萨满者特沙门之音转耳。”

我们认为,北方少数民族称女巫的“萨玛”,其中玛者母也,“萨”者,与南方少数民族的“䰠、奢、沙、撒、萨”相当,都和汉语指神的“社”有关,不只语音相通,意思也有相关。所以用“洒、奢、沙、撒、萨”作族称或自称,都是来自“社”,都是从远古以来的尊崇祖先鬼神,并以此自称,表现了一种极度的自豪、自信。

参考文献

[东汉]许 慎 1963 《说文解字》,中华书局。
陈泽平 1999 《福州方言的代词》,李如龙,张双庆编《代词》,暨南大学出版社。
陈增瑜 2007 《京族喃字史歌集》,民族出版社。
陈章太 李如龙 1991 《闽语研究》,语文出版社。
《侗族简史》编写组 1985 《侗族简史》,贵州民族出版社。
杜敦信 赵和曼(主编) 1988 《越南老挝柬埔寨手册》,时事出版社。
广西壮族自治区编辑组 1987 《广西彝族仡佬族水族社会历史调查》,广西民族出版社。
黄雪贞 1993 《江永方言研究》,社会科学文献出版社。
李拂一(编译) 1983 《泐史》,复仁书屋。
李孝定 1970 《甲骨文字集释》,“中央研究院”历史语言研究所。
刘剑三(编著) 2000 《临高汉词典》,四川民族出版社。
卢小群 2002 《嘉禾土话研究》,中南大学出版社。
欧阳觉亚 郑贻青 1983 《黎语调查研究》,中国社会科学出版社。
秋 浦(主编) 1985 《萨满教研究》,上海人民出版社。
沈 明 周建芳 2019 《湖南道县梅花土话》,商务印书馆。
王连清 2007 《京语》,孙宏开、胡增益、黄行《中国的语言》,商务印书馆。
韦树关 2009 《京语研究》,广西民族出版社。
韦树关 颜海云 陈增瑜 2014 《中国京语词典》,中国出版集团,兴界图书出版公司。
徐 珂 1984 《清稗类钞》,中华书局。
徐中舒(主编) 1986 《汉语大字典》,四川辞书出版社,湖北辞书出版社。

许宝华　宫田一郎(主编)　1999　《汉语方言大词典》,中华书局。
云南省编辑组　1986　《云南少数民族社会历史调查资料汇编》(一),云南人民出版社。
云南省编辑组　1987　《云南少数民族社会历史调查资料汇编》(四),云南人民出版社。
张惠英　2020　《我与〈汉语方言大词典〉》,《辞书研究》第4期。
张惠英　2024　《从崇明话"我、翁"同音说起》,(载《2022年吴语方言会议论文集》,待出版)。
张晓勤　1999　《宁远平话研究》,湖南教育出版社。

张惠英　海南师范大学文学院　zhychz@163.com

西方音位学的发展及中国现代音系学的形成*

李葆嘉

提要 文章首先分述20世纪西方音位学的发展或演变，从心理音位学派、形态音位学派、物理音位学派，到功能音位学派、结构音位学派、特征音位学派，再到脱胎于音位特征理论的生成音系学派。进而梳理西方现代语音学和音位学传入中国的线索。20世纪初，西方现代语音学传入中国。此后，李方桂(1927)跟随主张实用语音学的布龙菲尔德研习音位学，并用于语言调查和描写。赵元任(1934)引进英美音位学说，并阐述音位系统的柔性评价观。20世纪下半叶，音位学从"被批判"，到译介和述评，再到运用于中国语言分析。赵元任(1959)提出归纳音位及其系统的六原则。在此过程中，中国学者秉承包含音位观和审音法的汉语音韵学，吸收西方语音知识和音位理论，形成中国现代音系学。中国语言丰富多彩，构建基于中国(乃至广义东亚)语言特点并具有普适性的语音理论仍是中国语言学家的目标。

关键词 西方音位学　20世纪　发展　传入中国　中国现代音系学

一　引　言

作为一种具有影响力的理论，音位学形成于19世纪70至90年代的俄国喀山学派。博杜恩(Бодуэн де Куртенэ 1845—1929)对现代语音学的各个分支(生理语音学、心理语音学、历史语音学、普通语音学、比较语音学、胚胎语音学、病理语音

* 本文受教育部高校人文社会科学重点研究基地重大项目"俄罗斯语言学史专题研究"(项目编号22JJD740022)支持。

学)皆已涉猎,并提及语音与思维、语音与生态的研究,其理论基础包括“语言双重划分论”“语言能量论”“语言心理论”“发音行为示意论”“形态化和语义化表象论”等。最重要的是,博杜恩区别了语音学(生理语音学)和音位学(先后提出形态语音学、心理语音学、词源语音学);又曾提出生理语音学、心理语音学和历史语音学三分。生理语音学属于自然科学,心理语音学属于人文科学,音位学是一系列自然科学和心智科学之间的中间环节。20世纪以来,不同的学者强调不同的侧面,从而发展或演变为不同的音位学派。

关于“音位学”的术语,有不同的词形。1899年,博杜恩在《音位学》(Бодуэн 1963 I: 353)中首先用其母语波兰语的fonologia(俄语 фонология)指称当时的这一新学科,并说明该术语“源于希腊语的 φωνή(语音)与 λoγoς(知识)”。20世纪20至30年代,布拉格学派采用法语的phonologie、德语的phonologie和捷克语的fonologie;英美学者起初也用与之平行的词形phonology(但传统含义是“语音史”);后为避免术语混淆,斯瓦迪士(Swadesh,1934)新造phonemics(音位学)。在中国,赵元任(1928)最初用“音韵学”翻译phonology,赵元任等(1940)用“音位”翻译phonème。20世纪50年代,西方音位学全面传入中国,无论俄语的фонология、法语的phonologie、德语的phonologie,还是英语的phonology、phonemics,都汉译为“音位学”。(李振麟 1955;田恭 1955;桂灿昆 1956)20世纪70至80年代之交,首先向国内介绍generative phonology的几位学者,译成“生成音位学”(徐烈炯 1979)、“生成语音学”(王嘉龄 1980)和“生成音系学”(吴宗济 1980)。

本文首先分述西方音位学在20世纪的发展(心理音位学派、形态音位学派、物理音位学派、功能音位学派、结构音位学派、特征音位学派)和演变(生成音系学派),此后梳理音位学传入中国的线索。在此过程中,中国学者秉承包含音位观和审音法的汉语音韵学(中国“经典音位学”),结合西方语音知识和吸收西方音位理论,形成了中国现代音系学。

二　心理音位学派和形态音位学派

早期博杜恩著作中曾提出音位理论的两种表述:形态—词源音位理论(Бодуэн 1881)和心理学音位理论(Бодуэн 1888)。音位的形态设想(音位是词素中的可变成分)成为莫斯科学派的理论基础,而音位的心理解释(音位是语音的心理等价物)则由列宁格勒学派发扬。(陈重业 1981)

(一) 列宁格勒心理音位学派

继喀山学派之后,博杜恩在彼得堡大学期间(1900—1918)培养了谢尔巴(Л. В. Щерба 1880—1944)、波利瓦诺夫(Е. Д. Поливанов 1891—1938)等,创立了彼得堡语言学派。谢尔巴继承博杜恩的心理主义,提出基于语义的音位理论,在苏联时期形成列宁格勒音位学派,其成员有马图谢维奇(М. И. Матусевич 1895—1979)、津德尔(Л. Р. Зиндер 1904—1995)等。

作为博杜恩的传人,谢尔巴的研究显示出对心理原则的忠诚。他在《语音学的主观和客观方法》中强调:

> 语音单位的概念并不总是包括声学或生理单位的概念,因此不能归结为生理单位。语音单位也不属于物理量,而是我们心理活动的结果。换而言之,当我们谈论a、e、i、p、t等时,我们就离开了物理和生理世界,而进入了心理领域(область психики)。在此可知,语音单位是听觉和生理素材的合成,它们被用于为言语交流的目的服务。这也决定了语音学作为一门科学的独立地位——它首先研究言语的语音表象,然后研究产生这些表象的声学和生理过程。(Щерба 1910/1974: 136)

语音单位(фонетической единицы)即音位,是心理活动(或思维活动)的结果。谢尔巴在硕士论文《关于俄语元音的质和量》(1912)中区分了社会语言系统(集体心理)和个体语言系统(个体心理),着眼于后者的音位研究。

音位是某一种语言中最短的一般语音概念,音位能与思维概念相联系,可以区分词,且在言语中不需要寻找词的语音组成就可区分音位……音位是我们思维活动的产物……音位虽然是标准的,但终究也还是具体的语音概念。(Щерба 1983: 14—15)

1937年,谢尔巴在《法语语音学》中进一步阐述了"音型"和"音品"等,把能够分辨词义的音素视为不同的音位,把不能分辨词义的音素视为同一音位的变体。

> 我们把这些音型称之为"音位"。音位代表同一音型各个具体发出的音素的共性,而这些具体音素体现了共性的个性。我们将它们称为音位的"音品"。一个音位的各音品中有一个最典型的音品,我们则称为"基品"。(Щерба 1937: 18—19)

谢尔巴认识到,音位的本质是语音中的一般性东西,而活语言中的真实语音体现为音位的成分。音位与音品是一般与个别的关系。这种关系是由意义决定的,因为只有意义才能使我们从存在不同程度差别的音素中确认出一般。就其历史发展而言，语言中的音位缓慢而不断地发展，新的音位逐渐产生，旧的音位逐渐消失。（Щерба 1937：188）谢尔巴秉承其师的观点，认为"音位"是一个历史语音学范畴。谢尔巴强调，音位不仅是心理概念，同时具有社会意义，其社会意义体现在功能化过程中。言语中的音素也在社会中发挥作用，是任何语言和言语行为赖以存在的物质基础。（Щерба 2004：188）

1945 年，谢尔巴在其最后一篇论文《语言学当前的几个问题》中提及，作为语言所能具有的最小单位，音位构成了语言的多音位单位——词素和词。因此音位学不仅和语法学相对，而且也和词汇学相对。然而音位学研究的并非个别词，而是该语言在语音方面的共同规律。谢尔巴反对把音位学与语音学割裂开来。要研究某一语言的音位系统，解释音位的语义化特征或音位化特征，只有在首先研究该语言的具体发音及其个别成分之间的各种因果联系的基础上才有可能。为此就必须研究一般语音学即各种不同发音以及发音现象的组织机制，音位学的许多现象才能得到说明。（谢尔巴 1962）

谢尔巴的学生马图谢维奇著有《语音学术语手册》（*Терминологический справочник по фонетике*，1934）[①]、《普通语音学引论》（*Введение в общую фонетику*，1941）、《现代俄语：语音学》（*Современный русскеий язык*，*Фонетика*，1976）等。津德尔和马图谢维奇著有《论音位学的历史》（*К истории учения о фонеме*，1953）。

（二）莫斯科形态音位学派

莫斯科音位学派继承并发挥了博杜恩关于音位是形态（词素）中可变成分的观点。"形态音位"是博杜恩的学生、波兰语言学家乌瓦申（H. Ułaszyn 1874—1956）在 1927 年提出的，在其《语音 · 音位 · 形态音位》中定义为"形态音位是用于语义—形态功能的音位"（Ułaszyn 1931：53—61）。特鲁别茨科依（Трубецкой 1929：85—88）在《论形态音位学》中采纳该术语并赋予另意，形态音位是"受词中形态结构的制约，而能在同一形态内互相替换的两个或数个音位所组成的复合概念"。在《俄语形态音位系统》（1934）中改为"形态音位是参与一组交替的音位之

① 因本文所涉外语文献众多，有直接或间接引文的论著列入参考文献，汉译题目之后不附注外文；无直接或间接引文的论著不列入参考文献，汉译题目之后附注外文标题。

总合”(Трубецкой 1987：88)。乌瓦申的术语或译“词素音位”,特鲁别茨科伊的术语或译“语素音位学”,乌瓦申概括的是音系性交替,特鲁别茨科伊概括的是非音系性交替。前者为美国特雷杰(Trager 1934)接受,后者被美国斯瓦迪士(Swadesh 1934)采纳。欧美多用乌瓦申的含义,苏联多用特鲁别茨科伊的含义。莫斯科音位学派成员列弗尔马茨基(Реформатский 1975：101)指出,“形态音位”是来自莫斯科音位学派理论的改头换面。(转引自信德麟 1991)

莫斯科音位学派在 20 世纪 20 年代末出现,沿着雅科夫列夫(Н. Ф. Яковлев 1892—1974)开辟的道路发展音位理论。1923 年,雅科夫列夫发表《卡巴尔德语的语音表》,将音位定义为区分语义的最小语音单位。在任苏联新字母表技术委员会主席期间,运用音位学原理制定了《数学模型的字母表构造方案》(1928)。该学派的主要观点见于阿瓦涅索夫(Р. И. Аванесов 1902—1982)和西德洛夫(В. Н. Сидоров 1903—1968)合著的《俄罗斯文学语言语法概论 · 卷一：语音学和形态学》(*Очерк грамматики русского литературного языка：Часть I：Фонетика и морфология*, 1945)。该学派成员还有列弗尔马茨基(А. А. Реформатский 1900—1978)、库兹涅佐夫(П. С. Кузнецов 1899—1968)等。列弗尔马茨基著有《美国语言学中的音位问题》(*Проблема фонемы в американской лингвистике*,1941)、《语音教学与音位学》(*Обучение произношению и фонология*, *Фонологические науки*, 1959)、《音位学 · 形态音位学 · 形态学概要》(*Очерки по фонологии, морфонологии и морфологии*, 1979)等。库兹涅佐夫著有《论音位的区别性特征》(*О дифференциальных признаках фонем*,1958)等。(王福祥 2013)

1956 年,阿瓦涅索夫在《现代俄语标准语语音学》中修改了莫斯科音位学派的观点。在苏联科学院俄语研究所《现代俄罗斯规范语语法》(*Грамматика современного русского литературного языка*,1970)的“音位学概述”中,撰写者德米特连科(С. Н. Дмитренко)依据阿瓦涅索夫的观点,而在《俄语语法》(*Русская грамматика*,1980)的“语音学”“音位学”中,德米特连科虽然沿用此前框架,但具体分析已有重大改动。德米特连科认为,音位体系的各种对立关系受制于音位组合特点,要阐明其中关系,首先要全面描写音位组合,由此实践了莫斯科音位学派的基本原理。(转引自诸通允 1988)

德米特连科区分了音位的“结构特征”和“区别特征”。结构特征是每个音位都有的,不依赖于该音位在词形中的位置而为其变体共有。布拉格学派的区别特征，指不同语音之间的对立，以区别不同词形的发音—声学特征。特鲁别茨科伊也称“音系性重要特征”或“辨义特征”。阿瓦涅索夫就语音的发音—声学特征，区分了独立的不受位置制约的方面（构成音位）和非独立的受位置制约的方面。他在分析强弱音位时用了“结构特征”“区别特征”的说法，但是并未明确区分。特鲁别茨科伊和阿瓦涅索夫都把音位看成特征的集合，但前者是从辨义功能或区别词形的功能出发，而后者是从独立与位置制约与否出发。（王钢 1984）

阿瓦涅索夫（1956）认为强音位不仅能区分词形，也能区分其中的词素；弱音位能够区分词形，但不一定能区分词素，原因是弱音位是两个或几个强音位的等价物。由此主张音位总数只计算强音位。德米特连科（1980）认为，弱音位同样具有区分词形的功能，主张将弱音位也计入音位总数。（转引自诸通允 1988）德米特连科自称莫斯科音位学派中的“非传统观点”，但建立的音位体系更能体现俄语的发展规律和说明俄语现状。（转引自诸通允 1988）

苏联科学院莫斯科俄语研究所结构语言学系主任、控制结构语言学的代表人物邵勉（С. К. Шаумян，1916—2007）在《音位问题》中对音位学与语音学的关系有一个类比：

> 考虑到声音的物理和功能的双重性质，我们可以说，在某种意义上，音位学与语音学的关系就像政治经济学与商品学的关系一样。（Шаумян 1952：334）

邵勉在《音位与区别性要素的两阶理论》（*Двухступенчатая теория фонемы и дифференциальных элементов*，1960）中提出音位的两阶抽象理论。此后，在《认知过程中的信息转换和结构语言学的两阶理论》（*Преобразование информации в процессе познания и двухступенчатая теория структурной лингвистики*，1962）中也有类似论述：

> 音位既能够又不能从音响实体转化为其他种类的实体，这就是分析语言现象时遇到的根本矛盾。我们认为，要克服上述矛盾，唯有把音位分解为两个概念。一个是音位概念，另一个是作为物理实体的概念，即音位体（Фонемоид）概念，它是音位的基体（субстрат）。音位是观念上的区别要素，它能够从一种物理实体转化为另一种实体。至于音位体——只是音位的体现者。也就是说，没有音位体，音位本身就不可能存在。（边兴昌译 1963）

邵勉认为，音位属于结构成分级，音位体属于材料级。而没有音位体，就不存在音位。

三　英国物理音位学派

19 世纪晚期。英国学者关注语音学和标音原理。现代语音学的先驱斯威特(H. Sweet 1845—1912)提出：记录语音时不可能也无必要记录许多的语音差别，只需用少数符号记录有重要差别的语音。在《语音学手册》(Sweet 1877)中，斯威特区分了两类音素：一类音素之间的差异取决于其所处语音环境，因而是非区别性的；另一类音素可以确定两个词是有区别意义的词项。记录前者用严式注音，记录后者用宽式注音。

博杜恩的音位学说在欧美传播，应与巴黎语言学会(1866 年成立)和国际语音协会(1888 年成立)有关。博杜恩是巴黎语言学会终身会员，出席过学会会议并与一些会员保持联系。1930 年，梅耶(A. Meillet 1866—1936)在追思博杜恩的文章中不禁慨叹：

> 虽然他关于语音交替的论著 1895 年用德文出版(波兰语版 1893)，但是几乎没有引起注意。这是因为该理论出现得太早了——在当时，几乎每个人都只考虑历史语言学，对普通语言学的书不感兴趣。实际上，博杜恩以令人钦佩的洞察力和准确性分析了一种现象，该现象在波兰语和斯拉夫语中尤其明显，而几乎在任何语言中都可以观察到，其理论的重要性至关紧要。即使在今天，人们的兴趣已经转向普通语言学，但是交替现象也并非总能得到正确的理解，也没有得到应有的考虑，因为人们没有认真阅读这篇简明的论著。(Meillet 1930：174—175)

不过，仍有一些学者关注音位理论。法国语音学家帕西(P. É. Passy 1859—1940)担任国际语音协会主席并参与制订国际音标。他和博杜恩也有通信联系，很早了解博杜恩的学说并把音位概念运用于实践。1888 年，帕西在国际语音协会宗旨中指出："人们已创造了过多的符号来表示没有辨义价值的各种语音变化，这个不幸的癖好有把我们越来越引入歧途的危险……在文中只需要标出具有意义的不同之点，这是一条人们决不可违背的宝贵原则。"(转引自琼斯著，游汝杰译 1990) 1905 至 1906 年，英国学者琼斯(D. Jones 1881—1967)师从帕西，此后长期担任国际语音协会秘书和会刊编辑。1911 年，协会印行谢尔巴《俄语语音简析》(L. Ščerba, *Court exposé de la prononciation russe*)，琼斯从该书中首次接触到音位学说。1913 年，博杜恩的另一学生、波兰语言学家本尼(T. J. Benni 1877—1935)更详细地向琼斯解释了博杜恩的音位理论以及心理语音学和物理语音学。

1918 年,琼斯(Jones 1918: 36)在《英语语音学纲要》中提出:"音位是一种语言中的一族语音(a family of sounds),其中包括一个该语言中的最重要语音(即这族语音中的最常用成分),以及其他在特殊语音结构中才出现的与之有关联的语音。"琼斯区分了音位中的"主要分子"和"次要分子"。1919 年,在与锡兰语言学家佩雷拉(H. S. Perera)合写的《语音转写的僧伽罗语口语读本》中有进一步的解释:"音位……在连续的言语中使用时,任何一个分子都不可能出现在已被另一分子占据的位置上。"(转引自琼斯著,游汝杰译 1990)

其后,琼斯在《论音位》(1931)、《音位理论及其在实用语言学中的重要性》(1932)、《音位的性质和应用》(1950)、《术语"音位"的历史和涵义》(1957)等论著中进一步阐述了其观点。他认为音位由有关系的一族语音构成,不讨论音位以对立为基础,因而与布拉格音位学派的辨义功能观不同。他坚持音位只限于元音、辅音,不承认重音、语调、音渡也是音位,因而也有别于美国结构主义的观点。因此,琼斯的学说被称为"音位的物理观"或物理音位学。后来,琼斯承认音位通过互换起到辨义作用。又与美国学派合流,也认为音调等都可构成"最小限度的区别",由此采用"调位"(toneme)、"时位"(chroneme)这些音位学术语。

1915 年到 1919 年,美国学者比奇(D. M. Beach)在北京担任中学教师。1919 年,比奇来到琼斯所在的伦敦大学学院语音系工作。基于北京语音研究,比奇首次提出"音饰成分"(sound attributes)。在博士论文《北京话语音学》(1923)中最先以"超音段成分"(prosodies)指音高、音强和音长。(Beach 1923: 76—91)1921 年 2 月,他在关于北京语音的演讲中指出,在语流中,汉语的四声会因受邻近音节声调(或其他条件)的影响而产生变体。在琼斯的提议下,比奇新造术语"调位"(toneme)表述语流变调。此后,比奇在《声调科学及其在班图语言中的应用》(The Science of Tonetics and Its Application to Bantu Languages. *Bantu Studies*,1924)和《霍屯督语语音学》(*The Phonetics of the Hottentot Language*,1938)中使用调位分析这些声调语言。此外,伦敦大学学院的阿姆斯特朗(L. E. Armstrong 1882—1937)和缅甸学者皮貌丁(Pe Maung Tin 1888—1973)合编的《缅甸语语音读本》(*A Bumese Phonetic Reader*,1925)、南非威特沃特斯兰德大学的多克(C. M. Doke 1893—1980)撰写的《祖鲁语语音学》(*The Phonetics of Zulu Language*,1926)也都采用这个术语。后来,在相同意义上使用该术语的,还有特鲁别茨柯依、雅各布森和派克等。(转引自 Daniel Jones 著,游汝杰译 1990)

四 布拉格功能音位学派

1918 年博杜恩回到独立后的波兰担任华沙大学教授,1922 到 1923 年先后应邀到布拉格大学和哥本哈根大学讲学。此前,布拉格学派中的俄翼学者早已了解博杜恩理论。1929 年,雅各布森(P. O. Якобсон/R. O. Jakobson 1896—1982)在《浪漫的泛斯拉夫主义——新斯拉夫研究》中将当时的科学指导思想概括为“结构主义”(strukturalismus)。同时提出,对布拉格学派工作的评判,必须考虑法国语言学的卓越方法论成就、德国语言学富有成效的转折,以及波兰博杜恩学派(即喀山学派、彼得堡学派)和俄罗斯福尔图纳托夫学派(即莫斯科学派)的综合性探索。该文中,并未专门提及日内瓦学派的索绪尔。(李葆嘉 2022)

1928 年,马泰修斯(V. Mathesius 1882—1945)、雅各布森、特鲁别茨柯依(H. C. Трубецкой 1890—1938)和卡尔采夫斯基(C. O. Карцевский 1884—1955)出席第一届国际语言学会议(海牙),提交了几篇音位学论文(时称“22 号提议”)。他们声明,不赞成日内瓦学派割裂共时与历时的做法,而认为功能研究方法,既适用于共时也适用于历时。这些观点引起与会者的关注,称他们为“布拉格音位学派”。1929 年 10 月,布拉格学派成员提交给第一届斯拉夫语言学家大会的一组论文(即通常所称“布拉格语言学派论纲”),刊于《布拉格语言学会学报》1929 年创刊号。其主要观点包括:(1) 语言是一种适合于某种目的性的表达系统,语言分析必须考虑功能;(2) 不应像日内瓦学派那样在共时方法和历时方法之间设置不可逾越的障碍;(3) 比较研究不仅限于语言的承传,还可用来发现语言系统的结构和演变规律;(4) 必须区分作为物理事实的语音(音素)和作为概念或功能系统的成分(音位)。语音只有在系统中执行某种区别意义功能时,才能成为语言系统的成分;(5) 语言研究应考虑语言功能的多样性。这些观点皆见于博杜恩的早期论著。

特鲁别茨柯依认为博杜恩是现代音位学的先驱,雅各布森则把博杜恩的音位学视为欧洲语言学的重要部分。他们继承了博杜恩的学说,认为语音学只是一门辅助学科(实际上属于自然科学),而音位学才是语言学的组成部分,主要从对立关系和辨义功能的立场阐述音位。在雅各布森执笔的《音位学术语标准化方案》(1931 年刊出)中指出,音位学研究语音现象在语言中的功能,把能否区别语义视为界定音位及其变体的原则。音位变体(variante)在其语境的位置上互相排斥,这种情况称“互补分布”(distribution complémentaire)。在法文撰写的该方案中,功能性语音研究以法文 phonologie(音位学)表示,同时附注德文 Phonologie、捷克文 fonologie 和俄文 фонология。就术语本身而言,法、德、捷、俄术语都不言自明。但是,英文 phonology 的传统含义多指“历史语音学”或“语音史”,相当于法、德语言学中的 phonétique historique 和 historische Lautlehre,因此美国学者后新造 phonemics。(钱军 1993)

在特鲁别茨柯依去世的次年,其德文版《音位学原理》(1939)刊于《布拉格语言学会学报》第七卷。1949 年,巴黎东方语言学院阿拉伯语言学家康蒂诺(J. Cantineau 1899—1956)的法译本(*Principes de phonologie*)出版。1958 年,德国新刊单行本(Göttingen: Hoeck & Ruprecht)。1960 年,彼得堡大学阿尔泰语言学家霍洛多维奇(A. A. Холодович 1906—1977)的俄译本(*Основы фонологии*)问世。1969 年,加州大学洛杉矶分校巴尔塔克斯(C. A. M. Baltaxe)的英译本(*Principles of Phonology*)出版。1973 年,西班牙乔达诺(D. G. Giordano)和普里托(L. J. Prieto)的西班牙语译本(*Principios de fonología*)出版。2019 年,墨西哥埃雷拉(E. Herrera)和克纳普(M. H. Knapp)新刊西班牙语评注本(*Principios de fonología*)。这部 20 世纪的语言学经典,直到 2015 年才有中译本(据俄文版翻译)。

《音位学原理》正文分为两部分:辨义功能理论、标界功能理论。第一部分包括:(1) 基本概念;(2) 划分音位的规则;(3) 辨义对立的逻辑划分;(4) 辨义语音对立的音位系统;(5) 辨义对立的中和类型;(6) 音位组合;(7) 音位统计。第二部分包括:(1) 前言;(2) 音位界标和非音位界标;(3) 单一标记和集群标记;(4) 积极界标和消极界标;(5) 界标的使用。根据特鲁别茨柯依的定义,任何音系描述都是从识别能够区分意义的语音对立开始的,以语音描写为出发点和物质基础。音位学主要研究音位的对立,这些音位共同构成音位系统。音位系统的描述需要借助作为音位对比基础的“构成辨义对立的语音特征”。这些特征表现为实现特定音位的发音—声学特性的概括,可分为元音特征、辅音特征和韵律特征。辅音的主要特征是成阻和除阻,元音的典型特点是开口无阻。辅音除阻的不同方法,元音开口的不同程度,构成辅音和元音其他特征。共鸣空间影响到音色,从而产生特殊的共鸣特征。韵律特征可分解为韵律的区分特征和韵律单位连接的附加关系特征。(特鲁别茨柯依 2015: 71)

特鲁别茨柯依(2015: 34,36—38,57)提出划分音位四条规则。(1) 如果两个音素处于同一位置并可互相替换而不改变词义,那么就是同一音位的任选变体(факультативный вариант)。(2)如果两个音素出现在同一位置,互相替换后词义改变或导致无法辨认,那么就是不同的音位。(3)如果两个在音响上近似的音素而任何时候都不会出现在同一位置,那么是同一音位的组合变体(комбинаторыный вариант)。(4)如果两个音素在组合时相互伴随,且于同一位置出现时其中一个却没有另一个伴随,那么它们是不同音位。其中的任选变体相当于自由变体,组合变体相当于条件变体。特鲁别茨柯依又把音位对立成员之间的关系分为三种:(1)否定对立,其中一个成员具有某一特征而另一成员没有;(2)渐变对立,对立成员特征相同而彼此程度不同,如不同元音的开口度差异;(3)均等对立,对立成员之间,既不是某一特征的程度差异,也不是某一特征的肯定否定。

《苏联大百科全书》第三版(*Большая советская энциклопедия. 3-е изд*,1969—1986)"音位学"词条中这样评价:作为现代语言学中的一门独立学科,音位学形成于20世纪20至30年代,是由特鲁别茨柯依、雅各布森和卡尔采夫斯基创建的。他们在第一次国际语言学会议(1928年海牙)上阐述了音位学的主要观点。音位学发展中最重要的里程碑是特鲁别茨柯依的《音位学原理》(1939)——该书第一次系统地阐述了音位学的任务、原理与方法。然而,创建音位学的先决条件早在19世纪末就已形成。博杜恩·德·库尔德内为音位学的发展奠定了基础,在其著作中首次提出音位及其特征的概念,尽管随着时间的推移,这个概念发生了变化。根据我们的追溯,实际上,博杜恩在19世纪晚期创立了现代音位学,并非仅仅首次提出音位及其特征的概念,为音位学的发展奠定了基础。而特鲁别茨柯依、雅各布森等,只是在20世纪20至30年代发展了音位学。

五　结构音位学派、特征音位学派和生成音系学派

(一)美国结构主义音位学派

几乎与布拉格功能音位学派同期,美国结构主义音位学也在发展。美洲原居民语言成为美国人类语言学生长的土壤。博厄斯(F. Boas 1858—1942)所论语音现象多来自人类学描写实践中的问题。1889年发表《论交替发音》,该"交替发音"指在记录原居民语言时常遇到的一些"飘忽不定"的音素,常使不同的调查人把同

一形式记成有别的语音。[①] 1911 年在《美洲印第安语言手册》序中，博厄斯指出每种语言都仅使用有限的音素，原居民语言并不缺乏语音区别机制。

1921 年，萨丕尔（E. Sapir 1884—1939）在《语言：言语研究导论》讨论语音的第三章中已有类似"音位"的概念：

> 这样对语音价值（phonetic value）的思考引发一个重要概念。在一种语言特有的、只能通过刻苦的语音分析才能得出的纯粹客观的语音系统背后，有一个更受限制的"内在的"或"理想的"系统。然而对质朴的说话者而言，可能同样意识不到这是一个系统，但比第一个系统更容易让人意识到是一个既定模式、一种心理机制（psychological mechanism）。（Sapir 1921：45—46）

与博杜恩类似，萨丕尔也是从心理角度来认识语音价值。接下来，萨丕尔强调，语音和语音过程不能机械理解，应当揭示其潜在的"语音模式"，关注说话人对语音结构的"直觉"：

> 因此，每种语言的特征都是尽可能通过理想的发音系统和潜在的语音模式（phonetic pattern，可称为"符号原子系统"）来体现的，就像其特征通过确当的语法结构来体现一样。语音结构和概念结构都显示出语言对形式的直觉。[16]（Sapir 1921：46）
>
> （萨丕尔注 16："理想的发音系统的概念，即一种语言的语音模式。这一观点并未被语言学研究者很好地理解。"）

四年后，萨丕尔发表《语言的语音模式》（1925）。尽管不同说话者对同一音素的具体发音可能存在微殊，但相互仍能交流，即表明这些发音的心理效应等同。因此在语音系统对比时，不应只看两种语言各有哪些音素，更应关注音素之间的关系。在该文中还可看到归纳"音位"的原则。萨丕尔指出，在一种语言的发音中，有"个人变体"（individual variation）和因语音环境不同的"条件变体"（conditional variation），但只要这些变体是在同样模式内，说话者就会认为是同样的语音。条件变体是依据"基本语音"即典型模式出现的语境确定的，"典型模式"即相当于琼斯所谓的"主要分子"。（Jones 1918）

美国学者可能先通过琼斯（1918，1919）论著，后来又通过布拉格学派提交国际会议（1928，1929）论文了解音位学说的。1933 年，萨丕尔发表法文版《音位的心理现实》，采用了 phonème 这一术语。一个语音是否具有音位地位，不仅与客观观察

---

① 这种现象，在汉语方言和民族语言调查中也会见到。

及分析结果有关,还须经过心理过滤。实际上,生理—物理特征差别较大的音素很可能归入同一音位,而差别较小的音素也有可能归入不同音位。在美国西部南派尤特语中,[ß]仅作为[p]的词法变体出现。二者虽有明显的生理—物理特征差别,但母语者的“音位直觉”(phonemic intuition)却认为是同一个音。萨丕尔将音素在“心理上”“直觉上”的相似与否,作为确定音位的依据。

与萨丕尔的心理主义倾向有别,布龙菲尔德(L. Bloomfield 1887—1949)的音位概念则基于结构特征分析。1926 年,在《语言科学的一套公设》中已提及音位,如:“起码发音特征相同才是一个音位或独特的语音。”“在一种结构中,依照伴随音位,一个音位可与另一个音位交替。”(Bloomfield 1926: 157)

1933 年,布龙菲尔德(Bloomfield 1933: 77—90)在《语言论》的第五章“音位”、第六章“音位类型”[①]中讨论了音位。他把“音位学”定义为研究“有意义语音”的“实用语音学”(practical phonetics)。话语中的语音实为“语音总特征”,其中既有与语义相关的区别特征(distinctive feature),也有与语义无关的非区别特征。哪些特征具有区别性因具体语言而异,取决于说话者在语言共同体中长期形成的社会惯例。然而,一种语言中的区别性特征在另一种语言中可能是非区别性特征。确定某种语言词例中的某个音是否为音位,或是否具有语音区别性特征需要通过对比或相关词语的语义辨析。作为行为主义者,布龙菲尔德不认可音位的抽象性。他把辅音、元音称为“主要音位”,而把重音、音高、音渡等归入“次要音位”。

1934 年,萨丕尔的学生斯瓦迪士(M. Swadesh,1909—1967)在《音位原理》中梳理音位学说的核心概念,首先使用了音位学(phonemics[②])这一新术语:

> 语音学为音位的发现和定义提供技术。词法学涵盖对语素的音位结构的研究,以及对充当语素之成分的诸音位之间的形态关系研究。历史音系学研究音位的演化。通过这些方式,音位学使语言科学的其他领域相互联系起来。(Swadesh 1934: 129)

斯瓦迪士提出根据特定语言中的语音分布来发现音位的一些原则。例如,英

① 博杜恩在《斯拉夫语言“比较语法”的若干章节》(1881)中提出:音位即“语音类型”(фонетический тип),音位符号即语音类型的抽象性符号,是剔除了实际上出现或存在的活跃特征的、作为概括结果的符号。(Бодуэн 1963 I: 122)

② 从 phoneme(音位)中派生 phonemics,可能误以为 phonemics 的研究范围限于 phoneme(其实是音位特征、音位系统)。此外,根据希腊语、拉丁语的构词规则,音位学的词形应为 phonematics。

语的 pit、upper 和 spill 中使用不同的 p,其发音取决于 p 在词中的特定位置。斯瓦迪士提出,这些位置上的 p 音变体处于“互补分布”(complementary distribution),应视为相同语音类型中的音素实例。对特定语音系统进行分布分析,成为美国结构音位学的特点,由此把“发现音位”当作音系分析的任务。这些原则后来被哈里斯(Z. S. Harris 1909—1992)用于单词和句子分析,分布分析法成为语言结构要素的“发现程序”。美国学派虽以音位为基本单位,但并不排斥“非音段性音系成分”。斯瓦迪士指出,除了独立音位,还存在“音节音位”(调位和重音位)、“句子音位”(韵律模式)。(Swadesh 1934: 122)

此后,特瓦德尔(W. F. Twaddell 1906—1982)在《论音位的定义》(1935)中提出“宏音位”(macro-phoneme)和“微音位”(micro-phoneme)。布洛赫(B. Bloch 1907—1965)在《音位重叠》(1941)中论述音位重叠现象。霍凯特(C. Hockett 1916—2000)发表《描写音位学的系统》(1942)、出版《音位学手册》(1955)。斯瓦迪士的论述被后布龙菲尔德学派的代表人物布洛赫和特雷杰(G. L. Trager 1906—1992)承袭,音位学被定位为与语音学、词法学等平行的分支学科。音位学研究语音材料中的“区别性差异”(Bloch & Trager 1942: 38),与普通语音学相对。布洛赫和特雷杰在《语言分析纲要》(1942)中提出,音位分析应主要根据相似原则和互补原则,“归纳成一个音位的若干个音在语音上是相似的,也就是说,它们共同具有其他音位成员都没有的某些特点或特别组合”(赵世开译 1965: 55)。1947 年,特雷杰和布洛赫(Trager & Bloch 1947: 223)的《英语的音节音位》使用了“音位变体”(allophone),定义为“作为音位级别成员的语音类型”。此外,布洛赫还首创了表示音位的书面记号“/a/”。

1942 年,派克(K. L. Pike, 1912—2000)在结构语言学家弗莱斯(C. C. Fries, 1887—1967)的指导下获得博士学位。1943 年和 1947 年,先后出版《语音学:对语音理论的批判综述和用于语音真实描述的技艺》《音位学:把语言变为书写的技艺》。派克(Pike 1947: 66)认为,不仅音质的不同形成音位即“音段音位”(segmental phonemes),而且音量的特点(如音长、音强、声调)也是音位即“超音段音位”(suprasegmental phonemes)。他把音位视为“附属分子”(submembers)的总和,其中分布更普遍的为“典型分子”。他还利用 phonemic(音位的)和 phonetic(音素的)的词尾新造术语: emic(位方法)是研究行为结构以及结构单位的方法;而 etic(素方法)则是行为单位的非结构分类方法。(Pike 1954: 8—10)“位方法”是从文化或语言系统中理解的文化和语言范畴的作用;而“素方法”指的是对文化或语言系统以外的声音的分析研究。斯瓦迪士提出的 phonemics,借助派克的著作进一步传播。派克把语音学与音位学的区别概括为:“语音学给我们原料,音位学将其烹熟。”(Pike 1947: 57)

虽然“音位变体”“互补分布”等术语在苏联学派、布拉格学派中已经使用,但是如今熟悉的许多英语术语,如“条件变体”(Sapir 1925)、“互补分布”(Swadesh 1934)、“音位变体”(Trager & Bloch 1947)等,都是美国学派在 20 世纪 30 至 50 年代加以详述的。

(二) 雅各布森的特征音位学

音位具有区别性。博杜恩在《斯拉夫语言“比较语法”的若干章节》(1881)中将音位分为可比的和不可比的两类,以说明音素特征或区别特征的重要性:

> 可比音位是一个给定的音素或多个音素特征(свойств данного звуна)之总和,这些特征的复杂性不仅可与同一语言的其他音位(相关关系)对比,还可与其他语言的音位(对应关系或“映射关系”)对比。(Бодуэн 1963 I: 123)

在《语音交替理论初探》(1895)中,博杜恩举例说明,音位之间的区别既表现为特征的数量,也表现为单位的质量。如果依次替换一个特征,就可得出一种语言的全部音位:

> 在随机测试中,我们可以从一个声音切换到另一声音,并在必要时改变其发音器官的相应动作。例如,从 *b* 到 *m* 的过渡最容易,只需通过降低软腭以开放鼻腔,同时其他发音器官的活动状态保持不变。例如,可以从“硬”*p* 到“软”*p′*,从 *e* 到 *o*,从 *o* 到 *u*,依此类推。因此每次仅改变一个特征(признак),我们就可从 *p* 到 *a* 逐步转化为所有其他语音: *p* → *p′* → *b′* → *b* → *m* → *n* → *d* → *z* → *ž* → *š* → *s* → *x(ch)* → *k* → *g* → *g′* → *γ′(h′)* → *[-j]* → *i* → *e* → *o* → *u* → *y* → *a*。(Бодуэн 1963 I: 277)

在早期论著中,博杜恩认为音位是不可分解的单位,但在《语音定律》中提出:从发音角度,可将音位分解为发音要素或“动素”(кинема);从感知角度,可将音位分解为声学要素或“声素”(акусма)。(Бодуэн 1910/1963 II: 198—199)此后。在 1917 年的《语言学概论》(Бодуэн 1917/1963 II: 290)、1927 年的《语音学与心理语音学之间的差异》(Бодуэн 1927/1963 II: 326—327)中,皆有进一步的阐述。这些思想可能影响了雅各布森和特鲁别茨柯依。

20 世纪 30 年代，雅各布森在几篇文章中写到，音位不是最小的功能性语言单位，而是一组并存的、用以区分不同意义词语的语音特征。1931 年，雅各布森在《斯洛伐克语音系》(Jakobson 1931：158)中，首次明确表述“区别特征”(diferenciačnívlastností)。1932 年，雅各布森在《奥托新时代百科全书》(Jakobson 1932：608)“音位”(Fonéma)词条中定义：“音位学的基本概念，指某一具体语言中使一个音区别于所有其他音的语音特征结合(souborzvukovýchvlastností)，充当区分词义的手段。”1938 年，雅各布森在《关于辅音音位分类的观察》(Jakobson 1938：1)指出：“我们识别某一具体语言中的音位，是按照其语音构成特性(caractères phonologiques constitutifs)将其分解。换而言之，我们可为每个音位构建与该系统中其他音位相对立的特质(qualités)。”(详见曲长亮 2016)并且提出，任何语言的音位对立都是以二分法为基础，即音位的多项对立可归纳为二项对立。

20 世纪 40 年代，随着声学技术的发展，雅各布森对不同语言的区别性特征系统展开实验分析。20 世纪 50 年代，雅各布森在与方特(C. G. M. Fant 1920—2009)、哈勒(M. Halle 1923—2018)合著的《语音分析初探：区别性特征及其相互关系》(1952)、在与哈勒合著的《语言基础》(1956)中提出“雅各布森-哈勒特征系统”。他们从众多语言中发现，作为词汇和语法成分基础的固有区别性特征共有十二对：(1) 基频声源特征：1) 元音性/非元音性、2) 辅音性/非辅音性；(2) 辅音附加特征：3) 突发性/延续性、4) 急煞性/非急煞性、5) 刺耳性/圆润性、6) 浊音性/清音性；(3) 共鸣特征：7) 聚集性/分散性、8) 低沉性/尖峭性、9) 抑降性/平坦性、10) 扬升性/平坦性、11) 紧张性/松弛性、12) 鼻音性/口音性。(转引自吴宗济 1980)其中有些相当于博杜恩的“动素”，有些相当于博杜恩的“声素”。雅各布森说明“最小区别性”这个术语是琼斯创造的。“更大区别性可称为二重区别性、三重区别性等，要视整个区别性中包括多少最小区别性而定。二重区别性是两个最小区别性的结果。”(Jones 1950)

雅各布森的区别性特征理论，可以归纳为：(1) 两个对立项之间的选择即区别性特征。作为语言中最基本的区别性实体，区别性特征结合成同时发生的共现束而构成音位。(2) 语音在两个维度上传递信息。一方面，区别性特征叠合在一起，通过协同作用结合成音位；另一方面，区别性特征在时间上形成序列。(3) 任何语言都有一套音位模式，即通过有限的区别性特征及其有限的规则组成音位，进一步将音位组成序列。(4) 任何区别性特征,如果属于发出者和接受者共有的代码,通常能被接受者辨认。在听觉平面上采用二元对立是语音分析的简便方法。(5) 离开声音物质无从辨认区别性特征。语言序列中的特征分布,可以补充但不能代替这种研究。(6) 越是密切研究听话人的感受,对于音位的语音形状所传送信息的估量就越精确。由此决定了分析的感受平面、听觉平面、音响平面和发音平面。无论任何平面,语言功能总是决定性的。(7) 区别性特征可以分为固有特征(该文的研究限于此)和韵律特征,后者叠加在前者上面而结合而成音位。(8) 区别性特征和音位本身不具有意义,但是如果所对比的语素其他条件相同而呈现对立特征,那就是不同的语素。(Jakobson, Fant, Halle 1981)哈里斯在《结构语言学方法》(Harris 1951)的音系及词法分析中,已把区别性特征置于重要地位。而乔姆斯基和哈勒则基于"雅各布森-哈勒特征系统"演变为生成音系学。(参见曲辰 2001)

(三) 乔姆斯基的生成音系学

20世纪50年代中期,乔姆斯基(N. Chomsky)的转换生成理论某种程度上改变了语言学的方向。有三件看似偶然的事,决定了生成音系学必然出现。第一件,乔姆斯基就读于宾夕法尼亚大学,1947年哈里斯引导他进入语言学专业。第二件,乔姆斯基采用其师的转换分析法并尝试导入形式语言理论,其硕士论文是《现代希伯来语的形态音位学》(*Morphophonemics of Modern Hebrew*,1951)。第三件,乔姆斯基在准备博士论文《转换分析》(*Conversion Analysis*,1955)期间,结识了雅各布森,雅各布森的学生和合作者哈勒,当时在麻省理工学院任语言学教授。雅各布森就此推荐乔姆斯基去该校任教,而此后乔姆斯基则借重哈勒创立了生成音系学。因此,哈勒是特征音位学和生成音系学之间的联系人。

1956年,乔姆斯基与哈勒、卢可夫(F. Lukoff 1920—2000)发表《英语的重音与音渡》,后被追认为关于生成音系学的第一篇论文。1957年,乔姆斯基出版《句法结构》(*Syntactic Structures*),反对布龙菲尔德-哈里斯的结构主义,建构转换生成理论。1959年,哈勒刊行《俄语语音模式:语言学与声学研究》,运用区别性特征和转换生成理论研究俄语音系。1962年,哈勒发表《生成语法中的语音》。接下来,1968年,乔姆斯基和哈勒合著的《英语语音模式》刊行,提出生成音系学标准理论(简称"SPE理论")。该理论的基本内容包括:(1) 作为生成语法的组成部分,生成音系研究大脑中的音系知识并以形式化方法呈现。(2) 生成音系有深层表达式和语音表达式。(3) 深层表达式包括由词汇表达式组成的线性序列和从句法中接受的句法结构。(4) 词汇表达式可视为储存于大脑词库中的语音信息。(5) 深层表达式、词汇表达式、语音表达式的基本单位都是区别性特征。语音表达式是由一束区别性特征构成的矩阵。(6) 生成音系规则组织音系,规则作用于深层表达式以推导语音表达式。(7) 音系规则的标准形式是"A→B/X_Y"。(8) 音系规则具有有序性,按照构词或句法结构循环应用。(参见王嘉龄 2000)

美国结构主义把语言分成几个平面,研究语音一般不涉及词法和句法,因此结构音位学也被称为"自主音系学"(autonomous phonology)。生成音系学把语言看做互相联系的系统,描述语音要考虑句法和语义,因此称为"系统音系学"(systematic phonology)。前者重视"音位表达"(phonemic representation),而后者强调"音系规则"(phonological rule)。前者的任务是从特定语言的调查中发现音位,而后者的任务是在人类语言的假设下揭示特征。

结构主义音位学有三个描写层次:音素层、音位层、语素(形态)音位层。而生成音系学取消了音位层,只有语音表达(phonetic representation)和语素的音系表达(morpho phonological representation)。乔姆斯基早期著作中使用过"音位""音位学""形态音位学",后在《自然语言形式分析导论》(1963)中对"音位"重新解释,但到《英语语音模式》(1968)已声明不再使用。乔姆斯基认为音位是多余的,应该采用区别性特征作为基本单位。SPE 理论效法"雅各布森-哈勒特征系统",选择了 20 余组区别性特征作为语音基本单位。(1) 基本特征:辅音性、响音性、音节性;(2) 唇部特征:圆唇性;(3) 舌体特征:舌高性、舌中性、舌低性、舌背性/非舌背性、舌前性/非舌前性;(4) 方法特征:阻塞性/延续性、刺耳性/圆润性、除阻延迟性/除阻非延迟性;(5) 清音性/浊音性、松弛性/紧张性;(6) 韵律特征:重音性/轻音性、长音性/短音性、有调性/无调性。(参见吴宗济 1980)每个音段(segment)都视为由不同偶值特征表示的矩阵,在音系分析中甚至仅需呈现与之相关的一个或几个特征。

丹麦奥登塞大学教授巴斯波(H. Basbøll)评述,从原则上讲,区别性特征应来自言语发生、声学和感知三个领域,但是其声学和感知特征却更具统一性。按照雅各布森的功能观,感知应比言语发生优先,其系统仅用了 12 对特征(没有涉及韵律特征)。而根据 SPE 理论,区别性特征应该用来界定所有语言系统的音段及其语音区别,特征数量要比雅各布森系统多。实际上,从事研究人类辨别音位能力的学者,至今仍对雅各布森系统深感兴趣。(Basbøll 1990)学术界对区别性特征系统的主要意见是:所列特征比较简单,不能概括语音全貌;语音变化相当复杂,采用固定的偶值特征识别准确度不高。许多语音的区别不是二分法就能解决的,于是有人提出“多值特征”。而有些语音只是本身具有一定特点,找不出与之对立的最小单位,即成为“突出特征”或“孤值特征”。(吴宗济 1980)

依据区别性特征,可以得出,生成音系学脱胎于特征音位学。换言之,取消音位而取走音位的区别性特征,或者将区别性特征纳入生成语言理论体系,除非生成音系学也抛弃区别性特征,否则不可能是一种全新的音系学。至于取消音位,把区别性特征作为语音的基本单位,有两个问题值得思考。一是“素单位”和“位单位”的关系,前者是某类事物中的成员,每个成员都不尽相同(都是变体),而我们认为属于一类,是因为有“位单位”的心理概念(音位)。比如苹果,虽然其颜色、光泽、大小、形状、口感都存在差别,但是我们认为它们都是苹果,就是因为有“苹果”这个位单位。而其中我们认为最好的,即典型(音位的代表)。一是实体与特征的关系,实体是事物的实存,特征是从实体中析出的属性,特征可以区分实体,但特征再多也不能合成实体。比如苹果,即使析出其颜色、光泽、大小、形状、口感等特征,也不可能复合成实存的苹果——画饼岂能充饥?

20 世纪 70 年代,以 SPE 理论为基础的音系学呈现多元化,进入“后 SPE 音系学”(也称“非线性音系学”)时代。SPE 理论沿用了结构主义的语音结构线性观。区别在于,结构主义的线性序列由音位和音联组成,SPE 理论的线性序列由音段和界标表示。SPE 理论放弃音节,把重音处理为元音的固有属性,也就无从讨论声调。首先用生成音系理论研究声调的是王士元(Wang 1967),提出 7 个声调特征就可区分各种语言的声调。对线性观的突破,最先还是出现在声调研究中。威廉姆斯(Williams 1971/1976)和勒本(Leben 1973)研究非洲声调语言时,已有将声调与音段分层处理的想法。戈德史密斯(Goldsmith 1976)提出“自主音段音系学”(autosegmental phonology),语音表达式就有了声调层。这也为音节的复出提供了机会,卡恩(Kahn 1976)将音节处理为独立音层。自主音段音系学创立的次年,利伯曼和普林斯(Liberman & Prince 1977)在重音研究方面又突破线性观,提出“节律音系学”(metrical phonology)。重音并非元音的固有特征,而是与元音之间发生的一种关系。这种关系要用节律树或节律栅表示。非线性理论使语音表达式从一维线性变成了三维模式。进入 20 世纪 80 年代,生成音系学有了更大发展。西格尔(Siegal 1974)和艾伦(Allen 1978)先后提出构词部分在词库中由几个有序层次组成,为建立词汇音系学提供了基础。凯巴斯基(Kiparsky 1982)提出"词汇音系学"(lexical phonology),把音系规则分为两类:一类为词汇规则,在词库中与构词规则按层次有序交互作用,由此产生派生词、合成词及其词汇表达式;另一类为后词汇规则,用于应对从句法部分输出的结构。SPE 理论认为在词汇以上范围,音系规则应用的辖域由句法结构决定,而尼斯博和沃格尔(Nespor & Vogel 1986)却提出决定音系规则应用辖域的是韵律结构,由此提出"韵律音系学"(prosodic phonology)。20 世纪 90 年代,生成音系学的最突出的进展是普林斯和斯莫伦斯基(Prince & Smolensky 1993)倡导的"优选论"(optimality theory)。优选论用制约条件取代了 SPE 理论的音系规则,提出音系部分由生成功能与评估功能组成。作用于深层表达式的生成功能生成若干候选项,经过评估功能的优选确定语音表达式。评估功能由若干制约条件组成,各种语言的区别在于制约条件排列的等级顺序。(参见王嘉龄 2000)

与音位学用于历史语音演变研究和语音系统调查描写不同,生成音系学强调"语音生成",这就需要提供相应的语音生成"技术成果"(特征矩阵、音系规则能算技术成果吗?)。就区别性特征而言,这些都是语音单位的分析表象或对语音单位的界定,利用特征矩阵能合成实际上的语音?到底如何证明这些区别特征和音系规则就是大脑中的语音系统知识?基于语音参数和训练模型的语音合成技术,采用了生成音系学的哪些原理和成果?而 Chat-GPT 的出现则宣告——无须借助生成语言学理论,基于数据库和深度学习等就能实现互动性应答。

2023 年 2 月 22 日,Chat-GPT 刚刚发布,李葆嘉就在"世界语言学群聊"发帖《语言文字领域的话题》。其中提及:(1) Chat-GPT(我称之为"查得")运用了哪些语言学理论及其具体成果?(2) Chat-GPT 运作机制和自然语言机制有何异同?(3) 一般语言学家的自然语言研究与人工语能模拟之间是何关系?(4) 图灵测试能证明 Chat-GPT 具有自我意识吗?对于这四个问题,我的答案都是否定的:(1) Chat-GPT 并未运用语言学理论以及具体成果;(2) 其运作机制并非模拟自然语言机制;(3) 一般语言学家的自然语言研究与人工语能模拟之间基本上没有关系;(4) 图灵测试不能证明 Chat-GPT 具有自我意识。"查得"不会提问题,即没有质疑能力,只会根据研制者提供的训练语料,查得资料并组织文本。

六　秉承汉语音韵学吸收新知：中国现代音系学

在汉字形音义的基础上，汉末出现反切注音，传统汉语音韵学在魏晋形成声韵调归纳法(韵书)，在唐宋形成等第审音法(韵图)，至明清提出汉字音节要素分析法。明末沈宠绥(？—1645？)的《度曲须知》(明崇祯十二年原刻)曰："凡敷演一字，各有字头、字腹、字尾之音。"清康熙年间赵绍箕的《拙庵韵悟》(序于1674)将汉字音节分为呼(声介合母)、应(韵腹)、吸(韵尾)三部分，又将韵母分为奇韵、偶韵两大类。在此基础上，贾存仁的《等韵精要》(1775)提出"头项腹尾"四分法。近人刘复将声调称为"神"，完善为汉语音节五要素说。但要将汉语音节的要素标明，还须借助字母分析法(即西方音素分析法)。(李葆嘉 1998：128—131)

20世纪以来，西方现代语音学和音位学先后传入中国。总体而言，作为"中国经典音位学"，传统汉语音韵学的改进亟需元音、辅音分析法，因此西方语音学对中国现代音系学的形成促进明显；传统汉语音韵学包含音位观点和审音方法，因此西方音位学对中国现代音系学的形成影响相对有限。

(一) 西方现代语音学传入中国

中国学者引进西方语音学(音素分析法、语音生理学)发轫于20世纪初。1904年，朱文熊(1883—1961)到日本东京高等师范学校学习期间，接触到西方字母知识，在《江苏新字母》(1906)中首先采用拉丁字母分析汉语音节或作为汉语拼音工具。1909至1912年，胡以鲁(1888—1915)在日本东京大学师从上田万年(1867—1937)。在学期间撰写《国语学草创》(自印线装本，1913；商务印书馆，1923)，运用西方语音学的辅音描写法分析汉语三十六字母(胡以鲁 1923：10—12)，并绘制元音图分析汉语韵母(胡以鲁 1923：17)。书中曰："音节者，希腊语 arthros 之译名，印度日耳曼语往往不止一韵，段分之如竹节，故有此名。"(胡以鲁 1923：102)"故制定音图，首宜分析音素而以通用之罗马音标当之。"(胡以鲁 1923：99)胡以鲁引用德国语音学家的看法："此差之生，细佛氏(Sievers)所谓压力(Druckstrom)所致也。"(胡以鲁 1923：10)细佛氏又译西佛士(E. Sievers 1850—1932)，先后任教柏林和莱比锡大学，著有《语音生理学的基本特征》(*Grundzüge der Lautphysiologie*，1876)。上田万年曾是西佛士的学生，故胡以鲁得以了解其学。此外，《国语学草创》中还引用了帕西和斯威特关于语法研究的观点,不排除也受到他们语音学研究的影响。

西方语音学传入中国,可谓一步三回头。1918 年教育部颁布“注音字母”,仍然基于传统声韵格局,采用的是不完全音素分析法(复韵母未离析)。此后的几本国音学教材大体如此。范祥善《国音浅说》(1919)包括:国音之界说、注音字母之必要、注音字母之由来、注音字母之读法、音类次序、声母之用法、介母之用法、韵母之用法、四声符号等,主要围绕注音字母介绍声母、介母、韵母和四声知识。廖立勋《实用国音学》(1920)介绍的就是传统音韵学知识。易作霖(1897—1945)《国音学讲义》(1920),同样以声韵调分析法为主线。

随着进一步吸收西方语音学知识,才出现了几本“现代语音学”的教材。陆衣言《国语发音学大意》(1921),包括:语音音素的分类、辅音、元音、双音、鼻元音和特元音、结合元音、切音、语音的抑扬(五声)、语音的程度(强弱、重读)等,采用音素分析法描写国语发音。高元《国音学》(1922),虽然还是声韵调分析法框架,但是介绍了一些西方语音学知识,包括语音的生理和物理基础、元音四边形图等。后觉(郭后觉,1895—1944)《国语发音学》(1922)包括:发音的机关、语音的音素、辅音的分析、元音的分析、双音、鼻元音和特元音、结合元音、辅音的收声、流音、拼音、声调等。次年又刊《国语发音学纲要》(1923),例言上题词——英国语音学家 Henny Sweet 说:“发音学底对于语言,如同算学底对于天文和物理”,反映作者了解斯威特的语音学说。至于汪怡(约 1875—约 1960)的《新著国语发音学》(1924),包括:发音机关、声母和韵母的区别、类别声母、类别韵母、结合韵母、拼音、五声、音变、音调等,又回到以声韵调分析法为主线上来。

要深入了解西方语音学,除了阅读专书、留学专攻,还要翻译其著作。刘复 1920 年(1891—1934)到伦敦大学研习实验语音学,1921 年转巴黎大学,1925 年获博士学位,回国后在北京大学国文系讲授语音学。1930 年将其师保尔巴西(即帕西)的《欧洲主要语言的语音比较》(*Petite phonétique comparée des principales langues européennes*,1901)译成中文,题名《比较语音学概要》出版,对建设中国现代语音学具有促进作用。受日本译语和国语运动的影响,英语的 phonetics 曾汉译为“声音学”“国音学”和“发音学”。作为书名,刘复则将法语的 phonétique 译成“语音学”。

此前,赵元任(1892—1982)在《现代吴语的研究》(1928)“译名表”中,已使用

“语音学”翻译 phonetics,并用“音韵学”翻译 phonology。后者译名如限于汉语研究尚可,但用于非“音(声母)+韵”结构语言则方枘圆凿。就普适性而言,phonology 宜译“音系学”。

(二) 吸收西方音位理论的先驱

1926 至 1929 年,李方桂(1902—1987)在芝加哥大学攻读学位,由萨丕尔指导调研印第安语,并选修了布龙菲尔德的日耳曼语言学课程。萨丕尔《语言:言语研究导论》(1921)中已有类似“音位”的概念,后又发表《语言的语音模式》(1925)、《音位的心理现实》(1933)。而在美国,最早接受“音位”术语的是布龙菲尔德所撰《语言科学的一套公设》(1926),次年去芝加哥大学任教。《李方桂先生口述史》(李方桂 2003:19—22)回忆道:

> 布龙菲尔德是 1927 年到芝加哥大学的……他讲了一门有关日耳曼语构词、日耳曼语音位学、日耳曼语句法等方面的课程。
>
> 我跟布龙菲尔德的第一门课程叫做“日耳曼语音位学和构词法”(Germanic phonology and word formation)
>
> 当然我最感兴趣的是,与萨丕尔一起工作几个星期,以便跟他学习如何作语言调查,如何描写语言,既要描写其音位系统又要描写其语法系统等,这是我们所不知道的。

也就是在美国结构音位学起步阶段,中国留学生已在研习该课程。布龙菲尔德要求其他的两位学生撰写关于日耳曼语音位学的文章,但对李方桂说:你就不需要写那种文章了,你写日耳曼语的构词法。他知道李方桂在音位学方面比另外两位懂得多。查阅李方桂论著目录,未见研究音位学专文。他所掌握的音位学原理体现在其语言调查(无论在美调查原居民,还是回国调查民族语言)的音系描写中。

中国学者的第一篇音位学论文,是赵元任 1934 年用英文发表的《音位标音法的多能性》(*The Non-Uniqueness of Phonemic Solutions of Phonetic Systems*)。赵元任 1921 年在美国哈佛大学任哲学和中文讲师并研究语言学,1922 年去法国专攻语音学,1924 年到英、法、德等国游学,熟悉西方语言学新知。该文基于汉语方言和古音资料,阐释音位理论及其应用,既说明音位系统的相对性,又肯定严式记音的重要性。在归纳音位过程中,一方面要考虑语音的区别,一方面要考虑语音的实质。把一种语言的音素归纳成音位系统,通常不止一种方法。所谓音位分析的相对性:

一是互补分布的两个音素归纳成一个或两个音位是相对的,二是线性的动态语音切分成两个或一个音素也是相对的。与布拉格学派的刚性评价(某种语言若归纳出几种音系,只有一种是科学的)不同,赵元任主张没有错对、只有好坏的柔性评价。1957 年,裘斯(M. Joos 1907—1978)编辑《语言学选读:美国描写语言学 1925 年以来的发展》(*Readings in Linguistics: The Development of Descriptive Linguistics in America Since*,1925)收录了赵文。

据其引文,赵元任接受的音位学说来自以下论著:帕尔默(H. E. Palmer 1877—1949)《罗马拼音的原则》(*The Principles of Romanization*,1931)、琼斯《音位理论及其在实用语言学中的重要性》(1932)、琼斯和意大利卡米里(A. Camilli 1879—1960)《语音标音原理》(*Fondmenti di grafia fonetica*,1933),以及布龙菲尔德《语言论》(1933)和萨丕尔《语言的语音模式》(1925)。赵元任(2002:752,756,779)文中写道:

> 对于音位及有关概念的最全面讨论,看来要推帕尔默的《罗马拼音的原则》。
>
> 布龙菲尔德的音位观不同于琼斯和帕默。琼斯和帕尔默认为音位是一群音,而布龙菲尔德认为音位是一种语音特征。但是更仔细地考察这两种观点,可以发现它们是一回事。
>
> 从更宽的语言观点(不同于语音或音位的观点)看问题,甚至这点也还是可以商榷的。见萨丕尔在《语言中的语音模式》中对这点的讨论。

赵文中对音位的定义是:音位是一种语言里全部音类中的一类,语言中的任何词都能体现为一个或若干个这些类的序列,被认为具有不同发音的两个词,其构成词的音类或音类的次序是不同的。(赵元任 2002:756)该文中没有出现术语"音位学"或"音系学"。

1936 年,赵元任、罗常培、李方桂开始合译高本汉(Bernhard Karlgren 1889—1978)的《中国音韵学研究》(*Études sur la phonologie chinoise*,1915—1926),在"名辞表"中说明:

> phonème 偏重于指音类。这个名词在本书见次比较的不多,大半可译作"音"。至于近年 Jones 跟 Bloomfield 等提倡(我们译作"音位")的英文字 phoneme,在本书出版以前还没有通行,它的意义在那时还没有确定化。(高本汉 1940:25)

1911 年,琼斯从谢尔巴《俄语语音简析》中首次接触到音位学说,1918 年在《英语语音学纲要》中定义了 phoneme。高本汉所用 phonème 来自法语,而当时法

国学界主要在"音素"意义上使用该术语。高本汉对 phonème 的脚注是:

> 所谓"音"(phonème),我就当它是一个语音学上的成素,这个成素的性质可以使它在辨字的异同上占一个独立的单位。——译者案:"音值"(phone)与"音位"(phonème)的区别到晚近才有人明白的讨论。高氏用 phonème 这个名词略有音位观念的意味,但并不明显与音值对待,所以仍译它为"音"。(高本汉 1940:159)

"语音学上的成素"即音素,但高本汉说"它在辨字的异同上占一个独立的单位",表明认识到其辨义功能,也就相当于经验性"音位"。汉译《中国音韵学研究》中的名辞表和译者案,盖为将法语 phonème、英语 phoneme 汉译为"音位"的最早出处。

(三) 中国现代音系学实践体系

中国学术注重应用。20 世纪 20 年代,一批学者投身于汉语方言调查,促使中国现代音系学由此萌生。1924 年北京大学成立方言调查会,制定以国际音标为蓝本的方言字母。1927 年清华大学组织吴语调查。1928 年历史语言研究所成立,此后又组织多次较大规模的方言调查。赵元任的《现代吴语的研究》(1928)所体现的音系观点和描写方法对后来的研究影响很大。罗常培(1899—1958)的《厦门音系》(1930)体现了方言音系描写和历史音系对比相结合的特色。赵元任、杨时逢、丁声树、董同龢、吴宗济撰写的《湖北方言调查报告》(1948),集中反映了 20 世纪上半叶中国方言音系研究的水平,即详细地描写、严格地审音,并与中古音系对比。

1929 年,李方桂受聘于历史语言学研究所,投入民族语言研究。1934 年到 1942 年,李方桂、罗常培、袁家骅、邢公畹等在云贵川等地进行民语调研,重点描写侗台语言音系。通过这些努力,中国学者在传统汉语音韵学(包含音位观和审音法)和西方语音学结合的基础上,吸收英美音位学说,由此形成中国现代音系学的实践体系。

(四) 西方音位学全面传入中国

20 世纪 50 年代初,在批判"英美资产阶级唯心论"的浪潮中,西方音位学再次或全面传入中国。1952 年到 1953 年,"苏联科学院通报(文学语言部)"组织音位问题讨论。很多专家参与批判,同时提出一些新看法。中国语言学界也刊登了几篇批判文章,如:李振麟《英美资产阶级唯心论音位学批判》(1955)、苏联谢尔久琴柯(Г. П. Сердюченко 1904—1965)《布拉格学派(批判特鲁别茨科伊的音位学说)》(1955)[①]以及桂灿昆《批判美英音位学中唯心的理论》(1956)等。所谓"唯心论音位学",包括索绪尔理论、布拉格音位学派(特鲁别茨科依)、心理主义音位学(萨丕尔)、美国结构主义唯心论(布龙菲尔德、派克)以及庸俗唯物论(琼斯),而对苏联音位理论的唯物论传统(博杜恩、谢尔巴等)则持肯定态度。稍后,多从正面译介(至少题目上闻不到火药味),如:甘世福《音位的定义和音位学的功用》(1957)、苏联阿·列弗尔玛茨基《语音教学与音位学》(凌红译 1959)等。田恭(罗常培、莘田、王均少恭合署)《音位和音位学》(1955)在系统介绍音位学时,也不免插入"对资产阶级学者音位理论的批判"。该文在罗常培、王均《普通语音学纲要》(1957)中为第七章。罗《序》:"语音学理论方面尽量采用苏联的先进学说,同时也吸收了其他语音学著作中一些好的部分,批判了一些资产阶级的唯心思想。"第七章"音位和音位学"包括:一、音位,二、音位学,三、对资产阶级学者音位理论的批判(1. 功能派学说、2. 心理派学说、3. 实质派学说、4. 虚构论学说),四、音位学的应用。总体而言,这些论文也就是从所谓"批判的立场"介绍了西方音位学。

1959 年,赵元任应邀在台湾大学文学院做《语言问题》的演讲,其中第三讲是"音位论"。其中,提出音位及其系统归纳的六原则:

> 遇到某一个须研究的语言,应该怎么样入手分析,才好把它的很杂的音,归纳成比较简单的一套音位。第一个主要条件是:在一个音位之下,如果有几个音值,这些音值都得比较相似。第二个条件是:一个音位里头所包括的各种各样的声音,它们出现的情形,在分配上,必得成对补的关系。第三,一套音位总得成一个简单整齐的系统。……
>
> 以上三条:相似性、对补性、系统性,这三者是音位观念里头基本的要点,把这三点合起来就可以成为一个音位的定义。那么,我们可以这么说:一个语言里,凡是一个音群,其中各音的性质相似而成对补分配,又跟其他合乎以上条件的音群成为一个简单整齐的系统,这个系统就叫这个语言里的音位系统,简单说起来就是音系。……
>
> 除了上述三个定义上必要的条件,还有作为求音位的三个附属的条件。第一,一个音系里的音位的总数以少为贵。第二,就是如果在可能的范围之内,要使本地人对于音的感

---

① 由于所列文献众多,以下期刊论文只附注年份,不注明刊名及期数。

觉是觉得自然,在本地人听起来觉得分合上头合乎他们的习惯,所谓"土人感"。第三,就是如果在可能范围之内,要使一个音位系统,要是跟历史的音韵相吻合,那就再好没有。(赵元任 2002:30—34)

语言里的音位系统,简单说就是音系。音位及其系统的归纳原则包括:相似性、对补性、系统性、简约性、语感性与历史性。1979年商务印书馆出版《语言问题》,中国语言学界才普遍获得这些新知(音位及其系统归纳的六原则,随后被写进教材)。需要注意,赵元任称音位学为"音位论",盖因他将此视为音系分析方法论,而非抽象的理论。这与布龙菲尔德(1933)把音位学定义为"实用语音学"类似,也与描写主义的"发现程序"一致。赵元任所提音位及其系统归纳的六项原则,进一步完善了中国现代音系学的理论体系。

20世纪60年代,专门或涉及音位学内容的论文有:苏联阿普列祥《什么是结构语言学》(应寿初译 1962)、苏联邵勉《音位的对分法理论》(袁义谷译 1962)、肖凯《最近出版的〈雅柯布逊选集〉简介》(1963)、刘相国《特鲁别茨柯依的音位学理论》(1964)以及学思《特鲁别茨柯依》(1965)等。这一阶段主要围绕苏联和布拉格学派俄裔学者的音位学说。

20世纪80至90年代,专门或涉及音位学的论文有:陈重业《博杜恩·德·库尔德内》(1981)、捷克语言学家雅罗米尔·特拉斯卡尔(Jaromir Tláskal 1949—2008)《莱翁等著〈音位学〉评介》(杨金华译 1981)、雅各布森等《语音分析初探——区别性特征及其相互关系》(王力译 1981)、虞春蕙《苏联语言学中的音位理论》(1983)、冯光荣《特鲁别茨柯依的音位对立理论》(1984)、王钢《苏联科学院1980年〈俄语语法〉中有关音位学的几个问题》(1985)、诸通允《C·H·德米特连科音位理论剖析》(1988)、丹尼尔·琼斯《"音位"的历史和涵义》(游汝杰译 1990)、信德麟《博杜恩·德·库尔特内的生平与学说》(1990)、《论音位交替》(1990)、《关于"形态音位"的争论》(1991)和《论形态音位学》(1992)、钱军《布拉格学派的音位学研究》(1993)等。这一阶段出现了对英国音位学说的译介。至于美国结构音位学,先见于布龙菲尔德的《语言论》(袁家骅,赵世开,甘世福译;钱晋华校 1980)。后在霍凯特的《现代语言学教程》(索振羽,叶蜚声译 1986,1987)有更多论述,包括:音位、音位的标记、音位系统的类型、音位分析、音位和声音、语素音位系统、史前语言音位系统构拟等。1993年,翻译出版了捷克语言学家伊·克拉姆斯基(Jirí Krámský 1913—1991)的《音位学概论——音位概念的历史与理论学派研究》。

也许受赵元任《语言问题》(1979)音位论的影响,在这一期间出现了普通话音位归纳的争论。首先是游汝杰、钱乃荣、高钲夏的《论普通话的音位系统》(1980),基于超音段音位理论和不充分分析法,主张按照传统的声韵调系统归纳普通话音位。由声位、韵位构成音段层次,由调位构成超音段层次,从而结合为统一体。继而,钱乃荣(1988)把普通话音位归纳为22个声位、18个韵位和4个调位,并拟定区别性特征矩阵。王理嘉(1988)认为,声韵调归纳法和元辅音归纳法无优劣之分,可适用于不同目的。吕朋林(1989)则坚持用元辅音系统归纳音位,认为韵位掩盖了韵母的内部构成,不利于韵母之间的对比和历史比较。这些讨论仿佛又回到20世纪初"国音学"的声韵调分析主线。

进入21世纪,涉及音位学的论文有屠友祥《索绪尔与喀山学派：音位的符号学价值——索绪尔手稿初检》(2007)、王福祥《博杜恩·德·库尔特内与三个语言学派》(2013)、李葆嘉和叶蓓蕾《索绪尔〈教程〉与博杜恩理论比对》(2018)等。专攻俄罗斯语言学的杨衍春相继发表《克鲁舍夫斯基学术思想研究》(2011)、《博杜恩·德·库尔德内学术思想源流论》(2013)、《试论博杜恩·德·库尔德内与索绪尔学术思想的一致性》(2016)、《雅各布森与特鲁别茨柯依之间的学术往来》(2020),先后出版《博杜恩·德·库尔德内语言学理论研究》(2010)、《现代语言学视角下的博杜恩·德·库尔德内语言学思想》(2014)。此外,还翻译出版了博杜恩《普通语言学论文选集》(2012)、特鲁别茨柯依《音位学原理》(2015)、《尼古拉·克鲁舍夫斯基语言学选集》(2020)。这一阶段,重在追溯音位理论的来源。

(五) 生成音系学的传入和应用

随着生成语言理论的风行,20世纪70至80年代之交,徐烈炯(1979)、王嘉龄(1980)率先介绍生成音系学。罗常培、王均的《普通语音学纲要》(1981),增加了附录《音位的"区别特征"和"生成音位学"》。20世纪90年代后期,生成音系学的各种理论都已传入。王理嘉《音系学基础》(1991)论述了音系学的发展和流派。王嘉龄《优选论》(1995)、李兵《优选论的产生、基本原理和应用》(1998)介绍了优选论。同时,生成音系理论开始应用于汉语研究,陈丽萍和姜晖《近年来美国大学汉语音系学博士论文简介》(1994)介绍了中国留学生或外籍华人学生在这方面的研究。王洪君出版《汉语非线性音系学——汉语的音系格局与单字音》(1999)。

21世纪以来,值得关注的论文有马秋武《后SPE音系学理论的发展取向》(2001)、曲辰《试论生成音位学对早期音位学理论的批判与继承》(2001)、曲长亮《音系单位的共现性与顺次性——区别特征概念早期发展历程新探》(2016)等。王建萍(2010)简述了维尼曼(Theo Vennemann)1971年提出自然生成音系学,其学生胡珀(Joan ybee Hooper)1976年出版《自然生成音系学导论》(*An Introduction to Natural Genarative Phonology*),反对SPE理论的音系表达及规则的反直觉抽象。周丽(2018)依据整体音系和元素音系理论提出,基于发音与感知的独值元素必将取代侧重描写的偶值区别特征,这一趋势符合生成理论构建的概念最简化原则和经验解释最大化原则。近年来出版的音系学专著有:赵忠德、马秋武《西方音系学理论与流派》(2011)、马秋武《什么是音系学》(2015),以及陈桦和史宝辉《语音学与音系学新发展研究》(2021)等。译著有加拿大语言学家詹森(John T. Jensen)《生成音系学原理》(2021)、英国语言学家拉德(D. Robert Ladd)《语调音系学》(马秋武,王平译 2022)等。毋庸置疑,生成音系学对中国现代音系学提出了新的挑战。

七 余 论

博杜恩著作中出现过两种音位理论的表述:形态—词源音位学(1881)和心理音位学(1888)。音位的心理解释(音位是音素的心理等价物,具有辨义功能)由列宁格勒学派继承发扬,而音位的形态体现(音位是形态或词源中的可变成分)则成为莫斯科音位学派的理论基础。英国语音学派和巴黎国际语音协会(琼斯任协会秘书)更多地关注音位学说的应用(从物理属性界定音位),否认其辨义功能。布拉格音位学派转向对立关系及其区别特征的理论研究,美国结构主义转向音位发现及音系描写的实用研究。博杜恩后期理论(1910,1917,1927)提出音位可分解为动素和声素,成为区别特征理论之先导。雅各布森提出音位的区别特征系统。无论是历史分析(语音交替)还是当前描写(语音系统),无论是凸显功能(辨义)还是强调结构(分布),无论是侧重于理论探索还是更注重实用研究,上述内容都在博杜恩倡导的现代语言学范围之内。基于语言生成理论,乔姆斯基取消音位(代之以音段或语音表达式),将原先识别和确定音位的区别特征提升为音系的基本单位,建立了生成音系学(详见图1)。

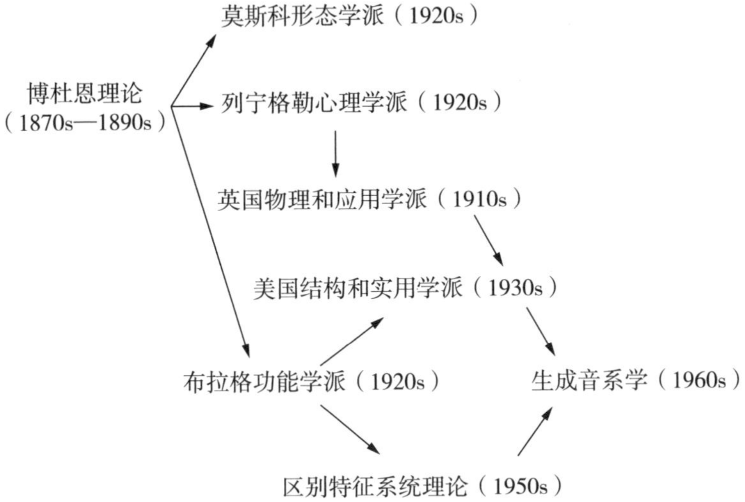

图 1　西方音位学的形成发展轨迹图示

对于这些学派，我们可以就其主要倾向，归纳其“区别特征”并以矩阵图试加比较。详见表 1①：

表 1　西方音位学学派的特征比较

学派	音位	心理	形态	特征	关系	辨义	结构	生成	学科
心理音位学	+	+	+	+	+	+	+	−	+
形态音位学	+	−	+	+	−	+	+	−	+
物理音位学	+	−	−	+	−	−	−	−	−
功能音位学	+	−	+	+	+	+	+	−	+
结构音位学	+	−	+	+	+	−	+	−	−
特征音位学	+	−	+	+	−	+	+	−	+
生成音系学	−	+	−	+	−	+	−	+	+

生成音系学冲击了以音位为基本单位的传统音位学。随着生成音系学流派蜂

① 音位—音段（语音表达式）、心理单位—物理单位、形态（词素、语素）—非形态、区别特征—非区别特征、相关与对应关系—非相关与对应关系、辨义功能—非辨义功能、结构—非结构、生成—非生成、理论—应用。

出,导致“音位学”术语被排斥、被霸凌。美国语言学家、英国萨塞克斯大学教授特拉斯克(Robert Lawrence Trask 1944—2004)在《语音学和音系学词典》(1995)中有这样的释义:

> phonemics *n*. 音位学[已废弃] 1. 指把某种语言的音位从语料中提取出来的过程。2.(旧称 phonemiatics)以前为 phonology 的同义词,美国结构主义语言学家偏好这一用法。这也反映出音位(义项1)在结构主义研究中的重要性。(《语音学和音系学词典》编译组译 2000: 187)

如果仅就“美国结构音位学”而言,特拉斯克的含义是:(1)美国结构语言学的 phonemics(指音位学)这一术语已被废弃(美国学者现用 phonology)。(2)phonemics(据希腊语、拉丁语构词规则,该词形不正确)的原称是 phonemiatics(正确的词形)。该术语在20世纪30年代到50年代在英语世界中是 phonology(指音位学,始于20世纪初期)的同义术语,但美国结构主义语言学家偏好 phonemics(实际上,是为了避免与 phonology 的传统含义“语音史”“历史语音研究”混淆)。然而,特拉斯克的这一释义,很容易在中国语言学界导致误解,以至于产生无谓的争论。比如,马秋武教授的论述:

> 近年来,我在音系学专著的翻译方面做了一些工作,主要是因为我常常看到国内一些学者因缺乏对西方音系学理论的理解而产生的一些错误。其中最为典型的一个问题是对“音位”的错误认识:“音位”是20世纪50年代之前盛行的西方结构主义语言学理论中的一个重要概念,而20世纪50年代之后,西方音系学理论中已没有了“音位”这一概念,但我们国内的一些学者对此仍不能理解,也无法接受没有“音位”的音系学。必须知道,我们现在把 phonology 译成“音系学”,也主要是因为现在的 phonology 中已经没有了“音位”这个概念;若仍将现在的 phonology 译成“音位学”,那么它就成了一门没有“音位”的“音位学”。特拉斯克(Trask 1996: 267)甚至已把“音位学”(phonemics)这一术语标示为“已被废弃”,由此可见“音位”在现代音系学理论中已完全失去了合法地位。(马秋武译, 2022: xxiv 页)

其实,“音位”并非结构主义中的一个重要概念,而是博杜恩在19世纪70至90年代创立的音位学中的基本概念。美国结构主义20世纪30年代新造 phonemics 这个词形,但在其他语言中早已使用 fonologia(波)、фонология(俄)、phonologie(法)、Phonologie(德)、fonologie(捷)指“音位学”(存在不同流派)。20世纪60年代之后,美英学者不用 phonemics,特拉斯克标为“已被废弃”,不等于其他国家学者或其他语言中不使用“音位学”。或者使用该术语就非法。

如果进一步深究,特拉斯克的释义存在以下问题:(1)“把某种语言的音位从语料中提取出来的过程”,并非音位学的定义。特拉斯克不了解音位学的创立和发展,不了解音位学(或音位系统学)的研究内容、主要理论及其流派。(2)20世纪初引进该理论,英语用 phonology 指音位学,是参照与之平行的词形(波 fonologia、俄 фонология、法 phonologie、德 Phonologie、捷 fonologie)。(3)然而,英语 phonology 的传统含义是“语音史”“历史语音研究”。因此,美国语言学家(Swadesh 1934: 129)新造术语 phonemics 以与 phonology 区别。这并非出于“偏好”。(4)新造术语 phonemics 以后,美国学者仍然同时使用 phonology(指音位学),直到被生成音系学独占(只能指取消音位的音系学)。(5)生成音系学不用 phonemics,但是 phonemics = phonology 并不因此禁绝,任何人无权废弃某个术语。总之,即使移花接木、鸠占鹊巢,也不必赶尽杀绝。

显而易见,先前以音位为基本单位的 фонология(俄)、phonologie(法)、Phonologie(德)、phonology(或 phonemics),与后来以特征为基本单位的(generative)phonology,已经同名异实。因此在汉译中也就有必要区分,如前者仍称“音位学”或“音位系统学”(凸显音位),后者则称“音系学”或“生成音系学”(彰显生成)。但是,这并不意味着传统音位学销声匿迹。因为并非所有的语言学者都去研究所谓“语言生成”,基于经验的音系研究仍然需要音位学,比如特定语言的语音系统调查记录,以及历史语音系统的演变、原始语音系统的重建等。一言以蔽之,“生成音系学”不可能,也无必要取代“音位音系学”。反之,音位音系学也可以从生成音系学中吸取营养。

20世纪20年代,李方桂在美国跟随布龙菲尔德(倡导实用音位学)研习日耳曼音位学,其旨趣在于将音位理论用于语言田野调查。赵元任在20世纪30年代引进音位理论并有创获。与西方语音学更受欢迎相比,音位理论在当时中国学界未免曲高和寡。究其主要原因:一是中国自有重实用的汉语音韵学,当时主要任务是制定汉语注音方案、展开汉语方言和民族语言调查,由此形成了秉承汉语音韵学、主要以吸收西方语音学(稍后音位理论有所影响)为主的中国现代音系学实践体系;二是未有学者到国外专攻音位学(主要在布拉格),而到法国(实验语音学重镇)专攻的是实验语音学,刘复以《汉语字声实验录》(1925)、王力以《博白方音实验录》(1931)获法国文学博士学位。

20世纪50年代,音位学理论(主要是俄罗斯、苏联学者的理论,以及布拉格学派、英国物理学派、美国结构学派的理论)才全面传入中国。从“被批判”,到译介和述评,再到运用于汉语和民族语言的音系分析。赵元任(1959)所提音位及其系统归纳的六项原则,进一步丰富了中国现代音系学的理论体系。然而,虽然 20 世纪下半叶对博杜恩、特鲁别茨柯依学说有几篇专文介绍,但直至 21 世纪才翻译其著作。细细考量,从实用角度,中国现代音系学似乎并不亟需西方音位学理论,除非对理论语言学独有情钟(如信德麟 1990b,1991,1992)。文献显示,中国学者对音位学理论鲜有独见。然而,实用或应用并不能替代理论探索或创造。

中国语言(汉语方言、民族语言)丰富多彩,有可能成为孕育新理论的沃土。虽然迄今已经拥有相当丰硕的汉语方言、民族语言(包括跨境语言,甚至境外语言)精细描写资料,但是构建基于中国境内(乃至包括东亚、东北亚、南亚、东南亚、南岛)语言特点并具有普适性的语音理论仍是中国语言学家的目标。

参考文献

保尔·巴西著　刘　复(译)　1912/1930　《比较语音学概要》,商务印书馆。

B. 布洛赫　G. L. 特雷杰(著)　赵世开(译)　1965　《语言分析纲要》,商务印书馆。

陈重业(译述)　1981　《博杜恩·德·库尔德内》,《国外语言学》第 2 期。

Daniel Jones(撰)　游汝杰(译)　1990　《“音位”的历史和涵义》,《国外语言学》第 2 期。

范祥善　1919　《国音浅说》(*A First Course of Chinese Phonetics*),商务印书馆。

高本汉(著)　赵元任　罗常培　李方桂(合译)　1940　《中国音韵学研究》,商务印书馆。

高　元　1922　《国音学》(*Chinese Phonetics*),商务印书馆。

桂灿昆　1956　《批判美英音位学中唯心的理论》,《中山大学学报》第 3 期。

Hans Basbøll(著)　王嘉龄(译)　1990　《音系学理论(上)》,《国外语言学》第 3 期。

后　觉　1922　《国语发音学》,中华书局。

后　觉　1923　《国语发音学纲要》,中华书局。

胡以鲁　1923　《国语学草创》(1913 年自印线装本),商务印书馆。

霍凯特(著)　索振羽　叶蜚声(合译)　1986　《现代语言学教程》,北京大学出版社。

李葆嘉　1998　《当代中国音韵学》,广东教育出版社。

李葆嘉　2022　《雅各布森的〈浪漫的泛斯拉夫主义——新斯拉夫研究〉:依据捷克文移译和述评》,刘冠才等(编)《行走在语言和哲学之间——庆祝李开先生八十寿诞学术论文集》,江苏凤凰文艺出版社。

李方桂(著)　王启龙　邓小咏(合译)　2008　《李方桂先生口述史》,清华大学出版社。

李振麟　1955　《英美资产阶级唯心论音位学批判》,《复旦学报》第2期。
廖立勋　1920　《实用国音学》(*Practical Chinese Phonetics*),商务印书馆。
陆衣言　1921　《国语发音学大意》(*Chinese Mandrin Phonetics*),中华书局。
罗常培　王　均(编著)　1957　《普通语音学纲要》,科学出版社。
罗伯特·拉德(著)　马秋武　王　平(合译)　2022　《语调音系学》,商务印书馆。
吕朋林　1989　《再论普通话音位的归纳》,《汉语学习》第1期。
钱　军　1993　《布拉格学派的音位学研究》,《外语学刊》第5期。
钱乃荣　1988　《论普通话的音位的区别性特征》,《汉语学习》第1期。
曲　辰　2001　《试论生成音位学对早期音位学理论的批判与继承》,《外语学刊》第2期。
曲长亮　2016　《音系单位的共现性与顺次性——区别特征概念早期发展历程新探》,《语言学研究》第2期。
邵　勉(著)　边兴昌(译)　1963　《认识过程中的信息改造和结构语言学的两阶理论》,《语言学资料》第4期。
特拉斯克(著)　《语音学和音系学词典》编译组(译)　2000　《语音学和音系学词典》,语文出版社。
特鲁别茨柯依(著)　杨衍春(译)　2015　《音位学原理》,广西师范大学出版社。
田　恭　1955　《音位和音位学》,《中国语文》第4、5期。
谢尔巴(著)　黑龙江大学外语系(译)　1962　《语言学当前的几个问题》,《语言学资料》第11、12期。
信德麟　1990a　《博杜恩·德·库尔特内的生平与学说》,《外语学刊》第1期。
信德麟　1990b　《论音位交替》,《外语学刊》第5期。
信德麟　1991　《关于"形态音位"的争论》,《现代外语》第4期。
信德麟　1992　《论形态音位学》,《外语学刊》第4期。
汪　怡　1924　《新著国语发音学》,商务印书馆。
王福祥　2013　《博杜恩·德·库尔特内与三个语言学派》,《中国俄语教学》第2期。
王　钢　1984　《苏联科学院1980年〈俄语语法〉中有关音位学的几个问题》,《外语教学与研究》第4期。
王嘉龄　1980　《生成语音学简介》,《山东外语教学》第1期。
王嘉龄　2000　《音系学百年回顾》,《外语教学与研究》第1期。
王建萍　2010　《简述自然生成音系学》,《西安社会科学》第2期。
王理嘉　1988　《音位归纳的多重可能性》,《汉语学习》第3期。
王理嘉　1991　《音系学基础》,语文出版社。
吴宗济　1980　《什么叫"区别特征"》,《国外语言学》第1期。

徐烈炯　1979　《两种新的音位学理论》,《语言学动态》第4期。

Jakobson R., Fant C. G. M., Halle M.(著)　王　力(译)　吴宗济(校)　1981　《语音分析初探——区别性特征及其相互关系》,《国外语言学》,第3、4期。

伊·克拉姆斯基(著)　李振麟　谢家叶　胡伟民(合译)　1993　《音位学概论——音位概念的历史与理论学派研究》,上海译文出版社。

易作霖　1920　《国音学讲义》,商务印书馆。

游汝杰　钱乃荣　高钲夏　1980　《论普通话的音位系统》,《中国语文》第5期。

赵元任　1928　《现代吴语的研究》,清华大学研究院。

赵元任(著)　叶蜚声(译)　伍铁平(校)　1934　《音位标音法的多能性》(The Non-Uniqueness of Phonemic Solutions of Phonetic Systems. *Bulletin of the Iinstitute of History and Philology*, Academia Sinica V, part 4),载吴宗济、赵新那(编)2002《赵元任语言学论文集》,商务印书馆。

赵元任　2002　《语言问题》,《赵元任全集》(第一卷),商务印书馆。

周　丽　2018　《从特征到元素——音系特征理论发展的历程与方向》,《长沙大学学报》第6期。

诸通允　1988　《德米特连科音位理论剖析——〈80年语法〉中〈语音学〉〈音位学〉译后记》,《中国俄语教学》第3,4期。

Allen M.　1978　*Morphological Investigations*. PhD. dissertation, University of Connecticut.

Beach D. M.　1923　*Phonetics of Pekingese*. University of London Current Institution.

Bloch B.　1941　Phonemic Overlapping. *American Speech* 16(4).

Bloch B., Trager G. L.　1942　*Outline of Linguistic Analysis*. Linguistic Society of America.

Bloomfield L.　1926　A Set of Postulates for the Science of Language. *Language* 2.

Bloomfield L.　1933　*Language*. Holt.

Boas F.　1889　On Alternating Sounds. *American Anthropologist* 2(1).

Boas F.　1911　*Handbook of American Indian Languages*. Govt. print. off.

Chomsky N., Halle M.　1965　Some Controversial Questions in Phonological Theory. *Journal of Linguistics* 1.

Chomsky N., Halle M.　1968　*The Sound Pattern of English*. Harper and Row.

Chomsky N., Lukoff F., Halle M.　1956　On Accent and Juncture in English. In Halle M., *et al.* (eds.) *For Roman Jakobson*. Mouton.

Chomsky N., Miller George A.　1963　Introduction to the Formal Analysis of Natural Languages. In Luce, Bush, Galanter. (eds.) *Handbook of Mathematical Psychology* 2. Wiley & Sons.

Goldsmith J. A.　1976　*Autosegmental Phonology*. PhD. dissertation, MIT.

Harris Z. S.　1951　*Methods in Structural Linguistics*. University of Chicago Press.

Halle M.　1959　*The Sound Pattern of Russian, A Linguistic and Acoustical Investigation*. Mouton.

Halle M. 1962 Phonology in Generative Grammar. *Word* 18.

Hockett C. 1942 A System of Descriptive Phonology. *Language* 18.

Hockett C. 1955 *A Manual of Phonology*. Waverley Press.

Kahn D. 1976 *Syllable—Based Generalizations in English Phonology*. PhD. dissertation, MIT.

Kiparsky P. 1982 From Cyclic Phonology to Lexical Phonology. In van der Hulst H, Smith N. (eds.) *The Structure of Phonological Representation*, Vol. 1. Foris.

Jakobson R. 1931a Projet de terminologie phonologique standardisée. *Travaux du Cercle linguistique de Prague* 4, 1931.

Jakobson R. 1931b Zfonologiespisovnéslovenštiny. In Jirásek J., Tichý F. (eds.) *Slovenská Miscellanea*. Bratislava: Universum: 155 – 163.

Jakobson R. 1932 Fonéma. In Mádl K. (ed.) *Ott ůvslovníknau čnýnovédoby*. Díl II. sv. 1. J. Otto: 608.

Jakobson R. 1938 Observations sur le classement phonologique des consonnes. In Blancquaert E., Pée W. (eds.) *Proceedings of the Third International Congress of Phonetic Sciences*, University of Ghent: 18 – 22.

Jakobson R., Fant C., Gunnar M., *et al.* 1952 *Preliminaries to Speech Analysis: The Distinctive Features and Their Correlates*. MIT Press.

Jakobson R., Halle M. 1956 *Fundamentals of Language*. Mouton.

Jones D. 1918 *An Outline of English Phonetics*. Teubner.

Jones D. 1931 On phonemes. *Travaux du Cercle Linguistique de Prague* 4.

Jones D. 1932 The Theory of Phonemes, and Its Importance in Practical Linguistics. *Proceedings of the International Congress of Phonetic Sciences*. International Phonetic Association.

Jones D. 1950 *The Phoneme: Its Nature and Use*. W. Heffer & Sons.

Jones D. 1957 *The History and Meaning of the Term "Phoneme"*. International Phonetic Association.

Leben W. R. 1973 *Suprasegmental Phonology*. PhD. dissertation, MIT.

Liberman M., Prince A. 1977 On Stress and Linguistic Rhythm. *Linguistic Inquiry* 8.

Meillet A. 1930 J. Baudouin de Courtenay. Revue des études slaves, T. 10, F. 1 – 2.

Nespor M., Vogel I. 1986 *Prosodic Phonology*. Foris.

Perera H. S., Jones D. 1919 *A Colloquial Sinhalese Reader in Phonetic Transcription, With an Introduction on the Phonetics of Sinhalese*. Manchester University Press.

Pike K. L. 1943 *Phonetics: A Critical Survey of Phonetic Theory and a Technic for the Practical Description of Sounds*. University of Michigan Press.

Pike K. L. 1947 *Phonemics: A Technique for Reducing Languages to Writing*. University of

Michigan Press.

Pike K. L. 1954 *Language in Relation to a Unified Theory of the Structure of Human Behavior*. Summer Institute of Linguistics, Mouton & Co., 2nd Edition, 1967.

Prince A., Smolensky P. 1993 *Optimality Theory: Constraint Interaction in Generative Grammar*. First circulated: April, 1993, RuCCS - TR - 2.

Sapir E. 1921 *Language, An Introduction to the Study of Speech*. Harcourt, Brace & World.

Sapir E. 1925 Sound Patterns in Language. *Language* 1(2).

Sapir E. 1933 La réalité psychologique des phonèmes. *Journal de Psychologie Normale et Pathologique* 30(1-4). English translation, The Psychological Reality of Phonemes. In Mendelbaum D. G. (ed.) *Selected Writings of Edward Sapir in Language, Culture, and Personality*, University of California Press, 1949.

Siegal D. 1974 *Topics in English Morphology*. PhD. dissertation, MIT.

Swadesh M. 1934 The Phonemic Principle. *Language* 10(2).

Sweet H. 1877 *A Handbook of Phonetics Including a Popular Exposition of the Principles of Spelling Reform*. Clarendon Press.

Trager G. L., Bloch B. 1947 The Syllabic Phonemes of English. *Language* 17(3).

Twaddell W. F. 1935 On Defining the Phoneme. *Language Monographs* XVI, Waverley Press.

Ułaszyn H. 1931 Laut, Phonema, Morphonema. *Travaux du Cercle Linguistique de Prague* IV.

Vennemann T. 1971 Natural Generative Phonology. *Paper Presented at the Winter Meeting of the Linguistic Society of America*, Saint Louis.

Wang W. S - Y. 1967 The Phonological Features of Tone. *International Journal of American Linguistics* 33(2).

Williams E. S. 1971/1976 Underlying Tone in Margi and Igbo. *Linguistic Inquiry* 7.

Аванесов, Рубен Иванович. 1956 *Фонетика русского литертурного языка*. М.: Изд - во Моск. ун - та.

Бодуэн де Куртенэ. 1963 Некоторые отделы «сравнительной грамматики» славянских языков (1881). Николай Крушевский, его жизнь и научные труды (1888). Фонология (1899). In: *Избранные труды по общему языкознанию*, Т. I, М.: Издателъство Академни Наук СССР.

Бодуэн де Куртенэ. 1963 Фонетические законы (1910). Введение в языковедение (1917). Разница между фонетикой и психофоiетикой (1927). In: *Избранные труды по общему языкознанию*, Т. II, М.: Издателъство Академни Наук СССР.

Реформатский, Александр Александрович. 1975 *Фонологические этюды*. Москва: Наука.

Трубецкой, Николай Сергеевич. 1929 Sur la morphonologie. *Travaux du Cercle Linguistique de Prague*, Vol. I.

Трубецкой, Николай Сергеевич. 1939 *Grundzüge der Phonologie*. Prague: Travax du Cercle Lingusitique de Prague7.

Трубецкой, Николай Сергеевич. 1934/1987 *Избранные труды по филологди*. Москва: Прогресс.

Шаумян, Себастиан Константинович. 1952 Проблема фонемы. *Известий Академии Наук СССР. Отделение литературы и языка*, Т. XI. Вып. 4.

Шаумян, Себастиан Константинович. 1960 Двухступенчатая теория фонемы и дифференциальных элементов. *Вопросы языкознания*, № 1. 5.

Шаумян, Себастиан Константинович. 1962 Преобразование информации в процессе познания и двухступенчатая теория структурной лингвистики. *Проблемы структурной лингвистики*, М.: Издательство АН СССР.

Щерба, Лев Владимирович. 1910/1974 Субьективный и обьектвный метод в фонетике. Л. В. Щерба. *Языковая система и речвая деятеьностт*. Л.: УРСС.

Щерба, Лев Владимирович. 1921/1983 *Русские гласные в качественном и количественном отношении*. Л.: Наука.

Щерба, Лев Владимирович. 1937 *Фонетика французского языка*. Л.; М.: Государственное учебно-педагоги-ческое издательство. Переиздание, М.: Государственное издательство, 1952.

Щерба, Лев Владимирович. 2004 *Языковая система и речевая деятельность*. М.: Едиториал УРСС.

Яковлев, Николай Феофанович. 1923 Таблица фонетики кабарданского языка. *Труды Подразряда исследований северо-кавказских языков при Институте Востоковедения в Москве*, Вып. 1.

Яковлев, Николай Феофанович. 1928 Математическая формула построения алфавита. *Культура и письменность Востока*, Кн. 1.

李葆嘉 黑龙江大学俄罗斯语言文学与文化研究中心 nsdlbj@126.com

东亚语言中的音节末塞音：汉语东南方言、泰语和韩语*

岩田礼　广濑肇　新美成二　泽岛政行　堀口利之

提要　文章以汉语的两种东南方言(闽南语、粤语)、泰语以及韩语为对象对其音节末塞音进行生理语音学研究。这些语言或方言都有一套音节末塞音,即-p、-t、-k,这些塞音都以其缺除阻(release)为特征。通过光纤维镜(fiberscope)对喉部的直接观察,文章发现闽南语、粤语及泰语中在发-p、-t、-k时的成阻及闭塞时段中声门一直关闭,而且在闽南语、粤语中喉头上部的器官(包括假声带和会厌)明显收缩。与此相反,韩语的-p、-t、-k以声门微开为特点。同样是缺除阻的塞音,其喉头调节明显不同,这一事实可能反映出各个语言的音节性质以及超音段特征之不同。

关键词　音节末塞音(-p,-t,-k)　光纤维镜　喉头调节

一　引　论

近十年来有不少研究探讨了词语或音节开头(即元音之前)辅音的喉头特征(参见 Dixit 1989：213—214),尤其是韩语和印地语(Hindi)所见的三种及四种辅音类型是如何区分的。这个问题自从 Lisker 和 Abramson(1964)的声学研究以来引起了学者的关心。另一方面,在汉语、藏缅语、泰语、越南语等东亚及东南亚地区语言的描述研究中,开头位置的辅音类型是从其对声调影响的角度进行的探讨,这已有较长的研究历史;一般认为,辅音的类型、元音的音质及其长度都与声调的起

---

* 本文原文题为“Syllable Final Stops in East Asian Languages：Southern Chinese，Thai and Korean”,载于 *Proceedings of First International Conference on Spoken Language Processing* (*ICSLP90*),Kobe，Japan，1990。此汉译文由岩田礼等作,由黄绮烨校正。

源与其发展历史较为密切有关。

然而，词语或音节末尾（即元音之后）的辅音，对其语音特征的研究还不如对开头位置的辅音研究多。这可能因为开头位置所见的两三种辅音类型，其对立在末了位置上中和为一个类型，也就是不形成音韵对立的缘故。这好比是德语辅音的带音和不带音（译注：底下译作“浊音”和“清音”）的音韵对立在词语末尾里中和为清音类型。浊音与清音的音韵对立失效，这可能与末尾的辅音有失去除阻时段这种倾向有关。在英语口语中，末尾的塞音在另一个塞音的前面经常缺除阻（unreleased）；浊塞音在话语末尾的节点（juncture）前面保留除阻（released）时段的频率不如清塞音那么高。（Wang 1959）然而，缺除阻的塞音一般使得人们难以听辨发音部位的区别，这是因为其听觉上的有意信息仅在于成阻时的过渡共振峰（formant transition）。（Wang 1959）从这种观点看，有一个引人注目的事实是，在不少东亚及东南亚地区的语言中，不管其间亲属关系的有无，音节开头（译注：以下译作“声母”）存在的辅音对立在音节末尾（译注：以下译作“韵尾”）里中和为一个类型，并一律实现为缺除阻的不送气清音，即-p、-t、-k。两种汉语方言（粤语和闽南语）、标准泰语以及韩语所见的辅音类型表示如下，这里以唇音为例。

		声母		韵尾
粤语		p-	p^h-	-p
闽南语	b-	p-	p^h-	-p
泰语	b-	p-	p^h-	-p
韩语	p-	P-	p^h-	-p

韩语的 p-和 P-分别表示“松音”（lax）和“紧音”（tense），前者在元音之间实现为浊音。按，关于舌音和牙音，泰语缺少浊塞音的 g-，闽南语的舌音经常实现为 l-，而较少实现为 d-。

关于这些韵尾的语音性质曾有过若干研究（如 Abramson 1971），但以往仅限于讨论做韵尾的塞音与做声母的塞音之间的语音类似性，即前者在音位上与后者的哪一种类型配对。我们现在要探讨的问题是在这些语言中的塞音韵尾之间有无及有何生理上、声学上的差异。我们知道这些语言中的塞音韵尾皆具“缺除阻”这一特征，但这并不意味着它们也共享喉头特征及声学特征。

本文将报告就上述四种语言（方言）的韵尾塞音用光纤维镜（fiberscope）直接

观察喉部的结果,先说明它们之间有无喉头调节上的差异,如有差异,将进一步讨论其语言背景,即为何产生了该种差异。有关粤语、闽南语和韩语的主要实验信息已于10年前报告过(Iwata *et al.* 1979,1981; Sawashima & Park 1979、Sawashima *et al.* 1980),有关泰语的信息以及闽南语的补充信息来自最近的实验。

二　实验结果

(一) 基本特征(单音节的特征)

1. 汉语方言(粤语和闽南语)

粤语和闽南语中带有-p、-t、-k韵尾的音节,其长度短于不带这些韵尾的音节,并且只与有限的声调共现,即高促调、低促调和低平调(包括微降调)。

产生-p、-t、-k韵尾时最显著的喉头特征是声门上面部位的收缩运动,尤其是假声带的内转运动。图1列举几张发闽南语[tit](高促调)这一单音节时的喉头影片。可以看出,在整个发音过程中声门一直关闭,而且假声带在韵尾-t的成阻时段以后急速内转。从影片还可以看出,声门上面部位的前后径缩短,尤其是韵尾成阻以后明显缩短。这种喉头运动是我们在喉塞音(glottal stop)产生中能观察到的。(Iwata *et al.* 1990)粤语中的情况与之基本相同,有一个次要的差异是喉头上部收缩运动的起始时间,粤语早于闽南语。在粤语,收缩运动已开始于成阻以前(大约60—80毫秒),但是不论是粤语还是闽南语,成阻以后都会出现这种收缩运动,任何发音人都如此,并无例外。

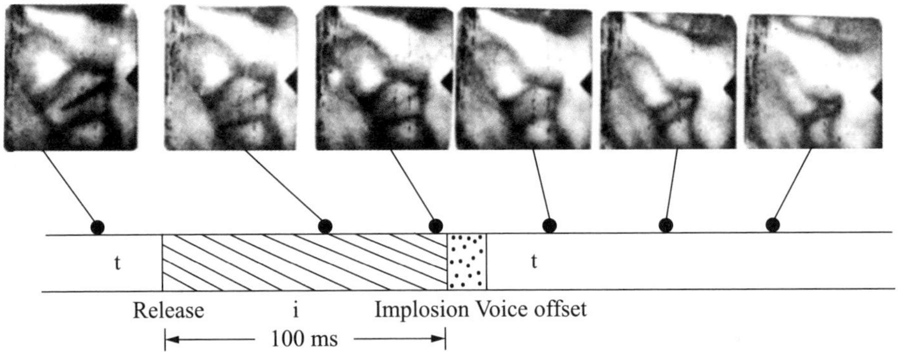

图1　单念闽南语[tit](高促调)时的喉头影片[①]

---

① Implosion表示入声韵尾-t的闭塞起始时间,Voice offset表示入声韵母的声带振动终止时间。

2. 泰语

图2列举几张发泰语[tʰit](高促调)这一单音节时的喉头影片。将这个测试语插入下列句子的句末进行发音。

[niː kʰɯː ____] (It is not ____).

可以看出，声母除阻之后声门一直关闭，但是与闽南语、粤语相比，假声带的内转运动并不明显，而且喉头上部的收缩运动甚弱，远不如汉语方言那么强。泰语的-p、-t、-k与汉语方言相同，仅与有限的声调共现：高平调、低平调（严密说，应为稍微下降的调）以及高降调。在声调的低声域里，会厌似乎往后沉下以致喉头腔的前后径缩短，但是这种特征不关系到韵尾的发声。

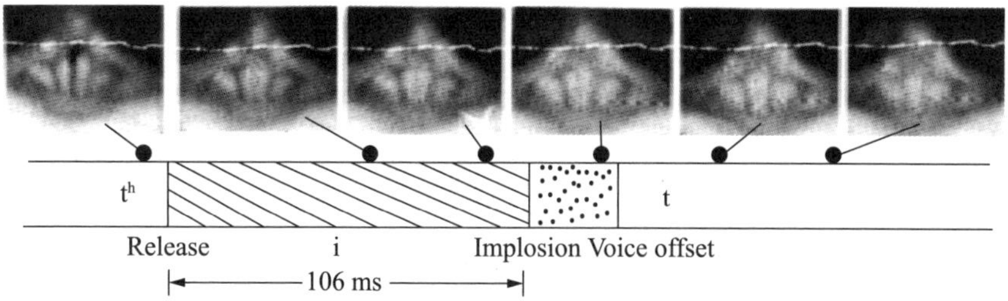

图2　发泰语句末位置的[tʰit](高促调)时的喉头影片①

3. 韩语

韩语的音节末塞音以微开的声门为其喉头特征。图3表示两位发音人发音节末-k时的典型声门宽度时间变化曲线。测试语[kek]被插入至下列句子里发音。

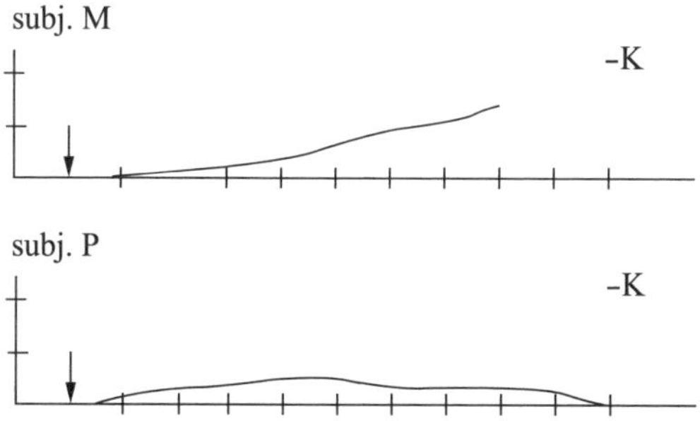

图3　韩语句末位置的音节末[-k]的声门宽度时间变化曲线图②

① Implosion表示音节末-t的闭塞起始时间，Voice offset表示韵母[i]的声带振动终止时间。

② 此图引自Sawashima等(1980)。横轴表示以20毫秒为单位的时间轴，纵轴相当于任意测量的声门宽度。向下箭号表示音节末塞音的闭塞开始时间。

[ige____] (This is____).

可以看出,声门与成阻(其时段大概是 20—40 毫秒)同时或稍后开始放开。两位发音人之间存在成阻以后声门宽度时间变化的差异,但是就音节末塞音的喉头调节而言,这显然是多余的特征。

(二) 非句末位置的韵尾特征(协同发音)

1. 汉语方言(粤语和闽南语)

若-p、-t、-k 韵尾在元音开头的音节前面,多数都出现喉头上部的收缩;若韵尾在/h/以外的清声母(包括送气、不送气清音、塞擦音和擦音)前面,喉头上部的收缩就消失,而喉头特征就同化于后接声母,即声门放开,声门宽度的时间变化呈现一个峰形;若韵尾在浊音声母(主要是 l-或 d-)或/h/的前面,有时(尤其是在粤语)喉头运动就呈现出连续的两个局面:先有收缩运动,接着就出现后接语音的声门姿势,或者韵尾在整个时段同化于后接语音的喉头姿势。汉语方言中,喉头的协同运动可以认为是纯属语音层次的预测性现象。

2. 泰语

在紧密结合的两个音节的中间出现两种情况,与汉语方言相似。一种是预测性的喉头运动。例如,出现于[$i\underline{t\ t^h}i\ p^hon$](影响)这词中的-t 和 t^h-的组合里,声门于-t 的成阻之后立即开始放开。又如[$si\underline{p\ c}et$](十七)这词中,-p 之后紧接不送气清音 c-,在此辅音组合的整个清音时段中声门一直关闭,但声门的膜质部分经常放开,这正是产生不送气清音声母时的喉头特征。另一种较为普遍的倾向是,喉头运动呈现出连续的两个局面:在韵尾时段声门关闭,而在后接辅音声母时段呈现与此对应的声门姿势。声门关闭的绝对时间随口腔部位的闭塞时间而不同。这是连在韵尾之后紧接送气清音时也能观察到的事实。如韵尾之后紧接元音或浊声母,声门在成阻之后的一段时间关闭。

3. 韩语

韩语表现出一些与汉语及泰语不同的显著特点。如果韵尾后面是以元音开头的音节,韵尾就实现为后接音节的声母(就像法语的 liaison),并且如果其后接的是系词、助词、词缀等黏着语素,塞音韵尾的喉头运动就恢复其底层特征(这反映在韩语的正写法 Han-gul),则实现为三分对立(松音、紧音和送气音)的后接音节的声母;如果后接的是自由语素,塞音韵尾就实现为浊音声母,即 b、d、g。韩语的另一种特征表现在辅音结合中：在塞音韵尾和松音类型声母的组合中，喉头调节与紧音类型相同，即在除阻时声门完全关闭或几乎都关闭之后微开。另一方面，塞音韵尾和送气清音的组合就表现出与送气类型的声母相同的喉头特征。

三 讨 论

本文研究的对象语言共享两种特征："不带音（清音）"和"缺除阻"。一般地说，清塞音是由喉头的动作和口腔内的闭塞协同而产生的。口腔内闭塞的形成导致口腔内压力提升（oral pressure），因此也致使声门上下的压力差异（transglottal pressure）降低，这有利于无声化[①]。至于喉头的动作，有两种无声化的手段，即声带的外转及内转，其中后者往往伴随喉头上部的收缩。（Lindqvist 1971）看来缺除阻的塞音易于无声化并出现喉头的收缩动作。在英语中，接连的两个塞音中的第一个经常实现为缺除阻，（Wang 1959）而且如果其中间存在词边界（word boundary）的话，如-t#t-（fat teeth）或-t#d-（fat d's），也会出现喉头上部的收缩运动。（Fujimura & Sawashima 1971）在上述几种东亚语言中，只有韩语以声带的外转动作（即声门放开）产生音节末塞音。汉语方言使用收缩类型的喉头调节，这种特征在泰语中虽然并不明显，但是声带内转这一特征可以视作收缩类型的一种变体。

如此不同的喉头调节是由什么原因产生的？我们认为，不同语言之间喉头运动的差异可归于音节性质以及超音段特征的不同：汉语和泰语是以单音节为单位的声调语言，而韩语是以多音节为单位的非声调语言。在汉语和泰语中，音段和超音段的互动关系表现在由调类制约的塞音韵尾的出现。声调语言和非声调语言之间音节性质的不同反映在出现于句子或词语非末位的塞音韵尾的喉头运动中。泰语中也存在喉头特征基本保留在非末位的倾向，汉语中出现的协同性喉头调节可以认为是属表层语音层次的预测性现象。然而，韩语所见的"liaison"（塞音韵尾恢复其底层结构中的形式并实现为后接音节的声母）绝不是属语音层次的现象。韩

① 从空气动力学（aero-dynamics）的观点看（这相对于 neuro-elastics 的观点），声带的振动是由声门上下的压力差异产生的。要是口腔内没形成闭塞，口腔内压力就等于大气压，这致使声门下的压力大于声门上的压力，这种状态（就是发元音时的状态）使声带易于开始振动。

语存在顺行同化(progressive assimilation)现象,如塞音韵尾把后接的松音声母变为紧音。这可以认为是属语音层次的现象,但请注意,汉语及泰语所见的喉头运动的同化现象都是逆行的(regressive),也就是预测性的同化。所以,韩语所见的喉头运动应为由高层次(形态音位或句法层次)的语言指令控制的,而不是语音层次的现象。我们认为,在汉语和泰语塞音韵尾的产生中,声带的内转或喉头的收缩贡献于"终止音节",而在韩语塞音韵尾的产生中,声带的外转则贡献于在某种语言单位内部"为后接音节开放音节"。

参考文献

Abramson A. S. 1971 Word-Final Stops in Thai. *Status Report* 28, Haskins Laboratory: 193 – 200.

Dixit R. P. 1989. Glottal gestures in Hindi plosives. *Journal of Phonetics* 17: 213 – 237.

Fujimura O.(藤村靖), Sawashima M.(泽岛政行) 1971. Consonant Sequences and Laryngeal control. *Annual Bulletin* 5, Research Institute of Logopedics and Phoniatrics(RILP), University of Tokyo: 1 – 6.

Hombert J-M. 1978. Consonant Types, Vowel Quality, and Tone. In Fromkin V. A. (ed.) *Tone: A Linguistic Survey*, Academic Press: 77 – 111.

Iwata R.(岩田礼), Sawashima M.(泽岛政行), Hirose H.(广濑肇), *et al.* 1979. Laryngeal adjustments of Fukienese stops —— Initial plosives and final applosives —— *Annual Bulletin* 13, RILP: 61 – 81.

Iwata R.(岩田礼), Sawashima M.(泽岛政行), Hirose H.(广濑肇) 1981. Laryngeal adjustments for syllable-final stops in Cantonese. *Annual Bulletin* 15, RILP: 45 – 54.

Iwata R.(岩田礼), Hirose H.(广濑肇), Niimi S.(新美成二), *et al.* 1990. Syllable final "Glottal Stop" in Chinese dialects —— A fiberoptic and electromyographic study —— *Annual Bulletin* 24, RILP: 19 – 40.

Lindqvist J. 1971. A descriptive model of laryngeal articulation in speech. *Quarterly Progress and Status Report* 2—3, Speech Transmission Laboratory, Royal Institute of Technology: 1 – 9.

Lisker L., Abramson A. S. 1964. A cross-language study of voicing in initial stops: acoustic measurements. *Word* 20: 384 – 422.

Svantesson J-O. 1989. Tonogenetic Mechanism in Northern Mon-Khmer. *Phonetica* 46: 60 – 79.

Sawashiam M.(泽岛政行), Park H. S. 1979. Laryngeal adjustments for syllable final stops in Korean: Some preliminary results of fiberoptic observation. *Annual Bulletin* 13, RILP: 83 – 89.

Sawashima M.(泽岛政行), Park H. S., Honda K.(本多清志), *et al.* 1980. Fiberoptic study on laryngeal adjustments for syllable-final applosives in Korean. *Annual Bulletin* 14, RILP: 125 – 138.

Wang W. S-Y.（王士元） 1959. Transition and Release as Perceptual Cues for Final Plosives. *Journal of Speech and Hearing Research* 2(1): 66 – 73.

岩田礼　静冈大学人文学部　yantian33@gmail.com

广瀬肇　东京大学医学部语音语言医学研究所

新美成二　东京大学医学部语音语言医学研究所

泽岛政行　横滨船员保险医院

堀口利之　东京神经医院

韵书以外的历史音韵学：“儿尾”词法的演变轨迹

史皓元

提要 儿尾（或可谓儿缀）是汉语语法系统中罕见的，甚至是唯一的一种准词法成分，在汉语方言的词汇结构中广泛存在。从初唐至今的演变过程中，儿尾的词法（或曰词形学、形态学）和音系特征的关键要素在方言变体内部和方言变体之间均具有准范式的关联。儿尾的词法功能在遍布中国的汉语方言中基本保持原貌，但其音系特性却随着时间发生了各种变化。然而，虽然儿尾在不同方言中的语音或音系表现不同，但我们仍可通过比较对应关系对其进行识别。在某些情况下，后缀的变化会影响它所黏附的音节的音段构成。儿尾仅保留某种语音—音系的亚音节特征或与前一音节形成鼻音尾、儿化韵或音节，甚至形成顽固的声调遗留等合音现象。因此，从汉语历史音系学角度来看，儿尾在汉语方言中的各种表现是非常值得探讨的。对儿尾的研究也可视为对发音学和语音学中的亚音节的多语素音系学研究。儿尾的口语性质较强，因此在历代书面文献中并不多见，这是本研究所面临的挑战。我们需要在惯用的字本位研究方法之外，将词本位的比较方言学研究方法作为主要方法。文章对现代汉语方言中带儿尾的词汇做了初步考察，旨在验证一个假设，即儿尾在中古时期中原地区的一众方言中曾经历过一次语法化，然后由于唐宋共同语的权威而传播至整个中国。文章希望从时间和空间上展示与儿尾相关的历史及其传播的重要细节，并试图呈现早期口头语的真实面貌。

关键词 儿尾　历史形态学/词形学　比较方言学　汉语的词法　汉语词缀学

1 Introduction

This article is a preliminary effort toward a comprehensive data-based examination of the *ér* 儿 suffix and its morphology across the Chinese dialects in an effort to understand its evolution and *hypothesized* historical origins as a feature of a prestige lingua franca, or koine, of the Táng 唐 (618—907) and Sòng (960—1279) periods. While frequently associated only with the Běijīng dialect in popular understanding, the *ér* suffix is actually found in a broad sector of the Chinese dialects, including Mandarin, Wú 吴, Huī 徽, Gàn 赣, and Yuè 粤; and the phonological shape of the suffix varies greatly across the broad geographic range where it is found in the dialects (Wáng Fútáng 1999: 104—105). To account for that broad distribution and varied nature, this project hypothesizes that the *ér* suffix first arose within a group of Central Plains dialects then spread across China through the possible influence of a Táng-Sòng koine and was subsequently preserved in the dialects into the present day, yet also evolving independently in the various dialects where it is now found. Hence, through analysis of the phonology and geographic distribution of the *ér* suffix, including comparison to that of the *zǐ* 子 suffix, this data-based project will test the aforementioned hypothesis and in the process significantly deepen our understanding of the history of spoken Chinese from the Táng, through the Sòng 宋 (960—1279) and into the present. The remainder of this paper outlines the background to the Táng-Sòng koine hypothesis, speculates on the nature of that koine and its connection to the Chinese dialects, discusses the project's planned approach to testing the concomitant conjecture that the *ér* suffix was an element of that koine, and briefly demonstrates how the *ér* suffix spread and evolved in the dialects as a koine element. The discussion also illustrates the empirical historical-comparative methodology that this project will draw upon to uncover the relevant historical processes behind the spread of the koine and the evolution the *ér* suffix.

2 Chinese Dialect *ér* Suffix Morphology as Remnant Evidence of a Tang Koine

Among the earliest and most influential scholars to consider the nature of the Táng language was Bernhard Karlgren (1889—1978), who was the first to attempt a reconstruction of Táng period pronunciation, which he called Ancient Chinese (*ancien chinois*), in his 1915 doctoral dissertation *Études sur la phonologie chinoise*. Underpinning Bernhard Karlgren's vision of the shape and origins of Ancient Chinese, now referred to as Middle Chinese, was his belief that the language was "essentially the dialect of Ch'ang-an in Shensi," which during the course of the Táng "became a kind of koine." Karlgren believed that this koine, as codified in the *Qièyùn* 切韵 rime dictionary, "was sufficiently widespread and accepted by a sufficiently large proportion of the population, from the highest officials down to the lower middle class, to have become the ancestor of nearly all the present dialects (except the Min dialects in Fukien and adjacent regions)" (Karlgren 1954: 212).

Karlgren's claim that Middle Chinese as embodied by this koine was the ancestor of nearly all the present dialects has been thoroughly and soundly debunked by Jerry Norman and South Coblin (1995). A *koine* that has a wide geographic currency is "a socially accepted common supra-regional vernacular language standard formed via contact between mutually intelligible varieties or dialects, ... The speakers of a koine do not usually abandon their own native vernaculars or dialects, but rather use the koine language for communication across a broad region" (Simmons 2020: 140). The language varieties that form the basis of a koine will likely have shared features that represent elements of their relatedness. Those features will be passed down and continue to evolve in subsequent generations of the languages or dialects. The koine based on those language varieties may also evolve in similar ways. So the similarities that Karlgren observed between the modern-day dialects and Middle Chinese is possible. But it would have been because the dialects underpinned the koine and not vice versa. Hence it is conceivable that the Táng had a common supra-regional vernacular that formed on a base of related languages or dialects.

Based on what we now know about koines in China, particularly the Mandarin koine of the Míng 明 (1368—1644) and the Qīng 清 (1644—1911), we can speculate that a similar type of koine may have existed in the Táng and Sòng. This conjecture follows upon the *uniformitarian principle* articulated by William Labov (1972: 101):

“The linguistic processes taking place around us are the same as those that have operated to produce the historical record” (also see Labov 1994: 21—23; 2013). Hence a koine that spread and evolved in ways similar to the Míng and Qīng Guānhuà 官话 koine conceivably also might have existed in the Táng and Sòng. As noted by Simmons, “In its character and widespread regional utility, the Guānhuà of the Qīng dynasty was a classic koine (*tōngyǔ* 通语). This koine was clearly a socially accepted common supra-regional vernacular language standard that formed through contact between two or more mutually intelligible varieties or dialects of Mandarin. Its speakers did not abandon their native vernaculars or dialects, but rather used the Mandarin koine for communication across China's vast territories, in cities and towns, while continuing to use their own local languages at home and with their provincial compatriots” (Simmons 2020: 139). A Táng-Sòng koine would have served a comparable function. It would have spread and influenced Táng-Sòng period language and dialects in ways similar to how the Guānhuà koine and its influence spread across the Chinese map in the fourteenth through nineteenth centuries. In fact, Chinese scholars generally assume the existence of a prestige koine in the Táng, which they refer to as *guānyīn* 官音 or *tōngyǔ* 通语 (Simmons 2023: 124—125). Thus, while a Táng koine most certainly was not ancestral to the broad variety of modern Chinese dialects, there quite possibly could have been a functional and strongly influential koine in the Táng, as well as in the Sòng.

Possible traces of the Táng-Sòng koine can be seen in the *ér* suffix morphology shared in a scattershot fashion by dialects across China. This project intends to take a deeper look to confirm that observation and document its existence through the compilation and analysis of a comprehensive and broadly based corpus of Chinese dialect data. This data based exploration of the *ér* suffix in modern dialects will deepen understanding of the hypothesized Táng koine and its history, influence, and evolution.

3 Principle Questions and Issues

The Táng written literary language and Táng period literary phonology is rather well understood. But what was the nature of the Táng spoken language? What was the spoken word like in the Táng? This project will address one facet of these questions by seeking out traces of Táng period spoken language that are revealed in remnants or vestiges in the modern Chinese dialects. Specifically, the project will follow the *ér* suffix as it is manifested across Chinese dialects to trace deep remnants of a prestige strata laid down by the pre-Mandarin koine of the Táng, as well as that of nascent Mandarin in the Sòng. As a kind of comparative control standard, the project will also trace the concurrent development of the *zǐ* suffix. Both the *ér* and the *zǐ* suffixes are among the rather sparse collection of morphological, or even only quasi-morphological, actors or elements within the Chinese grammatical system. As morphology is a rare and minor element of the structure of Chinese and its grammar across dialects, research into the history of morphology in Chinese and a comparative treatment of its phonological manifestations that departs from a simple character—*zì* 字—based approach has not yet been undertaken. This study is likely the first attempt to do so.

Shared morphology is a feature of related languages and dialects that can also be used to demonstrate and confirm their language relationship. Johanna Nichols pointed out that inflectional morphology is key to demonstrating linguistic relationship where it presents paradigmatic lexical sets that have "intersecting arbitrary classifications and grammatical accidence" that can be "diagnostic of genetic relatedness" (Nichols 1996: 63). She has further noted that in isolating languages that lack inflectional morphology but that have tones, such as Chinese, regular tone correspondences serve similarly as "an arbitrary lexical classificatory device ...... that incorporates some paradigmatic grammatical organization into the lexicon" (Nichols 1996: 64).

While the *ér* suffix in its historical form has a tone, that etymological tone was often lost as the suffix evolved in different varieties. However key elements of its morphological, semantic, and phonological identities in word formation and structure remain in a quasi-paradigmatic correlation within, and between, dialect varieties in its evolution from the Táng to the present. The basic morphological function has remained fairly consistent over time, while the phonological identity of the *ér* suffix has evolved differently across the Chinese dialect landscape. Yet it can still be comparatively identified within its corresponding but disparate phonetic or phonological manifestations in different dialects. In some cases, the changes in the suffix have affected the segmental makeup of the syllable it modifies, and the suffix *ér* is only preserved sub-syllabically as certain phonetic-phonological features, or combination of features, such as nasal ending, rhoticized finals or syllables, or even a stubborn remaining influence of its tone. The most well-known example is in the Běijīng dialect in which the *ér* affix is merged with the preceding syllable, which is usually the morpheme it modifies, such as in these examples in which the affix has a nominalizing or diminutive function:

- *zhèr* 这儿 'here'
- *diǎnr* 点儿 'small dot'
- *bàr* 把儿 'handle'
- *dìr* 地儿 'space, place'
- *lìr* 粒儿 'small particle, granule'

Yet Běijīng's is not the only type of possibility. The suffix has taken many other forms in a great number of dialects across the Chinese-speaking world. All the various forms of the *ér* suffix across the dialects evince a combination of morphological function with a rather tenacious phonological identity. This means that *ér* affixation should be particularly indicative of dialect relationships and historical connections. Hence, the working hypothesis for this project is a conjecture that the *ér* suffix first evolved to significant prominence in the dialect base that underlay a vernacular Táng and Sòng koine and then traveled with that koine to many corners of the Táng-Sòng world. Subsequently, the *ér* suffix developed independently in the base dialects and in the dialects that had been affected by the spreading or influence of that koine. Yet the morphological function and meaning continued to be productive in individual dialects even after the phonetic or phonological changes. Hence a deeper historical and geographical understanding of the *ér* suffix promises to reveal a great deal about the Táng koine and its evolution, spread, and influence, including the nature of the Chinese dialects that underpinned the koine. Further explanation, illustration, and development of these points are provided in the following section.

4 Testing the Hypothesis: Approaches and Methods

Broadly data-based historical-comparative linguistics and empirical dialectology are the primary methodologies for this project. The approach adopted in the project will depart from the traditional character (*zì* 字) and single morpheme based mode that dominates the field of Chinese historical linguistics even today. Instead, this study seeks to use the morphology of words and their formation, in particular the morphology of words that incorporate affixes with a distinct phonological identity and semantic overtone, as the basic elements of comparison. Hence, the comparison will focus primarily on words with the *ér* suffix, with words with the *zǐ* suffix included for reference. For that purpose, this study will work to compile an extensive database of words of this type that have been recorded in dialects across China. Following the compilation of a sufficiently large and representative database of forms, the project will analyze the phonological evolution of the suffix in the dialects and the words represented in the database in light of the distribution of the different phonological manifestations and semantic connotations of the *ér* affix across the map. This examination and analysis will also include historical considerations, including those related to population movement (for example as described in Cáo Shùjī 1997), as well as changes to the physical and political geography of China over time (for example as depicted in Tán Qíxiāng 1982—1987). The influence of language contact and inter-dialect borrowing will also be considered.

Sources: A huge amount of Chinese dialect data has been compiled by many scholars over the past few decades. Much of that data also includes extensive lists of vocabulary, often which also pay special attention to characteristic features of the dialects surveyed. The *ér* suffix is frequently among those features singled out for special discussion and collection if it is found in the dialect focused on, for examples see Xíng (2020), Fāng (2002) and Hè (1989). Much recent work has also focused on distinguishing historical layers within varieties of Chinese, which will be of use in distinguishing koine forms from local or native forms. But these studies and the dialect data they contain are all widely scattered across the descriptive literature and dialect dictionaries. The relevant data has never been brought together for comparative examination and analysis. This project's database will be compiled with those goals in mind.

Most of the studies and dictionaries from which the data on *ér* affixed words can be extracted are available in libraries in published form. The task of this project's first stage will be to cull through as many published sources as possible and develop a dedicated comparative database in which to record all the relevant examples. The data collection will proceed across all dialects in which we find the *ér* affix represented, in all the dialect groups where it can be found, including (but not limited to) Northern and Southern Mandarin, Jìn 晋, and Wú 吴 dialects. The project will also collect data on *ér* suffixation where it is not always considered to exist—including even Cantonese (Yuè 粤), which promises to reveal especially significant details about the history and spread of the Táng koine. At present, we have begun to compile a database with *ér* and *zǐ* suffixed words in selected Jìn, Wú, and Yuè dialects collected in studies by Xíng (2020), Fāng (2002), and Luó (1987), respectively. As the project proceeds, many other sources will be added. Yet many published sources contain limited or incomplete data; and certain critical sites might not be represented in the sources. So the second stage of this project will focus on identifying dialect sites or regions that need further detail or clarification and for which on-site investigation and focused dialect fieldwork might be necessary. At the same time, the research will identify words that appear to be most critical for a thorough comparative study and compile questionnaires to elicit those items in the on-site investigation, including critical phonological elements that need to be confirmed. Following that, the third stage will primarily be devoted to on-site fieldwork and collection of first-hand data at the most critical sites. All of the fieldwork data will then also be collated and entered into the database. The forth and final stage of the project will entail final analysis of the data with regard to the aforementioned working hypothesis and research questions. It is hoped that the final stage will also include developing sketch maps to illustrate the geographic spread and reach of the Táng and Sòng koine *ér* suffix, both diachronically and synchronically. Ideally, these will be compiled into a historical atlas that will include sketch maps of Táng-Sòng koine related dialects and detailed supporting comparative dialect data.

5 Historical and Geographic Perspectives and Examples: The Issues and Approaches to Their Explication

According to both Wáng Lì (1980: 225—230) and Ōta Tatsuo (1981: 87—90), the *ér* suffix first shows up in the written record in the Táng, somewhat later than the *zǐ* suffix. It appears in the written record more and more frequently after the Táng and is especially common in the Sòng and afterwards. But it must surely have been used in colloquial speech for some time before its appearance in the written record.

The phonological shape of *ér* in the Táng belonged to the distinct *rì* 日 initial group. Jerry Norman (2006) reconstructs *ér* 儿 as *nhi²; Pulleyblank (1983) renders it *ɲi*(ə̆); and Baxter and Sagart (2014) render it *nye*. As reflected in all three renderings (*nh, *ɲi*, *ny*), the syllable's initial probably contained some combination of nasal and alveopalatal fricative features. (Also see Shen 2020: 133.) This Táng version of the *ér* suffix would have existed prior to a major shift in the articulation of a small set of initial consonants, *rì* included, that deepened the distinction between northern and southern dialect phonologies. This shift, which we will call the '*rì* initial shift', resulted in a loss of the *rì* initial distinction in the south and the rise of the Mandarin dialect type in the north, where the distinction was preserved.

5.1 The *ér* affix in northern dialects

Northern dialects lost the nasal feature of the *ér* suffix *rì* initial but maintained the alveopalatal fricative, while southern dialects maintained the nasal feature but lost the distinctive alveopalatal fricative element. The resulting forms of the *ér* suffix in modern dialects are found in both northern and southern types that originally took shape during the transition in the *rì* initial: in southern dialects the *ér* suffix has evolved as a nasal; in the north it has evolved from the alveopalatal affricate usually into some kind of voiced fricative of a retroflex or dental articulation. Běijīng provides a typical and familiar example of the northern type (as shown above). But there are many other dialects that have the northern type, including dialects in Jiāngsū 江苏, Shāndōng 山东 and other places. Examples of the southern type can also be found in many dialects, for example, it is seen in Yìwū 义乌 in Zhèjiāng 浙江, as well as in other sites. There are also cases in both northern and southern dialects in which the *ér* suffix has lost all trace of its Middle Chinese initial and only a vowel remains, such as Luòyáng 洛阳 [ɯ] and Líchuān 黎川 [i], respectively (Hè Wēi 1993: 10; Yán Sēn 1993: 15).

As the suffix was circulating from the Táng into the Sòng and undergoing these changes, it gradually began to show up a bit more frequently in the written record. It first appears as a true suffix only sporadically in Táng literature mostly in words for various animals. In this couplet from "Diào yú" 钓鱼 'Fishing' by Lǐ Qúnyù 李群玉 (808—862), we have an example that also demonstrates the suffix was a full syllable in origin, as noted by Wáng Lì in citing this example (1980: 228):

Jǐ huí jǔ shǒu pāo fāng ěr, 儿回举手抛芳饵

A few times I raised my hand to cast the aromatic bait,

jīng qǐ shātān shuǐyāér. 惊起沙滩**水鸭儿**

only to startle the **wild ducks** on the sandy shore.

(*Quán Táng shī* 全唐诗 *juàn* 卷 570).

The formal nature of Táng literary language was probably a factor in the relatively small number of examples that are found. Yet the appearance of the *ér* suffix in the literature is sufficient to demonstrate its existence in the Táng. It is surely the case that the suffix was more common in the spoken language than its literary occurrence would seem to indicate.

Good non-textual, linguistic evidence that the *ér* suffix was in use in the living colloquial language of the Táng is provided by the Nántōng 南通 dialect in Jiāngsū 江苏. Nántōng has a rich set of words with the *ér* suffix; and it is highly likely that the suffix has been an integral feature of the dialect since it first emerged in the late Táng or early Sòng. The dialect originally took shape as a dialect island comprised of a community of northern speakers of Chinese who had migrated onto an actual island within the Yangtze River delta possibly as early as the Táng (Simmons 2012, 2013). It developed fairly independently as a spoken dialect until sedimentation joined the northern bank of the island to the mainland in the Sòng. The dialect's formation might have been prior to the *rì* initial shift but it would have subsequently absorbed the northern phonological changes. Hence today the *ér* suffix is pronounced as a typical northern retroflex vowel in Nántōng. It is articulated as a separate syllable, however, in contrast to Běijīng. Some Nántōng examples are (from field notes of the author; numbers represent tone categories):

- [miʔ^{8}fəŋ^{1}ɚ^{0}] 蜜蜂儿 'bee'
- [po^{5}ɚ^{0}] 把儿 'handle'
- [t^{h}ei^{6}ɚ^{0}] 豆儿 'beans'

More extensive textual witnesses to the *ér* suffix begin to appear in the Southern Sòng 南宋 (1127—1279). For instance, there is a rather extensive listing of words with the suffix as used in the Southern Sòng capital of Lín'ān 临安, modern Hángzhōu 杭州, in *Mèng liáng lù* 梦粱录 by Wú Zìmù 吴自牧 (n. d.) that he completed in 1274. Over 200 examples are listed within the twenty *juàn* in the text, with the most found in *juàn* 13 which lists over 70 words having the suffix. The suffix continued to be used in the Hángzhōu dialect into the present day, as a retroflex vowel pronounced as a separate syllable. Table 1 provides examples of words in *Mèng Liáng lù* that are also found in the modern Hángzhōu dialect (data from Simmons 1999: 24; numbers are tone categories):

Table 1: *Words Hángzhōu shares with Mèng liáng lù*

[tɔ^{1}ɚ^{0}] 刀儿 'knife'	[tɕ^{h}iɔ^{3}ɚ^{0}] 雀儿 'bird'
[hua^{1}ɚ^{0}] 花儿 'flower'	[tsɔ^{3}ɚ^{0}] 枣儿 'jujube'
[ɕia^{1}ɚ^{0}] 虾儿 'shrimp'	[lɦi^{2}ɚ^{0}] 梨儿 'pear'
[tɦieʔ^{8}ɚ^{0}] 碟儿 'small dish'	[pɦən^{2}ɚ^{0}] 盆儿 'basin'
[tɦei^{6}ɚ^{0}] 豆儿 'bean'	[tɦæ^{6}ɚ^{0}] 袋儿 'bag'

The *ér* suffix had moved into the Hángzhōu dialect when the Southern Sòng court established their capital in Lín'ān 临安 and the city was inundated by speakers of northern Chinese from the Northern Sòng (960—1127) capital of Kāifēng 开封 and its surroundings in the Zhōngzhōu 中州 (modern Hénán 河南) region (Shen 2020: 180—183). It is possible that in the process, a koine descended from the Táng koine that had been prevalent in the Northern Sòng also played a role in the formation of the dialect of Hángzhōu. Traces of such a koine are reflected in the work of the early Sòng scholar Shào Yōng 邵雍（1011—1077）, whose *Huángjí jīngshì* 皇极经世 makes use of central Hénán phonology in an idiosyncratic numerological explication of Confucian philosophy（Zhōu Zǔmó 1966）. Shào Yōng also authored a poem cited as containing one of the earliest examples of *ér* affixed to a material noun and not an animal noun（Wáng Lì 1980：229；Ōta 1981：88）. The word occurs in a line in a poem in *juàn* 3 of his *Yīchuān jīrǎng jí* 伊川击壤集：

xiǎochēér shàng kàn qīngtiān 小车儿上看青天

On a **cart** viewing the blue sky

Shào Yōng was from northeastern Hénán and spent his formative years in what is now Huīxiàn 辉县. The modern Huīxiàn dialects have a particularly striking version of the *ér* affix：it appears to exist in two layers. The older layer has no retroflex element and probably dates back to Shào Yōng's time or earlier. The newer layer was adopted later, after a loss of retroflex articulation in fricative and affricate initials that took place to different degrees in many Mandarin dialects（Baxter 1999）. In Huīxiàn the retroflex loss was complete and must have occurred sometime after the Sòng and most likely after the Yuán 元（1271—1368）. But with the more recent retroflex *ér* suffix in Huīxiàn, a new retroflex articulation spreads across the affixed syllables bringing a retroflex pronunciation to *all* fricative and affricate initials in those syllables, whether or not they were of the original retroflex type.

In an analysis of a comparable situation in the nearby dialect of Huòjiā 获嘉, Hè Wēi treats the non-retroflex affixed syllables as possibly derived from a different suffix that he simply labels ‘Z’（1989：16—19）. Zhào Rìxīn（2007）notes that this affixation might be derived from *zǐ* 子, which is otherwise lacking in Huòjiā, in contrast for example to nearby Luòyáng dialect with both *ér* and *zǐ* suffixes. However, Zhào Rìxīn later also argues for a possible origin in the *ér* suffix（Zhào 2020）. Table 2 provides examples of *ér* and ‘Z’ suffixes in Hénán dialects（tone numbers represent tone contours in Huīxiàn and Huòjiā, but tone categories in Luòyáng）：

Table 2: *Hénán dialect examples of ér and 'Z' suffix*

Huīxiàn			(Huīxiàn forms from author's field notes)
older ér *layer*:	[tʰiɔuː^{51}] 蹄$_{儿}$' 'hoof'	[pʰiːŋ^{51}] 盆$_{儿}$ 'large basin'	
newer ér *layer*:	[tʰɩˁɚ^{51}] 蹄儿 'hoof'	[pʰɚ^{51}] 盆儿 'smaller basin'	
	[ʂɥɚʔ^{3}] 刷儿 'brush (n.)'	compare [suaʔ^{3}] 'to brush'	
	[ʂɚʔ^{3}] 塞儿 'stopper'	compare [sɐʔ^{3}] 塞 'plug up'	
Huòjiā			(Hè Wēi 1989)
	[piːou^{31}] 鼻^{Z} 'nose'	[pʰiːŋ^{31}] 盆^{Z} 'basin'	[tʂuo^{33}] 桌^{Z} 'table'
cf. Huīxiàn	[piouː^{51}]	[pʰiːŋ^{51}]	[tsuɔɑː^{33}]
Luòyáng			(Hè Wēi 1993)
	[kɐɯ^{5}] 盖儿 'lid'	[pʰəɯ^{2}] 盆儿 'basin'	
cf. Luòyáng	[tʂuə^{1}tsə^{0}] 桌子 'table'	[pi^{2}tsə^{0}] 鼻子 'nose'	

The Luòyáng dialect went through dramatic changes after the fall of the Northern Sòng, while both Huīxiàn and Huòjiā have more conservative phonologies, such as in their preservation of a *rù* tone. In Huīxiàn, the retroflex *ér* suffix is clearly a later borrowing, while the origin of the suffix of the earlier layer seems difficult to verify. Yet if the older layer is not derived from *ér*, then it would seem that Shào Yōng could not have had the *ér* suffix in his Sòng period dialect. Since the *ér* suffix of the Northern Sòng Central Plains dialects would most likely have roots in a Táng-Sòng period *ér* suffix, clarification of the uncertain origin of the older layers in Huòjiā and Huīxiàn is one of the tasks of this project.

5.2 The *ér* affix in southern dialects

Nántōng, Hángzhōu, and Luòyáng are all Mandarin dialects, while Huīzhōu and Huòjiā are classed in the Jìn group—a more conservative branch of Mandarin. Thus the *ér* suffix in all five dialects reflects northern dialect phonology. (Though there are remnant conservative forms found in the Jìn group that preserve an older nasal pronunciation [Shěn 2019].) In southern dialects, the *rì* initial shift caused the *ér* suffix to lose its distinctive alveopalatal feature while retaining the nasal feature. The dialect of Yìwū 义乌, located a little over 100 kilometers south of Hángzhōu in central Zhèjiāng 浙江 provides examples, in which it can be seen that the *ér* suffixation also leads to a lengthening of the preceding vowel (from Fāng Sōngxī 1988; numbers are tone categories):

- [deːn^{4}] 袋儿 'bag'
- [keːn^{5}] 盖儿 'lid'
- [kəːn^{1}] 钩儿 'hook'

At the latest, the Yìwū dialect must have settled in the central Zhèjiāng area in the late Táng or early Sòng, before the *rì* initial shift, but when the Táng koine already prevailed, and perhaps earlier even than the Nántōng dialect settled in the Yangtze delta. Yet Yìwū was far enough south that it followed the southern model in preserving the nasal feature of the *ér* suffix in the *rì* initial shift.

In a study of the phonetics of his own hometown language, the Cantonese dialect of Bóbái 博白 in Guǎngxī 广西, Wáng Lì (1932: 71—78) described a kind of diminutive suffix that adds nasalization to the end of a word while simultaneously changing the tonal height and contour of the affixed syllable. He called the tone of the syllable the "eleventh tone" as its contour contrasted with the other tones in the dialect, and added a diminutive meaning. Examples he gave include (from Wáng Lì 1932: 72; numbers are tone categories; '儿' added):

- [un$^{2>11}$] 壶儿 'small pot'
- [lam$^{10>11}$] 笠儿 'small reed hat'
- [ŋɑn$^{2>11}$] 鹅儿 'young goose'
- [oŋ$^{5>11}$] 瓮儿 'small jug'
- [pan$^{7>11}$] 笔儿 'small writing brush'

A more recent description of a Cantonese dialect with a diminutive suffix that is accompanied by a changed, rising tone, is Yè and Táng's (1982) study of the phenomenon in Xìnyí 信宜 in Guǎngdōng. Examples they give include (Yè and Táng 1982: 48; '儿' added):

- [hɔn↗] 河儿 'creek'

- [kɔŋ↗] 缸^{儿} 'small jar'
- [kʰɐu↗] 球^{儿} 'small ball'

Yè and Táng (1982: 51) conclude their discussion of this affixation with the observation that the "*bìanyīn* ['changed tone'] in Xìnyí is a little bit like the *ér* suffix in Běijīng and other dialects; it is highly regular and widespread in application".

Walton Simon in a review of Wáng Lì's dissertation noted that the affix causing these changes must in fact actually be *ér* (1935). Simon repeated this view in his introduction to Whitaker (1958). Whitaker also noted in the mid-twentieth century that D. C. Lau had observed widespread use of the *ér* suffix in Guìpíng 桂平 in Guǎngxī, but did not hear it in nearby Liǔzhōu 柳州 or Wúzhōu 梧州 (1955: 194—195). More recently, Liú Chūnméi has provided fairly extensive discussion of the *ér* suffix in the Yuè dialect of the neighboring county of Píngnán 平南 (2012 and 2023: 118—138), which can include tone change on the syllable taking the affix and reduction of the *ér* syllable to a nasal consonant. Examples she provides include (2023: 121):

- [tɔi^{31}+ȵi^{553}]→[tɔi^{31}ŋ̍^{553}] 袋儿 'bag'
- [kɔi^{35}+ȵi^{553}]→[kɔi$^{>33}$ŋ̍^{553}] 盖儿 'lid'
- [pui^{553}+ȵi^{553}]→[pui$^{>33}$ŋ̍^{553}] 杯儿 'cup'

Indeed, the majority of the dialects surveyed in Guǎngxī in the *Linguistic Atlas of Chinese Dialects* were found to have the *ér* suffix in their lexicon, in isolation generally pronounced as a full syllable with a palatal nasal initial [ȵi] (Cáo Zhìyún 2006: *Yǔfǎ juàn* 语法卷, Map 52). That *Atlas* shows a smattering of dialects in western Guǎngdōng with the suffix. But the suffix was basically not otherwise found in that form in the dialects surveyed in the other surrounding provinces. These cases of comparable *ér* suffixation dispersed across Guǎngxī and Guǎngdōng in the dialects of Bóbái, Xìnyí, Guìpíng, Píngnán, and elsewhere, follow a pattern somewhat similar to that of the scattered Guānhuà dialect islands known as *jūnhuà* 军话 or *zhènghuà* 正话 that formed in the Míng and are scattered across Guǎngdōng 广东, Hǎinán 海南, and other places (Qiū Xuéqiáng 2005; Chén Yúnlóng 2006). These Guǎngxī and Guǎngdōng dialects are thus possibly examples of dialects formed very early on by migrant speakers of a Táng-

Sòng koine or by speakers in close contact with such a koine.

Whitaker further discussed Simon's views in reference to the "modified tones"—*bìanyīn* or *bin*^{3}*jam*^{1}变音—of Guǎngzhōu 广州（1955：194—95）. Whitaker agreed with Simon that the *bin*^{3}*jam*^{1}（modified tone）of the Guǎngzhōu dialect had arisen "in lieu of an original suffix 儿［*ér*］"（1955：194；and Whitaker 1958）. Yet in the case of Guǎngzhōu, the nasal element and syllabic core of the *ér* suffix is lost and all that remains is the changed tone.

Y. R. Chao observed that the *bin*^{3}*jam*^{1} carries a meaning（which he characterized as "that familiar thing that we often talk about"）and concluded that "it seems reasonable to look at the *pinn' iam* of Cantonese ...... as a suffix" like the *ér* suffix in Běijīng and with a similar function（1959：46—47）. Though he did not explicitly argue for a cognate relationship wherein the *bin*^{3}*jam*^{1} is derived from an earlier *ér*, Chao further noted that there is a striking correspondence between them in occurrence, noting that in a cursory review of 100 cases, he "found that in about 60% of the cases, the *pinn'iam* and the retroflex suffix of Mandarin apply to the same roots." Table 3 provides examples of the correspondence（adapted from Bauer and Benedict［1997：235］, following whom the asterisk indicates changed tone）:

Table 3：*Cantonese* bin^{3}jam^1 *and the Běijīng ér suffix*

	Cantonese （in *Jyut*^{6}*ping*^{3}）		**Beijing** （in *Pīnyīn*）	
'skin（as of fruit）'	*pei*^{*2}	皮^{儿}	*pír*	皮儿
'egg'	*daan*^{*2}	蛋^{儿}	*jīdànr*	鸡蛋儿
'peach'	*tou*^{*2}	桃^{儿}	*táur*	桃儿
'candies'	*tong*^{*2}	糖^{儿}	*tángr*	糖儿
'this year'	*gam*^{1}*nin*^{*2}	今年^{儿}	*dāngniánr*	当年儿
'sparrow'	*zoek*^{*2}	雀^{儿}	*jiāqiǎor*	家雀儿
'paint a picture'	*waa*^{2}*waa*^{*2}	画画^{儿}	*huàhuàr*	画画儿
'to play'	*waan*^{*2}	玩^{儿}	*wánr*	玩儿
'seasonings'	*pui*^{3}*liu*^{*2}	配料^{儿}	*zuòliàor*	作料儿

In light of these rather striking correspondences, if the central hypothesis for this paper proves to be valid, the dialect of Guǎngzhōu in its early formation could very well have been deeply influenced by a Táng-Sòng vernacular koine in inheriting or absorbing the *ér* suffix. The suffix would have then evolved from a nasal suffix that came to influence the tone, as in Bóbái and Xìnyí, to simply the *bin*[3]*jam*[1] tonal effect itself after a loss of the nasal element—which happened in the course of the evolution of the dialect's phonology. (In fact, now all morphemes in Guǎngzhōu Cantonese with initials originating in the *rì* initial have a purely vocalic onset.) This possible course of development, including the process and nature of the changes, and resulting synchronic phonology and morphology has been frequently examined in recent years, including in Yip 1980, Wáng Fútáng 1999 (128—131), Cheung 2000, Yu 2007, Kwok 2016, Liu 2016, and Alderete *et al.* 2020. The various studies generally support this project's claim that the Cantonese *bin*[3]*jam*[1] affix and its tonal effects represent a morphological element with a distinct phonological identity, whose evolution from an earlier segmental morpheme is a plausible result of natural linguistic processes. A Táng-Sòng koine origin for the *bin*[3]*jam*[1] affix thus appears definitely within the realm of possibility. Hence the Yuè dialect reflexes of the *ér* suffix, where it is found, will be included within the scope of future research in the project.

6 Preliminary Consideration of *ér* Suffix Morphology in Comparative Perspective

The concept of *ér* suffix morphology focuses on the sound and meaning of the suffix that is incorporated into the word structure. That is to say that the *ér* suffix has both phonological and semantic effects. This appears to hold true across dialects and across north and south.

In Běijīng the *ér* suffix causes the syllable to which it is attached to undergo *érhuà* 儿化, which in Běijīng is realized as a rhotacization of the affected syllable. So the effect of the sound (pronunciation) of *ér* happens simultaneously with the incorporation of the meaning (semantic element) of the *ér* suffix. In other dialects, as we have noted above, the *ér* suffix can remain as a separate syllable; or *érhuà* can have effects other than rhotacization, which is the case with the *bīn*[3]*jam*[1] in Cantonese, for example.

An initial consideration of the concrete morphological nature of the *ér* suffix has found at least two ways to demonstrate its combined phonological and semantic effects most effectively. One is in minimal pairs where there is clearly a contrasting semantic function in morphemes with and without the suffix. The other is where the *ér* suffix provides shades of meaning that contrast, or compete, with alternate meanings flagged by the *zǐ* suffix.

Minimal pairs where the morpheme is a verb and the other is that same morpheme nominalized with *ér* can be found in both the Běijīng dialect and Cantonese. For example, in Běijīng (Lù Zhìwéi 1956: 101, 148):

Dōu *le yíge dà wānr.*	vs.	**Dōur** *li yē kuài shǒujīn.*
兜了一个大弯儿。		兜儿里掖块手巾。
'**Circled** around a big bend.'		'The **pocket** had a handkerchief tucked in it.'

and

Búyào **piě zuǐ.**	vs.	*Xiě le yì* **piěr**.
不要**撇**嘴。		写一**撇**儿。
'Don't **purse** your lips.'		'Wrote a **downward stroke**.'

Cantonese examples include (Bauer and Benedict 1997: 501, 510):

kau[3] ***nau***$^{5>2}$ 扣**纽**儿	*vs.*	***nau***[5] *kau*$^{3>2}$ **纽**扣儿
'fasten a button'		'a button'

and

paau[4] **刨**	vs.	**paau**$^{4>2}$ **刨**儿
'to plane (a wooden surface)'		'a (carpenters') plane'

These kinds of cases clearly demonstrate the *ér* suffix's concrete morphological role as a nominalizing element that is operative and productive across dialects.

Words for 'rope' and 'cord' across dialects also demonstrate how the *ér* suffix provides concrete shades of meaning that contrast, or compete, with alternate meanings flagged by the *zǐ* suffix. Here are some gathered from a few northern dialects that have the *ér* suffix in their lexicon (here and following, unless otherwise noted, Běijīng and Nántōng are from the author's fieldnotes, Luòyáng is from Hè Wēi 1993, and tone numbers represent tone categories):

- Běijīng: *shéngr* 绳儿 'short cord' vs. *shéngzi* 绳子 'rope'
- Nántōng: [sɛ̃^{2}ɚ^{0}] 绳儿 'cord' vs. [sɛ̃^{2}tsɿ^{0}] 绳子 'rope'
- Luòyáng: [ʂəɯ^{2}] 绳儿 'cord' vs. [ʂəŋ^{2}tsə^{0}] 绳子 'rope'

Of course, this coexistence of forms is not expected to hold true in every dialect. For example the following dialects have only a single form for 'rope, cord' (here and following, unless otherwise noted, Hángzhōu and Cantonese are from the author's fieldnotes; Líchuān 黎川 is from Yán Sēn 1993):

- Hángzhōu: [soʔ^{7}ɚ^{0}] 索儿 'cord'
- Líchūan: [ɕiŋ^{2}ŋi^{0}] 绳儿
- Cantonese: [siŋ$^{2>3}$] 绳^{儿}

There are cases where a given word with the *ér* suffix is quite widespread among dialects that have the suffix. For example 'small dish', which is *diézi* 碟子 in Modern Standard Chinese (here and following, unless otherwise noted, Nánjīng is from the author's fieldnotes, Yìwū is from Fāng 2002: 63, Píngnán is from Liú 2023: 124):

- Běijīng: *diér* 碟儿
- Nántōng: [tiʔ^{7}tsɿ^{0}] 碟子
- Nánjīng: [tər^{7}] 碟儿; [tieʔ^{7}tsɿ^{0}] 碟子
- Hángzhōu: [tieʔ^{7}ɚ^{0}] 碟儿
- Luòyáng: [tiɐɯ^{2}] 碟儿 (as measure word), [tiɛ^{2}tsə^{0}] 碟子
- Yìwū: [diɛː n^{8}] 碟儿
- Líchuān: [hiap^{7}mi^{0}] 碟儿
- Píngnán: [t^{h}ip^{8}m̩^{0}] 碟儿
- Cantonese: [dip$^{8>3}$] 碟^{儿}

The Modern Standard Chinese *diézi* 碟子 is not common colloquial in Běijīng, which suggests its particular source would have been in other Mandarin dialects, here represented by Nántōng and Luòyáng. The otherwise fairly widespread use of the *ér* suffix form for 'small plate' may reflect a fairly early origin and diffusion of that form, possibly as early as with the koine of the Táng-Sòng period.

In contrast, the relatively new word for ‘chopsticks’, *kuàizi* 筷子 with the *zǐ* suffix, is widely dominant, while dialects with the *ér* suffix form are fairly rare. The *zǐ* suffix form is clearly prevalent across all of China in dialects where the word for ‘chopsticks’ is formed on the morpheme *kuài* 快 ‘fast’ (later with the ‘bamboo’ determinative added: 筷), as can be seen in the *Linguistic Atlas of Chinese Dialects* (Cáo Zhìyún 2008: *Cíhuì juàn* 词汇卷, Map 112). The exceptions with *ér* are found only in some Southern Mandarin, Northern Wú, and Huī dialects. Examples include:

- Běijīng: *kuàizi* 筷子
- Sūzhōu: [k^{h}uᴇ^{6}ŋ̍^{0}] 筷儿
- Nántōng: [k^{h}ua^{5}ɚ^{0}] 筷儿
- Hángzhōu: [k^{h}uɛ^{5}ɚ^{0}] 筷儿
- Nánjīng: [k^{h}uɛ^{5}tsɿ^{0}] 筷子
- Luòyáng: [k^{h}uæ^{5}tsə^{0}] 筷子
- Nánchāng: [k^{h}uai^{5}tsɿ^{0}] 筷子
- Cantonese: *faai*^{3}*zi*^{2}([fai^{5}tsi^{3}]) 筷子

It is likely that this word first formed with the *ér* suffix. Documentation for the formation of the word with the morpheme *kuài* 快 ‘fast’ is found in the fifteenth century in Lù Róng's 陆容 (1436—1494) *Shū yuán zájì* 菽园杂记 [Random Notes of the Bean Garden] in which he tells us:

> A coarse taboo is found in many places, especially in the Wú region, in which *zhù* 箸 (‘chopsticks’) are spoken of as *kuàiér* to avoid getting stuck (*zhù* 住) and capsizing [one's boat] ... it is common even among the literati to use the vulgar *kuàiér*. 民间俗讳各处有之而吴中为甚,如舟行讳“住”为“翻”,以“箸”为“快儿”……今士大夫亦有犯俗称“快儿”者。(*Qīndìng Sìkù quánshū* 钦定四库全书 ed. *juàn* 1, 12b)

It can be seen here that Lù Róng, who was from Sūzhōu, learned the word with the *ér* suffix. But probably early in the spread of the word, the *zǐ* suffix version formed in dialects in Jiāngsū and Ānhuī that do not have the *ér* suffix, and that version of the word then traveled far and wide in China with the Míng-Qīng Guānhuà koine. When it reached the far southern dialects in Guǎngdōng and Guǎngxī that did have an *ér* suffix, *kuàizi* was already lexically fixed in the *zǐ* suffix version and that was the form adopted there, as can be seen on the *Linguistic Atlas* map cited above, and as illustrated in the Cantonese form.

7 Conclusion

This paper has presented evidence to argue for an inference that the *ér* suffix, from its appearance in the Táng and afterward, has been a lexical constituent with morphological, semantic, and phonological properties whose quasi-paradigmatic correlations can reveal etymological connections within, and between, dialect varieties and their lexicons as they evolved from the Táng to the present. The hypothesis maintains that the *ér* suffix developed once in the Táng in a group of dialects that had come to serve as a base for a spoken koine. Subsequently, the suffix spread beyond the region of the koine's base dialects through migration and contact during the Táng and Sòng. As it traveled among and between dialects, the morphological function and meaning of the *ér* suffix continued to be productive in the dialects even as it went through various phonetic or phonological changes in individual dialects. ①

As a concluding illustration, consider the examples in Table 4 listing some correspondences between words with the *ér* suffix in the Hángzhōu dialect and Cantonese words affected by *bin*^{3}*jam*^{1} (Hángzhōu data is from Simmons 1992; Cantonese is from the author's field notes; numbers represent tone categories):

Table 4: *Hángzhōu dialect ér suffix and Cantonese* bin^{3}jam^{1}

	Hángzhōu Dialect		Cantonese (in *Jyut*^{6}*ping*^{3})	
'bag'	[tɦæ^{6}ɚ^{0}]	袋儿	*doi*$^{6>2}$	袋^{儿}
'flute'	[tɦieʔ^{8}ɚ^{0}]	笛儿	*dek*$^{6>2}$	笛^{儿}
'pear'	[lɦi^{2}ɚ^{0}]	梨儿	*lei*$^{4>2}$	梨^{儿}
'duck'	[iaʔ^{7}ɚ^{0}]	鸭儿	*aap*$^{3>2}$	鸭^{儿}
'leaf'	[zɦʮ^{6}ieʔ^{8}ɚ^{0}]	叶儿	*jip*$^{6>2}$	叶^{儿}(in *ce*^{1}*jip*^{2} 车叶 'propeller')

① There is evidence, for example, that the Cantonese *bin*^{3}*jam*^{1} form has been productive in Hong Kong even in the past one-hundred years or so. See Hilario 2023: slide 22.

续表

	Hángzhōu Dialect		Cantonese（in *Jyut*^{6}*ping*^{3}）	
‘dish’	[tɦieʔ^{8}ɚ^{0}]	碟儿	*dip*$^{6>2}$	碟^{儿}
‘basin’	[pɦien^{2}ɚ^{0}]	盆儿	*pun*$^{4>2}$	盆^{儿}(in *cung*^{1}*loeng*^{4}*pun*^{2}冲凉盆 ‘bath basin’)
‘bean’	[tɦei^{6}ɚ^{0}]	豆儿	*dau*$^{6>2}$	豆^{儿}
‘bug’	[dzɦoŋ^{2}ɚ^{0}]	虫儿	*cung*$^{4>2}$	虫^{儿}(in *saa*^{1}*cung*^{2}沙虫 ‘peanut worm’)

Table 4 is neither systematic nor exhaustive, yet the lexical match between the dialects is striking. These correspondences suggest that Hángzhōu and Cantonese (the language of Guǎngzhōu) jointly share a connection to an earlier language, possibly the Táng-Sòng koine, or what would have been the base dialects for that koine. This is a closer relationship than might otherwise be assumed on the basis of comparison of only single morphemes (*zì* 字). It also suggests that these *ér*-suffixed words have a longer history than is normally contemplated, one that might just reach back as early as the Táng-Sòng period. It further suggests that perhaps there is a core set of words regularly shared by the descendants of the Táng-Sòng koine and/or the northern dialects that have a close relationship to the vocabularies of the earlier base dialects of the koine. These conjectures are given greater strength by the multi-morpheme form of the words and the paradigmatic connection of their phonology and morphology within the lexicon that is provided by the *ér* suffix. Therein we have a window into the possible shape, nature, and content of the colloquial vocabulary and spoken words of the Táng-Sòng period.

References

Alderete J., Chan Q., Shin-ichi Tanaka. 2020. “The morphology of Cantonese ‘changed tone’: Extensions and limitations.” Preprint available on the web.

Baxter W. H. 1992. *A Handbook of Old Chinese Phonology*. Mouton de Gruyter.

Baxter W. H. 1999. “Reconstructing proto-‘Mandarin’ retroflex initials.” Simmons R. V. (ed.) *Issues in Chinese Dialect Description and Classification. Journal of Chinese Linguistics Monograph Series* 15.

Baxter W. H., Sagart L. 2014. *Old Chinese: A New Reconstruction*. Oxford University Press.

Bauer R. S., Benedict P. K. 1997. *Modern Cantonese Phonology*. Mouton de Gruyter.

Cao Shuji 曹树基. 1997. *Zhongguo yimin shi* 中国移民史 (History of Internal Migration in China), Vol 5. Fujian renmin chubanshe.

Cao Zhiyun 曹志耘 (ed.) 2008. Hanyu fangyan dituji 汉语方言地图集 (Linguistic atlas of Chinese dialects), Vol 3. The Commercial Press.

Chao Yuen Ren 赵元任. 1959. "The Morphemic Status of Certain Chinese Tones." *The Transactions of the International Conference of Orientalists in Japan* IV: 44 – 48.

Chen Yunlong 陈云龙. 2006. *Jiushi zhenghua yanjiu* 旧时正话研究 (A study of the *jiushi zhenghua* dialects). Zhongguo shehui kexue chubanshe.

Cheung, Samuel Hung-Nin 张洪年. 2000. "Zaoqi Yueyu zhong de biandiao xianxiang" 早期粤语中的变调现象 (The changed tone phenomenon in early Cantonese). *Fangyan* 方言 4: 299 – 312. Reprint in 2021. *Xianggang Yueyu* 香港粤语. The Chinese University of Hong Kong Press: 91 – 117.

Fang Songxi 方松熹. 1988. "Zhejiang Yiwu fangyan li de 'n' hua yun" 浙江义乌方言里的"n"化韵 (Finals with nasalised endings in the Yiwu dialect). In *Wuyu luncong* 吴语论丛: 254 – 255. Edited by Fudan daxue Zhongguo yuyan wenxue yanjiusuo Wuyu yanjiushi 复旦大学中国语言文学研究所吴语研究室. Shanghai jiaoyu chubanshe.

Fang Songxi 方松熹. 2002. *Yiwu fangyan* 义乌方言 (The Yiwu dialect). Zhongguo wenlian chubanshe.

He Wei 贺巍. 1989. *Huojia fangyan yanjiu* 获嘉方言研究 (The Huojia dialect). Shangwu yinshuguan.

He Wei 贺巍. 1993. *Luoyang fangyan yanjiu* 洛阳方言研究 (The Luoyang dialect). Shehui kexue wenxian chubanshe.

Hilário de Sousa. 2023. "Some synchronic and diachronic views on the Cantonese lexical suprafixes." Presented at a conference on "Chinese dialect grammar in typological perspective," hosted by the Università Ca' Foscari, Venice, Italy, April 28, 2023.

Karlgren B. 1915. *Études sur la phonologie chinoise*. PhD. dissertation, University of Uppsala.

Karlgren B. 1954. *Compendium of Phonetics in Archaic and Ancient Chinese*. Museum of Far Eastern Antiquities.

Kwok Bit Chee 郭必之. 2016. "Yueyu fangyan xiaocheng bianyin de leixing jiqi lishi laiyuan" 粤语方言小称变音的类型及其历史来源 (Diminutive Sound Changes in the Yue Dialects). *Hanxue yanjiu* 汉学研究 34(2): 281 – 314.

Labov W. 1972. "Some Principles of Linguistic Methodology." *Language in Society* 1. 1: 97 – 120.

Labov W. 1994. *Principles of Linguistic Change*. Volume 1: Internal Factors. Blackwell Publishers.

Labov W. 2013. "On the Use of the Present to Explain the Past." Kiefer F, Sterkenburg P V. (eds.) *Eight Decades of General Linguistics The History of CIPL*, Chapter 11 (Permanent International Committee of Linguists) *and Its Role in the History of Linguistics*. Brill: 335 – 371.

Liu Chunmei 刘春梅. 2012. "Pingnanhua de 'er' wei xiaocheng" 平南话的"儿"尾小称 (The diminutive *er* suffix in the Pingnan dialect). *Hanzi wenhua* 汉字文化 2: 59 – 61.

Liu Chunmei 刘春梅. 2023. *Guangxi Pingnan Yue fangyan yanjiu* 广西平南粤方言研究 (The Yue dialects in Pingnan, Guangxi). Zhongguo shehui kexue chubanshe.

Liu Te-hsin. 2016. "On the Nature of Changed Tones in Cantonese." Chin A, Bit-chee K, Tsou B K, (eds.) *Commemorative Essays for Professor Y. R. Chao – Father of Modern Chinese Linguistics*. Crane Publishing.

Lu Zhiwei 陆志韦. 1956. Beijing hua danyinci cihui 北京话单音词词汇 (Lexicon of single syllable words in the Beijing dialect). Kexue chubanshe.

Luo Kangning 罗康宁. 1987. *Xinyi fangyan zhi* 信宜方言志 (A record of the Xinyi dialect). Zhongshan daxue chubanshe.

Nichols J. 1996. "The Comparative Method as Heuristic." Durie M, Ross M. (eds.) *The Comparative Method Reviewed: Regularity and irregularity in language change*. Oxford University Press: 39 – 71.

Norman J., Coblin W. S. 1995. A New Approach to Chinese Historical Linguistics" *JAOS* 115(4): 576 – 584.

Norman J. 2006. "Common Dialectal Chinese." Branner D P. (ed.) *The Chinese Rime-Tables: Linguistic Philosophy and Historical-Comparative Phonology*: 233 – 254. John Benjamins; Chinese translation: "Hanyu fangyan tongyin" 汉语方言通音, translated by Richard VanNess Simmons 史皓元, Zhang Yanhong 张艳红. *Fangyan* 方言 2011(2): 97 – 116.

Ōta Tatsuo 太田辰夫. 1981. *Chūgokugo rekishi bunpō* 中国语历史文法 *Historical Grammar of Modern Chinese*. Hōyū shoten.

Pulleyblank E. G. 1983. *Middle Chinese: A Study in Historical Phonology*. University of British Columbia Press.

Qiu Xueqiang 丘学强. 2005. *Junhua yanjiu* 军话研究 (A study of Junhua). Zhongguo shehui kexue chubanshe.

Quan Tang shi 全唐诗. *Qinding Siku quanshu* edition. Facsimile available at ctext. org.

Simon W. 1935. Review of Wang *Une prononciation Chinoise de Po-Pei*. *Orientalistische Literaturzeitung* 5: 334 – 35.

Simmons R. V. 1992. *The Hangzhou Dialect*, Ph. D. dissertation, The University of Washington.

Simmons R. V. 1999. *Chinese Dialect Classification: A Comparative Approach to Harngjou, Old Jintarn, and Common Northern Wu*. John Benjamins Publishing company.

Simmons R. V. 2012. "Dialect Transition Zones in Southern Jiangsu—A Close Range Examination." Chin-chuan Cheng 郑锦全. (ed.) *Micro Views of Language Variation in Time and Space* 语言时空变异微观. *Language and Linguistics Monograph Series 49*《语言暨语言学》专刊系列之四十九. Institute of Linguistics, Academia Sinica: 253 – 294.

Simmons R. V. 2013. "Lüetan Wuyu he Guanhua de bianjie fangyan zai dili-shang de xingcheng he yanbian" 略谈吴语和官话的边界方言在地理上的形成和演变 (A brief discussion of the geographical formation and development of dialects on the boundary between Wu and Mandarin). Cao Zhiyun 曹志耘 (ed.) *Hanyu fangyan de dili yuyanxue yanjiu* 汉语方言的地理语言学研究 (Studies in the Linguistic Geography of Chinese Dialects). Shangwu yinshuguan: 253 – 264.

Simmons R. V. 2020. "Chinese Urban Language in Historical Perspective." Special Issue on Language Planning and Use in the Asian Pacific. *Journal of Asian Pacific Communication* 30(1/2): 139 – 171.

Simmons R. V. 2023. "The Language of Tang Poetry as Entryway into the Spoken Language of the Tang: A Preliminary Exploration." *Tang Studies* 41: 121 – 163. https://doi.org/10.1353/tan.2023.a911976.

Shao Yong 邵雍. 1066. (preface). *Yichuan jirang ji* 伊川击壤集. *Sibu congkan* edition. Facsimile available at ctext.org.

Shen Ming 沈明. 2019. "Jinyu li cancun de 'er' zhui" 晋语里残存的"儿[n]"缀 (Remnants of the nasal *er* suffix in the Jin dialects). *Fangyan* 方言 2: 129 – 138.

Shen Zhongwei. 2020. *A Phonological History of Chinese*. Cambridge University Press.

Tan Qixiang 谭其骧. 1982—1987. Zhongguo lishi ditu ji 中国历史地图集 (Historical Atlas of China), Vol 7. Ditu chubanshe.

Wang Futang 王福堂. 1999. *Hanyu fangyan yuyin de yanbian he cengci* 汉语方言语音的演变和层次 (Phonological evolution and layering in the Chinese dialects). Yuwen chubanshe.

Wang Li 王力. 1932. *Une prononciation Chinoise de Po-Pei (Province de Kouang-si) étudié à l'aide de la phonétique expérimentale*. Doctoral dissertation, Université de Paris. Libraire Ernest Leroux. Reprint: Bobai fangyin shiyan lu 博白方音实验录. Zhonghua shuju, 2014.

Wang Li 王力. 1980. *Hanyu shigao* 汉语史稿 (History of Chinese). Revised edition. Zhonghua shuju.

Whitaker K. P. K. 1955—1956. "A study on the modified tones in spoken Cantonese. *Asia Major*

5: 9 – 36, 184 – 207.

Whitaker K. P. K. 1958. *1200 Basic Chinese Characters for Students of Cantonese*. Lund Humphries.

Wu Zimu 吴自牧 (n. d.) *Meng liang lu* 梦粱录. Preface dated 1274. *Qinding Siku quanshu* edition. Facsimile available at ctext. org.

Xing Xiangdong 邢向东. 2020. *Shenmu fangyan yanjiu* (zengdingban) 神木方言研究 (增订版) [The Shenmu dialect (revised and expanded edition)]. Zhonghua shuju.

Yan Sen 颜森. 1993. *Lichuan fangyan yanjiu* 黎川方言研究 (The Lichuan dialect). Shehui kexue wenxian chubanshe.

Ye Guoquan 叶国泉, Tang Zhidong 唐志东. 1982. “Xinyi fangyan de bianyin” 信宜方言的变音 (The changed tone in the Xinyi dialect). Fangyan 方言 1: 47 – 51.

Yip M. J. 1980. *The tonal phonology of Chinese*. PhD. dissertation, Massachusetts Institute of Technology.

Yu A. C. L. 2007. Understanding near mergers: the case of morphological tone in Cantonese. *Phonology* 24: 187 – 214.

Zhao Rixin 赵日新. 2007. Zhongyuan diqu Guanhua fangyan ruohua bian yun xianxiang tanxi 中原地区官话方言弱化变韵现象探析 (On the phenomenon of the softened finals in the Mandarin dialects of the Central Plains). *Yuyanxue luncong* 语言学论丛 36: 210 – 228.

Zhao Rixin 赵日新. 2020. Yu bei fangyan er-huayun de cengci 豫北方言儿化韵的层次 (The strata of the *er* diminutive final in dialects of northern Henan province). *Zhongguo yuwen* 中国语文 5: 544 – 557, 638 – 639.

Zhou Zumo 周祖谟. 1966. “Song dai Bian-Luo yuyin kao” 宋代汴-洛语音考 (The phonology of the Bianliang-Luoyang region in the Song). *Wen xue ji* 问学集. Zhonghua shuju: 581 – 655.

史皓元(Richard VanNess SIMMONS)　美国罗格斯大学　香港大学　rvanness@hku.hk

《中原音韵》的成书过程*

远藤光晓(著)　意西微萨·阿错(译)

提要　文章首先通过周德清《中原音韵》和卓从之述《中州乐府音韵类编》的比较，确认了前者相当于“的本”，后者相当于“墨本”的说法。进而进行《中州乐府音韵类编》和《广韵》的比较，发现前者依次根据《广韵》摘录常用字，字序基本遵循《广韵》。《中州乐府音韵类编》反映了较纯粹的大都音，《中原音韵》增补修改的成分却反映出江西人心目中的官话音系，作为音韵资料前者更可靠。周德清不可能是字表部分的原作者，而仅仅是增订者；他的主要贡献则在于《正语作词起例》的部分。

关键词　《中原音韵》　《中州乐府音韵类编》　《广韵》　元代音　周德清

一　前　言

周德清(1277—1365①)的《中原音韵》是作为近代语音研究出发点的最基本的资料。从体裁上说，和之前因袭下来的、基本上继承切韵一类韵书框架的韵书不同。它不按平上去入来分卷；韵部大幅度进行了合并和调整；并且平分阴阳，入派三声，是正面反映了当时现实语音面貌的具有革新意义的著作。

---

* 日文原文刊载于《东洋学报》1995年第76卷3、4期，424—448页。译者注：2003年远藤光晓先生莅临南开大学讲学，译者提前把远藤先生拟在讲座中发给大家的这篇日语文章翻译出来供听讲师友参考用，这是本译文原稿；当时为方便使用，将文末尾注调整成了随页脚注。本次发表又订正了部分译文。编辑部根据刊物体例进一步调整了正文文献的引用格式(加注了年代和页码)，增加了文末参考文献，相应地缩减了原在脚注中的文献信息。译稿最后由远藤先生做了审校修订。

① 周德清的出生年，金井保三早已在《关于中原音韵》(1913)中，曾推定为元世祖至元十三四年左右(1276—1277)，但是近年来宁继福发现《暇堂周氏宗谱》后，周德清的生卒年限便得以确定。参考冀伏(1979)、宁继福《中原音韵表稿》(1985：1—2，335—338)。

关于《中原音韵》[①]的成书过程,周德清在自序里面这样写道:"……泰定甲子,存存托友张汉英以其说,问作词之法于予。予曰:'言语一科。欲作乐府,必正言语。欲正言语,必宗中原之音。乐府之盛、之备、之难,莫如今时。其盛则自搢绅閭阎,歌咏者众。其备则自关、郑、白、马一新制作,韵共守自然之音,字能通天下之语,字畅语俊,韵促音调。……惜无有以训之者。予甚欲为定砡之文,以正其语便其作而使成乐府。恐其争端,矧为人之学乎。'因重张之请,逐分平声阴阳,及撮其三声同音,兼以入声派入三声,如鞞字,次本声后,葺成一帙,分为十九,名之曰《中原音韵》,并起例以遗之,可与识者道是。"[②]亦即泰定甲子年(1324),周德清回答青原(江西吉安)萧存存介绍张汉英来求教作词方法,认为必须根据中原之音匡正语言,但是此前没有做这样指导的人,于是亲自将入声派入平上去三声、平声区分阴阳,进而编制了《中原音韵》十九韵和《起例》云云。

此外,《中原音韵正语作词起例》(以下简称《起例》)第4条中说:"平上去入四声,《音韵》无入声,派入平上去三声,前辈佳作中间备载明白,但未有以集之者。今撮其同声。或有未当,与我同志改而正诸。"[③]这就是说,入派三声在元曲作品中很明了地表现了出来,但是还没有人集成,所以自己进行了摘录。

如果信从以上各种记载,那么周德清是在关汉卿、郑光祖、白朴、马致远等早期元曲作家的实际作品基础上归纳编写了《中原音韵》。但是,如果仔细研究作为《中原音韵》一种稿本的燕山卓从之《中州乐府音韵类编》的构成,与此迥然不同的成书过程便浮现出来。这也使得我们在把《中原音韵》作为音韵资料使用时从根本上重新检讨,下文将详细讨论。

二 《中原音韵》与《中州乐府音韵类编》的关系

围绕周德清《中原音韵》(以下简称"周本")与卓从之述《中州乐府音韵类编》

---

① 以下基本上以讷庵本(1441年)《中原音韵》(中华书局,1978)为基础;必要时根据服部四郎、藤堂明保《中原音韵的研究·校本编》(1958),参考诸本的状况。此外,该校本没有收录的内藤湖南旧藏本,现在为武田科学振兴财团杏雨书屋所收藏《新修恭仁山庄善本书影》(1985,参照44—45页图片,25—26页解说);根据阿部隆一《宋元版所在目录》(1993:58),这是目前唯一确认现存的元刊本。另外,熊克(1982)对四川师范学院图书馆藏的《中原音韵》明代写本做了介绍;但是,该本只抄录《正语作词起例》的一半,没有韵谱部分。

② 日语翻译参照佐佐木猛《中原音韵序译注》(1978)。

③ 日语翻译参照佐佐木猛《〈中原音韵〉"正语作词起例"译注》(1979)。

(以下简称“卓本”)的关系,有以下各种说法。

赵荫棠《中原音韵研究》(1932)认为,卓本平声分为阴、阳之外还有阴阳一类,这和周德清《起例》中所说的“墨本”一致;后出的韵书字数相应的就多,相对于周本 5876 个收字来说,卓本不过 4094 字,因此卓本是在周德清的未定稿基础上作成的。[①]

罗常培(1963:158)说:“在《中原音韵》成书后二十七年——元至正辛卯(1351)——燕山卓从之又作了一部《中州乐府音韵类编》,他所分的十九部只把周书的歌戈改作哥戈,侵尋改作尋侵;又把平声的‘阴’‘阳’分作‘阴字’‘阳字’‘阴阳字’三类,大体上看起来,总算是周规卓随,没有显著的差异。”[②]但是,这里所说的 1351 年是现存收入卓本的《朝野新声太平乐府》的成书年,只不过是卓本的成书年下限,仅此一点,还无法决定周本和卓本的先后关系。

陆志韦《释中原音韵》(1946)的附说《周氏中原音韵跟卓氏中州乐府音韵类编的关系》对这一问题做了特别详细的讨论。其观点是:首先,周本在江西撰著于 1324 年、刊行于 1333 年以后[③],燕山卓从之将其改订,然后 1351 年由四川的杨朝英收入《朝野新声太平乐府》,这样的情形在元代来说大概是比较困难的,显得不自然。另外,卓本比周本少一千字以上,其中包括许多极其常用的字,所以卓本绝对不可能特地进行删减;但是,从小韵内的字的排列顺序等的情形来看,两书可以追溯共同的源头则是没有问题的,于是,陆志韦由此推想 14 世纪以前就已经存在北曲韵书。

佐佐木猛(1981a)《〈中州乐府音韵类编〉によって〈中原音韵〉に含まれる误りを正しうるか》(《根据〈中州乐府音韵类编〉能够纠正〈中原音韵〉所包含的错误吗?》)一文认为,根据卓本平声设立“阴阳”一类之外,还着眼于小韵之间用空格隔开(周本是用○隔开)、“屋”字和作为去声的“误”同音(周本将“屋”和“沃兀”一起列在“入声作上声”一栏)等情形,恰和《起例》的记载(第 11 条“《音韵》内,每空是

---

① 发表于 1932 年的《国学季刊》。后又有 1936 年国学小丛书本和 1956 年重印本。但是 1936 年、1956 年的单行本中加上了此结论全非的注解(25 页)。其证据中,后出的韵书必然字数多的说法,是把存在节略本的可能排除在外,作为一般原则不一定成立。另外,厉啸桐(1938:12,19—31)批评赵阴棠对平声有“阴阳”的观点,反而提出了没有根据的观点。

② 160 页所揭示的元明以来近世韵书的谱系图中,也把卓本放在周本之下的位置。

③ 所谓 1333 年,是为《中原音韵》作序的虞集退官归乡的时间。宁继福(1979)推定为 1341 年刊行。

一音……”,第 18 条“入声作三声,如平声伏与扶、上声拂与斧、去声屋与误之类,俱同声则不可”)相合,说“《中州乐府音韵类编》的体例和周德清自身记载的内容是如此的一致,这和他所谓的‘墨本’有着极其密切的关系。恐怕《中原音韵》是在《中州乐府音韵类编》或者其另一种本子基础上编辑而成”(1524 页)。这篇论文的重点是与卓本进行比较,以校正周德清在编撰《中原音韵》之际所犯的错讹,文中列举了许多具体的例证。另外文中还指出,《中原音韵》有这样的原则:将只有一个字的小韵移至韵末(1528 页)。这些说法都是在周本和卓本全部内容逐一比较的基础上提出来的,是和前述三家根据刊行年或总字数的多寡等外在的证据有着本质区别的全面细致的结论。

宁继福的《论〈中州乐府音韵类编〉与〈中原音韵〉的关系》(1982)也同样是将两书详细比较的作品,但是结论正好相反。第一,讨论卓本中“收”的标注,理解为卓从之对周德清没做任何表示的来源不同的字重新加以标注。第二,他认为平声的“阴阳”是卓从之收集了阴阳构成最小对立的小韵别立一类。第三,对于卓本和周本相比少 1700 余字这一点,以现行的卓本是脱漏严重的本子来说明。另外详细列举了两书的差异,最终得出了卓本是周本的修订本的结论。宁氏的观点,像是先入为主地认定周德清是曲韵之祖,以此来解释一切。

那么,真相如何呢?这里首先将各种说法撇开不管,排除先入为主的成见,从事实出发。

三　周本和卓本的比较举例——东钟韵

首先,这里以东钟韵开始来作周本和卓本的比较。卓本也采用讷庵本(1441 年)《中原音韵》中华书局影印本(1978),同时由于佐佐木猛《卓从之〈中州乐府音韵类编〉考订本》(1981b)是更好的校本,随时加以参考。[①]

这里以卓本为准,按照小韵顺序、字序的号码进行比较。这样做不过是为了方便,以周本为准按其编号进行比较所得到的结论也是一样的。小韵的顺序,每一个声调分别用阿拉伯数字来表示。卓本中的“阴阳”类小韵在周本一栏中采用如

① 对卓本进行校勘的还有卢前校订本(《饮虹簃所刻曲》1935 年、《朝野新声太平乐府》1939 年);天英《元卓从之的中州乐府音韵类编》(1935);隋树森校订《朝野新声太平乐府》,中华书局 1958 年、1987 年所收的本子,其底本都是铁琴铜剑楼旧藏·北京图书馆现藏的明代本。

"Y1""Y2"的标志来区别。只在周本里出现的小韵则用大写英文字母 ABC 来表示。另外,小韵内的字序在周本和卓本不同地方的,以卓本一方为准,用 abc 等符号在周本一方表示异同。只在一个本子中出现的字用下画波浪线来表示。

卓本		周本	
	平声　阴		平声　阴
1	東冬	1	東冬
2	中衷忠終鍾鐘	2	e f a c b d 鍾鐘中忠衷終
3	松嵩	Y1	通蓪
4	公躬恭弓功工蚣攻宮供肱觥上二字收	3	松嵩
5	空悾	Y3	冲充衝舂忡搖艟穜狆种
6	翁泓上一字收	Y5	邕嗈雍
7	宗椶騣	5	空悾
8	鬆愡	7	宗椶騣
9	蹤縱	Y8	a b c d e f h g 風楓豐封葑峯鋒烽丰蜂
10	崩繃上二字收	8	鬆愡
	阳	Y12	b a c d 匆葱聰驄囪煙突
1	戎茸	9	蹤縱樅
2	龍隆癃窿	A	穹芎傾
3	蒙濛朦盲甍萌上三字收	4	f e h a g d b c i j k k 工功攻公蚣弓躬恭宮龔供肱觥
4	籠朧聾嚨隴櫳瓏	Y10	a c b 烘叿人聲轟薨
5	膿農儂	Y7	b a c 凶兇胷洶兄
6	濃醲穠	6	翁鞥癰廱辟壅泓
7	從	10	崩繃
		Y15	烹
	阴阳		阳
1	通蓪	Y2	a f c d e b g h i 同筒銅桐峒童僮瞳瞳膧潼犛
2	同童銅桐峒筒瞳潼犛	1	戎茙駥絨毧茸
3	冲充衝	2	龍隆癃窿
4	重蟲鱸崇上一字方言	A	窮藭蛩邛笻
5	邕嗈雍	4	a b f g c d 籠曨朧櫳瓏巃礱聾嚨

6　容融溶庸墉鎔蓉榮上一字收

7　胸凶兄上一字收

8　風楓豐封峯鋒蜂烽

9　馮逢縫

10　烘薨轟上二字收

11　紅烘虹鴻宏紘嶸橫弘上五字收

12　葱匆聰驄

13　叢

14　蓬篷

15　烹上一字收

16　彭棚鵬上三字收

上声

1　董懂

2　孔恐

3　懞蠓猛艋蜢上三字收

4　桶統

5　總

6　汞嗊

7　捧

8　寵

9　簹

10　隴壠

11　腫踵種

12　冗

13　擁勇涌踊永上一字收

14　聳

15　噥

5　膿農儂

　　a c b
6　濃穠醲

Y4　重蟲慵鱸崇

Y9　馮逢縫

Y13　叢藂琮

B　熊雄

　　a c g f d e b h
Y6　容溶蓉鎔瑢庸傭鄘鏞墉融榮

3　蒙濛朦矇甍盲瞢萌

　　a c d e f h g i
Y11　红褀虹洪鴻宏紘橫嶸弘

　　a b c
Y14・Y16　蓬篷芃鬔彭棚鵬

7　從

上声

1　董懂

11　腫踵種冢

2　孔恐

4　桶統

6　汞嗊

10　隴壠

9　簹攏

A　洶詾

14　聳竦

B　拱鞏珙

　　b a c d e
13　勇擁涌踊悀永俑

　　b a c d e
3　蠓懵猛艋蜢

5　總

7　捧

8　寵

12　冗

15　噥

C　唪

	去声		去声
1	送宋	5	洞動棟凍蝀 (d e a b c)
2	鳳奉諷縫	2	鳳奉諷縫
3	貢共供	3	貢共供
4	弄哢礱	1	宋送 (b a)
5	棟凍蝀洞動	4	弄哢礱
6	控空鞚	6	控空鞚
7	訟頌誦	7	訟誦頌 (a c b)
8	瓮齆	8	甕齆[illegible]
9	痛慟	9	痛慟
10	衆重中種仲	10	衆中仲重種 (a c e b d)
11	夢孟上一字收	14	縱從糉
12	用詠瑩上一字收	11	夢孟
13	綜	12	用詠瑩
14	縱從糉	16	哄閧横
15	迸收	13	綜
16	横收	15	迸
		A	銃

这样通盘考察时,尽管有卓本平声设立“阴阳”而周本没有、周本一方收录的字多等相异点,但是收录字以及字序完全相同的小韵也相当多;小韵的排列顺序虽然与平声“阴阳”相关的部分对应关系复杂,但是除此之外两本之间有相当大的共同性。通观全局,很难认为这是一种偶然。这种情形和其他系统的韵书稍微做个对比就更加明显。前代韵书,如《广韵》《集韵》《五音集韵》《礼部韵略》《古今韵会举要》《蒙古字韵》等任何一种如果仅从所收录的字来看,都与周本和卓本的完全不同(当然,周本、卓本所收的字其他韵书几乎都会收录,但是各种各样的小韵正好只收这些字,这样的一致性是不会有的)。而且周本和卓本在大局上的一致性,不仅是东钟韵,放眼全书都可以看到。陆志韦(1946)关于两书有着共同来源的观点是可以首肯的。

那么如果两书能追溯到共同祖本的话,那这个祖本是什么模样呢?还有两者的差异点又是怎样产生的呢?

首先从收录的字开始讨论。第一,卓本一方有错讹脱落的小韵。卓本的“阴阳”一栏，是用来收录在阴平、阳平里构成最小对立小韵的字。但是现在看到的本子中，相对于第7小韵“胸凶熊”的阳平小韵失之阙如。本来在此之后的位置上，周本中已有的“熊雄”两字或者其中任何一字卓本也应该有。此外，只在周本一方出现的，平声・阴Y3小韵的7个字、平声・阴6小韵的5个字、平声・阳1小韵的4个字，全都是在小韵末尾或者中间连续出现；从这种情形推断，是周本这一方增补这些字的可能性更高。因为，如果说是卓本删减了周本中生僻的字，那么，剩下的字在原来的字群中的排列应该是更加随机的。

还有，只在周本中出现的字，如果是分散出现的，则可以看到一个倾向性：这些字总出现在与同声符的字相邻近的位置上（通常在后，有时在前）。例如，周本平声・阴Y8小韵的“葑”“丰”，Y12小韵的“囱”，Y7小韵的“兇”“汹”，6小韵的“鞥”等。此外，周本的小韵内字序明显有着按谐声系列顺序汇集起来的意图。故只出现在周本的字应该几乎都是周本所增补的成分，如果相反，卓本删掉那些字，就不可能在周本这么规律地出现同声符的字连接的现象。

再论小韵内的字序。上文对照表中，从周本一方用abc等来表示的18个小韵可以看出两本之间小韵之内收字顺序的异同。其中，下面的小韵在周本中收字顺序以声符顺序排列：平声・阴・4小韵，卓本为“公躬恭弓功工蚣攻宫供肱觥”，而周本是“工功攻公蚣弓躬恭宫龔供肱觥”，周本中相同声符的字排在一起，有声符“工”3字、“公”2字、“弓”2字、“共”3字（除去“宫”字）；平声・阳・Y2小韵，卓本为“同童铜桐峒筒瞳潼鼕”，周本为“同筒铜桐峒童僮曈瞳朣潼鼕”，后者按声符排列，有声符“同”5字，“童”6字；平声・阳・Y6小韵，卓本为“容融溶庸墉镕蓉荣”，周本是“容溶蓉镕瑢庸傭鄘墉镛融荣”，有声符“容”5字、“庸”5字顺序排列；去声・10小韵，卓本为“众（衆）重中种（種）仲”，周本为“众（衆）中仲重种（種）”，声符“中”2字、“重”2字顺序排列。还有以“易识字”打头的小韵：平声・阴・2小韵，卓本是以“中”字开头，而周本是以“钟”字开头（“中”字是多音字并不理想）；平声・阴・Y7小韵，卓本以“胸”字开始，而周本是“凶”字开头（“凶”更简单）。《中原音韵》“起例”第11条说“《音韵》内，每空是一音。以易识字为头，止依头一字呼吸，更不别立切脚”。以上场合，周本的一方更加有秩序，这种字序应该是周本做了调整。原因是，字序的调整是需要花相当多气力的，如果假定卓本是变更一方，却难以找到与此相应的益处。

其次论小韵的排列顺序。首先，最为显著的是，周本为平声分为“阴”“阳”的两分法，卓本则是还有“阴阳”的三分法，当然小韵的顺序与此相应有很大的区别。

这里,以卓本的“阴阳”类诸小韵在周本中出现的顺序来看,“阴”类中是Y1·3·5·8·12·10·7·15的顺序;“阳”类中是Y2·4·9·13·6·11·14+16的顺序。除了Y5、Y6以及Y7、B两组出现位置交叉之外,卓本中的各组“阴阳”小韵在周本中的“阴”和“阳”类中是按相同顺序出现的,这是值得注意的现象。如果,周本一方反映原貌,卓本大概应该按照周本的“阴”或“阳”类的某一边为准,在另一边找出和其形成最小对立的小韵做成“阴阳”一栏。这样“阴”或者“阳”中的一边出现顺序一致是可以充分期待的。但是另一边的小韵出现顺序在周本里应该呈现更加杂乱无章的顺序。由此反推,在这种情况下卓本就是原本,周本按其顺序将“阴阳”类小韵分配到“阴”或者“阳”中去的可能性更高一些。

另外,只有一个字的小韵都集中在各韵末尾也是周本的明显特征。除平声·阴以及阳只有1个单字小韵不足为例之外,上声的6个单字小韵、去声的3个单字小韵都是连续安排在韵末;而卓本却没有这样的制约,单字小韵的分布在韵内各种位置上。从出现例子最多的上声来看,将卓本中的单字韵按序移至韵末时明显就有了周本这样的面貌;与此相较,如果假定周本是原本,那么难以解释的是,为什么卓本将各单字小韵插入在第5·7·8·12·15各小韵的位置。

其他小韵顺序不同的情形都是零星的例子,仅仅从比较周本和卓本中很难断定哪一个反映原貌。但是,去声中周本是以“洞”小韵安排在开始的位置上,这大概是因为与平声·阴的第一小韵“东”和上声第一小韵“董”的声母取得一致的原因。

此外,关于卓本中所见“收”的问题,将在下一节中加以讨论。

以上以东钟韵为例对周本和卓本进行了比较。现行的卓本,除了“雄”或“熊”,或者包含这两字的小韵脱落之外,大抵都反映出原本的模样;而周本在此基础上增补、改订而成的例证占多数。这里我们没有穷尽式地对比,但不仅是东钟韵,全书也大体是同样的情形。上述结论纯粹是从比较周本和卓本在文本上的差异基础上得出的,如果把周德清在《中原音韵》中的记载也考虑进来的话,可以判断赵阴棠—佐佐木学说是妥当的,也就是卓本大致相当于《中原音韵》“墨本”,周本则相当于《中原音韵》“的本”[①]。

---

① 宁继福(1982: 22)说:“‘的本’即底本,才是他的手稿。”但是《新校元刊杂剧三十种》(1980)的题目中《古杭新刊的本关大王单刀会》之类冠以“的本”的篇目很多,并且无例外地和《新刊》同时称作“的本”,因此都是“准确的、可靠的文本,即定本”的意思。

四　卓本的形成过程

现在进入本文的主题,涉及《中原音韵》究竟是怎样编写出来的这一问题。

解开这一问题的钥匙,在《中原音韵》本身的面貌中已经显露。亦即,"东钟、江阳、支思、齐微、鱼模、皆来、真文、寒山、桓欢、先天、萧豪、歌戈、家麻、车遮、庚青、尤侯、侵寻、盐咸、廉纤"之类韵目大多和《广韵》的韵目一致,甚至韵目的顺序也可以说如同《广韵》一样。于是就会产生这样的疑问:《中原音韵》难道是在类似《广韵》这样的传统韵书基础上编写而成的?

根据卓本我们尝试来具体验证这种假说。仍然以东钟韵为例,左侧按照卓本的顺序列举收录字,其右侧表示在《广韵》中出现的顺序。《广韵》小韵的顺序用1、2、3等阿拉伯数字表示;小韵内部该字出现的顺序用a、b、c等英文字母来表示。例如"東1a"指《广韵》东韵第一小韵第一字。《广韵》根据通行的艺文印书馆本,它影印泽存堂本并根据周祖模校本改正。平声的"阴阳"一栏中,将相对的两小韵用横线区分开来。

平声　阴
東　**東 1a**
冬　冬 1a

中　**東 3a**
衷　〃b
忠　〃c
終　東 5a
鍾　鍾 1a
鐘　〃b

松　鍾 4a*
嵩　**東 8a**

公　東 22a*
躬　東 10c*
恭　鍾 21a*
弓　**東 10a**
功　東 22b
工　〃c
蚣　〃e
攻　冬 5a
宫　東 10e*
供　鍾 21c
肱　登 10a*
觥　庚 7b
上二字收

空　**東 21a**
悾　〃g

翁　**東 27a**
泓　耕 16a
上一字收

宗　冬 8a*
椶　**東 31g**
騣　〃h

鬆　冬 9a*
憁　**東 35b**

蹤　鍾 17c*
縱　**鍾 17a**

崩　登 4a*
繃　**耕 14a**
上二字收

阳
戎　**東 9a**
茸　鍾 18a

龍　鍾 2a*
隆　**東 20a**
癃　〃b
窿　〃d

蒙　**東 23a**
濛　〃c

朦 〃f
盲 庚 3a
甍 耕 3a
萌 〃d
上三字收

籠 **東 24a**
朧 〃d
聾 〃i
嚨 〃n
曨 〃v*
櫳 〃p
瓏 〃u

膿 冬 41*
農 **冬 4a**
儂 〃j

濃 鍾 11c*
醲 **鍾** 11a
穠 〃e

從 **鍾 13a**

阴阳
通 東 29a
蓪 〃b

同 **東 2a**
童 〃c
銅 〃e
桐 〃f
峒 〃g
筒 〃k
瞳 〃l
潼 〃r
鼕 冬 2f

冲 ?
充 東 19a
衝 鍾 5a

重 鍾 12a*
蟲 **東 4a**
鱅 鐘 20a
崇 東 7a*
上一字方言

邕 鍾 10a
嗈 〃c
雍 〃b*

容 鍾 6a*
融 **東 11a**
溶 鍾 6b
庸 〃d
墉 〃i
鎔 〃j
蓉 〃s
榮 庚 20a
上一字收

胸 鍾 8a
凶 〃b
兄 庚 22a
上一字收

(熊 ? **東 12a**)
(雄 ? 東 12b)

風 東 17a
楓 〃c
豐 東 18a
封 鍾 7a
峯 鍾 16a
鋒 〃b
蜂 〃h
烽 〃m
馮 **東 16a**
逢 鍾 15a
縫 〃b

烘 東 32a
薨 登 11a
轟 耕 13a
上二字收

紅 **東 25d**
烘 ?
虹 〃e
鴻 〃g
宏 耕 5a
紘 〃b
嶸 〃e
横 庚 4a*
弘 登 9a
上五字收

葱 東 28c*
匆 〃a
聰 〃f
驄 〃i

叢 **東 26a**

蓬 東 31a
篷 〃c

烹 庚 14c*
彭 庚 8a
棚 〃f
鵬 登 8c
上四字收

上声
董 **董 1a**

懂　?

孔　*董 3a
恐　腫 11a

懜　董 2g*
蠓　**董 2a**
猛　梗 11a
艋　〃d
蜢　〃e
上三字收

桶　**董 5b**
統　宋 3a

總　**董 6a**

汞　**董 7e**
嗊　董 12a

捧　*腫 9a

寵　**腫 2a**

篢　?

隴　**腫 3a**
壠　〃b

腫　*腫 1a
踵　〃c*
種　〃b

冗　*腫 5a

擁　**腫 4a**

勇　腫 10a
湧　〃c
踊　〃e
永　梗 6a
上一字收

聳　**腫 14d**

噥　冬 4f

去声
送　**送 1a**
宋　宋 1a

鳳　**送 2a**
奉　腫 8a*
諷　送 13a
縫　用 3b

貢　**送 3a**
共　用 4a
供　用 6a

弄　**送 4a**
哢　〃e*
礱　〃d

棟　**送 5a**
凍　〃b
蝀　東 1j/董 1b*
洞　送 10a
動　董 13a

控　**送 6a**
空　〃e*
鞚　〃d

訟　*用 2c*
頌　〃a
誦　〃b

瓮　**送 8a**
齆　〃e

痛　送 11a*
慟　送 10i

衆　送 24a*
重　用 13a*
中　送 21a*
種　用 12a*
仲　**送 12a**

夢　**送 15b**
孟　映 9a
上一字收

用　**用 1a**
詠　映 12a
瑩　徑 11b
上二字收

綜　*宋 2a

縱　**用 9a**
從　用 16b
粽　送 7b*

迸　諍 2a
收

横　*映 10c
收

可以明显地看到,不仅是韵目,从小韵到小韵内部收字的排列顺序卓本大体上都和《广韵》是一致的,详细地考察这种一致性有如下的表现。

首先讨论平声·阴部分。各小韵正如用黑体字所表示的那样,东韵第1、3、8、10、21、27、31、35小韵、钟韵的第17小韵,以及耕韵的第14小韵,是按照《广韵》的顺序排列的。还有,来自同一个小韵的字在小韵内的排列顺序也大体和《广韵》是一致的。例如卓本第2小韵开头的"中衷忠"就是《广韵》东韵第3小韵的第1、2、3字。另外,在卓本中属于同一小韵而来自《广韵》中别的小韵的字,大体上也是按照《广韵》中出现的顺序依次排列的。例如第2小韵中的"中衷忠"来自《广韵》东韵第3小韵;之后的"终"来自东韵的第5小韵;次后的"钟(鍾)钟(鐘)"来自钟(鍾)韵第1小韵。这样的层次结构,可以认为是卓本基于《广韵》的顺序收录这些字而形成的。在此之外也可以散见到一些例外,我们在《广韵》来源序号的右上角标上了"*"来表示。在那些情况下,如像第3小韵的"松嵩"、第7小韵的"宗椶鬉"、第9小韵的"鬆愡"、第11小韵的"崩绷"等例,诸如"松宗鬆崩"这些字移到了小韵开头是因为这些字是易识字(以下其他地方也如此)。

在此讨论一下关于"收"的问题:正如上文所说的那样,该韵在主要来源(这里是《广韵》的东冬钟韵)之外的字后附注"收"。这些字出现的位置在各小韵的末尾;全是由外来字构成的小韵就安排在该韵末尾的位置。从这里可以窥见这些"外来字"是后来附加上去的。由此宁继福就认为,周本在这方面没有任何表示因而是保持了原本的状态,卓本是后来见到这些来源不同的字给加上了"收"的标记。宁继福(1982)把卓本中所有标注了"收"的字全都列举出来和周本进行比较,其中卓本中带有"收"标记的字都毫无例外地排在小韵的末尾;而周本中并不总是如此。从这种状态看来,可以认为卓本保存着成书时的本来顺序,周本由于增加字数和调整字序,因此这些字没有集中到小韵末尾;"收"的标注应该来自当初将"外来字"收入该韵里的原编者。

其次关于平声·阳,各小韵按东韵第9、20、23、24小韵、冬韵第4小韵、钟韵第11、13小韵的顺序排列。

再论平声·阴阳的情形,是将构成最小对立的阴、阳小韵成对地排列在一起;当《广韵》中出现阴或者阳的某一个小韵时,同时将与它形成对立的小韵排列在一起。于是以一对阴、阳作为一个单位来观察顺序就可以理解东韵第2、4、11、(12)、16、25、26、31小韵按序整齐排列的情形。在此,由"雄"且/或"熊"形成的小韵是从东韵第12小韵而来,考虑到其前后的各对小韵是东韵第11、16小韵,就可知其处于正确的位置。如果这里本来只有"胸凶兄"小韵,那么这些来自《广韵》钟韵第8

小韵、庚韵第22小韵，出现在这个位置上就显得非常奇怪了。推定“胸”小韵之后本来就存在“雄”且/或“熊”形成的小韵，这是基于卓本体例得来的，从这里进一步可以看到支持的证据。

另外，卓本中“同”小韵开头的8个字“同童铜桐峒筒曈潼”，完全按照《广韵》的顺序排列，这也是非常显著的事实。而周本是按照声符的顺序排列为“同筒铜桐峒童僮曈瞳艟潼”，这样就打乱了与《广韵》一致的顺序；从这里也可以得知卓本的顺序是本来的面貌。

平声・阴阳一项最后的一对在原始本子中就有混乱。本来“烹”字应该作为“阴”类小韵标注“收”标记，与此相应“蓬篷彭棚鹏上三字收”应该作为“阳”类小韵设立，但是添加“烹”字的时候可能不注意收进了“阳”类小韵。[①]

在上声那里小韵的顺序也有一些混乱的地方。第2、7、9、11、12小韵和《广韵》的顺序有略微颠倒的地方。对这种整个小韵的位置表现为例外的情况，在《广韵》来源标记的左上角用“*”来表示。此外，董韵第1、2、5、6、7小韵，肿韵第2、3、4、14小韵，则是按照《广韵》的顺序排列的。

去声也有几个例外的地方，但是，送韵第1、2、3、4、5、6、8、10、12、15小韵，用韵第1、9小韵是按《广韵》顺序排列的。

如上所述，从和《广韵》有关顺序的对应关系上看，卓本表现得非常整齐有序，而周本则显得全然没有秩序。同样按照上述与《广韵》的小韵顺序的比较方式来看周本，以最先出现的字来标记小韵来源，那么有如下结果：

平声・阴：東1、3、29、8、19，鍾10，東21、31、17，鍾17，東14、10、32，鍾8，東27，耕14，庚14。

平声・阳：東2、9、20、15、24，鍾11，東4、16、26、12、11、23、25、31，鍾13。

上声：董1，腫1，董3、5、7，腫3，?，腫15、14、13、4，董2、6，腫9、2、5，冬4，董12。

去声：送5、2、3、1、4、6，用2，送8、10、12，用9，送15，用1，映10，宋2，諍2，送25。

前一节我们以周本和卓本的比较为基础，做了卓本的小韵顺序是原始面貌、周本是将其调整的产物的推论，而这里则是论证上述结论的决定性的根据。[②] 再说，

---

① 这一点，天英(1935)以来早就被人指出了。

② 如果假定周本的小韵顺序是原貌，卓本是将其按照《广韵》的顺序做了调整，也完全无法给出以此能得到的实际益处。

卓本和《广韵》的小韵顺、字序的一致,不仅仅是东钟韵,在全书都可以普遍看到。

以上是专门就《广韵》进行了比较,当时也有可资利用的已出其他韵书,因此有必要考虑,还有和卓本的小韵顺序一致的资料的可能性。其中,《五音集韵》《古今韵会举要》《蒙古字韵》等韵书,小韵是按照声母的顺序严整排列,先从候补中去掉。其次就《集韵》以及宋元时期最为流行的《礼部韵略》系列韵书来看。《集韵》仅就韵目来说和《广韵》没有大的出入,但是在韵内,按同类韵母及同部位的声母相区分,对小韵顺序做了大幅调整;《礼部韵略》系的韵书也是因袭的这一体例,和卓本的小韵顺序没有密切的联系。这样一来,宋元代韵书中剩下的还是只有《广韵》了。而且,从覃谈韵来的字,卓本、周本收在侵寻韵之后的盐咸韵,由此可以窥见这不是基于比《广韵》更早的切韵系韵书。[①]

五　卓本和周本的音韵体系上的分歧

佐佐木猛氏(1981a:1536—1537)有这样的描述:"江西高安人周德清,于元泰定元年(1324),在河北燕山人卓从之的《中州乐府音韵类编》,或者与此同系统的著作为基础改编增补,附上'起例',为了元曲制作编辑了指南书《中原音韵》。周氏在'起例'中把前者叫做'墨本(稿本)'、后者叫做'的本(定本)',明确加以区分。即使暂时不讨论这个'墨本'是否在周氏自己手中成书,但采用这个'墨本'汇编的'的本',就是今日通行的《中原音韵》的原本,这时候周氏大概无意中犯下了错误。此外,《中原音韵》之中偶尔还能够看到与官话音系不符的'土音'。(原注:比如可以举出这样的例子,四齐微平声阳的表示 vei 音的'26 微'小韵中收入了中古音'喻四、脂 A 合'的'维惟'。南方音中尽管有这样的现象,但是《中州》的相应小韵中没有收入这两个字。[②])这是《中州乐府音韵类编》所没有的,这是给人以'该书可以说是比《中原音韵》纯粹的资料'这样的印象的一个重要的原因。"该论文中举出了很多具体的例子,可以充分看到卓本和周本并非严密地基于同一个音韵体

---

① 现存《切韵》唐五代诸本中覃谈韵在麻韵之后、阳韵之前(相配的仄声也相同,下同),只有《广韵》放在侵韵之后、盐韵之前。(上田正 1973:64)可以推断的是,在卓本中,当《广韵》中出现一个韵时,立即在那里设立一个韵部,而与其同音的字则被提前到那个位置。例如,可以观察到《中原音韵》的江阳韵首先将《广韵》江韵所属的小韵放上,然后依次附加阳韵、唐韵的字。因此,如果卓本是基于《广韵》之前的切韵系韵书,那么监咸韵就可以放置在车遮韵之后、庚青韵之前,但实际情况并非如此。

② 但是刘勋宁(1988)报告北方也有这样的现象。

系。亦即,尽管佐佐木氏的态度有所保留,但是看来周德清不可能是墨本的作者,而不过是的本的增订者,本节将根据几个特征进一步讨论这种可能性。

首先,从关于止摄舌齿音的表现说起。《中原音韵》中舌齿音收入齐微韵、齿上正齿音收入支思韵是一个大的趋势,[①]但是,周本的支思韵中"胝衼徵"这样的舌音字,齐微韵中有"鵗蚩媸侈"这样的齿音字,构成了例外。[②] 然而,这些字在卓本中见不到,可见全是周本所增补。周德清自身在《起例》第21条中说"依后项呼吸之法,庶無之、知不辨、王、杨不分及诸方语之病矣。"在"齐微"项进一步列举了"知有之,痴有眵,耻有齿,世有市,[③]智有志以上三声系与支丝分别"。用这样的例子,以提醒务必区分,但是从周德清自己在增补新字的时候所犯的错误看,周德清的方言中也许已经没有这样的对立了。

其次论效摄唇音1·2等的表现。关于这个问题,服部四郎(1944)说:"赵(荫棠,引者补)氏把'褒'和'包','保'和'饱','抱'和'爆'之类唇音一等字和二等字,推测是pɑʊ和paʊ的区别,可谓不得已。"在注中又说"这种区别是否实际口语中的区别是可疑的。包含去声帮母的字群中已经确认一等和二等合流,但其他唇音字中一等和二等字没有区别,也可以确认为合流。在《蒙古字韵》《韵略易通》中,相应的地方也是不作区别的。恐怕应该看作是《中原音韵》中人为因素的一个例子,这个事实值得注意"。

关于这三对,佐佐木猛氏(1981a: 1530—1531)指出卓本是全部连续地排列,并解释为:周德清将其间的空白认为是本来就有的空白,因而把只有一个字的"褒""饱"小韵分别移到韵末。

卓本中的萧豪韵是按照《广韵》萧宵肴豪的顺序排列的(相应的上、去声也一样)。首先排列的是从萧韵而来的小韵,之后接着是从宵韵来的小韵,其后是来自肴韵第2小韵的"交……";接着是有问题的"包胞"(来自肴韵第8小韵)和"褒"(来自豪韵第10小韵),之后是来自肴韵第10小韵和来自肴韵第13小韵的小韵;

① 参看藤堂明保(1980: 112)(但是旧版中没有这一记述)。另外,这种表现也出现在《翻译老乞大·朴事通》左侧音(亦即《洪武正韵译训》以及《四声通考》俗音)和右侧音中,止摄舌上音在左侧音中为iz,在右侧音中为i,止摄正齿音在左侧音中为yz,在右侧音中为ə̣。(参见远藤光晓 1990: 47—59)

② 承蒙佐佐木猛氏的指教知悉这种现象的存在,谨表谢忱。

③ "世"字是蟹摄字,因此虽然是正齿音,也归入齐微韵。

例外的是这里夹着“凹”小韵,接着是来自豪韵的小韵。由此看来,来自豪韵的“褒”处在肴韵第8小韵和第10小韵之间,这在卓本和《广韵》的对应关系中成了例外。另一方面,上声也有同样的问题,“饱”(来自巧韵第3小韵)和“宝保堡褓”(来自皓韵第15小韵)处在来自巧韵第1小韵和来自巧韵第5小韵的小韵之间,来自皓韵的小韵掺杂在这个位置也构成例外。在去声那里,卓本是“豹 爆瀑曝 抱报”,其中“豹爆”来自効韵第5小韵,“瀑曝”来自号韵第9小韵,“抱”来自皓韵第2小韵,“报”来自号韵第10小韵。这里,来自效韵的小韵以并排位置出现,而来自号韵的小韵夹杂在其中,这是一个例外。上述三个场合,如果来自一等的字由于和已有的二等字是同音而附加在后面,那是卓本中极其常有的事例。

在此,周本是完全区别这些小韵的。因为,此前引用过的“起例”第21条的“萧豪”一项中列举有“包有褒,饱有保,爆有抱”。实际上,作为周德清出生地的江西省高安老屋周家的方言中,到现代还大多保存着一等和二等韵母的区别,如效摄一等发作ou、二等发作au。(颜森 1981)因此对于周德清来说,应该很容易区分那些小韵。

由上述小韵顺序可以看出,作为卓本原编者的意图,那三对分别都是同音。实际上在卓本的阶段小韵之间已经有空格,这是因为周德清进行了修改。只有“起例”第21条所提到的3对小韵才加以区分(但是去声在一方的小韵里一二等相混,就不完整),也显示出这种疑虑是很大的。

其次是关于入声的处理问题。《中原音韵》的入声性质问题也成了备受论争的对象。周德清在“起例”第5条说:“入声派入平上去三声者,以广其押韵,为作词而设耳。然呼吸言语之间还有入声之别。”从这里看来,让人觉得入派三声不过是为了押韵的方便而设置,现实的语言之中还有入声的存在。但是,在此必须考虑到周德清是江西人,他出生地的方言中到现在还保存着入声,甚至保存着-p、-t、-k的分别。[①] 所以周德清这样说是理所当然的。

关于这个问题,佐佐木猛氏做了有趣的观察。亦即,周本“关于‘入声作三声’一项,和本来是舒声的字项相比,增加字的比例相当小。同时,正如《中原音韵》

---

① 参考颜森(1981)。只是周德清在“起例”第22条中批评《广韵》的同时又说“入声以平声次第调之,互有可调之音。且以开口陌以唐内盲至德以登五韵(引者注:‘唐内’意义不明,通行本的《广韵》陌到德还是六韵),闭口缉以侵至乏以凡九韵,逐一字调平上去入,必须极力念之,悉如今之南宋戏文唱念声腔。”,由此看来,似乎不努力的话无法辨别-k、-p的发音。

‘正语作词起例’4 中所说‘平上去入四声,中原无入声,派入平上去三声,前辈佳作中间,备载明白,但未有以集之者,今撮其同声,或有未当,与我同志改而正诸’,周德清自己在入声字处理上表现缺乏自信,把这些结合起来考虑时,显得十分有趣”(佐佐木猛 1981a: 1525)。

在此取一个可能是周德清入声处理有误的例子看。宕江摄入声的表现在周本和卓本中颇有不同。周本中宕江摄入声在萧豪韵和歌戈韵中重复出现。这意味着当时已经存在现代北京话的“剥”白读 bāo 和文读 bō 这样的层次叠加的两读现象,[①]卓本中尽管去声中还是有重出的韵,但是平、上声中只收在萧豪韵。[②] 周本的萧豪韵·入声作去声一栏中,包含着由山摄而来的“末沫”两字,这在音韵对应上有问题。卓本、周本共同的表现是,韵尾为-u 的入声字的来源,以低/后主元音,以-k 韵尾的通宕江摄为限,而来自-t 韵尾的除了这两字以外没有其他字。[③] “末沫”在卓本中只收入歌戈韵,这是正规的音韵对应形式。在去声范围之内,就是在卓本里宕江摄入声字也在萧豪韵和歌戈韵重出,两韵所收的字大体相同。于是周德清可能在增补萧豪韵入声作去声一栏时,参照卓本的歌戈韵入声作去声一栏,类推“末沫”和其他从宕江摄来的字一样,也有两读现象,就把它也在萧豪韵重出。与其把“末沫”看作例外的音韵变化,不如做这样的理解似乎更有可能。

无论如何,正如佐佐木氏所指出的那样,周本入声字增补很少这一点是不争的事实。自己方言中还保持着入声的周德清所增补的周本和卓本中是否存在入声的问题必须严加区分。

在卓本中表现出入声和舒声同音的证据,即尤侯韵上声的“肘箒竹收,入作去”和去声的“溜六留收,入作去”二小韵。前者的“去”是“上”之误,后者的“六”应该是在“留”之后的位置;这里入声字“竹”“六”与舒声字收在同一小韵中是值得注意的。派入尤侯韵·上去声的这些入声字各小韵都只有一个字,所以不需要像在其

① 这种现象在实际的元曲作品中也有反映。鲁国尧(1991: 138)有萧豪韵、歌戈韵重出的例子;廖珣英(1963)有尤侯韵、鱼模韵重出的例子。服部四郎(1944)否定了关于这种现象的一字两读说,提出了一种观点,即由于一种发音在不同情况下分别与萧豪韵或歌戈韵相似,于是被归到两者中。但这样的过程可能发生在没有充分掌握该方言音韵体系的外国人或外地人,通过语音相似来标记的时候,而对于母语者或已经掌握了该音位系统的人来说,在音位学上没有对立的音节(即“字”)应该不会处理为“两属”归到不同的音类中了。

② 《蒙古字韵》的宕江摄入声也只收入萧韵,这大概就是当时北方官话固有的层次。

③ 这一点杨耐思(1981: 53,139)已经指出。

他场合那样设立"入声作某声"的栏目。这样得以收在同一小韵就意味着完全同音。[①] 由此推测,其他别立"入声作某声"栏目的入声字,如果不多的话也是可以合并到舒声小韵中的。卓本中外来字逐一标注"收"字(只是有时有脱漏的地方),大概相关入声的字数量太多,标注起来显得繁琐,所以设立"入声作某声"的栏目一并处理。

元曲中入声字和舒声字通押的现象表示入声和舒声是近似的音,但是并不一定完全同音。《中原音韵》所见"入派三声"也仅有此现象的话,可以认为全浊入声、清入声、次浊入声和阳平、上声、去声分别构成同一调位(toneme),但还保持着喉塞韵尾而没有合流。[②] 但是,收入同一小韵的情形与此截然不同,已经没有余地怀疑它们已经完成合流。

六 结 语

以上所讨论的内容总结如下。《中原音韵》并非周德清根据元曲初期名家的作品为基础归纳编辑而成的。其本源是以《广韵》为基础依次收集汉字编辑而成的韵书,这种面貌大致上原封不动地反映在《中州乐府音韵类编》中。周德清对此加以改订,将"阴阳"类分解,分别归入到"阴""阳"之中;增加字数;按照声符的顺序调整小韵内的字序;并把只有一个字的小韵移至小韵的末尾。周德清的增补、改订部分和主体音韵体系之间存在差异,因而原本的作者不可能是周德清。

因为《中州乐府音韵类编》是燕山卓从之述,所以卓从之大概也不是原本的编者,不过是一个传承者。另外,现在见到的卓本,如前节检讨效摄唇音 1、2 等的表现时可以窥见的那样,似乎已经部分地经过周德清的修改,其他证据也显示了这一征象。佐佐木猛《周德清见过大都吗》(1994)认为,周德清始终以江西为活动舞台,没有去过大都。其中一个证据是,《中原音韵》中收有表示江西景德镇制作瓷

① 这点在忌浮(1984)及宁继福(1985:169—170)例证八中已经举有例子。另外,其例证七,亦即周本中支思韵入声作上声的"涩瑟音史"和"塞音死"二小韵,这里用舒声字附上的直音注,也可以看作表示同音。

② 这样的想法,从服部四郎(1946)书后附录第一·音译汉字顺序表的标记中可以窥见;服部四郎(1978)中对此做了明确的表述。另外,平山久雄(1978)讨论了支持这种观点的一些缩略语例证。这种状态,姑且不论《中原音韵》阶段正是如此与否,不能不推想在北方方言中曾经也存在。

器用原料的白色土片的“不”字。这个字不见通常的韵书或字书，仅此一字便成了确定《中原音韵》地域特色的有力根据。而这个字卓本也已经收有。因此，现在见到的卓本是周德清所说的《中原音韵》墨本的来源，可以认为曾有时间在周德清手中。卓本与《广韵》对应关系的例外中，由于易识字安排在小韵起头的位置而引起的例外，也许也包含有周德清所为的因素。还有，卓本的侵寻韵上声中还包含着少量像“您”“怎”之类《广韵》中见不到的字，这些字也许也是周德清所增补。不过，现存的卓本大体还是保留了原本的模样。

无论如何，周德清在《中原音韵》中屡屡言及《广韵》，但绝无涉及《广韵》在《中原音韵》成书所发挥的作用。周本的增补过程中也许参考了实际元曲作品，但是不能不说粉饰了最初墨本的来源，或许周德清自己也并不知悉墨本的编者及其编辑过程。

参考文献

[元]周德清　1978　《中原音韵》，中华书局。

阿部隆一　1993　《宋元版所在目录》，《阿部隆一遗稿集》(第一卷)，日本汲古书院。

服部四郎　1944　《元朝秘史蒙古語のoおよびöに終わる音節を表はす漢字の支那語音の簡略ローマ字転写》，桥本博士还历纪念会《国语学论文集》，日本岩波书店。

服部四郎　1946　《元朝秘史の蒙古語を表はす漢字の研究》，日本龙文书局。

服部四郎　1978　《日本祖語について・10》，《言语》第12号。

服部四郎　藤堂明保　1958　《中原音韻の研究(校本編)》，日本江南书院。

忌　浮　1984　《〈中原音韵〉无入声内证》，《音韵学研究》第1辑。

冀　伏　1979　《周德清生卒年与〈中原音韵〉初刻时间及版本》，《吉林大学学报》第2期。

金井保三　1913　《〈中原音韻〉につきて》，《东洋学报》第3卷第3期。

厉啸桐　1938　《宋元之间北音平声转变之公例——〈中州乐府音韵类编〉之研究》，《东方杂志》第12期。

廖珣英　1963　《关汉卿戏曲的用韵》，《中国语文》第4期。

刘勋宁　1988　《〈中原音韵〉“微薇维惟”解》，《语言学论丛》第十五辑。

卢　前(辑)　2018　《饮虹簃所刻曲》，广陵书社。

鲁国尧　1991　《白朴曲韵与〈中原音韵〉》，高福生等《〈中原音韵〉新论》，北京大学出版社。

陆志韦　1946　《释中原音韵》，《燕京学报》第31期。

罗常培　1963　《京剧中的几个音韵问题》，《罗常培语言学论文选集》，中华书局。

宁继福　1982　《论〈中州乐府音韵类编〉与〈中原音韵〉的关系》,《吉林大学社会科学学报》第3期。
宁继福　1985　《中原音韵表稿》,吉林文史出版社。
平山久雄　1978　《〈中原音韻〉入派三聲の音韻史背景》,《东洋文化》第58辑。
上田正　1973　《切韵残卷诸本补正》,《東洋学文献センター叢刊》第19辑。
隋树森(校订)　1958　《朝野新声太平乐府》,中华书局。
藤堂明保　1980　《中国语音韵论》,日本光生馆。
天　英　1935　《元卓从之的中州乐府音韵类编》,《剧学月刊》第2期。
杏雨书屋(编)　1985　《新修恭仁山庄善本书影》,日本武田科学振兴财团。
熊　克　1982　《跋明蓝格钞本残卷〈中原音韵〉及〈太和正音谱〉》,《古籍论丛》,福建人民出版社。
徐沁君(校点)　1980　《新校元刊杂剧三十种》,中华书局。
颜　森　1981　《高安(老屋周家)方言的语音系统》,《方言》第2期。
杨朝英(辑)　卢　前(校)　1939　《朝野新声太平乐府》,商务印书馆。
杨耐思　1981　《中原音韵音系》,中国社会科学出版社。
远藤光晓　1990　《〈翻译老乞大·朴通事〉汉字注音索引》,日本好文出版。
赵荫棠　1932　《中原音韵研究》,《国学季刊》第3期。
佐佐木猛　1978　《中原音韻序訳注》,《均社论丛》第6期。
佐佐木猛　1979　《〈中原音韻〉"正語作詞起例"訳注》,《均社论丛》第8期。
佐佐木猛　1981a　《〈中州樂府音韻類編〉によって〈中原音韻〉に含まれる誤りを正しうるか》,《福冈大学人文论丛》第4期。
佐佐木猛　1981b　《卓从之〈中州乐府音韵类编〉考订本》,《均社论丛》第10期。
佐佐木猛　1994　《周德清は大都を見たか》,《大阪外国语大学论集》第11卷。

远藤光晓　日本青山学院大学　mit. endo@ gmail. com
意西微萨·阿错　南开大学文学院　acuo@ nankai. edu. cn

从“天理本”第五十七帙第六卷一组译名引起的思考与考察*

梁晓虹

提要 文章在研究中发现日本天理本《大般若经音义》第五十七帙第六卷中有一组译名(八个)皆出自唐僧玄奘所译《大般若经》卷五百六十六的一段经文。这八个译名,汉译佛经中较少见,有些甚至是孤例。玄奘以后的佛经注疏,包括音义著作,亦似皆未提及,唯有“无穷会本系”中的天理本、大须文库本等中有收录并诠释。文章据此提出自己的思考并针对玄奘译经特色及“无穷会本系”《大般若经音义》的某些特色进行了考察。

关键词 天理本 大般若经 大般若经音义 玄奘 译名

一 问题的提出——天理本第五十七帙第六卷的一组译名

天理本《大般若经音义》第五十七帙第六卷有一显著特色,即相对于其他帙卷,此卷所收释的复音词较多。作为本为“字书”的音义,①于此卷却似有“词书”的性质。这是我们需要探讨的问题之一。(梁晓虹 2024)另外,笔者对其中一组译名也很感兴趣。

具力:梵云婆稚。(天/57—6/638②)

---

* 本文为国家社会科学基金重大项目“中国经部典籍日本古写本文献集成”(项目编号23&ZD299)阶段性成果。

① 天理本是“无穷会本系”《大般若经音义》中重要的一本。有关“无穷会本系”的体例、特色,请参考拙著(2003)《日本“无穷会本系”〈大般若经音义〉研究——以汉字为中心》第一章第二节。另外还需说明一点:尽管无穷会本是此本系中的代表,但因其只有卷上,且为残本,缺少这部分内容,故本文以天理本为资料加以考察。

② “天”表示天理本《大般若经音义》。第一个数字表示帙数,其后的数字表示卷数。因“无穷会本系”的体例是按“帙”(《大般若经》共六十帙),“帙”下按“卷”(每“帙”有十卷)为顺序收释词目。最后的数字表示筑岛裕《大般若经音义の研究 本文篇》(1977)之页数。

坚蕴:梵云迦罗骞。(同上)

杂威:梵云毗摩质多罗。(同上)

暴执:梵云罗睺。(同上)

无热:梵云阿那婆达多。(同上)

猛意:梵云摩那斯。或云慈心也。(同上)

海住:梵云竭罗。(同上)

工巧:梵云婆修吉,古和修吉,即九头龙也。(同上)

根据笔者检索,以上一组译名,出自《大般若经》卷五百六十六:

复有无量阿素洛王,所谓具力阿素洛王、坚蕴阿素洛王、杂威阿素洛王、暴执阿素洛王而为上首,各领无量百千眷属,为听法故来诣佛所。复有无量大力龙王,所谓无热龙王、猛意龙王、海住龙王、工巧龙王而为上首,各领无量百千眷属,为听法故来诣佛所。① (CBETA电子佛典2016/T07/0220/0921)

可见,天理本中所释前四条“具力”“坚蕴”“杂威”“暴执”为“阿素洛王”的修饰语,后四则分别是四种“龙王”的修饰语。笔者注意到,以上八个译名,仅出现于玄奘所译《大般若经》以上经文,而且对其加以诠释的佛经音义也只有日本中世“无穷会本系”《大般若经音义》中“天理本”类详本②。这两大特例,学界至今似未曾有人进行研究。笔者认为,此当涉及玄奘大师译经风格及日本中世佛经音义特色,应该引起关注。以下笔者不揣浅陋,尝试加以探讨,以就教于方家。

二 “阿素洛”及其修饰语

(一)用新译“阿素洛”

“阿素洛”为梵文“Asura”之音译,也作“阿素罗”“阿须伦”“阿修罗”等,现多称“阿修罗”,略称“修罗”。意译作“非天”“非同类”“不端正”,旧译为“不酒”“不饮酒”。因常与帝释战斗,属于战斗类鬼神。唐慧琳《一切经音义》卷二:“阿素洛:此云非天。古译云不饮酒神也。常与三十三天力争胜负,为简别故,故云非天。有

---

① 下有横线者,为笔者所加。

② 除天理本外,还有大须文库本、定胜寺本中有此内容。“无穷会本系”中还有一些略本,如药师寺本等,基本只收单字,故无此内容。

大神通，幻力能现大身自在无碍也。”（参见徐时仪 2023：542）

以上音译，虽后多流行“阿修罗”，但根据宋法云《翻译名义集》卷二，“阿素洛”才是正译。

> 阿修罗：旧翻无端正，男丑女端正。新翻非天。净名疏云：此神果报最胜，邻次诸天，而非天也。新婆娑论云：梵本正音，名素洛，素洛是天。彼非天故，名阿素洛。又素洛名端正，彼非端正，名阿素洛。西域记云：阿素洛，旧曰阿修罗，阿须伦，阿须罗，皆讹也。（CBETA 电子佛典 2016/T54/2131/1079）

据笔者查检，玄奘是在《大唐西域记》卷九中指出“阿素洛”为正译的。唐慧苑在《新译大方广佛华严经音义》卷一中释“阿修罗”时指出：“……按梵本中阿修罗是多声呼之，阿素洛是小声呼之，然皆同一称谓也。”（CBETA 电子佛典 2016/K32/1064/0342）唐澄观《大方广佛华严经疏》卷五：“阿修罗亦云阿素落，梵音楚夏耳。”（CBETA 电子佛典 2016/T35/1735/0533）根据慧苑和澄观的解释，“阿修罗”和“阿素洛（落）”是或因梵音音长有异，[①]或因梵文方言有差而产生的两个译名。“阿修罗”为旧译，“阿素洛”乃玄奘开始的新译。玄奘在其译经中，此译名皆用“阿素洛”，特色明显。

（二）“阿素洛王”前之修饰语用意译名

以上四种“阿素洛王”前有修饰语，“具力”“坚蕴”“杂威”“暴执”。这正是以上笔者所引天理本中八个译名中的前四个。

值得注意的是，这组译名均未被慧琳与可洪各自所撰《大般若经音义》收释。对于这一点，笔者认为，最简单的理由就是这四个译名，其中“坚蕴”与“暴执”各自在以上经文中只出现一次。“具力”与“杂威”经文中虽有见，但表示他义，并不用作“阿素洛”或“阿修罗”的修饰语。也可以说，如此之用，仅见以上玄奘所译《大般若经》经文。

那么，如何理解以上译名？我们可以参考天理本中的梵文音译词。汉译佛典中，旧译“阿修罗王”诸名多见，如后秦鸠摩罗什所译《妙法莲华经》卷一：

---

① 笔者曾请教中山大学吴蔚琳博士，她推测：从音长角度来对音，长短音和平声入声的长短比较接近，阿修罗（asurāḥ，复数第一格）是平声，多声呼之，阿素洛（asuraḥ，单数第一格）的“洛”是入声，少声呼之。

有四阿修罗王——婆稚阿修罗王、佉罗骞驮阿修罗王、毗摩质多罗阿修罗王、罗睺阿修罗王,各与若干百千眷属俱。(CBETA电子佛典2016/T09/0262/0002)①

这四个音译名,即可对应天理本释义所用的梵语音译:"婆稚""迦罗骞""毗摩质多罗""罗睺"。其中"佉罗骞驮"即我们以上所引的"迦罗骞",但应有漏写,康历本②作"迦罗骞太"。

以上《法华经》中的"四阿修罗王",《法华经》多种疏释中皆有诠释,如清大义集《法华经大成》:

婆稚,此云被缚。因与天帝战,曾被缚故。佉罗骞駄,此云广肩,拥海水湓城者。毗摩质多,此云净心。亦云种种疑,即舍支父也。罗睺,此云障持,谓障持日月故。(CBETA电子佛典2016/X32/0619/0366)

以下我们将以上释义与玄奘的译名相比较,加以分析考察。

(1)关于"婆稚"所对应的"具力"。以上"被缚",看似与"具力"不合。但是唐澄观述、宋净源录的《华严经疏注》卷九有对"婆稚阿修罗王得震动十方无边境界解脱门"的疏注:"以大幻通力,动刹悟机,不怖众生,斯为大力。大力婆稚,华梵异耳。"(CBETA电子佛典2016/X07/0234/0677)可见有用"大力"对译梵音"婆稚"者,译经中也确实有"大力阿脩罗王"(如《新译华严经》卷一、卷七等)和"大力阿修罗王"(如宋法护等译《佛说除盖障菩萨所问经》卷第一)等。这里玄奘用"具力"来修饰"阿素洛王",亦是"华梵异耳",颇为形象。但总体来看,译经中意译较少,多用音译"婆稚"。

(2)关于"迦罗骞(佉罗骞駄)"所对应的"坚蕴"。以上"广肩,拥海水湓城者",也似与"坚蕴"难以对应。但"肩"可训"坚",见《释名·释形体》,"坚可任物,故肩有坚义。"(王先谦 1984:119)"蕴"可训"积",此亦可与"拥"义通。由此,"坚蕴"也就不难理解。

(3)关于"毗摩质多罗"所对应的"杂威"。以上"净心",与"杂威"似也难对应。但是根据《慧苑音义》卷一:"毗摩,此云丝也。质多罗,云种种也。谓此修罗善于幻术,能以一丝幻作种种事也。又云毗摩,此曰遍空。质多罗,云种种严仪。

① 以上,CBETA电子佛典还给出了相应的梵语:"婆稚",Balin。"佉罗骞驮",Kharaskandha。"毗摩质多罗",Vemacitri。"罗睺",Rāhu。

② "无穷会本系"中的一本,写于日本康历二年(1380)。

言此修罗与帝释战时，严备种种军伏之仪，遍空而列也。旧云向高。或曰穴居者，非敌对翻也。”（CBETA 电子佛典 2016/K32/1064/0342）据此，可知似技巧幻术类。《华严经》卷一、卷三、卷六中还出现“巧幻术阿修罗王”，即“毗摩质多罗”。而玄奘意译用“杂威”，亦颇为妥帖。

（4）关于“罗睺”所对应的“暴执”。“罗睺”乃“罗睺罗”之简称。经中言及此阿修罗与帝释战斗时，能以手执日月，障蔽其光，故有“障月”“执日”“覆障”等多种译名。《慧琳音义》卷二一：“罗睺：睺，胡搆反。罗，此云摄；睺，云恼也。修罗能隐摄日月光明，令中诸天生苦恼也。或曰罗虎那，此云名普闻，谓日月普天照临，此既蔽之，故天下闻其名也。”[①]佛经中多有其“以手执日”的描绘，如《法华玄赞》卷二：“罗睺此云执日，非天与天斗时，将四天王天先与其战。日月天子放盛光明射非天之眼，此为非天箭锋，以手执日障蔽其光，故云执日。”（CBETA 电子佛典 2016/T34/1723/0676）玄奘译经时，也多取此名。《翻译名义集》卷一指出：“什译罗睺罗为覆障。奘译罗怙罗为执日”（CBETA 电子佛典 2016/T54/2131/1056）。译《大般若经》时，玄奘又改用“暴执”，应更为生动形象。

关于“四阿修罗王”前的修饰语，译经中有音译，也有意译，但音译明显多见，有时也用音译意译交杂的方法，如：宋法护等译《佛说除盖障菩萨所问经》卷第一中就出现了“毗摩质多罗阿修罗王、大力阿修罗王、罗睺阿修罗王等无数百千阿修罗众”（CBETA 电子佛典 2016/T14/0489/0704），在玄奘所译《大般若经》中，“阿素洛”多次出现，但“阿素洛王”前用意译修饰语者，仅见以上《大般若经》卷五六六这一处。

以上这四个意译名，不见他处，可以认为是“孤例”。

三　一组龙王的修饰语

天理本的后四条“无热”“猛意”“海住”“工巧”分别是“龙王”的修饰语，用的也是意译。与前“阿素洛王”的修饰语一样，此类用法，其他译经中少见或不见。所以我们也可如上参考天理本的梵文音译词，做同样分析考察。

---

① 此本为《慧苑音义》，被收于《慧琳音义》卷二一。（徐时仪 2003：857）

(一) 关于“阿那婆达多”所对应的“无热”

“无热”一词经中多见。作为“龙王”的修饰语,除玄奘外,还见于西晋竺法护和唐菩提流支等人的译经,但总体较少。根据 CBETA 电子佛典,除玄奘在《大般若经》中用了两次,其他仅见五处。一般多用其音译,即天理本的“阿那婆达多”。宋法云《翻译名义集》卷二:“阿那婆达多,此云无热。”(CBETA 电子佛典 2016/T54/2131/1078)“热”即“热恼”,佛典中指身热心恼。“阿那婆达多”也作“阿耨达”等。《慧琳音义》卷一(参见徐时仪 2023:525):

> 阿耨达:奴禄反。正梵音云阿那婆达多。唐云无热恼池。此池在五印度北,大雪山北,香山南。二山中间有此龙池。谨案起世因本经及立世阿毗昙论皆云大雪山北有此大池。纵广五十踰缮那,计而方一千五百里。于池四面出四大河,皆共旋流,遶池一匝,流入四海。东面出者名私多河,古译名斯陀河。南面者名兢伽河,古名恒河。西面出者名信度河,古名辛头河。北而出者名缚蒭河,古名博叉河。此国黄河,即东面私多河之末也。此方言无热恼者,龙王福德之称也。一切诸龙皆受热砂等苦,此池龙王独无此苦,故以为名也。

(二) 关于“摩那斯”所对应的“猛意”

“猛意”佛典中有,但是“猛意龙王”仅见于以上经文。而“摩那斯”,多译为“大意”或“慈心”。后者天理本在用梵文音译诠释后,“或云慈心也”。隋智顗《妙法莲华经文句》卷二释“摩那斯”云:“此云大身,或大意、大力等。修罗排海淹喜见城,此龙萦身以遏海水。本住无边身法门,迹为大体。观者,中道正观其性广博(云云)。”(CBETA 电子佛典 2016/T341718/0024)从这个意义上看,玄奘用“猛意”一词,也应该合适。

(三) 关于“竭罗”所对应的“海住”

“竭罗”疑有讹缺。《翻译名义集》卷三:“娑竭罗,或娑伽罗,此云咸海。”(CBETA 电子佛典 2016/T54/2131/1100)唐智云《妙经文句私志记》卷第七指出:“娑伽罗者,伽字轻呼,此翻为海,从其居处为名,即下文龙女之父也。他云即咸海之龙也。言华严所称者,谓称叹也,即彼经叹其能兴种种云等,横竖无量利益者也。旧云等者,旧云此国近仙人而王触悟于仙仙咒,此国成海,此龙居中,因为名也。”(CBETA 电子佛典 2016/X29/0596/0318)如此看来,玄奘用“海住”颇为贴切。

（四）关于“婆修吉”所对应的“工巧”

佛经中“工巧”一词不少见，一般多释以“技艺”“极乐”，表示能善技艺技巧者也。“工巧龙王”却仅见于以上经文。但是我们查检经文，可以理解玄奘的译名。隋智顗《妙法莲华经文句》卷第二上：“此云多头，亦云宝称。居于水中，本住普现色身三昧，迹示多头也。观者，入假之观，分别无量法门也。”（CBETA 电子佛典 2016/T34/1718/0024）又唐遇荣集《仁王护国般若经疏法衡抄》卷第六：“【疏】婆修吉者，亦名和修吉，此云九头一身。九首龙中，最胜复有七头龙王象面龙王乃至钵婆诃龙王十种法行龙王与非法行恼乱龙王等决其胜负。”（CBETA 电子佛典 2016/X26/0519/0517）由此，玄奘用“工巧”表示，也应该说得通。

四　根据以上译名进行考察

根据以上译名，笔者认为有两个值得我们思考的问题：

（一）玄奘在其所译《大般若经》卷五六六这一段经文中所用译名，实际分两组：一组修饰阿修罗王，一组修饰龙王。通过查检，可以看出，佛经中如此用，似乎较为少见，有些甚至是孤例。在浩繁的藏经中，这确实是颇为特殊的现象。对此，我们是否有必要进行研究？特别是能否用以考察玄奘译经特色？

我们的回答是有必要。尽管学术研究中常有“孤例不证”之说，但笔者认为，既然是“孤例”，一定有其特性，有其理据。这是我们应该关注的，不能视而不见。对以上经文中玄奘所用八个译名，笔者认为，首先要从了解玄奘译经，特别是翻译《大般若经》的时代背景入手。

玄奘于贞观十九年（645）从印度回国开始译经，至麟德元年（664）逝世，其译经生涯长达近二十年，共译出佛经七十五部，一千三百三十五卷，其中尤以《大般若经》篇幅为最。据说古代书写此经，光纸就需要一万零三百多张。我们特别注意到，《大般若经》是在其生命的最后三年译成的。显庆五年（660）正月元旦，玄奘于玉华宫开译《大般若经》，仅用三年十个月就圆满完成了，共六百卷，十六会，四百六十八万字，这真是创造了一个奇迹般的纪录，并刷新了译经的最快速度（2.9 天/万字）。（顾伟康 2022：262）译完此巨著后，玄奘于麟德元年（664）撒手西归。因为是在健康状况每况愈下的状态下，所以玄奘译《大般若经》实际是在与生命赛跑。

但我们需要指出的是，尽管玄奘翻译《大般若经》已值其生命的最后时间段，但这并不表示他用的是求快之法。“他不赞成节译的偷懒方法,《大般若经》梵文多达二十万颂,他译时已体弱多病,弟子劝他节译,他不同意,坚持一字不遗地译完。在翻译过程中,他还注意了不同版本的校勘工作,如译《大般若经》时用了三种梵本相互参校。”(顾伟康 2022：262)因此,其所译出的《大般若经》不仅卷帙众多,篇幅庞大,而且字句精当,质量上乘,堪称汉译佛经之最。正如唐代沙门玄则于《大般若经初会序》所赞,此经“乃希代之绝唱,旷劫之遐津;光被人天,括囊真俗”(顾伟康 2022：262)。

而以上两组八个译名,正好可以表明此乃玄奘译经的独创之处。玄奘精通经律论三藏,梵语造诣很高,能熟练驾驭梵汉两种语言。故其译经,有时应可打破译场常规。唐道宣在《续高僧传》卷四《玄奘传》曾描述其译经:“自前代已来,所译经教,初从梵语,倒写本文,次乃回之,顺同此俗。然后笔人乱理文句,中间增损多坠全言。今所翻传都由奘旨。意思独断,出语成章。词人随写,即可披翫。”就是说他读梵文如读汉文一样,口头译出时由别人记录下来,不用再加润饰,即斐然成章。(马祖毅 1980)这样既节约了时间,也避免了以往译经过程中,由于有增有减,往往有失原义的弊病。因此,笔者认为,玄奘在翻译《大般若经》这一段经文时,并未使用当时一般译者所用之名,而是改用他词或创新词。另外,如前述及,这两组译名,其他译者多用音译,但玄奘却用“意译”,且皆为双音词,应更切合汉语风格,尤其是“无热龙王、猛意龙王、海住龙王、工巧龙王”,四字一组,齐整悦耳,增强了语言表达力。

(二) 对玄奘的这两组译名,其后的佛经注疏,似皆未提及。即使是专门诠释佛经中难字、难词的音义书中,如前所述,慧琳与可洪各自所撰《大般若经音义》[①]也未涉及,倒是在日本中世的“无穷会本系”中却被收释,[②]而且基本上用音译词进行诠释。这也是一个值得关注的现象。

我们可以从以下两个方面加以考察。

1. 因其“单经音义”之性质而定。佛经音义的收辞立目,由编纂目的和对象所决定。慧琳和可洪以“一切经”“藏经”为对象,而“无穷会本系”则仅以《大般

---

① 慧琳所撰《大般若经音义》,收于其《一切经音义》一百卷之前八卷。可洪《新集藏经音义随函录》三十卷,《大般若经音义》被收于第一卷,且为“大乘经音义第一之一”。

② 我们这里指的是如“天理本”一类的详本。

经》为对象。后者属于《大般若经》的专书音义。专书词典收词范围的有定性决定了它收词所涉学科的无定性，凡《大般若经》经文所及，皆在选收之列，不受任何学科范畴的约束。（徐时仪，梁晓虹，陈五云 2009：93）在《大般若经》这一有定范围内，编纂者若觉得有诠释价值，就可作为词目收录，以上经文中的八个意译词的收释，笔者认为正基于此。

2. 以上八个译名的诠释，特色颇为明显，即用梵语音译词诠释汉语词。这与汉传佛经音义差异较大，或者可以认为是日本中世佛经音义特色之一。关于此点，笔者认为，也可从两方面加以考虑。

其一，正因为这八个译名，大部分为“孤例”，汉传佛教音义注疏一直未曾有人触碰，“无穷会本系”的原撰者[①]自也没有内容可参考，从而难以用一般标音释义之法进行诠释。但是，以上译名的其他表现，特别是音译，佛经中实际并不少见。因此，撰者收罗参考，并以极为简洁的形式进行解释，这一点不难理解。

其二，如上所述，用梵语音译词诠释汉语词，是日本中世佛经音义特色之一。因为其他日僧所撰音义中也有，如被认为写于天永二年（1111）“天永本”藏于醍醐三宝院的《孔雀经音义》中，就常出现用梵语音译词诠释汉语词或“语”的现象。笔者（2019）也对这种现象进行了一些调查和分析，认为之所以会有这种特色出现，小林明美（1983）“文献学的国风化”的说法很值得参考。他指出：九世纪末，真言宗和天台宗皆确定了教义，教团组织也趋于安定。而至彼时，也能充分注意到咒文的正确音价了。但当时梵语音的传承已绝，而遣唐使制度又被废止，已不可能再去中国学回来。所以，印度咒文的音价研究只能靠国内独立进行。从某种程度来说，无意中倒造成了较前代能更正确地复原咒文的结果。笔者据此认为，日本中世寺院僧侣的梵文水平不低，研究梵文的热诚也很高，因此，体现在音义书中，某些难解的汉语词，用音译词加以解释，读者反倒能明了其义。

最后的结论，笔者觉得很难写。因玄奘译经中的这一组译名，几乎可谓千年孤例，至少是特例。而天理本中的诠释也因诸多原因，难以被关注。笔者以上所尝试进行的考察，也并无直接证据。因此，本文不做结论，仅以自己的一些思考，抛砖引玉，冀期学界有兴趣者共同参与讨论。

---

① 撰者不明，但学界推测有可能是平安末，镰仓初三论宗僧人重誉。

参考文献

CBETA 电子佛典　2016　中华电子佛典协会。

顾伟康　2022　《中国汉地佛典翻译史话》,陈剑锽主编《人间佛教东亚·东南亚研究丛书14》,香港中文大学人间佛教研究中心。

梁晓虹　2019　《日本早期佛经音义特色考察——以醍醐寺藏〈孔雀经音义〉二古写本为例》,《历史语言学研究》第十三辑,商务印书馆。

梁晓虹　2023　《日本"无穷会本系"〈大般若经音义〉研究——以汉字为中心》,上海教育出版社。

梁晓虹　2024　《"无穷会本系"〈大般若经音义〉复音词释文特色研究》,黄仁瑄主编《汉语音义学研究论集(二集)——第二届汉语音义学研究国际学术研讨会论文集(上)》,台湾花木兰出版社。

马祖毅　1980　《伟大的佛经翻译家玄奘》,《中国翻译》第2期。

王先谦　1984　《释名疏证补》,上海古籍出版社。

小林明美　1983　《醍醐寺三宝院にわたる小册子本〈孔雀经音义の周辺〉——五十音図史研究の準備のために一》,《密教文化》144号,高野山大学出版社。

徐时仪　2023　《一切经音义三种校本合刊》(修订第二版),上海古籍出版社。

徐时仪　梁晓虹　陈五云　2009　《佛经音义研究通论》,凤凰出版社。

筑岛裕　1977　《大般若经音义の研究本文篇》,日本勉诚社。

梁晓虹　日本南山大学　xiaohong212@hotmail.com

狄考文《官话类编》登州音节表解析

张树铮

提要　狄考文《官话类编》(1892)列有6处官话方言的音节表(sound table),其中有狄考文传教根据地的登州(今蓬莱)方言音节表。这是蓬莱方音的最早记录。由于每个音节只有一个例字,且采用作者参考威妥玛式设计的拼音来记录,所以其音值和音类特点需要澄清。根据后代所记录的蓬莱方言和山东方言东区的特点以及《官话类编》自身的体例和说明,我们可以对狄考文《官话类编》中的登州音节表进行解析,还原100多年前蓬莱方言的音系特点,并由此观察蓬莱方言100多年来的语音变化。

关键词　狄考文　《官话类编》　登州　蓬莱方言　胶辽官话

一　引　言

(一) 狄考文其人

Calvin Wilson Mateer,1836—1908,美国基督教北长老会传教士。1863年末携妻子到达中国,1864年1月到达山东登州(今蓬莱),在此传教40余年,1908年病逝于青岛。

狄考文是近代传教士中著名的教育家、翻译家和慈善家,中国近代科学教育的先驱。他于1864年在登州创办蒙养学堂,1872年增设课程,1876年更名为登州文会馆,1882年被正式授权改为大学(Shantung College),是中国最早的现代大学教育机构。1904年迁往潍县(今潍坊),与广德学院合并为广文学堂。1917年后迁往济南,更名为齐鲁大学。

狄考文一直主张用汉语进行传教。登州文会馆等学校均采用汉语授课。他精通汉语,除《官话类编》(1892)外,还编写了《官话简明教程》(1901),编译了《笔算数学》《理化全书》等20多种教科书。1890年,他被推选为和合本圣经翻译委员会主席。同年,在在华传教士第二次全国代表大会上,狄考文当选为中华教育会首任会长。[①]

(二)《官话类编》及其官话方言的音节表

《官话类编》是狄考文编写的汉语官话教材。英文名为 *A Course of Mandarin Lesson: Based on Idiom*,1867年开始编写,1892年由上海美华书局出版。[②] 主体内容为200篇课文,后有附录。书中前列"引言",其中列有北京、南京、九江、登州(今蓬莱)、潍县(今潍坊)、重庆6处官话方言的音节表(Sound Table)。音节表按拼音字母顺序排列,首列音节的一个代表字,次列拼音(不计声调),表后附有说明(remark)。其拼音系狄考文在威妥玛式拼音和中国内地会拼音的基础上为了适应记录各地官话方言的需要而改进的一套方案。

狄氏之所以列入登州和潍县的方言音节表,应该是因为他对这两地方言的熟悉。其中,登州是狄氏的传教根据地,从1864年初来到登州后,他一直在此生活和工作。而潍县是他另外一个重要的传教地,其四弟狄乐播受他指派在此创立"乐道院",传教、办学、开设诊所,同时潍县也是胶东地区往来内地的必经之地。

外国传教士对山东方言语音的记录最早见于卫三畏《汉英韵府》(1874)。该书每个"官话"音节下注有各地方言的对应读音,其中有Zhifu(芝罘,今烟台)的读音。只不过因为散见于各个官话音节之中,相对比较散乱。所以,《官话类编》中的登州和潍县音节表,可以算作山东单点方言语音系统的最早的完整记录。

(三)《官话类编》的研究

《官话类编》是19世纪后期西方人编写的著名的官话教科书,所以颇为人关注。不过今人从词汇、语法、汉语国际教育或拼写系统加以研究的较多,如

---

① 关于狄考文生平,可参考2017年版《官话类编》书前翟赟写的"导读"。

② 此据北京大学出版社影印本,2017年。其底本为1900年版。

邢公畹《论汉语的"连锁复句"——对〈官话类编〉一书连锁复句的分析》(1990),张美兰《〈官话类编〉与十九世纪的汉语官话》(2008)等。针对语音的研究较少。我们看到的只有一篇硕士论文《狄考文〈官话类编〉语音研究》(李婧超2014),对六地方言音节表有综合性的观察。不过因为是综合性观察,并且没有细致比较各地方言,所以误解处较多。林梦虹、庄初升《清末民初的山东官话文献的罗马字拼音方案》(2021),对《官话类编》的拼写系统及其音值也有涉及。

《官话类编》音节表较少受人关注的原因与其两大特点是相关的:(1)用罗马字拼音,其音值有待确定。(2)每个音节只有一个例字,不便于全面观察其音韵变化。因此,人们看到的只是其记录的音节,至多可以由此归纳出声母系统和韵母系统及其拼合关系,但对其声韵母音值及其音韵特点是难以直接看出的。比如日本学者坂本一郎(1940a,1940b)在研究青岛及即墨方言的古知庄章组字二分的现象时,提到了狄考文的《官话类编》,但误以为登州方言古知庄章组字与古精组字合并,而不是像潍县那样二分。其实登州方言中古知庄章组字也是分读两类的,只不过是分别与精组洪音和精组细音合并(详见下文),由于音节表体例所限,精组细音字的音节中只列了精组字,而没有列同音的古知庄章组字,所以坂本氏产生了误解。

(四)本文的研究方法和材料

本文依据后代蓬莱方言以及所属山东东区方言的调查材料,参考《官话类编》音节表的体例和说明,对《官话类编》中的登州音节表进行分析,确定140多年前的蓬莱方音声韵母的音值及其所反映的方言音韵特点,为蓬莱方言及山东东区方言的历史研究提供参考。

现代山东东区方言的调查材料主要有:

(1)20世纪50年代后期方言普查材料:《山东方言语音概况》,山东省方言普查总结工作组编写,油印本,1960年;亦可参见张树铮编著的《第一次全国汉语方言普查成果汇编·山东》(即出)。下文简称"方言普查材料"。

(2)20世纪80年代后期《山东省志·方言志》的调查材料(其中蓬莱点调查人为青岛教育学院吕长仲,蓬莱人),调查时间为1986年。材料今存于山东大学汉语方言研究中心,单字音2572个。亦可参见《山东省志·方言志》(单字音810

个)。下文简称“吕长仲(1986)”。

(3) 2005 年山东大学硕士论文《蓬莱方言语音研究》(作者:洪小熙)。其音系与材料(2)基本相同,但有同音字表,收字 3400 多个。后文简称“洪小熙(2005)”。

(4) 2014 至 2020 年间,中国语言资源有声数据库山东库建设项目调查材料(含蓬莱点),汇集该材料的《山东省语言资源集》正在编写之中;亦可参见张树铮主编的《中国语言资源集 · 山东》(2023),其中不含蓬莱点,但包含与蓬莱相邻的烟台、栖霞等点。下文简称“语保调查材料”。

上述四种材料,对蓬莱方言语音系统的描写基本一致,只有声母系统的处理有部分区别。其中,材料(2)、(3)、(4)的音系是基本一致的,而与材料(1)不同。考虑到方言普查时发音人可能不是县城人以及方言普查时调查人的经验可能不足,所以我们不采用材料(1)的音系处理;再考虑到材料(2)字数较多(2572 个),而材料(4)字数较少(1000 个),以及材料(2)调查人即蓬莱人,而其他材料调查人均非本地人,所以我们采用材料(2)“吕长仲(1986)”作为后代蓬莱方言音系及字音的基础。必要时参考材料(3)“洪小熙(2005)”和材料(4)“语保调查材料”。

另外需要说明的是,狄氏所用拼音方案与国际音标不少符号相同,为免混淆,下文中凡狄氏拼音和现代汉语拼音均用斜体表示,国际音标用正常字体,非特殊需要不加方括号。其中,斜体的“a”为手写体形状“*a*”,与原文的印刷体不同。

登州音节表中无声调标记,其后的说明中也没有对声调的单独说明,只是说到韵母时提到第一调、第四调时音值如何,由此可见登州方言至少是 4 个声调。现代蓬莱方言正是 4 个调类。下文不再讨论声调问题,现代方言材料中也不注声调。

二　登州音节表及其声韵母系统概况

登州音节表共 375 个音节,按拼音的字母序排列。如图 1 所示。

为了便于阅读和分析,我们先把图 1 按照通常的声母韵母拼合的方式改排为下面的音节表(因页面限制,排为两个表),详见表 1、表 2:

TÊNGCHOW SOUND TABLE.

阿 A	哼 Êng	休 Hiu	根 Kên	古 Ku	浪 Lang
哎 Ai	兒 Êr	兄 Hiung	肯 K'ên	苦 K'u	老 Lao
安 An	法 Fa	後 Ho	更 Kêng	工 Kung	累 Lei
昂 Ang	反 Fan	乎 Hu	坑 K'êng	孔 K'ung	勒 Lê
傲 Ao	方 Fang	紅 Hung	記 Ki	居 Kü	論 Lên
章 Chang	非 Fei	許 Hü	奇 K'i	去 K'ü	冷 Lêng
昌 Ch'ang	分 Fên	穴 Hüe	家 Kia	决 Küe	李 Li
兆 Chao	風 Fêng	喧 Hüen	恰 K'ia	瘸 K'üe	倆 Lia
潮 Ch'ao	否 Fo	訓 Hüin	界 Kiai	卷 Küen	兩 Liang
祭 Chi	夫 Fu	花 Hwa	江 Kiang	犬 K'üen	了 Liao
齊 Ch'i	哈 Ha	懷 Hwai	腔 K'iang	君 Küin	列 Lie
姐 Chie	害 Hai	換 Hwan	交 Kiao	羣 K'üin	連 Lien
且 Ch'ie	寒 Han	黄 Hwang	巧 K'iao	瓜 Kwa	林 Lin
賤 Chieu	杭 Hang	回 Hwei	結 Kie	誇 K'wa	另 Ling
錢 Ch'ien	好 Hao	混 Hwên	怯 K'ie	怪 Kwai	畧 Lioă
進 Chin	黑 Hê	火 Hwoă	見 Kien	快 K'wai	留 Liu
親 Ch'in	很 Hên	衣 I	欠 K'ien	官 Kwan	瓏 Liung
井 Ching	恆 Hêng	蛤 Ka	金 Kin	欵 K'wan	陋 Lo
清 Ch'ing	希 Hi	磕 K'a	欽 K'in	光 Kwang	羅 Loă
酒 Chiu	下 Hia	改 Kai	經 King	况 K'wang	路 Lu
秋 Ch'iu	偕 Hiai	開 K'ai	輕 K'ing	規 Kwei	龍 Lung
爵 Choă	向 Hiang	甘 Kan	角 Kioă	魁 K'wei	驢 Lü
綽 Ch'oă	孝 Hiao	看 K'an	卻 K'ioă	棍 Kwên	馬 Ma
踪 Chung	歇 Hie	剛 Kang	救 Kiu	困 K'wên	買 Mai
主 Chü	鞋 Hiei	炕 K'ang	求 K'iu	果 Kwoă	慢 Man
除 Ch'ü	限 Hien	告 Kao	窘 Kiung	闊 K'woă	忙 Mang
全 Ch'üen	欣 Hin	考 K'ao	窮 K'iung	拉 La	毛 Mao
額 Ê	形 Hing	個 Kê	勾 Ko	來 Lai	美 Mei
恩 Ên	學 Hioă	刻 K'ê	口 K'o	懶 Lan	末 Mê

图 1　狄考文《官话类编》书影

表 1　登州方言音节表(1)

	Ø	p	p‘	m	f	t	t‘	n	l
a	a 阿	pa 巴	p‘a 怕	ma 马	fa 法	ta 大	t‘a 他	na 那	la 拉
ai	ai 哎	pai 拜	p‘ai 派	mai 买		tai 歹	t‘ai 太	nai 奶	lai 来
an	an 安	pan 板	p‘an 盼	man 慢	fan 反	tan 单	t‘an 炭	nan 男	lan 懒
ang	ang 昂	pang 邦	p‘ang 旁	mang 忙	fang 方	tang 当	t‘ang 汤	nang 囊	lang 浪
ao	ao 傲	pao 包	p‘ao 跑	mao 毛		tao 道	t‘ao 逃	nao 闹	lao 老
ei		pei 倍	p‘ei 陪	mei 美	fei 非	tei 兑	t‘ei 退	nei 内	lei 累
ê	ê 额	pê 波	p‘ê 破	mê 末		tê 得	t‘ê 忒		lê 勒

续表

	ø	p	p‘	m	f	t	t‘	n	l
ên	ên 恩	pên 本	p‘ên 盆	Mên 门	fên 分	tên 敦	t‘ên 吞	nên 您	lên 论
êng	êng 哼	pêng 崩	p‘êng 朋	mêng 梦	fêng 风	têng 等	t‘êng 疼	nêng 能	lêng 冷
êo					fêo 否				
êr	êr 儿								
i	i 衣	pi 比	p‘i 皮	mi 米		ti 地	t‘i 替	ni 你	li 李
ï									
ia									lia 俩
iai									
iang								niang 娘	liang 两
iao		piao 表	p‘iao 票	miao 苗		tiao 吊	t‘iao 挑	niao 鸟	liao 了
ie		pie 别	p‘ie 撇	mie 灭		tie 爹	t‘ie 贴	nie 捏	lie 列
iei									
ien		pien 扁	p‘ien 片	mien 面		tien 店	t‘ien 天	nien 念	lien 连
in		pin 宾	p‘in 贫	min 民					lin 林
ing		ping 兵	p‘ing 平	ming 名		ting 定	t‘ing 听	ning 宁	ling 另
ioă									lioă 略
iu						tiu 丢		niu 牛	liu 留
iung								niung 浓	liung 陇
o			p‘o 剖	mo 谋		to 豆	t‘o 头	no 耨	lo 陋
oă					foă 佛	toă 多	t‘oă 妥	noă 挪	loă 罗
u		pu 布	p‘u 普	mu 墓	fu 夫	tu 妒	t‘u 土	nu 奴	lu 路
ung						tung 冬	t‘ung 同	nung 脓	lung 龙
ü								nü 女	lü 驴
üe									
üen									

续表

	ø	*p*	*p*‘	*m*	*f*	*t*	*t*‘	*n*	*l*
üin									
wa	*wa* 瓦								
wai	*wai* 外								
wan	*wan* 万								
wang	*wang* 王								
wei	*wei* 为								
wên	*wên* 文								
woă	*woă* 我								
wu	*wu* 武								
wung	*wung* 翁								
ya	*ya* 牙								
yai	*yai* 挨								
yang	*yang* 羊								
yao	*yao* 要								
yei	*yei* 矮								
yie	*yie* 夜								
yien	*yien* 言								
yin	*yin* 音								
ying	*ying* 迎								
yiu	*yiu* 有								
yoă	*yoă* 约								
yung	*yung* 用								
yü	*yü* 鱼								
yüe	*yüe* 月								
yüen	*yüen* 原								
yüin	*yüin* 云								

表2　登州方言音节表(2)

	k	*k'*	*h*	*ts*	*ts'*	*s*	*ch*	*ch'*	*sh*
a	*ka* 蛤	*k'a* 磕	*ha* 哈	*tsa* 杂	*ts'a* 擦	*sa* 撒			*sha* 傻
ai	*kai* 改	*k'ai* 开	*hai* 害	*tsai* 在	*ts'ai* 才	*sai* 赛			
an	*kan* 甘	*k'an* 看	*han* 寒	*tsan* 赞	*ts'an* 残	*san* 散			
ang	*kang* 刚	*k'ang* 炕	*hang* 杭	*tsang* 葬	*ts'ang* 仓	*sang* 桑	*chang* 章	*ch'ang* 昌	*shang* 赏
ao	*kao* 告	*k'ao* 考	*hao* 好	*tsao* 早	*ts'ao* 草	*sao* 扫	*chao* 兆	*ch'ao* 潮	*shao* 少
ei				*tsei* 罪	*ts'ei* 崔	*sei* 碎			
ê	*kê* 个	*k'ê* 刻	*hê* 黑	*tsê* 则	*ts'ê* 策	*sê* 色			
ên	*kên* 根	*k'ên* 肯	*hên* 很	*tsên* 怎	*ts'ên* 岑	*sên* 森			
êng	*kêng* 更	*k'êng* 坑	*hêng* 恒	*tsêng* 增	*ts'êng* 层	*sêng* 僧			
êo									
êr									
i	*ki* 记	*k'i* 奇	*hi* 希				*chi* 祭	*ch'i* 齐	*shi* 西
ï				*tsï* 子	*ts'ï* 次	*sï* 丝			
ia	*kia* 家	*k'ia* 恰	*hia* 下						
iai	*kiai* 界		*hiai* 偕						
iang	*kiang* 江	*k'iang* 腔	*hiang* 向						
iao	*kiao* 交	*k'iao* 敲	*hiao* 孝						
ie	*kie* 结	*k'ie* 怯	*hie* 歇				*chie* 姐	*ch'ie* 且	*shie* 舍
iei			*hiei* 鞋						
ien	*kien* 见	*k'ien* 欠	*hien* 限				*chien* 贱	*ch'ien* 钱	*shien* 善
in	*kin* 金	*k'in* 钦	*hin* 欣				*chin* 进	*ch'in* 亲	*shin* 心
ing	*king* 经	*k'ing* 轻	*hing* 形				*ching* 井	*ch'ing* 清	*shing* 圣
ioǎ	*kioǎ* 角	*k'ioǎ* 却	*hioǎ* 学						
iu	*kiu* 救	*k'iu* 求	*hiu* 休				*chiu* 酒	*ch'iu* 秋	*shiu* 手
iung	*kiung* 窘	*k'iung* 穷	*hiung* 兄						

续表

	k	k‘	h	ts	ts‘	s	ch	ch‘	sh
o	ko 勾	k‘o 口	ho 后	tso 走	ts‘o 凑	so 搜			
oă				tsoă 坐	ts‘oă 错	soă 索	choă 爵	ch‘oă 绰	shoă 勺
u	ku 古	k‘u 苦	hu 乎	tsu 祖	ts‘u 粗	su 素			
ung	kung 工	k‘ung 孔	hung 红	tsung 宗	ts‘ung 聪	sung 送	chung 踪		shung 松
ü	kü 居	k‘ü 去	hü 许				chü 主	ch‘ü 除	shü 书
üe	küe 决	k‘üe 瘸	hüe 穴						shüe 说
üen	küen 卷	k‘üen 犬	hüen 喧					ch‘üen 全	
üin	küin 君	k‘üin 群	hüin 训						shüin 寻
wa	kwa 瓜	k‘wa 夸	hwa 花	tswa 抓	ts‘wa no character	swa 耍			
wai	kwai 怪	k‘wai 快	hwai 怀	tswai 拽	ts‘wai 揣	swai 衰			
wan	kwan 官	k‘wan 款	hwan 换	tswan 专	ts‘wan 川	swan 拴			
wang	kwang 光	k‘wang 况	hwang 黄	tswang 壮	ts‘wang 床	swang 双			
wei	kwei 规	k‘wei 魁	hwei 回	tswei 追	ts‘wei 吹	swei 水			
wên	kwên 棍	k‘wên 困	hwên 混	tswên 准	ts‘wên 春	swên 顺			
woă	kwoă 果	k‘woă 阔	hwoă 火						

说明：

（1）表 1 中 *wu* 以下以 *w*、*y* 开头的韵母，不拼表 2 中的各声母，为省篇幅，表 2 中不列这些韵母。

（2）*tswa* 音节的“抓”原文写作“抓”。该书北京音节表的 *chwa*、潍县音节表的 *trwa*，音节例字均写作“抓”（两地今读均应为 zhua 音节），应为形讹（或俗体）。此径改为“抓”，以免误读。

（3）*ts‘wa* 音节原无字可写（no character），潍县音节表中的 *tr‘wa* 音节亦如此。按之今方言，应相当于北京音节表里的“*ch‘wa* 欻”。不写作“欻”，或因“欻”字生僻（北京的“欻”*chuā*，只用于象声词，《现代汉语词典》第 7 版：“形容短促迅速的声音。”），或因此处的 *ts‘wa*（以及潍县的 *tr‘wa*）指的是蓬莱和潍县方言中的一个常用动词，指用手很快地抓取（读阳平），此义不见于普通话（普通话中无 *chuá* 音节），亦不知本字为何。

由表 1、表 2，可以清楚地看到，声母的拼写形式共 18 个（含零声母）：

p、*p‘*、*m*、*f*、*t*、*t‘*、*n*、*l*、*k*、*k‘*、*h*、*ts*、*ts‘*、*s*、*ch*、*ch‘*、*sh*、*Ø*

韵母共有 58 种拼写方式，其中只出现在零声母后以 *y-*、*w-*开头的形式有 18 个。这 18 个中，“*wung* 翁”只拼零声母，应予保留，其余 17 个跟辅音声母相拼时有

对应的 *i*-和 *ü*-的形式,所以删掉这 17 个,共得韵母 41 个(括号内是零声母时的形式):

a、*ai*、*an*、*ang*、*ao*

ei、*ê*、*ên*、*êng*、*êo*、*êr*

i、*ï*、*ia*(*ya*)、*iai*(*yai*)、*iang*(*yang*)、*iao*(*yao*)、*ie*、*iei*(*yei*)、*ien*(*yien*)、*in*(*yin*)、*ing*(*ying*)、*ioă*(*yoă*)、*iu*(*yiu*)、*iung*(*yung*)

o、*oă*

u(*wu*)、*ung*、*ü*(*yü*)、*üe*(*yüe*)、*üen*(*yün*)、*üin*(*yüin*)

wa、*wai*、*wan*、*wang*、*wei*、*wên*、*woă*、*wung*

其中,*êo* 只与 f 相拼(否),*êr*(儿)只拼零声母,*iei* 只与 h(鞋)和零声母(*yei* 矮)相拼,*ï* 只与 *ts*、*ts'*、*s* 相拼,*iai* 只拼 *k*、*h*。以上是声韵拼合关系方面的特点,韵母的独立性无可置疑。可议的是 *oă* 和 *woă*,前者拼 *f*、*t*、*t'*、*n*、*l*、*ts*、*ts'*、*s*、*ch*、*ch'*、*sh*,后者拼零声母和 *k*、*k'*、*h*。这个问题待下文讨论韵母时一并说明。

三 登州音节表声母音值及音类问题

从本小节起,为行文简洁,登州音节表的声母韵母称为"登州"声母韵母,现代调查材料中的蓬莱声母韵母称为"蓬莱"声母韵母,尽管两者都指同一地点,但表示的时代不同。

(一)登州音节表中 *ch*、*ch'*、*sh* 声母的音值

登州音节表中的 *ch*、*ch'*、*sh* 声母既拼洪音韵母,也拼细音韵母。李婧超(2014)根据狄氏拼音系统中 *ch*、*ch'*、*sh* 的一般音值,将登州方言洪音前的 *ch*、*ch'*、*sh* 拟为 tʂ、tʂ'、ʂ,细音前的 *ch*、*ch'*、*sh* 拟为 tɕ、tɕ'、ɕ。林梦虹、庄初升(2021)则分别拟为 tʃ、tʃ'、ʃ 和 tɕ、tɕ'、ɕ。两说的相同之处是都将登州的 *ch*、*ch'*、*sh* 声母分为两类,只是洪音前的拟音不同。两说均误。

下面请看 *ch*、*ch'*、*sh* 声母的全部例字。其中既有精组细音字,也有知庄章组字。

精组细音字有:*chi* 祭/*ch'i* 齐/*shi* 西/*chie* 姐/*ch'ie* 且/*chien* 贱/*ch'ien* 钱/*chin* 进/*ch'in* 亲/*shin* 心/*ching* 井/*ch'ing* 清/*chiu* 酒/*ch'iu* 秋/*choă* 爵/*chung* 踪/*shung* 松(松树)/*ch'üen* 全/*shüin* 寻

知庄章组字有：*sha* 傻/*chang* 章/*ch'ang* 昌/*shang* 赏/*chao* 兆/*ch'ao* 潮/*shao* 少/*shie* 舍/*shien* 善/*shing* 圣/*shiu* 手/*ch'oǎ* 绰/*shoǎ* 勺/*chü* 主/*ch'ü* 除/*shü* 书/*shüe* 说

首先，从现代蓬莱方言来看，上述字的读音并非分为两类，而是统读一类为 tʃ、tʃ'、ʃ。下面据吕长仲(1986)注出上述字的现代读音[声调略。从洪小熙(2005)补充的读音加*号标志]。

祭 tʃi/齐 tʃ'i/西 ʃi/姐 tʃie/且 tʃ'ie/贱 tʃan/钱 tʃ'an/进 tʃən/亲 tʃ'ən/心 ʃən/井 tʃəŋ/清 tʃ'əŋ/酒 tʃou/秋 tʃ'ou/踪 tsoŋ/松(松树) ʃoŋ/全 tʃ'an ~ tʃ'yan/寻 ʃən①

傻 ʃa/章 tʃaŋ/昌 tʃ'aŋ/赏 ʃaŋ/兆 tʃau*②/潮 tʃ'au/少 ʃau/舍 ʃe/善 ʃan/圣 ʃəŋ/手 ʃou/绰 tʃ'uo*③/勺 ʃuo/主 tʃy/除 tʃ'y/书 ʃy④/说 ʃye

上列现代材料中缺"爵"字，与之中古同属精组药韵的"嚼"字读 tʃuo。

可见，今蓬莱方言中除"踪"字之外，无论是精组细音字还是知庄章组字并不分化。分化说没有方言依据。

其次，登州音节表中拼洪音的 *ch*、*ch'*、*sh* 声母不会读成卷舌音声母 tʂ、tʂ'、ʂ。

登州音节表的 *ch*、*ch'*、*sh* 声母中，精组字多数为细音韵母(i-、ü-)，少数为洪音(爵、踪、松)。知庄章组字 9 个是洪音，8 个是细音，差不多各半的比例。如果说洪音韵母的知庄章组字还有可能读成 tʂ、tʂ'、ʂ的话，精组细音的"爵、踪、松"读成 tʂ、tʂ'、ʂ就太不可能了。整个的山东东区方言中，都没有精组字读成卷舌音的现象。现代蓬莱音中，根本没有 tʂ、tʂ'、ʂ声母，所以这几个精组字就更不会读成 tʂ、tʂ'、ʂ声母了。

再次，登州音节表中的 *ch*、*ch'*、*sh* 声母不会是 tɕ、tɕ'、ɕ。

将登州音节表中拼细音的 *ch*、*ch'*、*sh* 声母拟为 tɕ、tɕ'、ɕ，可能是考虑到 tʃ、tʃ'、ʃ 与细音韵母的结合不如 tɕ、tɕ'、ɕ 来得自然。事实上，在蓬莱之东的福山、烟台、牟平、威海正是把精组细音和知庄章的一部分字(参见下文)读成 tɕ、tɕ'、ɕ 声母的。但是，蓬莱及其以西、以南的龙口、招远、栖霞、莱阳、莱西等地，这些字都读成 tʃ、tʃ'、ʃ。可见，不能仅凭发音自然与否以及烟台等地的方言读法来证明 *ch*、*ch'*、*sh* 读

① 洪小熙(2005)有又音 ʃuən。

② 洪小熙(2005)韵母作 ɔ，此依吕长仲(1986)韵母系统改作 au。

③ 洪小熙(2005)韵母作 uə，此依吕长仲韵母系统改作 uo。

④ 洪小熙(2005)"主""除""书"三字韵母作 ʮ。

tɕ、tɕʻ、ɕ。蓬莱这一带的方言中,舌叶音 tʃ、tʃʻ、ʃ 既可以拼洪音,也可以拼细音。上面举的例字中读细音韵母的就有"祭齐西姐且全(又音)主除书"是拼齐齿呼和撮口呼的。洪小熙(2005:8)在韵母的说明2中也说道:"韵母逢 tʃ、tʃʻ、ʃ 声母,带有细音色彩。"笔者在审查这一带以及文登、荣成一带的调查材料时,发现不少 tʃ、tʃʻ、ʃ 声母的字是否有 i 介音或读 u 介音还是读 y 介音记得较无规律。细听其录音,有些字韵母的 i 似有似无(或 y 介于 y 和 u 之间)。各点的材料中往往是 i 明显的就记出 i,不很明显的就不记出 i。考虑到这些字都是古代的三、四等字,所以普遍地读细音韵母应该是更早的读法。不能因为声母读 tʃ、tʃʻ、ʃ 就认为不能拼细音。

如果说上面的讨论都是以现代方言为参照的话,其实狄考文自己已经明确交代了登州 tʃ、tʃʻ、ʃ 声母的音值。狄考文在登州音节表后的说明(remarks)2中说:"*ch* 和 *sh* 的发音都和英语中的一样。"说明1中也说道:"与大多数官话方言相比,(登州的)这些发音与正常英语发音的差别也更小——英语中唯一听不到的音是 *ü*。"这两段话说得再明确不过了,*ch*、*chʻ*、*sh* 就是读得跟英语中的舌叶音一样。所以,将 *ch*、*chʻ*、*sh* 分为两类以及构拟为 tʂ、tʂʻ、ʂ 和 tɕ、tɕʻ、ɕ 都不符合狄考文自己的说明。

(二) 登州音节表反映的精组字和知庄章组字的分合

上文提到,登州音节表中,*ch*、*chʻ*、*sh* 声母中既有精组细音字,也有知庄章组字。其 *ts*、*tsʻ*、*s* 声母状况如何呢?与 *ch*、*chʻ*、*sh* 声母一样,*ts*、*tsʻ*、*s* 声母中也是既有精组细音字,也有知庄章组字。

下面列出登州音节表 *ts*、*tsʻ*、*s* 声母的所有例字(*tsʻwa* 音节无字,未列):

精组:*tsa* 杂/*tsʻa* 擦/*sa* 撒/*tsai* 在/*tsʻai* 才/*sai* 赛/*tsan* 赞/*tsʻan* 残/*san* 散/*tsang* 葬/*tsʻang* 仓/*sang* 桑/*tsao* 早/*tsʻao* 草/*sao* 扫/*tsei* 罪/*tsʻei* 崔/*sei* 碎/*tsê* 则/*tsên* 怎/*tsêng* 增/*tsʻêng* 层/*sêng* 僧/*tsï* 子/*tsʻï* 次/*sï* 丝/*tso* 走/*tsʻo* 凑/*tsoă* 坐/*tsʻoă* 错/*soă* 索/*tsu* 祖/*tsʻu* 粗/*su* 素/*tsung* 宗/*tsʻung* 聪/*sung* 送

知庄章组:*tsʻê* 策/*sê* 色/*tsʻên* 岑/*sên* 森/*so* 搜/*tswa* 抓/*swa* 耍/*tswai* 拽/*tsʻwai* 揣/*swai* 衰/*tswan* 专/*tsʻwan* 川/*swan* 拴/*tswang* 壮/*tsʻwang* 床/*swang* 双/*tswei* 追/*tsʻwei* 吹/*swei* 水/*tswên* 准/*tsʻwên* 春/*swên* 顺

ts、*tsʻ*、*s* 声母中有精组字是正常现象,值得注意的是其中的知庄章组字,因为 *ch*、*chʻ*、*sh*,声母中也有它们的身影。我们看一下读 *ts*、*tsʻ*、*s* 的知庄章组字和读 *ch*、 *ch*‘、*sh* 的知庄章组字有什么区别（中古音韵地位只简要标注）：

ts、*ts*‘、*s* 声母：策初梗入麦开二/色生曾入职开三/岑崇深平侵开三/森生止平脂合三/搜生流平尤开三/抓庄效平肴开二/耍《康熙字典》引《篇海》沙下切，生母/拽今音无对应古音韵地位/揣初止上纸合三/衰生止平脂合三/专章山平仙合三/川昌山平仙合三/拴生山平删合二/壮庄宕去漾开三/床崇宕平阳合三/双生江平江开二/追知止平脂合三/吹昌止平支合三/水书止上旨合三/准章臻上准合三/春昌臻平谆合三/顺船臻上稕合三

ch、*ch*‘、*sh* 声母：傻生假上马开二/章章宕平阳开三/昌昌宕平阳开三/赏书宕上养开三/兆澄效上小开三/潮澄效平宵开三/少书效上小开三/舍书假去祃开三/善禅山上狝开三/圣书梗去劲开三/手书流上有开三/绰昌宕入药开三/勺禅宕入药开三/主章遇上麌合三/除澄遇平鱼合三/书书遇平鱼合三/说书山入薛合三

上述材料都可以说明，登州方言中古精组字分成了两类，洪音前读 *ts*、*ts*‘、*s*，而细音前读 *ch*、*ch*‘、*sh*；知庄章组字与此相同，一部分读同精组洪音，一部分读同精组细音。这一特点是与现代蓬莱方言相同的，换言之，现代蓬莱方言的这一特点早在19世纪后半叶已经形成。

关于知庄章组字的分化条件。从登州音节表例字可以看出，庄组字都读 *ts*、*ts*‘、*s* 声母（“傻”字除外①），知组和章组 *ts*、*ts*‘、*s* 和 *ch*、*ch*‘、*sh* 则两类都有。从韵母条件看，知章两组的例字都是三等，但读 *ts*、*ts*‘、*s* 声母的都是合口，读 *ch*、*ch*‘、*sh* 的则开合都有。实际上，单从登州音节表有限的例字看，知庄章组字分化的条件还不够明了。参考现代蓬莱及山东东区方言知庄章分组的情况就会十分清楚了。山东东区方言中知庄章组字声母普遍二分，一般的分化条件是：甲类字——庄组的全部、知组二等全部，知章组三等中的除遇摄之外的合口韵母，以及章组止摄开口；乙类字——知组三等开口和遇摄的合口。其中，山臻摄的三等合口韵母在东区内部有分歧，有的读为甲类，有的读为乙类。登州音节表中的例字也基本符合上述分化规律，只不过受体例所限，*ts*、*ts*‘、*s* 例字中没有列出知组二等和章组三等止摄开口也读甲类的例字。

值得关注的是，例字读音中与今蓬莱方言不一致的是“准春顺”三个，它们都属于山东东区有分歧的知章组臻摄三等合口字：它们在登州音节表中都读 *ch*、*ch*‘、*sh* 声母，即读为乙类，但今蓬莱方言中，“准”读 tsuən、“春”读 ts‘uən、“顺”读 suən，都归甲类，读 *ts*、*ts*‘、*s* 声母。这三个字的读音，吕长仲（1986）、洪小熙（2005）和语保

① 今表傻笨意义的“傻”在普通话和山东方言中都不符合与中古音的对应规律，在山东东区知庄章组二分的方言中都读同知三章一组，而非庄组。应另有词源而借形使用。（参见张树铮2024）

调查材料一致(方言普查材料中未具体说明蓬莱这几个字的读音),说明材料无误。与之形成对比的是章组山摄三等合口的两个例字“专川”,登州音节表中读 *ch*、*ch'* 声母,归甲类,与臻摄三等合口不同。“专川”在今蓬莱方言中也是读甲类。也就是说,登州音节表在知章组山臻摄三等合口字的读法方面,山摄和臻摄不同,前者读甲类,后者读乙类;而今蓬莱方言中,两者相同,都读为甲类。

这种差异应该是历史演变的结果。与《官话类编》差不多同时的卫三畏《汉英韵府》中,芝罘(今烟台)话中“专”“川”分别在 *chwen*、*ch'wen*(相当于《官话类编》的 *chwan*、*ch'wan*)音节中,“准”“春”“顺”分别在 *tsăn*、*ts'ăn*、*swun*(相当于《官话类编》的 *tsên*、*ts'êns*、*wên*)音节中。虽然《汉英韵府》由于体例的原因,方言韵母的读音标记可能欠精确,[①]但“专川”与“准春顺”声母不同却是清楚的。从方言普查材料到语保调查材料,烟台话的“准春顺”“专川”都读甲类读 ts、ts'、s,[②]可见烟台话和蓬莱话一样,山臻摄知章组三等合口字都是原来有别,一读甲类一读乙类,到后来臻摄合口三等字也读甲类,两地都变得与山摄合口三等字声母相同了。

(三) 细音韵母前 *k*、*k'*、*h* 的音值

登州音节表中见组字读 *k*、*k'*、*h* 声母,既拼洪音,也拼细音韵母。现代蓬莱方言洪音前读 k、k'、x,细音韵母前为舌面中音 c、c'、ç。

见组声母拼细音时今胶东半岛大部分地区读 c、c'、ç,这是古代舌面后音(舌根音)k、k'、x 声母向舌面前音 tɕ、tɕ'、ɕ 演变的中间阶段。现代北方绝大部分地区读为 tɕ、tɕ'、ɕ,可见这种演变由来已久。因此,百余年前的蓬莱方言可能已经读为 c、c'、ç。实际上狄氏在登州音节表后说明 3 中说:“对于学习者来说,重要的是要特别注意这样一个事实,*k* 和 *h* 后面跟着 *i* 或 *ü*,发音时就像在辅音和元音之间出现了 *y*。”可见,细音韵母前的 *k*、*k'*、*h* 声母已经有了舌面色彩。据此,可以把细音前的 *k*、*k'*、*h* 拟为 c、c'、ç。

(四) 登州声母系统重订

其他声母的音值无需说明。其音韵特点与今蓬莱方言相同,兹不赘述。如日

---

① 《汉英韵府》依“官话”音节排列,各方言字音只在“官话”音节的拼音后笼统说明,分类有疑处较多。

② 钱曾怡等(1982)、《山东省志·方言志》调查材料皆如此。

母字今读零声母(这也是山东方言东区的共同特点),在登州音节表中既没有为日母字单独列声母,也没有列任何日母字为例字,说明当时的日母字均应读零声母,但因日母字读零声母并非正统,也不典型,所以没有选作例字。

此将登州音节表反映的声母系统重订如表3所示:

表3　登州方言声母(21个)

p	[p]	巴扁	*p*‘	[p‘]	怕片	*m*	[m]	马面	*f*	[f]	法非
t	[t]	大店	*t*‘	[t‘]	他天	*n*	[n]	那念	*l*	[l]	拉连
ts	[ts]	杂抓	*ts*‘	[ts‘]	擦策				*s*	[s]	撒色
k	[k]	蛤瓜	*k*‘	[k‘]	磕夸				*h*	[x]	哈花
k	[c]	见居	*k*‘	[k‘]	欠去				*h*	[ç]	限许
ch	[tʃ]	章贱	*ch*‘	[ch‘]	昌钱				*sh*	[ʃ]	赏心
	[Ø]	儿安衣瓦鱼热									

四　登州音节表韵母的音值和音类问题

(一) 登州方言韵母的音值

参考现代蓬莱方言,可以将狄氏拼音中的登州韵母转拟为国际音标。需要说明的有以下若干方面:

1. *ê*(*ê*、*ên*、*êng*、*êo*、*êr*、*wên*)

狄氏在引言的拼写法部分说明 *ê*“as e in her, perch”,即国际音标的 ə。以上韵母应转拟为 ə、ən、əŋ、əu、ər、uən。

其中的 *êo* 只见于一个音节 fêo(否)。今蓬莱读为 fou^3,只有“否”一个字。参见下面对 o 的说明。

2. *ï*

只与 *ts*、*ts*‘、*s* 相拼(子、次、丝),即国际音标的 ɿ。

3. *e*(*e*、*ie*、*iei*、*ien*、*üe*、*üen*、*wei*)

狄氏在引言的拼写法部分说明 *e*“as e in met, pen”,即国际音标的 e。

ien、*üen* 对应于汉语拼音的 *ian*[iɛn]、*üan*[yɛn]。这在威妥玛等西人所拟拼音

中很常见。狄氏在登州音节表后的说明6中提到,在第一调和第四调中 *ien* 是 ian,只不过他认为这是受声调影响的变体。

iei 只见于 *hiei*(鞋)和 *iei*(矮)。"鞋"字在今蓬莱一带有特殊读法,今蓬莱读为 $çi^2$,长岛方言同此。*hiei* 可能是蓬莱早期的读法。"矮"今读 iai。按:"鞋""矮"均来自蟹摄开口二等见组,读 iai 韵母是正常的演变,音节表中"界"读 *kiai*、"偕"读 *hiai* 都无异常。读 iei 应该是首尾的 i 把韵腹 a 的舌位抬高了,进一步抬高的结果就变成了 i。不过,从"矮""界""偕"等字读音以及"解懈崖"今仍读 iai 来看,只有口语最常用的"鞋"字走了 * iai→iei→i 的路线一变到底,而"矮"则是 * iai→iei→iai 走了回头路,其他字则一直读 iai 韵母。

4. *o*、*iu*

狄氏在引言的拼写法部分说明"*o*"如同英语词"go、so"中的"o"。今蓬莱方言记为 ou。由其与 *êo* 不同来看,*o* 应与 *êo* 有细微差别。

关于 *iu*,狄氏在登州音节表后的说明5中说:"韵母 *iu* 有很强的转移到 *êo*(即 əo)或 *io*(即 iou)的趋势。在某些声调的音节中,最后的 *o*(即 ou)是很明显的。不过,主要的发音还是 *iu*。"这说明 *iu* 实际上也可以读成 iou。今蓬莱方言记为 iou。

5. *iung*、*ung*、*wung*

iung:今蓬莱方言记为 yoŋ[洪小熙(2005)记为 ioŋ]。与普通话的 yŋ 相比,蓬莱在发 y[或依洪小熙(2005)为 i]之后有一个舌位略低的圆唇元音 o。狄氏的记音与今蓬莱话记音都突出了 ŋ 韵尾前是个二合元音。至于用 *u* 来表示 o,与英语中的 u 发音不及汉语中的 u 舌位更高有关。

ung:今蓬莱方言记为 oŋ。与普通话的 uŋ 相比,主要元音略低。事实上,用 *ung* 来标记 uŋ 或 oŋ 也是西人拼音常见的做法。

wung:仅见于零声母,即"翁"音节。今蓬莱方言吕长仲(1986)记为 oŋ,洪小熙(2005)和语保调查材料记为 uəŋ。此依后者。参考普通话韵母系统中也单列只拼零声母的 uəŋ,不与 uŋ 合并。

6. *oă*、*ioă*

oă:今蓬莱方言记为 uo。狄氏在引言的拼写法部分说明中指出,*oă* 的发音"如同 Gilboâ 中的 *oa*。其中的 *a* 很短,标写为 *ă*。有些听起来像是一个短的 *û*(hut 一词中的 u)……"由写作 *ă* 以及作者的上述说明来看,*oă* 这个复合韵母的起点并不太高,终点也不太圆。更像是国际音标的 oʌ。从现代蓬莱方言的实际发音来

看，蓬莱的 uo 确实是有这些特点的，狄氏的分析是颇为准确的。我们可以把 *oă* 音值拟为 oʌ。

需要注意的是，现代蓬莱方言中记作 uo 的韵母，在《官话类编》中分成了两类，一类是 *oă*，一类是 *woă*。后者出现在 *k*、*k'*、*h* 声母后：*kwoă* 果、*k'woă* 阔、*hwoă* 火；前者出现在 *ts* 组和 *ch* 组声母后：*tsoă* 坐、*ts'oă* 错、*soă* 索、*choă* 爵、*ch'oă* 绰、*shoă* 勺。前文已经对 *oă* 的音值做过分析，舌根音声母后增加 *w*，应该是指受声母影响，发音起点舌位更高、唇形更圆（参见后文对 *w* 的分析）。这其实是符合方言发音实际的。至于零声母音节中的 *woă*（我），说明其发音与舌根音声母后相同，这也是符合方言发音实际的。*oă* 和 *woă* 分布互补，所以我们把它们合并为一类韵母，拟为 uʌ。

ioă：该韵母读音依 *oă* 读 oʌ 的话应该拟为 ioʌ。对应于现代蓬莱方言的 iuo。

7. *ü*（*ü*、*üe*、*üin*、*üen*）

ü：在狄氏的拼音方案中一般代表 y，与汉语拼音方案相同。

üin：今蓬莱方言记为 yən（相当于普通话的 yn）。*üin* 的记法说明狄氏认为在 y、n 之间还有一个非圆唇元音存在。这与今记为 yən 是相通的。

üen：例字是“原”，今蓬莱方言记为 yan。i、y 介音后的 an 标记为 *en*，请参见上文对 *ien* 的说明。

8. *w*

狄氏特别把威妥玛式拼音的介音 *u* 改为 *w*，他在引言的拼写法部分说明中认为这更准确，也更符合 *u* 和 *w* 在英语中的用法。他征求了多位在北方地区传教多年的传教士，大多数都同意他对威妥玛式的这一改动。而在南方官话或西方官话中的 *u* 才是 u（应该指英语中的 u 音）。由此，我们可以理解为，北方方言中的 u 介音其舌位比英语中的 u 更高、唇形更圆。

9. *y*

y 都出现在零声母音节中（*ya*、*yai*、*yang*、*yao*、*yei*、*yie*、*yien*、*yin*、*ying*、*yiu*、*yoă*、*yung*、*yü*、*yüe*、*yüen*、*yüin*）。其中，*ya*、*yai*、*yang*、*yao*、*yei*、*yoă*、*yung* 对应的非零声母形式是 *ia*、*iai*、*iang*、*iao*、*iei*、*ioă*、*iung*，其中的 *y* 可视为 *i*-的改写；而 *yie*、*yien*、*yin*、*ying* 对应的非零声母形式是 *ie*、*ien*、*in*、*ing*，其中的 *y* 应该属于增写，为何与改写的韵母不一样？我们推测是因为这类韵母的主要元音舌位较高，零声母时前面的 i 摩擦更多一些，所以增加一个 *y* 表示；*yü*、*yüe*、*yüen*、*yüin* 对应的非零声母形式是 *ü*、*üe*、 *üen*、*üin*,是在 *ü* 前加了 *y*(或者说是把 *ü* 改写成了 *yü*)。

i、y 位于音节开头时会有轻微摩擦,所以改写或增写 *y* 可以理解作半元音的变体形式。

(二) 修正后的登州方言韵母表

经过上面对韵母音值的讨论,删掉零声母的改写形式之后,登州方言的韵母表可以列表如表 4 所示(例字限两个):

表 4　登州方言韵母(40 个)

ï	[ɿ]	子次	*i*	[i]	衣地	*u*	[u]	武妒	*ü*	[y]	鱼居
a	[a]	阿大	*ia*	[ia]	牙家	*wa*	[ua]	瓦瓜			
ai	[ai]	哎歹	*iai*	[iai]	挨界	*wai*	[uai]	外怪			
an	[an]	安单	*ien*	[iɛn]	言店	*wan*	[uan]	万官	*üen*	[yen]	原卷
ang	[aŋ]	昂当	*iang*	[iaŋ]	羊江	*wang*	[uaŋ]	王光			
ao	[ao]	傲道	*iao*	[iao]	要吊						
			ie	[ie]	夜爹				*üe*	[ye]	月瘸
ei	[ei]	倍兑	*iei*	[iei]	矮鞋	*wei*	[uei]	为规			
ê	[ə]	额得									
ên	[ən]	恩敦	*in*	[in]	音金	*wên*	[uən]	文困	*üin*	[yən]	云君
êng	[əŋ]	哼等	*ing*	[iŋ]	迎定	*ung*	[oŋ]	冬工			
			iung	[ioŋ]	用穷	*wung*	[uəŋ]	翁			
êo	[əo]	否									
êr	[ər]	儿									
o	[ou]	剖豆	*iu*	[iu]	有救						
oă /*woă*	[uʌ]	我多	*ioă*	[iuʌ]	约学						

(三) 登州音节表例字所见韵母音类特点

现代蓬莱方言的一些韵母特点在登州音节表例字中有所反映。限于篇幅,下面只指出其特点，不加细论。

1. 宕江摄与山摄入声字韵母有别

登州音节表中有 *üe* 和 *ioă* 两类韵母，与古韵来源有关。前者的例字及其古音地位是：*küe* 决见山入屑开四/*k‘üe* 瘸群果平戈合三/*hüe* 穴匣山入屑合四/*shüe* 说 *yüe* 书山入月合三；后者的例字是：*lioă* 略来宕入药开三/*kioă* 角见江入觉开二/*k‘ioă* 却溪宕入药开三/*hioă* 学匣江入觉开二/*yioă* 约影宕入药开三。很明显，*üe* 韵字主要来自山摄入声，另有一个“瘸”字来自果摄戈韵合口三等（戈韵合口三等见系字读同山摄合口入声是北方方言中的常见现象，如普通话中“瘸”“靴”和“缺”“血”同韵母）；而 *ioă* 韵字都来自宕江摄入声。上述例字在普通话和山东的大部分地区都同韵母，但胶东半岛东北角的荣成、文登、威海和牟平分读两类韵母。

今蓬莱方言中上述例字的读音如下：

决 cye	瘸 c‘ye	穴 çye	说 ʃye	月 ye
角 cuo	却 __	学 çuo	略 luo	约 you
(cyə)	(tʃ‘uo)	(çyə)	(lyə)	(yə)

“角”等字第一行的记音据吕长仲（1986）（“却”字缺），括号内的字音据洪小熙（2005）（其中“角”字有白读音 cia），语保调查材料中有“角”“学”“约”三字，记音与洪小熙（2005）相同。

今蓬莱方言材料说明，在吕长仲（1986）中，依然保持了与登州音节表相同的“决/觉”“穴/学”“月/约”不同韵母的格局，但到了 21 世纪初，这两类字就读音相同，与普通话和山东大多数地区相同了。

2. 咸山摄一等开口入声见系字的读音

此类字在普通话中读ɤ韵母，而在蓬莱和胶东地区多读 a 韵母，如：割 ka、渴 k‘a、喝 xa。

登州音节表例字中有：蛤见咸入合开一 *ka*/磕溪咸入盍开一 *k‘a*。

3. 曾梗摄一二等开口入声字读音

此类字在蓬莱读 ə，在其东边的烟台威海一带读 ə 或 ɛ，而在山东其余大部分地方读 ei 韵母。

登州音节表例字中有：得端曾入德开一 *tê*/忒透曾入德开一 *t‘ê*/勒来曾入德开一 *lê*/刻溪曾入德开一 *k‘ê*/黑晓曾入德开一 *hê*/则精曾入德开一 *tsê*/策初梗入麦开二 *ts‘ê*/色生梗入职开三 sê

4. 端系(端精组)字逢山臻蟹止摄合口呼时 u 介音丢失

这是胶东地区较为普遍的特点。

登州音节表例字中有：兑 *tei*/退 *t'ei*/内 *nei*/累 *lei*/罪 *tsei*/崔 *ts'ei*/碎 *sei*/敦 *tên*/吞 *t'ên*/论 *lên*(上列字音韵地位比较明显,此不加说明)。

5. *ch'üen*(全)*shüin*(寻)两个音节的读音

狄氏在音节表后的说明 8 中说:“‘*ch'üen*’和‘*shüin*’是一些外来方言的较特殊的读音(straysounds),数量很少,前者有‘全’,后者有‘巡’,还有一两个其他的字。”按：音节表中“*shüin*”音节的例字不是“巡”而是“寻”。

狄氏说“*ch'üen*”(tʃ'yen)、“*shüin*”(ʃyən)两个音节是外来的 straysounds,那么,“全”“巡”“寻”本地口音是读什么呢? 狄氏并未说明。吕长仲(1986)中,“全痊泉宣选旋”的韵母一读 an,一读 yan,并说明后者是少数人如此读;“寻巡迅旬俊”的韵母只读 ən。由此可见,登州方言中,这些字的本地读音应该是不圆唇的 *ien* 和 *in*(因为都在舌叶音声母后,也可能如吕长仲(1986)材料一样读 *an* 和 *ên*)。而这一特点与其胶东半岛最东边的荣成、文登方言相同。请看下面的例字：

	全	宣	选	旋	寻	巡	迅	旬	俊
荣成	ts'in	sin	sian	sian	sian	sin	sin	sin	tsin
文登	tsi'an	syan	sian		sin				tsin

不过,在洪小熙(2005)中,蓬莱“全泉宣选旋”等字的韵母已经读为合口呼的 uan,“寻巡迅旬”等字的韵母已经读为合口呼的 uən。可见,前述语音特点在当代的蓬莱方言中已经消失了。

五 结 语

通过上文的分析和与现代蓬莱方音的比较,我们可以看出,《官话类编》登州音节表所反映的语音系统及其音韵特点与现代蓬莱方言是非常接近的,其中的差异都可以从蓬莱方音的演变得到解释并且可以得到周边方言(主要是蓬莱以东地区方言)的佐证。因此,可以肯定,登州音节表反映的就是纯粹的 19 世纪后半叶的蓬莱方音。

蓬莱方音 100 多年来的变化主要在韵母方面,原来更能保留古音或方音的几个韵母特点在现代已经消失,并且,有些变化是发生在 20 世纪 80 年代之后的材料中，这也说明了变化的渐进性。如古宕江摄入声和山摄入声韵母的差异，在20世纪80年代材料保留，在其后材料中消失；“全旬”等字不读合口的特点在20世纪80年代的材料中已有部分字发生变化，在其后的材料中全部发生变化。至于声母方面，主要是臻摄合口三等知章组字原读知庄章组的乙类，后来改读了甲类，而这种变化在20世纪80年代的材料中已经完成了。

参考文献

坂本一郎　1940a　《即墨方言音韵语汇》，《中国研究》54号。

坂本一郎　1940b　《青岛方言概说》，《华语月刊》第89期。

狄考文　2017　《官话类编》，北京大学出版社。

洪小熙　2005　《蓬莱方言语音研究》，山东大学硕士学位论文。

李婧超　2014　《狄考文〈官话类编〉语音研究》，辽宁师范大学硕士学位论文。

林梦虹　庄初升　2021　《清末民初的山东官话文献的罗马字拼音方案》，《汉语史学报》第二十四辑，上海教育出版社。

罗福腾　1992　《牟平方言志》，语文出版社。

钱曾怡等　1982　《烟台方言报告》，齐鲁书社。

山东省方言普查总结工作组　1960　《山东方言语音概况》，油印本。

王淑霞　1995　《荣成方言志》，语文出版社。

卫三畏　2016　《汉英韵府》，大象出版社。

邢公畹　1990　《论汉语的“连锁复句”——对〈官话类编〉一书连锁复句的分析》，《世界汉语教学》第3期。

殷焕先（主编）　1993　《山东省志·方言志》，山东人民出版社。

张美兰　2008　《〈官话类编〉与十九世纪的汉语官话》，《东南亚文献研究》第1期。

张树铮（主编）　2023　《中国语言资源集·山东》，山东人民出版社。

张树铮　2024　《山东方言特字说略》，《现代语文》第1期。

张树铮　山东大学文学院　zsz@sdu.edu.cn

通泰方言的声调系统及历史演变*

顾 黔

提要 通泰方言位于江苏中部，包括南通、泰州等十市县，属江淮官话。声调有六至七个，古平入依声母清浊各分阴阳，上声不分阴阳。七调区去声分阴阳，六调区不分。文章拟用历史比较法、内部拟测法考察通泰方言声调的历史演变，构拟早期通泰方言的声调系统，探讨其与吴、客、赣、晋西南方言的关系。

关键词 通泰方言 声调系统 历史演变

一 引 言

通泰方言位于江苏中部，东濒黄海，南临长江。包括南通、如东、如皋、泰兴、海安、东台、大丰、兴化、姜堰、泰州等十市县。今通泰方言全浊声母业已清化，与保存浊声母系统的吴语不同，是江淮官话的一支；逢塞音，塞擦音不论平仄白读一律送气，与扬肥方言迥异，而与赣客方言极为相近。

通泰方言的声调有六至七个，二者的区别在于有无独立的阳去调。为行文方便，我们将有六个声调的市县称为六调区，有七个声调的市县称为七调区。近百年来，由于共同语的强烈冲击，通泰方言一些全浊声母字产生了文白异读，文读不送气，白读送气，例如泰兴“稻”文读[tɔ^{去声}]、白读[t^{h}ɔ^{阴平}]，“旧”文读[tɕiɤɯ^{去声}]、白读[tɕ^{h}iɤɯ^{阴平}]。全浊上及浊去，若送气，则在六调区归阴平，七调区归阳去；若不送气，则在六调区归去声，七调区归阴去。它们是如何相互制约的？全浊上及浊去在六调区是怎么一步步变入阴平，而未变入其他调类的？

* 本文受国家社会科学基金重大项目“苏皖鄂赣江淮官话与周边方言的接触演变研究及数据库建设”（项目编号 19ZDA307）资助。

通泰方言处于北方官话与吴语及中国东南各大方言的过渡地带,声调的类别、音值及其相互关系,对我们揭示其性质,理清与吴、客、赣、晋西南方言的关系有什么启示?这些问题无不引起通泰方言研究者的兴趣。本文拟用历史比较法、内部拟测法探求通泰方言声调的历史演变,并对早期通泰方言的调类进行构拟。

二　通泰方言的声调系统

今通泰方言各点的调类与中古《切韵》音系的关系如表1所示,加列北京、苏州以资比较。

表1　通泰片、北京、苏州古今声调对照表

	平		上		去		入		
	清	浊	清次浊	全浊	浊	清	清	次浊	全浊
北京	阴平	阳平	上	去			阴阳	去	阳平
泰州	阴平	阳平	上	白阴平少,文去声多		去	阴入	白阳入少,文阴入多	
如皋	阴平	阳平	上	白阴平少,文去声多		去	阴入	白阳入多,文阴入少	
泰兴	阴平	阳平	上	白阴平少,文去声多		去	阴入	白阳入多,文阴入少	
兴化	阴平	阳平	上	阳去		阴去	阴入	阳入	
南通	阴平	阳平	上	阳去		阴去	阴入	阳入	
苏州	阴平	阳平	上	阳去		阴去	阴入	阳入	

古“四声八调”在汉语方言的演变,一般平声分阴阳(个别方言例外),部分方言去、入分阴阳,上声分阴阳的较少。通泰方言平入分阴阳,上声不分阴阳。七调区去声分阴阳,六调区不分。声调格局见表2所示:[①]

表2　通泰方言声调格局

	阴平	阳平	上声	去声或阴去	阳去	阴入	阳入	
南通	21	35	55	42	213	4	5	七调区
如东	21	35	42	44	32	5	2	
兴化	33	34	213	53	21	4	5	

① 本文通泰方言语料源自顾黔《通泰方言音韵研究》(2001)。

续表

	阴平	阳平	上声	去声或阴去	阳去	阴入	阳入	
如皋	21	35	213	44	—	4	5	六调区
泰兴	21	45	213	44	—	4	5	
海安	21	35	213	44	—	4	5	
姜堰	21	45	213	44	—	4	5	
泰州	21	45	213	44	—	4	5	
东台	21	45	213	44	—	4	5	
大丰	21	45	213	44	—	4	5	

通泰方言全浊上、浊去及入声的演变较为复杂,是本文讨论的重点。

三　全浊上及浊去的演变

《中原音韵》的"浊音清化,浊上变去"规律,在这里有两种变体。(1)七调区全浊上与浊去合流变阳去,阳去独立,与阴去并列。(2)六调区二者合流但无独立地位,很多字有两读。白读阴平,逢塞音、塞擦音声母送气;文读去声,逢塞音、塞擦音声母不送气。有些字只有白读,没有文读;另一些字又只有文读,没有白读。至于哪些字只有白读,哪些字两者兼具,哪些字只有文读,各点并不一致。例如"部$_{\text{並母上声}}$",泰州有两读,在较土、较老的词里为白读,如在"一部车"中读[$p^hu^{阴平}$];在较文、较新的词里为文读,如在"部队"中读[$pu^{去声}$]。大丰亦然,而泰兴则无论是在"一部车"还是在"部队"中均只有[$p^hu^{阴平}$]一读。並母去声"步",泰兴在"一步"中读[$p^hu^{阴平}$],"进步"中读[$pu^{去声}$]。来母去声"路",在泰州有阴平、去声两读,而大丰、泰兴则只有阴平一读。一般说来,泰兴、如皋、海安的白读音较多,大丰、东台其次,泰州、姜堰文读音较多。有些字在泰兴两读,而在泰州只有文读。兹以泰兴、大丰、泰州为例,列表比较中古全浊上、浊去在六调区的具体分布。详见表3至表6所示:

表3　泰兴、大丰、泰州古全浊上、浊去今读（果假遇摄）

中古音		全浊上			浊去		
现代音		只读阴平	阴平去声两读	只读去声	只读阴平	阴平去声两读	只读去声
泰兴	果	舵祸坐隋	荷	惰	累磨~子饿	大贺卧	
	假	夏姓~ 社下底~			夏~天骂夜下~降射	谢	乍讶借
	遇	博父竖部杜户拒聚	柱巨距	序叙绪墅	芋步路露住遇树互箸助与预寓	渡护镀误虑滤具裕	附度怒悟务雾喻署惧
大丰	果	舵祸坐隋	惰	荷	磨~子累饿大座	贺	卧
	假	夏姓~	下底~	社	夏~天骂下~降夜	谢	乍讶借射
	遇	博父竖	部户聚	溇序叙绪柱墅巨拒	芋步路露住遇树互预与喻寓裕	渡度	附镀度怒悟务雾虑滤助箸具誉署
泰州	果	舵祸	坐	荷惰	累磨~子	饿大	贺卧座
	假	夏姓~		下底~社	夏~天	骂谢夜下~去	乍讶籍射
	遇	博父竖	部社	户溇序叙绪柱墅巨拒距聚	芋	步渡路露住遇树	互护附度镀怒误悟务雾虑具与预喻寓助裕誉署

表4　泰兴、大丰、泰州古全浊上、浊去今读（效流摄）

中古音		全浊上			浊去		
现代音		只读阴平	阴平去声两读	只读去声	只读阴平	阴平去声两读	只读去声
泰兴	效	稻赵鲍抱造浩	道	兆	帽号刨召绕轿尿料盗冒庙	暴导貌效校调	傲妙耀掉
	流	臼舅后先~后~妃厚受妇		负阜	溜又寿旧豆漏戊贸枢右	就茂逗候袖	宙骤授售
大丰	效	稻赵鲍抱造浩	道	兆	帽号刨召绕轿尿料盗	调	暴盗导傲貌效校妙耀
	流	臼厚受	舅	妇负阜	溜又就寿旧漏枢右	豆授售	贸茂逗候袖宙骤枢

续表

中古音		全浊上			浊去		
现代音		只读阴平	阴平去声两读	只读去声	只读阴平	阴平去声两读	只读去声
泰州	效	稻赵鲍	抱道造皂	浩兆	帽号刨召绕轿尿	冒庙料	暴盗导傲貌效校妙耀调掉
	流	臼	后先~舅厚受	后~妃妇负阜	溜又	就寿旧豆漏	宙骤授售右贸逗茂袖

表 5 泰兴、大丰、泰州古全浊上、浊去今读(臻宕江摄)

中古音		全浊上			浊去		
现代音		只读阴平	阴平去声两读	只读去声	只读阴平	阴平去声两读	只读去声
泰兴	臻	菌近	尽	肾盾愤忿混笨	认闰阵恨钝问份运吝论顺	闷润	郡韵慎
	宕	丈上杖	像荡象	仗	浪匠忘亮上让样望恙	量状尚	傍藏西藏谅向旺
	江	棒项		蚌	撞巷		
大丰	臻	菌近	笨	尽肾盾愤忿混	认闰闷恨钝份问郡	阵顺	运吝愤论润韵
	宕	丈荡	象上	像杖仗	浪忘望亮状让样恙	量尚	匠上傍谅向妄旺
	江		棒	项蚌	撞巷		
泰州	臻	菌	近	尽笨肾盾愤忿混	认闰晕	阵恨闷钝问份运	吝愤论顺郡润
	宕		像丈上	荡象仗杖	浪匠忘	亮量状尚上让样望	傍藏谅向妄恙旺
	江		棒项	蚌	撞巷		

表 6 泰兴、大丰、泰州古全浊上、浊去今读(曾梗通摄)

中古音		全浊上			浊去		
现代音		只读阴平	阴平去声两读	只读去声	只读阴平	阴平去声两读	只读去声
泰兴	曾				赠瞪邓	兴	剩孕
	梗	杏	幸	静并	硬病命孟令另郑锭	定净	行盛
	通	重奉	动		缝洞梦仲用弄俸	共	凤送颂诵讼
大丰	曾				赠邓	瞪兴	剩孕
	梗		杏	幸静并	硬命孟令另	病定净	行郑盛锭
	通	重	动	奉	梦缝仲用弄	洞	凤俸送诵颂讼共
泰州	曾				赠瞪		邓剩兴孕
	梗		杏	幸静并	硬	病命定	孟行净令另郑盛锭
	通		动重	奉	缝	洞梦仲用弄	凤俸送诵颂讼共

将古声母的清浊与今音的送气与否这两个因素结合起来,对理解通泰方言声调的演变至关重要。通泰区声母系统曾经历了两个层次的变化。第一层是古全浊声母今逢塞音、塞擦音,无论平仄一律送气。第二层有仄声不送气的读法:在六调区,文读不送气,归去声;白读送气,归阴平。在七调区,文读不送气,归阴去;白读送气,归阳去。

这里就必须论及文白异读的问题了。张琨(1985:108)认为:"文白异读这个问题是非常复杂的。文读是外来的,白读是本地的。文读比较晚,白读比较早。文读和白读没有直接的历史关系,并不是一个从另一个变出来的。文读白读代表两种汉语方言的传统。"讨论文白异读的时候,有时候声韵调三部分需要单独考虑。平田昌司(1988:20)在论述闽北方言"第九调"的性质时,从语言接触的角度出发,探究闽北方言的文白异读,引进"竞争"机制,而不是一味从"变"着眼,澄清了闽语史上的一些疑点。他发现所谓"第九调"渊源于吴语,是"古浊平字在声调上的文白异读"。他对"第九调"性质的认识,比罗杰瑞(1986)等学者用"变化"的方式得出的结论更切合实际。通泰方言文白异读的性质,跟南方的吴、闽、湘、客等一致。

文读是读书音,反映晚近的北方话特别是近来普通话的影响,白读是口语音,反映原有的或较早的层次。

长期以来,笔者一直在琢磨,六调区的全浊上、浊去是怎么一步步跑到阴平的?是它们各自从自己家族出发,分别归入阴平的吗?在时间上孰先孰后?还是浊上归去然后同入阴平?或者浊去向浊上靠拢然后一起到达目的地?通泰方言的研究者无不对此大感兴趣,也都注意到了六调区全浊上、浊去归入阴平的现状。让我们来比较一下它们的声调系统:

七调区	阴平	阳平	上声	阴去	阳去	阴入	阳入
六调区	阴平	阳平	上声	去声		阴入	阳入

七调区的阳去包括古全浊上、浊去,并自成一类。而六调区在分布上出现了一个空格,据此,我们可以断定,六调区原来也应该有阳去,只是另有原因使之并入其他调类罢了。不规则形态,对于方言史乃至语言史的研究,是一笔宝贵财富,也是重要线索。梅耶(1957:23)早就注意到这一点,认为原始共同语的拟测应多考虑例外和不规则现象,因为“例外的形式是最适于用来确定一种‘共同语’的形式”。

为什么六调区应有*阳去而不是*阳上呢?因为七调区的阴去与六调区的去声来历相同,都源于古清去(详参表1),两者相当,古上去声的剩余部分当然只能与七调区的阳去对立,这是显而易见的。也就是说,六调区的全浊上、浊去在归入阴平之前,是全浊上归入浊去,而不是浊去归入全浊上。然后二者结伴而行,同归阴平。

弄清这个过程是何时完成的十分重要。根据鲁国尧先生(2003:69)的研究,至迟在十六、十七世纪,六调区的*阳去已归入阴平。他发现康熙十二年(1673)修订的《淮南中十场志》(1673/2020:346)记载:“至于以稻为滔,以豆为偷,以咸为寒,以学为鹤,以地为梯,以丈为昌之类,则声之转也。”作者王大经,安丰镇人,属今东台市。“淮南中十场”指当时东台场、安丰场、富安场等,今分属东台、海安,其范围不出今通泰区。其中“稻”=“滔”,“豆”=“偷”,“地”=“梯”,“丈”=“昌”,说明古全浊上、浊去已混入阴平,且声母送气的事实。至今六调区绝大部分市县的白读,此四对仍为同音字。

六调区“浊上归去”及*阳去独立的时间应早于归入阴平的时间。由于材料短缺,确切的时间无法确定,笔者曾设计几百词条,用比字的方法,调查了通泰区的每一个点,并深入偏僻乡间,希望能在连读变调的不同组合中区别开全浊上与浊去。但结果令人失望。两者毫无分化的条件,在任何环境中都步调一致,说明二者合而为一由来已久。

一定有人感到奇怪,六调区的*阳去怎么会全体归入阴平,而不是混入其他调类,特别是去声?只要看看通泰方言各点调值一览表,答案就找到了。七调区阳去的调值,兴化21,如东32,南通213,均为低降调或低降升调。六调区*阳去的调值应与此相当,这就与通泰区阴平的总倾向21或31相同或相近了。(鲍明炜 1993)调型相同,调值相近,*阳去与阴平合流就成了十分自然的事了。山西闻喜方言声调纷乱的原因对此颇有启发,"闻喜(城关)话的阴平和去声都是降调,只不过去声的起降点高一点,阴平低一点。前者我们记53,后者记31,但实际的调值比我们标记的还要接近一些,也许记53和42更为合适。由于调型相同,调值接近,这两个声调在闻喜(城关)话中表现出合并的趋势。把同声韵而原来阴平、去声不同调的字排在一起,城关的发音人大多辨认有困难,如:'姑故'、'居锯'、'朱注'、'低帝'、'饥冀'、'之志'、'基记'等,都认为它们各为同音字。这种现象不限于青年人,老年人也已相当明显"(徐通锵,王洪君 1986:16)。

七调区的阳去,由于同样的原因,各市县隐藏着与阴平合流的迹象。南通"妇氏罢艺赠"等、兴化"谬缪"等、如东"妇户互召受项$_{颈\sim}$雁"等已混入阴平。此外,有些字虽然单字调为阳上,但在特定的组合中有规律、成系统地读同阴平。例如南通,阳去后接阳平、上声、阳入时,前字变为阴平;处于双字组的后字位置时,又有若干变入阴平。这都表明七调区阳去向阴平发展的倾向,只因普通话的有力影响,被迫停止或减缓作用,未完成发展的全过程。这是一个典型的"中断的变化"例子。可以设想,假使没有广播、电视等新闻媒体,七调区阳去也会蹈循六调区足迹,与阴平合流。强大的官话势力,迫使它停止这项变化,在书面语中少数字向阴去靠拢,这才维持住现今阳去与阴去并列的局面。因此,通泰方言声调的演化可分三个阶段:

1. 平入二声依声母清浊各分阴阳,全浊上归去自成一调,呈七调区声调系统面貌。

2. 六调区*阳去归阴平,即今之白读系统。七调区的这一变化发生了中断,未完成全过程。

3. 六调区阴平中来自全浊上及浊去的字归去声;七调区阳去向阴去靠拢。

随着普通话不断而深入的影响,第三阶段的演变虽才开始,但速度却相当快,最终的结果,是两区殊途同归,向普通话集中靠拢。

四 入声的演变

保留入声,且分阴阳,是通泰方言的重要特点之一。古清入声>阴入,古浊入声>阳入。前者很稳定,后者在通泰区所有点都发生动摇。从东边的南通到西边的泰州,都有部分浊入变阴入,区别只在数量多寡,而清入是没有变入阳入的。与全浊上、浊去的演变平行,南通等有阳去的点,浊入声变阴入的字数很少,因而上述两条规律未被突破。但中西部的泰兴、如皋、东台、大丰、海安、姜堰、泰州,浊入有些既有阳入(白)一读,又有阴入(文)一读,有些则只有阴入一读。其中泰州市最甚,如今有大量的浊入字只具文读阴入,这项音变正在继续并加快,也许在若干年后,泰州市的阳入会完全混同于阴入,而与扬肥方言一致: 不论清入、浊入,统变为入声。由于条件所限,我们仍以泰兴、大丰、泰州为例,列表比较部分浊入字的演变。详见表 7 至表 9 所示:

表 7 泰兴、大丰、泰州古浊入字今读(咸山摄)

		只读阳入	阴入阳入两读	只读阴入
泰兴	咸	盒盍蜡闸合腊狭匣叶纳峡侠猎业	聂	洽捷涉胁协杂蝶
泰兴	山	舌热列裂绝月越达别	末劣辖灭沫	辙折杰竭悦掘穴截
大丰	咸	合纳腊蜡匣叶业盒匣聂猎盍	峡狭	侠杂洽捷涉协胁
大丰	山	列裂活月灭舌热滑罚袜拔	末烈绝月	劣达辖别辙折杰竭沫悦阅穴
泰州	咸	盒盍蜡闸	合腊狭匣叶	纳杂协胁洽聂猎捷涉峡侠业
泰州	山	舌热抹滑猾罚拔袜	裂末活劣绝月越	达辖别灭列辙折杰竭沫悦阅穴

表 8　泰兴、大丰、泰州古浊入字今读(宕江摄)

		只读阳入	阴入阳入两读	只读阴入
泰兴	宕	幕弱鹤膜药勺薄落昨嚼	莫略掠着	泊洛乐鄂索若络
	江	镯浊学		岳
大丰	宕	摸幕莫烙鹤 药落昨勺	弱着掠	泊骆洛络乐鄂略虐索若
	江	镯浊学		岳
泰州	宕	摸	药薄落烙昨着勺	莫幕泊洛络乐鄂掠略虐索弱若鹤
	江	镯学		浊岳

表 9　泰兴、大丰、泰州古浊入字今读(梗通摄)

		只读阳入	阴入阳入两读	只读阴入
泰兴	梗	白额逆席石笛核狄历麦	脉择	宅寂籍藉亦译役
	通	木族毒伏陆绿目鹿俗六轴熟肉褥	独服辱欲局	牧禄复逐属续育玉
大丰	梗	六麦额石席核敌	脉白择	逆宅寂籍剧辟亦译狄历役
	通	绿鹿陆轴熟赎肉木族毒伏穆	服	褥独目牧禄复逐淑俗续属育欲玉辱局
泰州	梗	麦	白额脉逆石席笛核	帛泽择宅寂籍藉剧辟掷硕亦译觅敌狄历疫役
	通	六轴熟赎肉褥	木族毒独服伏陆绿	目牧禄录鹿复逐属淑续育欲玉辱

浊入与全浊上、浊去一样，遇塞音、塞擦音声母，一律送气，此为白读音，是本地区的原有形式。音变规律及条件如下：

七调区：浊入/塞音、塞擦音>阳入送气/白读

全浊上、浊去/塞音、塞擦音>阳去送气/白读

六调区：浊入/塞音、塞擦音>阳入送气/白读

全浊上、浊去/塞音、塞擦音>阴平送气/白读

由于受到普通话的影响,文读音中又出现了这样的演变,规律及条件如下:

七调区:浊入/塞音、塞擦音>阴入不送气/文读

全浊上、浊去/塞音、塞擦音>阴去不送气/文读

六调区:浊入/塞音、塞擦音>阴入不送气/文读

全浊上、浊去/塞音、塞擦音>去声不送气/文读

尽管语言的变化纷繁复杂,但把这些纷乱的现象总结成规律,展现在我们面前的就是一幅十分清晰的语言的过去、现状及变化趋势的图画。比较上述几条规律,不难发现,白读系统代表了早期通泰方言浊声母上去入三声的读法,七调区与六调区差异较大。而文读系统代表了未来的趋势,两区殊途同归,毫无区别,这进一步证实了前文关于全浊上、浊去演变趋向的推测,难以预料的只是这两项音变何时才能彻底完成罢了。现状则是文白并存,上述所有规律都正在发挥作用。

五　早期通泰方言的声调系统

通泰方言韵母系统反映出吴语的底层(顾黔 1997),而全浊仄声的演变则反映了与赣、客方言的渊源关系。赣客先民,来自中原,史家已有定案,此不赘言。他们所操的北方汉语,在赣粤闽山区独立发展,到今已有千余年的历史,保留了很多古汉语的特征,而与现今的北方话殊异。通泰方言乃至江淮方言的形成,与此相似。

江淮之间古属吴地。公元前473年,越灭吴,属越。前333年,楚灭越,属楚。因此,江淮间各府州志均有“春秋时属吴、越,战国时属楚”的记载。光绪《淮安府志》(1884/1991:17):“淮安在西晋以前未尝为郡,其射阳、盐渎、淮阴、襄贲、淮浦诸县,秦以上属吴、越、楚。”又引《元和郡县图志》(1884/1991:18):“春秋时郡地属吴越,战国时属楚。”安徽境内江淮之间亦然,《宿松县志》(1921/1998:29):“夏商周皆扬州地,春秋时句吴地,周元王元年,越灭吴,属越。显王三十五年,楚败越,尽收吴故地,属楚。”同治《太湖县志》卷二《舆地志·沿革》(1872:2b):“春秋属吴后属越,战国属楚。”通泰区无论哪一朝代修的志书,无一例外都有相同的记载,乾隆二十年《直隶通州志》卷二《疆域志》(1755:4a):“通州扼海之吭,受淮之委,盖扬之东境。春秋属吴,周元王三年越并吴,以江北

地至泗上与楚，地属楚。"《左传·哀公十二年》（1980：2170）："秋，卫侯会吴于郧，公及卫侯、宋皇瑗盟，而卒辞吴盟。……卫侯归，效夷言。"卫侯在他的拘留地，学会了夷语即吴语，北人甚觉讶异，因而特地记载。那么会盟的地点何在？《直隶通州志》卷二《疆域志》（1755：4a）有言："通之属邑如皋地，有会盟原即春秋哀十二年卫侯会吴处。"林语堂（1933）据扬雄《方言》，著《前汉方言区域考》，将吴越扬列为一系，这与当时的政治、地理、人文条件是一致的。吴语北抵淮河的局面一直维持到西晋。

永嘉之乱，北方居民大批南迁，《晋书·王导传》（1974：1746，2823）载："中州士女避乱江左者十六七"，以致"中原萧条，千里无烟"。扬州、建康（南京）为通都大邑，是南下北人的重要通道。江淮间的吴语性质开始发生转移。今南京、扬州方言已相当接近普通话，南北地区的人彼此通话没有问题。

通泰地区东濒黄海，较之建康、扬州，偏僻而荒芜，为避乱流民提供了一个安身之场所。因而侨置郡县，人口激增。沈约《宋书·州郡志·南徐州》（1974：1038）序："晋永嘉大乱，幽冀青并兖州及徐州之淮北移民相率过淮，亦有过江在晋陵界者。晋成帝咸和四年，司马都鉴又徙流民之在淮南者于晋陵诸县，其徙过江南及留在江北者并立侨郡县以司牧之。徐兖二州或治江北，江北又侨立幽冀青并四州。"清徐文范《东晋南北朝舆地表》（1937：821）："即侨立兖青并及幽冀五州于江淮间，……七年分立山阳、海陵二郡，又领临淮之高邮焉，而所侨之青并二州尚如故。"其中"海陵"，即今之泰州及其以东地区，在今通泰地区辖内。

正因为有为数众多的北人涌入此地，江淮间也于此时由吴语区逐步成了北方方言区。今日的官话方言与吴语大体上划江而治的局面，于是时基本奠定。欲溯通泰方言之源，当自四世纪永嘉之乱北人南迁于这一地区开始。

随后的一次次战乱，迫使北人一批批南移，有人继续南下，渡过长江，直至赣、粤、闽山区。有人暂留此处。北方汉语的成分越来越多，势力越来越强，将吴语逼至江南。由于僻处一隅，闭塞落后，变化较慢，保留了较多古代北方方言的特征，这与赣、客方言同出一源，是四世纪北方汉语的后裔。因此，今通泰方言、赣方言、客家话及古属并州的山西方言，在地理上相距遥远，却有诸多"神合"之处，显示出某种"血缘"关系，当是原有方言基因的共同遗传。例如：

1. 入声分阴阳，调值阴低阳高。详见表10所示：

表10　晋方言、通泰片、赣语、客家话阴入、阳入调值比较表①

	榆次	平遥	榆社	太原	泰州	如皋	南通	临川	梅县
阴入	21	13	2	2	4	4	4	43	21
阳入	54	53	434	54	5	5	5	5	4

2. 古全浊声母不论平仄,逢塞音、塞擦音一律送气,山西临汾、稷山、洪洞、闻喜等地亦然。兹列表比较古全浊声母四声在各地的读法。详见表11所示:

表11　晋方言、通泰片、赣语、客家话古全浊声母今读比较表②

	稷山	泰州	泰兴	南通	南昌	梅县
唐$_{\text{浊平}}$	t^h	t^h	t^h	t^h	t^h	t^h
舅$_{\text{浊上}}$	$tɕ^h$	tɕ, $tɕ^h$	$tɕ^h$	$tɕ^h$	$tɕ^h$	k^h
柜$_{\text{浊去}}$	k^h	k^h	k^h	k^h	k^h	k^h
拔$_{\text{浊入}}$	p^h	p, p^h	p^h	p^h	p^h	p^h

3. 通泰方言的声调有六到七个,六调区平入分阴阳,上去不分;七调区平去入分阴阳,上声不分。这与赣客遥相呼应,赣语的代表南昌、临川同于七调区,客家话的梅县同于六调区。全浊上在这三个方言中有如下两种演变方式:

全浊上>阳去(七调区)

全浊上>阴平(六调区)

客家话全浊上变阴平(白)是众所周知的,通泰方言更为普遍(详见本文"三　全浊上及浊去的演变")。随着研究的深入,我们发现赣语区亦有此种现象。根据颜森(1983:216)的报道,江西新干方言,"古上声清声母、次浊声母今读上声。古上声全浊声母今读阴平和去声,读阴平的字较少,但却是最常用的基本词汇",即:

清上、次浊上>上声

全浊上>阴平

① 晋方言引自候精一、温端政主编《山西方言调查研究报告》(1993),临川引自罗常培《临川音系》(1958),梅县引自袁家骅《汉语方言概要》(1960),下同。

② 稷山的材料引自陈庆延《古全浊声母今读送气清音的研究》(1989)。

全浊上按这两个演变规律从形式到内容与通泰方言完全一致。兹列表比较全浊上四字在三种方言中的读法，详见表12所示：

表12　通泰片、赣语、客家话“坐、近、是、动”今读声调比较表①

	六调区				七调区		
	泰州	泰兴	华阳	梅县	南通	南昌	临川
坐	阴平白 去声文	阴平	阴平	阴平白 去声文	阳去	阳去	阳去
近	阴平白 去声文	阴平	阴平	阴平白 去声文	阳去	阳去	阳去
是	阴平	阴平	阴平	去声	阳去	阳去	阳去
动	阴平白 去声文	阴平白 去声文	阴平	去声	阳去	阳去	阳去

相去如此遥远的几地，在语音对应规律上有如此惊人的相似之处，恐非偶然，不是同出一源，难以解释。况且，在词汇、句法方面，通泰片与赣客方言也颇有相似之处，限于条件，关于这方面的论证，俟之它篇。

这使人联想起欧洲人发现梵语。多少世纪以来，欧洲人一直以为拉丁语是一种变得走了样的希腊语，至于其他欧洲语言与希腊语、拉丁语的相似处，则被解释为拉丁语长期占文化优势的结果。突然间在遥远的亚洲发现另一种古典语言，与希腊语、拉丁语有如此多的相同点，语言学家们认为除了假设它们出于共同的来源之外，没有别的可能。据此确立了一些今天看来相距甚远面目很不相同的语言的亲缘关系，追溯到一个共同的来源，并使欧洲语言的研究进入了一个新的时代。(参见裴特生1958)

值得注意的是，皖西南岳西、潜山、太湖、怀宁、宿松、望江等市县地处北方官话与赣语交界地带，《中国语言地图集(第二版)·汉语方言卷》(2012：B11)根据古全浊声母今逢塞音、塞擦音无论平仄一律送气等特征划归赣语。如果依据上述特征将通泰方言也划归赣语，显然是不合适的。目前的情况，通泰方言被吴语及扬肥方言包围，并正在通过向扬肥方言集中而向普通话靠拢。关于通泰方言的归属，有

---

① 华阳方言引自董同龢《华阳凉水井客家话记音》(1956)，梅县、南昌方言引自北京大学中国语言文学系语言学教研室《汉语方音字汇》(1989)。

学者认为应属吴语,有学者认为应属官话。吴语本北抵淮河,江淮之间早期为吴语区,永嘉丧乱后北人南下,充实江淮间,使其间的方言性质发生了根本性的转移。若将通泰区划归吴语或赣语,都是不现实的,但这对我们揭示其性质,理清其源流,认识其复杂是有启发的,尤其是认识与赣客方言的同源关系,富于启迪。

参考文献

[唐]房玄龄等(撰)　1974　《晋书》,中华书局。

[清]符兆鹏(修)　[清]赵继元(纂)　1872　《太湖县志》,同治十一年刻本。

[梁]沈　约(撰)　1974　《宋书》,中华书局。

[清]孙云锦等(修)　[清]吴昆田等(纂)　1991　光绪《淮安府志》,江苏古籍出版社。

[清]汪兆璋　[清]杨大经(纂修)　2020　《淮南中十场志》,《江苏历代方志全书·小志部·16 乡镇坊厢》,凤凰出版社。

[清]王继祖(修)　[清]夏之蓉(纂)　1755　《直隶通州志》,乾隆二十年刻本。

[清]徐文范(撰)　1937　《东晋南北朝舆地表》,商务印书馆。

[清]俞庆澜　刘　昂(修)　1998　民国《宿松县志》,江苏古籍出版社。

鲍明炜　1993　《江淮方言的特征》,《南京大学学报》第 4 期。

北京大学中国语言文学系语言学教研室　1989　《汉语方音字汇》,语文出版社。

陈庆延　1989　《古全浊声母今读气清音的研究》,《语文研究》第 4 期。

董同龢　1956　《华阳凉水井客家话记音》,科学出版社。

顾　黔　1997　《通泰方言韵母研究》,《中国语文》第 3 期。

顾　黔　2001　《通泰方言音韵研究》,南京大学出版社。

候精一　温端政(主编)　1993　《山西方言调查研究报告》,山西高校联合出版社。

林语堂　1933　《前汉方音区域考》,林语堂《语言学论丛》,开明书店。

鲁国尧　2003　《泰州方音史及通泰方言史研究》,《鲁国尧语言学论文集》,江苏教育出版社。

罗常培　1958　《临川音系》,科学出版社。

罗杰瑞　1986　《闽北方言的第三套清塞音和清塞擦音》,《中国语文》第 1 期。

梅　耶　1957　《历史语言学中的比较方法》,科学出版社。

裴特生　1958　《十九世纪欧洲语言学史》,科学出版社。

平田昌司　1998　《闽北方言"第九调"的性质》,《方言》第 1 期。

徐通锵　王洪君　1986　《山西闻喜方言的声调》,《语文研究》第 4 期。

颜　森　1983　《新干方言本字考》,《方言》第 3 期。

袁家骅　1960　《汉语方言概要》,文字改革出版社。

张　琨　1985 《论比较闽方言》,《语言研究》第1期。
中国社会科学院　澳大利亚人文科学院(合编)　2012 《中国语言地图集》,香港朗文(远东)有限公司。

顾　黔　南京大学文学院　guqian@ nju. edu. cn

从入声韵看冀鲁官话的内部差异*

桑宇红　李清华

提要　文章指出,从入声韵看冀鲁官话内部存在差异:以济南话为代表的黄河以南的冀鲁官话其入声韵白读表现的是中原官话的特征;而以石家庄话为代表的河北冀鲁官话及黄河以北山东冀鲁官话其入声韵白读表现的是北京官话的特征。元代至今,伴随北京官话影响势力的扩大,中原官话的势力范围逐渐南移东退至山东境内黄河南岸。入声韵在今冀鲁官话存在大量文白异读的情况,是北京官话与中原官话强势和弱势身份地位发生转化,造成两种势力在冀鲁大地上接触融合中发生叠置的结果。

关键词　入声韵　冀鲁官话　北京官话　中原官话

一　引　言

李荣(1989:247)指出"冀鲁官话的特性是古清音入声今读阴平,古次浊入声今读去声。(古清音读阴平与古次浊入声读去声蕴涵古全浊入声读阳平),前者是冀鲁和中原两区的共性,与其他五区分开。后者是冀鲁、兰银、胶辽、北京四区的共性,与其他三区分开。"《中国语言地图集(第二版)·汉语方言卷》(2012)把冀鲁官话分为保唐片、石济片、沧惠片3个方言大片,13个方言小片,分布在北京市、天津市、河北省、山东省和山西省的162个县市方言点。

从总体看,古清入声字归阴平、次浊声母字归去声,全浊声母字归阳平是冀鲁官话的主要特点。依据古入声今调类为官话方言分区的做法无疑使我们迅速掌握了八大官话方言区彼此之间的差异,为研究提供了便利,但又使我们容易忽视考察

---

* 本文受国家社会科学基金重点项目"京津冀地区汉语方言地图集"(项目编号22AYY007)资助。

官话区内部的差异问题。钱曾怡(2010)曾敏锐地指出冀鲁官话入声韵内部存在差异,山东省内济南以东、胶济沿线及其南部的冀鲁官话,与河北省内的冀鲁官话及山东省靠近河北的鲁西北地区在入声韵的表现上并不一致。本文将从入声韵的今读,尤其文白异读表现,考察冀鲁官话的内部存在的差异情况,从而进一步揭示冀鲁官话的性质及其与北京官话和中原官话的关系。文中数据来源参见附注。

二　冀鲁官话入声韵白读表现

冀鲁官话主要分布在河北与山东省境内,山东冀鲁官话又以黄河为界,北部冀鲁官话与河北境内冀鲁官话入声韵表现一致,与南部冀鲁官话在入声韵上的表现有较明显差异。钱曾怡(2010: 140)曾指出“冀鲁官话实际上可以看成中原官话与北京官话之间的过渡: 越靠近中原,则受中原影响越大;越远离中原,则受中原影响越小”。

中古入声韵分布于咸深山臻宕江曾梗通九摄中,本文主要通过存在文白异读的宕江曾梗通五摄入声韵的读音表现来揭示冀鲁官话的内部差异。

(一) 铎药觉韵读音表现

首先来看宕江摄入声铎药觉韵在冀鲁官话的白读表现,冀鲁官话铎药觉韵白读音存在-au*(包含ɔ/iau/iɔ)与-ə*(包含ɤ/o/uo/uə/yə/ye)两类。济南话中存在a韵母的个例,其层次不明,我们不列入讨论。我们以冀鲁官话北部保唐片滦昌小片的昌黎、定霸小片的保定、天津小片的天津,中部石济片赵深小片的石家庄、邢衡小片的衡水、沧惠片黄乐小片的沧州,南部沧惠片黄乐小片的临邑、石济片聊泰小片的济南、泰安为代表方言,依次列举由北向南读音情况。详见表1所示:

表1　铎药觉韵入声字白读音值表现

方言点		薄$_{铎}$	烙$_{铎}$	搁$_{铎}$	郝$_{铎}$	雀$_{药}$	着$_{药}$	勺$_{药}$	疟$_{药}$	约$_{药}$	剥$_{觉}$	学$_{觉}$
冀	昌黎	pau	lau	kau	xau	tɕʰiau	tʂau	ʂau	iau	iau	pau	ɕiau
	保定	pau	lau	kə	xau	tɕʰiau	tʂau	ʂau	niau	iau	pau	ɕiau
	天津	pau	lau	kɤ	xau	tɕʰiau	tʂau	ʂau	iau	ye	po	ɕiau
	石家庄	pɔ	lɔ	kɔ	xɔ	tɕʰiɔ	tʂɔ	ʂɔ	iɔ	iɔ	pɔ	ɕiɔ
	衡水	pau	lau	kau	xau	tɕʰiau	tʂau	ʂau	iau	iau	pau	ɕiau
	沧州	po	lau	kɤ	xau	tɕʰiau	tʂau	ʂau	iau	iau	po	ɕiau

续表

方言点		薄$_{\text{铎}}$	烙$_{\text{铎}}$	搁$_{\text{铎}}$	郝$_{\text{铎}}$	雀$_{\text{药}}$	着$_{\text{药}}$	勺$_{\text{药}}$	疟$_{\text{药}}$	约$_{\text{药}}$	剥$_{\text{觉}}$	学$_{\text{觉}}$
鲁$_{\text{黄河北}}$	临邑	pɔ	lɔ	kɔ	xɔ	tɕʰiɔ	tʂɔ	ʂɔ	iɔ	iɔ	pə	ɕiɔ
鲁$_{\text{黄河南}}$	济南	pɤ	luɤ	kɤ	xə	tɕʰye	tʂuɤ	ʂuɤ	ye	ye	pa	ɕye
	泰安	pə	luə	kə	xə	tɕʰyə	tʂuə	ʂuə	yə	yə	pə	ɕyə

观察表 1 可知,铎药觉韵白读音在冀鲁官话有两类音值表现:(1) 读同效摄-au* 类韵母,薄[pau]=雹≠博[po],这种类型主要分布在河北及山东的黄河以北冀鲁官话地区;(2) 读同果摄-ə* 类韵母,烙[luɤ]=摞≠涝[lau],这种类型主要分布在山东的黄河以南冀鲁官话地区。

(二) 德陌麦职$_{\text{庄}}$韵读音表现

德陌麦职$_{\text{庄}}$韵是曾梗摄入声韵,在冀鲁官话区亦有不同的读音表现:德韵白读音较为一致,读同齐微韵-ei* 韵母;而陌麦职$_{\text{庄}}$韵白读音黄河南北有不同表现:(1) 黄河以北主要读-ai*(包含 ɛi、ɛ)韵母,(2) 黄河以南主要读同德韵-ei* 韵母。详见表 2 所示:

表 2　德陌麦韵入声字白读音值表现

方言点		墨$_{\text{德}}$	得$_{\text{德}}$	塞$_{\text{德}}$	刻$_{\text{德}}$	迫$_{\text{陌}}$	择$_{\text{陌}}$	麦$_{\text{麦}}$	册$_{\text{麦}}$	客$_{\text{陌}}$	隔$_{\text{麦}}$	色$_{\text{职}}$
冀	昌黎	mi	tei	sei	kʰei	pʰai	tsai	mai	tsʰai	tɕʰie	tɕie	sai
	保定	mei	tei	sei	kʰei	pʰai	tʂai	mai	tʂʰai	tɕʰiɛ	tɕiɛ	ʂai
	天津	mo	tɤ	sai	kʰɤ	pʰo	tʂai	mai	tsʰɤ	kʰɤ	kɤ	ʂai
	石家庄	mei	tei	sei	kʰe	pʰɛi	tʂɛi	mɛi	tʂʰɛi	tɕʰiɛ	tɕiɛ	ʂɛi
	衡水	mei	tei	suei	kʰɤ	pʰai	tʂai	mai	tʂʰai	tɕʰiɛ	tɕiɛ	ʂai
	沧州	mei	tɤ	sɤ	kʰɤ	pʰai	tʂai	mai	tʂʰai	kʰɤ	kɤ	sai
鲁$_{\text{黄河北}}$	临邑	mei	tei	sei	kʰei	pʰɛ	tsɛ	mɛ	tʂʰɛ	—	kei	sɛ
鲁$_{\text{黄河南}}$	济南	mei	tei	sei	kʰei	pʰei	tʂei	mei	tʂʰei	kʰei	kei	ʂei
	泰安	mei	tei	sei	kʰei	pʰei	tʂei	mei	tʂʰei	kʰei	kei	ʂei

德韵白读音与蟹止摄合口字合流，读为-ei* 类韵母，在冀鲁官话区无论河北还是山东表现较为一致；陌麦职庄韵字读音黄河南北有明显差异：（1）以济南、泰安为代表的黄河以南冀鲁官话区读-ei* 类韵母，迫＝配[pʰei]≠派[pʰai]、麦＝妹[mei]≠卖[mai]；（2）河北及山东黄河以北冀鲁官话区基本读-ai* 类韵母，迫＝派[pʰai]≠配[pʰei]、麦＝卖[mai]≠妹[mei]。除了德韵字外，陌麦职庄韵与铎药觉韵的读音表现基本是以黄河为界南北不同。

（三）屋韵读音表现

通摄入声屋韵的白读音在冀鲁官话存在一定差异，以常用字“宿轴粥叔熟”为例，存在-ou*（包含 əu）与-u* 两类情况。详见表 3 所示：

表 3　屋韵入声字白读音值表现

例字	冀						鲁黄河北	鲁黄河南	
	昌黎	保定	天津	石家庄	衡水	沧州	临邑	济南	泰安
宿住一~	ɕiou	ɕiou	ɕiou	ɕiou	ɕiəu	ɕiou	ɕy	ɕy	ɕy
轴	tʂou	tʂou	tʂou	tʂou	tʂəu	tʂou	tsu	tsu	tʂu
粥	tʂou	tʂou	tʂou	tʂou	tʂəu	tʂou	tʂou	tʂou	tʂu
叔	ʂou	ʂou	ʂu	ʂou	ʂəu	ʂou	ʂu	ʂu	ʂu
熟	ʂou	ʂou	ʂou	ʂou	ʂəu	ʂou	ʂu	ʂu	ʂu

大致河北冀鲁官话屋韵白读音读同流摄-ou* 类韵母：轴＝粥＝周[tʂou]≠猪[tʂu]；山东冀鲁官话屋韵白读读同遇摄-u* 韵母：轴[tʂu]＝粥[tʂu]＝猪[tʂu]≠周[tʂou]。

三　黄河以北冀鲁官话与北京官话入声韵今读比较

高晓虹（2001：38）曾对北京话的文白异读进行过总结：“今北京话的文白异读，一般就是指宕江曾梗通五摄入声字的文白异读，具体情况如下：宕江摄入声字的白读和中古效摄合并，文读和果摄合并；曾摄开口一等入声字白读和蟹摄合口、止摄唇音字合并，文读和果摄合并；曾摄开口三等庄组和梗摄开口二等入声字白读和蟹摄开口一二等合并，文读和果摄合并；通摄合口三等入声字白读和流摄合并，文读和遇摄合并。”我们发现黄河以北冀鲁官话入声韵文白读表现与北京官话一致。

(一) 黄河以北冀鲁官话与北京官话白读一致

1. 铎药觉韵读-au*类是北京官话的白读特征,黄河以北冀鲁官话铎药觉韵白读也为-au*类韵母。我们以昌黎为代表的黄河以北冀鲁官话与北京话为代表的北京官话、沈阳为代表的东北官话的铎药觉韵白读音进行对比,列举读音如下:

	剥$_{觉}$=包$_{肴}$	烙$_{铎}$=落$_{铎}$=涝$_{号}$	鹤$_{铎}$=号$_{号}$	雀$_{药}$=巧$_{巧}$	着$_{药}$=招$_{宵}$	疟$_{药}$=约$_{药}$=要$_{笑}$	学$_{药}$=孝$_{效}$
沈阳$_{东北官话}$	pau	lau	xau	tɕ^{h}iau	tʂau	iau	ɕiau
北京$_{北京官话}$	pau	lau	—	tɕ^{h}iau	tʂau	iau	ɕiau
昌黎$_{冀鲁官话}$	pau	lau	xau	tɕ^{h}iau	tʂau	iau	ɕiau

北京官话及东北官话铎药觉韵白读音主要为[au]和[iau]韵母。熊燕(2016:728)曾指出“以北京为代表的北部型读音特点主要是铎韵组字有与效摄合流的au、iau类白读音”。黄河以北冀鲁官话铎药觉韵与北京官话及东北官话白读层表现一致,都与效摄合流。

2. 不仅铎药觉韵,德陌麦韵冀鲁官话与北京官话也相同。“以北京为代表的白读层德韵与陌麦韵不合流的方言大体分布在太行山以东、黄河以北的北系官话区,包括今东北官话、北京官话、冀鲁官话黄河以北区域。”(熊燕 2017:311)黄河以北冀鲁官话德陌麦韵白读层,德韵与蟹摄合口一三等合流,白读音为-ei*类韵母;陌麦韵与蟹摄开口一二等合流,白读音为-ai*类韵母,这又与北京官话、东北官话的白读特征一致:

	墨$_{德}$=妹$_{队}$	迫$_{陌}$=配$_{队}$	择$_{陌}$=债$_{卦}$	册$_{麦}$=柴$_{佳}$	侧$_{职}$=栽$_{咍}$	色$_{职}$=筛$_{佳}$
沈阳$_{东北官话}$	mei	p^{h}ai	tʂai	tʂ^{h}ai	tʂai	ʂai
北京$_{北京官话}$	mei	p^{h}ai	tʂai	tʂ^{h}ai	tʂai	ʂai
保定$_{冀鲁官话}$	mei	p^{h}ai	tʂai	tʂ^{h}ai	tʂai	ʂai

3. 屋韵精组与知系字白读音有-ou*类韵母与流摄合流,黄河以北冀鲁官话也与北京官话、东北官话屋韵白读情况一致:

	宿住一~屋 = 休尤	轴屋 = 粥屋	= 周尤	熟屋 = 叔屋 = 收尤
长春东北官话	ɕiəu	tʂou	tʂou	ʂou
北京北京官话	ɕiou	tʂou	tʂou	ʂou
保定冀鲁官话	ɕiou	tʂou	tʂou	ʂou

（二）黄河以北冀鲁官话与北京官话文读一致

北京官话中宕江摄入声字文读和果摄合并；曾摄开口一等、曾摄开口三等庄组和梗摄开口二等入声字文读和果摄合并；通摄合口三等入声字文读和遇摄合并。包括宕江摄铎药觉韵、曾梗摄德陌麦及职韵、屋韵。黄河以北冀鲁官话的这些入声韵文读表现与北京官话一致：

	宕江				曾梗				通	
	落铎	雀药	约药	学觉	得德	迫陌	册麦	色职	宿住一~屋	叔屋
北京北京官话	luo	tɕʰye	ye	ɕye	tɤ	pʰo	tsʰɤ	sɤ	su	ʂu
衡水冀鲁官话	luo	tɕʰyɛ	yɛ	ɕyɛ	tɤ	pʰo	tsʰɤ	sɤ	su	ʂu

黄河以北冀鲁官话铎药觉韵文读层与果摄合流为-ə*类韵母，这与北京官话文读一致：落 = 摞[luo]；德韵与陌麦韵合流为-ə*类韵母，与北京官话一致与果摄合并：迫 = 破[pʰo]；屋韵精组与知系字读为-u*类韵母，与北京官话一致与遇摄合流：叔 = 书[ʂu]。

因此，铎药觉、德陌麦、屋韵今音的文读和白读，黄河以北冀鲁官话与北京官话完全一致。

四　黄河以南冀鲁官话与中原官话入声韵今读比较

山东省黄河以南冀鲁官话在入声韵今读表现上与黄河以北冀鲁官话有着明显的差异。

（一）黄河以南的冀鲁官话与中原官话白读一致

1. 铎药觉韵读-ə*类是中原官话的白读特征。熊燕（2016：727）曾指出“以洛阳、南京为代表的中南型的共同特点是铎韵组今读韵母主元音大多为后中元音 o

或ɤ或ə,与果摄主元音相同或相近”。我们选取中原官话中心区域郑开片郑州、洛嵩片洛阳方言为代表,与以泰安方言为代表的黄河以南冀鲁官话进行对比:

	剥觉=菠戈	烙铎=落铎=啰戈	鹤铎=贺箇	雀药≠巧巧	着药≠招宵	疟药=约药≠要笑	学觉≠孝效
郑州中原官话	po	luo	xɤ	tɕʰyo	tʂuo	yo	ɕyo
洛阳中原官话	pə	luə	xə	tɕʰiə	tʂə	iə	ɕiə
泰安冀鲁官话	pə	luə	xə	tɕʰyə	tʂuə	yə	ɕyə

铎药觉韵白读层,黄河以南冀鲁官话与中原官话的白读层都是与果摄合流。中原官话的中心区域如郑开片、南鲁片、漯项片、商阜片、信埠片、汾河片、关中片、秦陇片等大都读o、uo、yo(io),而边缘地区的兖菏片、徐淮片、陇中片、河州片、南疆片则以ə、uə、yə(iə)或ɤ、uɤ、yɤ为主。音值的不同,可以视为o、uo、yo相对应的音位变体,铎药觉韵读o、uo、yo代表了中原官话的特点。(段亚广 2012: 126—127)

2. 黄河以南冀鲁官话德陌麦韵合流,读同蟹合一、止开合三-ei韵母,该特点与中原官话的表现一致。熊燕(2017: 310—312)指出:“德韵与陌麦韵合流。主要分布在黄河以南,长江以北的南系官话区。”“大体又以秦岭淮河为界,分为中部与南部地区。”“中部地区指黄河至秦岭—淮河之间,即今胶辽和冀鲁(山东境内黄河以南)、中原和兰州话。”“济南型德陌麦韵字与“杯梅”等蟹合一、止开合唇音字同韵。主要见于山东境内黄河以南德胶辽官话青莱片、冀鲁官话、中原官话兖菏片,江苏、安徽北部的徐淮片,河南商丘等地也属此类,陕西关中一带以及以西的中原官话关中片、秦陇片、陇中片等。”我们以济南、泰安为代表的黄河以南冀鲁官话与西安为代表的中原官话进行比较:

	墨德=妹队	迫陌=配队	择陌≠债卦	册麦≠柴佳	侧职≠栽咍	色职≠筛佳
西安中原官话	mei	pʰei	tsei	tsʰei	tsei	sei
济南冀鲁官话	mei	pʰei	tʂei	tʂʰei	tʂei	ʂei
泰安冀鲁官话	mei	pʰei	tʂei	tʂʰei	tsʰə	ʂei

德陌麦韵白读音黄河以南冀鲁官话与中原官话表现一致,都是与蟹摄合口一等合流,读作-ei* 韵母。段亚广(2012: 136)也曾指出中原官话德陌麦韵合一型包

含两小类，开封型主要分布于中原官话的郑开片、洛嵩片、南鲁片、漯项片、商阜片、信蚌片和徐淮片。以单元音 ɛ 韵母最为普遍。西安型主要分布于关中片、秦陇片、陇中片、南疆片、兖荷片和徐淮片部分方言。今读为 ei 韵母。因此，从德陌麦韵读音类型的分合以及白读音音值的表现来看，黄河以南冀鲁官话德陌麦韵白读音与中原官话表现一致。

3. 黄河以南冀鲁官话通摄合口三等屋韵精组与知系字，白读音为-u 韵母，与中原官话表现也一致：

	宿住一~屋 = 徐鱼	轴屋 = 粥屋 = 猪鱼	熟屋 = 叔屋 = 书鱼
洛阳中原官话	sy	tʂu	ʂu
济南冀鲁官话	ɕy	tsu	ʂu
泰安冀鲁官话	ɕy	tsu	ʂu

从屋韵白读音表现来看，黄河以南冀鲁官话与中原官话表现一致，都是与遇摄合流，如轴 = 粥 = 猪[tʂu]。屋烛韵知系字在中原官话中有单元音 u 型以及复元音 əu 型，其中单元音 u 型是中原官话的主体。（段亚广 2012：144）

（二）黄河以南冀鲁官话文读与北京官话白读一致

黄河以南冀鲁官话铎药觉韵文读为-au* 类韵母，屋韵文读为-ou* 类韵母。我们将黄河以南冀鲁官话文读层与北京官话白读音进行比较：

		宕江				通	
		薄铎	落铎	钥药	角觉	粥屋	轴屋
北京北京官话	文读	pɤ	luo	ye	tɕye	—	—
	白读	pau	lau	iau	tɕiau	tʂou	tʂou
泰安冀鲁官话	文读	pɔ	lɔ	iɔ	tɕiɔ	tʂou	tʂou

铎药觉韵读-au* 类韵母、屋韵读-ou* 类韵母，这些都是北京官话白读音的特征。而这恰与黄河以南冀鲁官话铎药觉韵、屋韵的文读表现一致。

铎药觉、屋韵的白读音，黄河以南冀鲁官话与中原官话一致；而文读音与北京官话白读音一致；黄河以北冀鲁官话白读音与北京官话白读音一致，文读音与中原官话一致。

冀鲁官话文白读这种差异性表现恰恰是北京官话与中原官话接触影响的结果。详见表 4 所示:

表 4　黄河南北冀鲁官话与北京官话以及中原官话文白层次比较

<table>
<tr><th colspan="2">北京官话/冀鲁官话$_{黄河北}$</th><th colspan="2">冀鲁官话$_{黄河南}$</th><th>中原官话</th><th rowspan="2">例字</th></tr>
<tr><th>文</th><th>白</th><th>文</th><th>白</th><th>白</th></tr>
<tr><td>ə</td><td colspan="2">au</td><td colspan="2">ə</td><td>薄$_{铎}$、烙$_{铎}$、郝$_{铎}$</td></tr>
<tr><td>yə</td><td colspan="2">iau</td><td colspan="2">yə</td><td>雀$_{药}$、药$_{药}$、角$_{觉}$、学$_{觉}$</td></tr>
<tr><td>u</td><td colspan="2">ou</td><td colspan="2">u</td><td>叔$_{屋}$、熟$_{屋}$、粥$_{屋}$、轴$_{屋}$</td></tr>
<tr><td rowspan="2">ə</td><td>ei</td><td rowspan="2">ə</td><td colspan="2" rowspan="2">ei</td><td>得$_{德}$、塞$_{德}$、刻$_{德}$</td></tr>
<tr><td>ai</td><td>迫$_{陌}$、择$_{陌}$、客$_{陌}$、册$_{麦}$、隔$_{麦}$</td></tr>
</table>

从铎药觉韵及屋韵文白音值来看,黄河以北冀鲁官话的白读层与黄河以南冀鲁官话文读层一致,均属北京官话白读特征;黄河以北冀鲁官话文读层与黄河以南冀鲁官话白读层一致,属于中原官话白读特征。

五　冀鲁官话文白叠置更迭表现

从冀鲁官话入声韵表现来看,黄河以北的冀鲁官话白读音与北京官话白读音表现一致,如昌黎、保定,黄河以南冀鲁官话白读音与中原官话白读音表现一致,如济南、泰安。介于北京官话和中原官话交汇的方言地带入声韵呈现出了两大音系叠置更替的情况。以黄河以北冀鲁官话衡水、临邑与黄河以南冀鲁官话泰安方言为例,选取存在文白异读的“薄、角、约、郝”四个字,进行比较如下:

	薄$_{铎}$		角$_{觉}$		约$_{药}$		郝$_{铎}$	
	衡水	泰安	衡水	泰安	衡水	泰安	临邑	泰安
白读	pau	pə	tɕiau	tɕyə	iau	ye	xɔ	xə
文读	po	pɔ	tɕyɛ	tɕiɔ	yɛ	iɔ	xuə	xɔ

“薄、角、约、郝”四个字存在-au* 与-ə* 两类读音,前者与效摄合流,后者与果摄合流。在衡水、临邑方言中的白读音,在泰安方言中是文读音;在衡水、临邑方言中的文读音,在泰安方言中是白读音,如“角”在衡水方言中白读音为[tɕiau],文读

音为[tɕyɛ],而泰安方言中白读音为[tɕyə],文读音为[tɕiɔ]。可见黄河以北的冀鲁官话与黄河以南的文白叠置音系发生了身份替换现象。层次间可能会以叠置方式完成其竞争、取代的过程。(徐通锵 1991)

王洪君(2014：312—323)提出:"一个有文白异读的共时音系可以看作是由两个不同的方言音系叠合而成的整体。""共时的两个音韵层次的叠置实际上是两个不同的音韵系统历时接触、竞争、更迭的反映。""叠置式音变则是新旧形式以词中音类为单位、一个词一个词竞争的过程。"王洪君(2014：305)认为:"文白异读大多反映了不同时期外来权威方言音系与本地方言的叠合。"

我们对冀鲁官话中文白叠置的交替表现进行了考察,以河北境内保唐片曹妃甸、石济片衡水、临西、沧惠片献县,山东境内黄河以北石济片聊城、沧惠片临邑、利津,以及黄河以南石济片泰安方言为例,涵盖了冀鲁官话黄河南北绝大部分地区。从铎药觉韵来看,我们分别选取铎、药、觉韵的常用字,如"薄烙落雀疟约剥学",考察其在方言中的文白读表现。文中用"＿"表示白读音,"＝"表示文读音,方言点依次由北到南的次序排列。详见表 5 所示:

表 5　冀鲁官话铎药觉韵叠置表现

方言点		薄铎	烙铎	落铎	雀药	疟药	约药	剥觉	学觉
北京北京官话		pau	lau	lau/luo	tɕ^{h}iau/tɕ^{h}ye	iau/nye	iau/ye	pau/po	ɕiau/ɕye
冀	曹妃甸	pau	lau	lau/luo	tɕ^{h}iau/tɕ^{h}ye	iau/nye	iau/ye	pau/puo	ɕiau/ɕyə
	衡水	pau	lau	lau/luo	tɕ^{h}iau/tɕ^{h}yɛ	iau	iau/yɛ	pau	ɕiau/ɕyɛ
	献县	pɔ/puə	lɔ	lɔ/luə	tɕ^{h}iɔ/tɕ^{h}yə	iɔ	iɔ/yə	pɔ	ɕiɔ/ɕyə
	临西	po	lau	luo	tɕ^{h}iau	nye	iau/ye	—	ɕiau/ɕye
鲁黄河以北①	临邑	pɔ/pə	lɔ	lɔ/luə	tɕ^{h}iɔ	iɔ	iɔ	pə	ɕiɔ/ɕyə
	利津	pɔ	lɔ	luə/la	tsiɔ	iɔ	iɔ	pə/pa	ɕiɔ/ɕyə
	聊城	pə	luə	luə/lɔ/la	tɕ^{h}yə/tɕ^{h}iɔ	—	yə/iɔ	pə	ɕye
鲁黄河以南	泰安	pə/pɔ	luə/lɔ	luə	tɕ^{h}yə	yə/ȵyə	yə	pə	ɕye
洛阳中原官话		pə	luə	luə	ts^{h}iə	iə	iə	pə	ɕiə

① 利津、聊城原作未给出文白标示,只记录为又音。所以我们在这里无法进行文白标注。

为了看出文白更迭的表现,我们把洛阳作为中原官话的典型代表置于表末,洛阳话没有文白读,只有中原官话-ə* 类一读。与其纵向比较,读音相同的都可以看作是中原官话的读音层次。铎药觉韵在冀鲁官话方言中读音有文白-au* 与-ə* 两类。黄河以北冀鲁官话曹妃甸、衡水、献县等地方言铎药觉韵白读音为-au* 类韵母,文读音-ə* 类韵母,黄河以南的冀鲁官话铎药觉韵白读音为-ə* 类韵母,文读音-au* 类韵母。介于冀鲁官话中间地带则呈现出白读音与文读音的更迭情况:与山东毗邻的河北临西方言"薄"只有一读,本地音为-ə* 类韵母;山东黄河以北冀鲁官话临邑方言中,"剥"只有一读,本地音也是-ə* 类韵母,都表现出中原官话的特征;山东聊城方言的情况也值得注意,虽然在黄河以北,但也与黄河以南冀鲁官话表现一致,白读音为-ə* 类韵母,文读音-au* 类韵母;其中的"落、约"出现-au* 类韵母,但这是文读层次,尚且不是白读音。

这说明,长期以来,中原官话一直是汉语的权威方言,清代中期以后,北京官话的影响慢慢兴起,到如今已经变成较为强势的方言,呈波浪式前进,与中原官话形成挤压,原本中原官话的白读音经过叠置音变更替为北京官话,造成了黄河南北文白读逆向发展的局面。

以德陌麦职$_{\text{庄}}$韵为例,详见表 6 所示:

表 6　冀鲁官话德陌麦职$_{\text{庄}}$韵叠置表现

方言点		得$_{\text{德}}$	刻$_{\text{德}}$	迫$_{\text{陌}}$	择$_{\text{陌}}$	册$_{\text{麦}}$	客$_{\text{陌}}$	隔$_{\text{麦}}$	色$_{\text{职}}$
北京$_{\text{北京官话}}$		tei/tɤ	kʰɤ	pʰai	tʂai/tsɤ	tsʰai/tsʰɤ	tɕʰie/kʰɤ	tɕie/kɤ	ʂai/sɤ
冀	曹妃甸	tei	kʰɤ	pʰai	tʂai/tsɤ	tʂʰai/tsʰɤ	tɕʰie/kʰɤ	tɕie/kɤ	ʂai/sɤ
	衡水	tei/tɤ	kʰɤ	pʰai/pʰo	tʂai/tsɤ	tʂʰai/tsʰɤ	tɕʰiɛ	tɕiɛ/kɤ	ʂai/sɤ
	献县	tei/tɯə	kʰei/kʰɯə	pɛ	tʂɛ/tsɯə	tʂʰɛ	tɕʰiə	tɕiə/kɯə	ʂɛ/sɯə
	临西	tei/tɤ	kʰei	pʰo	tʂai/tsɤ	tsʰɤ	tɕʰie/kʰɤ	—	ʂai
鲁$_{\text{黄河以北}}$	聊城	tei	kʰə	pʰɛ	tsɛ	tʂʰɛ	tɕʰiə/kʰei/kʰə	kə	sɛ
	临邑	tei/tə	kʰei/kʰə	pʰɛ	tsɛ	tʂʰɛ	kʰə	kei/kə	sɛ
	利津	tei	kʰei/kʰə	pʰei	tʂei	tʂʰei	kʰei	kei	sei
鲁$_{\text{黄河以南}}$	泰安	tei/tə	kʰəi/kʰə	pʰei/pʰə	tʂei/tsə	tʂʰei/tsʰə	kʰei/kʰə	kei/kə	ʂei/sə
开封$_{\text{中原官话}}$		tɛ	kʰɛ	pʰɛ	tʂɛ	tʂʰɛ	kʰɛ	kɛ	sɛ

同样，为了便于比较文白异读更迭性质，我们列出中原官话代表点开封的读音作为参照。开封德陌麦职$_{\text{庄}}$韵只有一读，读同车遮韵，其中刻[k^hε]≠课[k^hɤ] | 择=遮[tʂɛ] | 册=车[$tʂ^h$ε]。这种读音表面上不同于文读层次，但是实际上“北京话文读层属车遮，表面也与歌戈韵合流，这是由于北京话这种北方官话车遮、歌戈不分所致”（刘祥柏 2023：445）。因此，我们仍旧可以把开封的这个读音层次也归属果摄歌戈韵-ə*类。

黄河以北冀鲁官话白读音德韵与陌麦韵对立，德韵今读齐微韵-ei*类韵母，陌麦韵今读皆来韵-ai*类韵母，这与北京官话白读表现一致；黄河以南冀鲁官话德陌麦韵白读音合流读齐微韵-ei*韵母。德陌麦韵文读音南北无异，今读果摄-ə*类韵母，这与北京话文读音表现一致。

再以常用字“宿轴粥叔熟”为例看文白异读交替的表现，详见表7所示：

表7　冀鲁官话屋韵叠置表现

例字	北京官话	冀				鲁$_{\text{黄河以北}}$			鲁$_{\text{黄河以南}}$	中原官话
	北京	曹妃甸	献县	衡水	临西	利津	临邑	聊城	泰安	洛阳
宿$_{\text{住一~}}$	ɕiou	ɕiou	ɕiou	ɕiəu	ɕiou	sy	ɕy	ɕy	ɕy	sy
轴	tʂou	tʂou	tʂou	tʂəu	tʂou	tʂu	tsu	tsu	tʂu/tʂou	tʂu
粥	tʂou	tʂou	tʂou	tʂəu	tʂou	tʂou	tʂou	tsu/tsəu	tʂu/tʂou	tʂu
叔	ʂu	ʂou/ʂu	ʂou/ʂu	ʂəu/ʂu	ʂu	ʂu	ʂu	su	ʂu	ʂu
熟	ʂou/su	ʂou	ʂou/ʂu	ʂəu/ʂu	ʂu	ʂu	ʂu/ʂou	su	ʂu	ʂu

河北冀鲁官话白读音为-ou*类韵母，文读音为-u*类韵母。山东境内冀鲁官话，白读音为-u*韵母，文读音为-ou*类韵母。处于两省接壤地区存在文白读交替情况：在河北临西方言中，“叔、熟”本地音为[u]韵母，与山东境内冀鲁官话一致，也与中原官话洛阳话一致，说明这是中原官话的读音层次。而在山东利津、临邑方言中，“粥”本地音为-ou*韵母，与河北境内冀鲁官话一致。冀鲁官话屋韵文白叠置交替表现在地域分布上基本以省为界分化。

我们从北向南、从西向东分别选取了冀鲁官话北部保唐片昌黎、保定、唐山、曹妃甸、天津；中部石济片石家庄、衡水、临西；沧惠片的沧州、献县，南部山东境内石济片聊城、济南、泰安;沧惠片临邑、利津等15个方言点进行考察,对铎药觉、德陌麦、屋韵的白读表现,按由北向南的次序,从左到右依次排列,“+”代表与北京官话一致,“—”代表与中原官话一致。详见表8所示:

表8 冀鲁官话入声韵白读今音与北京、中原官话关系

方言点	冀										鲁黄河以北			鲁黄河以南	
	昌黎	保定	唐山	曹妃甸	天津	石家庄	献县	衡水	沧州	临西	临邑	聊城	利津	济南	泰安
铎药觉	+	+	+	+	+	+	+	+	+	+	+	+	+	—	—
德陌麦	+	+	+	+	+	+	+	+	+	+	+	+	—	—	—
屋	+	+	+	+	+	+	+	+	+	+	—	—	—	—	—

河北境内冀鲁官话入声韵白读表现大都与北京官话一致,黄河以南的冀鲁官话入声韵白读与中原官话大体一致。山东黄河以北的冀鲁官话入声韵读音表现呈现出参差不齐的表现:(1)铎药觉韵,利津、聊城、临邑与北京官话一致;(2)德陌麦韵,利津与中原官话一致,临邑、聊城与北京官话一致;(3)屋韵,利津、聊城、临邑与中原官话保持一致。这种表现可以看作北京官话与中原官话的通过“叠置”方式完成竞争、取代的发展过程是不平衡的,屋韵最慢,德陌麦韵相对较快,铎药觉韵最快。在地域分布上,北京官话入声韵特点在由北向南、由西向东推进,基本以黄河为界,黄河以北的冀鲁官话,受北京官话的影响较大,黄河以南的冀鲁官话依旧保留中原官话的特点。

中原地区的汉语方言,特别是汴洛地区,长期以来尤其元代以前一直是汉语的权威方言,不断对周边地区方言产生影响,而它们自己却很少受其他方言的影响。(潘悟云 2007)元代以后,随着中心地位的改变,北京官话影响力增加,并确立优势地位,逐渐扩大影响范围。冀鲁官话就是在北京官话与中原官话竞争下产生的,黄河以北冀鲁官话区域,北京官话处于强势地位,竞争力强,黄河以南山东冀鲁官话区域,中原官话较为强势。两大官话交汇地带,呈现出入声韵文白交替更迭的情况。

六　余　论

从入声韵文白读表现来看,冀鲁官话就是一个北京官话与中原官话相互竞争的过渡地带。河北冀鲁官话与北京官话性质构架相同,不排除有一定明代南京官话的语音层次,但底层还是古老的中原官话,表层是北京官话。“北方官话是新官话,中原官话是老官话。”“随着宋代以后政治中心的北移,正音标准的改变,影响中心地位由洛阳转移到以北京话为代表的北方官话。”(刘勋宁　1995: 451—452)山东黄河以南冀鲁官话基本还保持着原本中原官话的架构表现。冀鲁官话区域,北京官话与中原官话交汇地带文白身份的更替究竟多久能够完成,值得进一步跟踪调查。

此外,咸山摄合盍曷韵部分字“葛割磕喝”等,在山东境内冀鲁官话区靠近胶辽官话的利津、济南、寿光方言中存在读 a 类韵母情况,与胶辽官话的表现一致,如磕[k^ha]=卡[k^ha]≠棵[k^hɤ]、割[ka]=葛[ka]≠哥[kɤ]、喝[xa]=哈[xa]≠河[xɤ]。这究竟是中原官话的早期层次还是外来读音也值得进一步研究。

方言语料来源:昌黎来源于《昌黎方言志》,长春、沈阳、大连、青岛、天津、保定、唐山、沧州来源于《普通话基础方言基本词汇集》,利津来源于《普通话基础方言基本词汇集》《汉语官话方言研究》,济南来源于《汉语方音字汇》第二版重排本,曹妃甸来源于《唐山曹妃甸方言研究》,石家庄来源于《中古入声字在河北方言中的读音》,衡水来源于《衡水桃城区方言研究》,献县来源于《沧州献县方言研究》,临邑来源于《山东临邑方言音系》,临西来源于《临西方言音系初探》,泰安来源于《泰安方言志》,聊城来源于《聊城方言志》,北京来源于《汉语方音字汇》第二版重排本,郑州、西安来源于《汉语官话方言研究》,洛阳来源于《洛阳方言研究》,开封来源于《中国音韵学研究》。

参考文献

曹延杰　2005　《山东临邑方言音系》,《方言》第 1 期。

陈章太　李行健(主编)　1996　《普通话基础方言基本词汇集》,语文出版社。

段亚广　2012　《中原官话音韵研究》,中国社会科学出版社。

傅　林　2020　《沧州献县方言研究》,中华书局。

高文达　1992　《济南方言志》,山东省地方史志办公室。

高晓虹　2001　《北京话入声字文白异读的历史层次》,《语文研究》第2期。
河北省昌黎县县志编纂委员会　中国社会科学院语言研究所(编)　1984　《昌黎方言志》,上海教育出版社。
贺　巍　1993　《洛阳方言研究》,社会科学文献出版社。
李　荣　1989　《汉语方言的分区》,《方言》第4期。
李冬英　2007　《临西方言音系初探》,河北师范大学硕士学位论文。
刘淑学　2000　《中古入声字在河北方言中的读音研究》,河北大学出版社。
刘祥柏　2023　《官话方言德麦韵演变趋向》,《方言》第4期。
刘勋宁　1995　《再论汉语北方话的分区》,《中国语文》第6期。
宁廷德　2015　《泰安方言志》,山东大学出版社。
潘悟云　2007　《历史层次分析的目标与内容》,丁邦新(编)《历史层次与方言研究》,上海教育出版社。
钱曾怡　2010　《汉语官话方言研究》,齐鲁书社。
沈丹萍　2021　《唐山曹妃甸方言研究》,中华书局。
王福堂　2003　《汉语方音字汇》(第二版重排本),语文出版社。
王洪君　2014　《历史语言学方法论与汉语方言音韵史个案研究》,商务印书馆。
熊　燕　2016　《从铎药觉韵读音看官话次方言关系》,《中国语文》第6期。
熊　燕　2017　《再论官话德陌麦韵音变》,《方言》第3期。
徐通锵　1991　《历史语言学》,商务印书馆。
张鹤泉　1995　《聊城方言志》,语文出版社。
郑　莉　2021　《衡水桃城区方言研究》,中华书局。
中国社会科学院语言研究所　中国社会科学院民族学与人类学研究所　香港城市大学语言资讯科学研究中心　2012　《中国语言地图集·汉语方言卷》第2版,商务印书馆。

桑宇红　河北师范大学文学院　sangyuhong70@163.com
李清华　河北师范大学文学院　964357184@qq.com

《八矢注字图说》的等韵理论与三百年前的太仓方音*

李　军

提要　《八矢注字图说》是清代康熙年间太仓人顾陈垿所著的一部具有易学数理色彩的等韵著作。论文对“八矢”的概念及相关等韵理论进行了解析,指出,“八矢”实际上是从四声,韵部,洪细,声母发音部位,声母清浊,“开口呼与合口呼”“齐齿呼与撮口呼”的语音对应关系,声母的阻塞方式,声母送气与否等八个方面,对汉语音节与拼合关系进行深入分析的等韵理论术语体系。“经声图”“纬音图”所反映的声母类与韵部数量以及声、韵拼合的音节数量,虽具有比较鲜明的易学数理色彩,但通过该书所反映的音系特征与现代太仓方言的比较,可以发现,该书对韵部的划分,对声母、声调的分类都是建立在实际语音基础上的。《八矢注字图说》是一部与《皇极经世书》“声音唱和图”语音理论一脉相承,以近三百年前的太仓方音为基础,以“八矢”为等韵理论术语,从数理的角度,力图反映最大化的理想语音系统的等韵学著作。

关键词　《八矢注字图说》　等韵理论　太仓方言

一　《八矢注字图说》简介

《八矢注字图说》,清顾陈垿著。顾陈垿(1678—1747),字玉停,号宾阳,江苏太仓镇洋人。康熙五十四年(1715)举人,官行人司行人。又以算学应试,列第一,称算状元。雍正三年(1725)因眼疾乞归,专心著述。乾隆元年(1736)诏起官,又

* 本文受国家社会科学基金重大项目“汉语等韵学著作集成、数据库建设及系列专题研究”(项目编号 17ZDA302)的资助。

举“博学鸿词”科。乾隆六年设乐部,诏起,辞不就。顾氏精通字学、算学、乐律,兼精医学。著有《内则章句》一卷、《读四书偶见》三卷、《钟律陈数》一卷等书。(南京师范大学古文献整理研究所 1996: 1670)

目前所见《八矢注字图说》有道光十三年太仓东陵氏刻娄东杂著本与味菜庐集写本两种版本。本文研究对象为南京图书馆所藏味菜庐集写本,该版本前有西田王掞序及顾氏自序。正文前为“经声二九并入之图”(以下简称“经声图”)、“纬音清浊正变阴阳轻重留送之图”(以下简称“纬音图”)及韵图说明;韵图说明有韵文,有论说,韵文大字,论说双行小字,以上为“图”的部分。图后为“总纲”“经声”“纬音”“元音、下声”“消长”“字矢”“字的”“用韵”等内容,为“说”的部分。这应当是《八矢注字图说》的早期版本。

《四库存目丛书》收录有北京图书馆藏道光十三年太仓东陵氏刻娄东杂著本,分“字说”和“图说”两部分。“字说”即味菜庐集写本“总纲”以下“说”的部分,“图说”即“经声图”“纬音图”及相关说明等“图”的部分。娄东杂著本无田氏序言及顾氏自序。图的形制稍别,而内容一致。

《四库全书总目提要》卷四十四经部四十四对《八矢注字图说》等韵理论进行了粗略的解读,认为该书术语“皆变幻面目,别立名字”。耿振生(1992)引用了《四库提要》的内容对该书进行了介绍。李新魁、麦耘(1993)则据《四库提要》所云“是编乃其所定韵书”,而将此书定性为“韵书”。熊桂芬(2016)对《八矢注字图说》语音理论进行了述评,对其音系进行了归纳和构拟。熊文所据版本为《四库存目丛书》所收太仓东陵氏刻娄东杂著本,该文对《八矢注字图说》数理的解读比较细致。本文在其基础上,进一步对《八矢注字图说》的等韵理论、所反映的语音特征及其音系基础问题进行分析与探讨。

二 《八矢注字图说》的等韵理论体系

(一) 八矢说

顾氏自序指出,此书“本诸《皇极经世》之指命,声以经命,音以纬集”。即仿《皇极经世书》“声音唱和图”之“声图(韵)”,将韵部命名为“经声”;仿“声音唱和图”之“音图(声母)”,将声母命名为“纬音”。《八矢注字图说》的编撰旨趣、方法、理论与《皇极经世书》一脉相承,是以数理、音乐、阴阳、五行相生理论对语音进行穷尽描写和分析。顾氏认为,古人用反切来分析字音,“若以刀分物,然非不剖也,而利不及远,致不及深”,并且“声之变化而无方”。所以主张“不一注之而八矢连发,洞然贯于至微,而字无不获矣”。

何谓“八矢”?“字矢”篇云:“一矢正位,二矢分气,三矢定界,四矢择器,五矢决雌雄,六矢端首尾,七矢穿腠理,八矢洞心脉。声出而字死,四声位也;经声,气也;清浊,界也;而五音,器也;阴阳,犹雌雄也;正变,犹首尾也;轻重,犹腠理也;留送,在心脉之际也。”即《四库提要》所说“八矢者,譬字为的,以八矢注之:一分四声,二经声,三定清浊之界,四审五音,五分阴阳,六分正变,七分轻重,八分留送。凡八门”。

“八矢”就是顾氏所提出的对汉语音节各要素进行分析、描写的八个方面,这是该书等韵理论的基础,也是作者以传统等韵学与易学数理概念相结合,对语音进行全面分析的新的术语体系。下文结合图、说等相关内容,对“八矢”的概念及相关等韵理论进行解析。

1. 一矢正位——分四声

“分四声”即分辨平上去入,“正位”即正四声之位。“经声图”说明部分指出,“凡读字遇四声须圈黚者,平在左下角,上在左上角,去在右上角,入在右下角”。但顾氏于四声外,另增加一“下声”,并指出“下声者,上之闰”,“下声即上声也,而下之则为下声,吴越之间多有焉”。

2. 二矢分气——经声

“经声”就是区分韵部。顾氏将韵部归纳为九部,划分为先天九声、后天九声。所谓先天即阴声韵,后天即阳声韵。阴、阳声韵九声平、上、去相承共五十四韵;一阴一阳同一入,共九个入声韵,合计六十三韵。

3. 三矢定界——定清、浊之界

顾氏所谓“清、浊”既是指韵母洪细的区别,也是指根据拼合关系不同而区分的声母类。清音指细音(齐齿呼、撮口呼)或与细音相拼的声母类,浊音指洪音(开口呼、合口呼)或与洪音相拼的声母类。韵母如“‘以’与‘为’独亲,‘以’近清而‘为’近浊”,即“以”为细音韵部,“为”是洪音韵部。声母如“纬音图”中,“宫、商”两音,均来源于古见系声母,但“宫音”“阿何呵歌翗珂我莪”“汪黄荒光狂匡瓦倣”为浊,“商音”“淹盐忺兼黔谦俨严”“于余虚居渠袪语鱼”为清;同为“角音”,“丹坛滩赧难囗懒阑”“端团湍暖湠囗卵銮”为浊,“颠田天捻年囗琏连”“冬彤烚女衄囗吕间"为清。

"定界"就是要求根据韵母洪细的不同,以相应的声母类与之相拼。"纬音图"根据拼合关系,将声母区分为"宫(浊)""商(清)""浊角""清角""浊徵""清徵""浅徵""中徵""深徵""浊羽""清羽""浊闰""清闰"十三组,共计一百三十八声母类。声母的分类结合了介音的特点,这是明清等韵学阶段兴起的以介音对声母进行分类的新做法。因为"经声"只代表韵部(主元音和韵尾),这样,理论上纬音一百三十八声母类与经声二十七部六十三韵(含下声则八十一韵)直接相拼,就可以做到天下无遗音。

4. 四矢择器——审五音

"五音"即声母的发音部位。"纬音"篇指出,"何谓器?喉、腭、牙、舌、齿、唇也,鼻也"。"纬音图"说明部分,以韵语的形式对五音十三组一百三十八声母类的发音部位与发音特征进行了说明和描写,其中宫、商、角、徵、羽、闰,分别与喉、腭、舌、齿、唇、舌齿相配。

除一百三十八声母类外,"纬音"还包括"元音"。"何谓元音?鼻之本音也",即 m、n、ŋ,阴、阳各三,共计六类。顾氏将鼻音归入声母类,同时又与阴、阳声韵部一起,将其与十二律吕相配。"经声"篇指出,"复中半以前,剥中半以后,皆无口音,唯鼻音耳,律配应钟"。因此,"元音"实际上就是自成音节的鼻化韵。

从各组声母的来源看,古知、照组声母合流,读徵音,分浅、中、深三类。"纬音图"对该组声母的描写为"浅舒、深卷、中微挛""皆以舌抑风,穿重缝而出",说明这三组声母类发音部位相同。他们的区别是与韵母拼合关系的不同,"浅以属清,中、深以属浊",说明古知照组声母合流后具有与洪、细音韵母相拼的特点。

5. 五矢决雌雄——分阴、阳

"阴、阳"是根据传统音韵清浊特征对声母的分类,清声母为阴,浊声母为阳,"分阴阳"即分辨声母清浊。其中,宫、商、浊角、清角、浊羽、清羽所列次浊声母上声为阴,沿袭的是《皇极经世书》"音图"的做法。

6. 六矢端首尾——分正、变

"正、变"是"清(细)、浊(洪)"音内部两组声母之间的对应关系。"纬音图"左列与合齿呼、撮口呼相拼的声母类,右列与开口呼、齐齿呼相拼的声母类。附注指出:"右(即开口、齐齿呼,古开口韵)为经(正)音,左(即合口、撮口呼,古合口韵)为变音。"即与开口韵(开口呼、齐齿呼)相拼的声母类为正音,与合口韵(合口呼、撮口呼）相拼的声母类为变音。如“宫音”“正之出兮唇不动，变鼓唇兮操以纵”；“腭音”“舌承牙兮正音生，加以撮兮变乃成”。

7. 七矢穿膝理——分轻、重

“轻、重”是指擦音、鼻音、边音与塞音、塞擦音等声母阻塞方式的区别。“纬音图”宫、商、角音，各分三成。其中宫、商音一、二、三位（影、晓、匣）为第一成，属轻；四、五、六位（见、群、溪）为第二成，属重；七、八位（疑）为第三成，属“轻重之间”。角音一、二、三位（端、定、透）为第一成，属重；四、五位（泥）为第二成，属轻；七、八位（来）为第三成，属“轻重之间”（第六位有音无字）。徵、羽音同。即重音为塞音、塞擦音，轻音为擦音；次浊音泥母、明母为轻音，疑母、来母在“轻重之间”。

8. 八矢洞心脉——分留、送

“留、送”是指声母送气与否。“纬音”篇指出，来源于古晓母及次清的声母类为“送”，来源于古影母及全清的声母类为“留”，全浊声母无“留、送”之别，其他声母则在“留、送之间”。

（二）“纬音图”“经声图”的编撰体例与内容

《八矢注字图说》最重要的两图就是“纬音图”“经声图”，全面反映了该书的语音系统与等韵理论。

1. “纬音图”——第一部系统描写发音部位、发音方法的声母表

“纬音图”实质上就是从发音部位、发音方法、拼合关系等方面对声母系统进行描写与分析的图表。相较于传统等韵学从五音、全次、清浊等方面对声母的描写，《八矢注字图说》的声母分析方法更为细致、精确，“洞然贯于至微”。（“纬音图”，详见图 1。）

“纬音图”中列十三组声母发音的部位名称、清浊、深浅，即首“审五音”“定清、浊（洪、细）之界”。左、右分别列开、合口洪细音声母类，即“分正变”，右为“经音”（或“正音”，即开口韵声母类，或与开口呼、齐齿呼相拼的声母类），左为“变音”（即合口韵声母类，或与合口呼、撮口呼相拼的声母类）。同组声母根据位次不同，分“阴、阳”“轻、重”“留、送”。如“光”母的发音部位、发音方法分别为：“宫喉（舌根）”“清（洪）”“变音（合口）”“留（不送气）阴（清）重（塞音/塞擦音）”；“珂”声母类的发音部位、发音方法分别为：“宫喉（舌根）”“清（洪）”“经音（开口）”“送（送气）阴（清）重（塞音/塞擦音）”。“纬音图”完全达到了现代语音学从发音部位、发

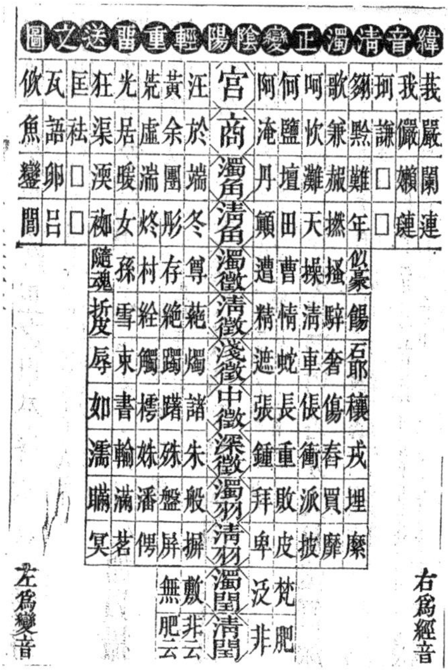

图1　纬音图

音方法对辅音进行准确描写的高度。

结合“八矢”说明，将“纬音图”各组声母(右下角标其三十六字母来源名称)五音、清浊、正变、阴阳、轻重、留送特征列表如表1所示：

表1　“纬音清浊正变阴阳轻重留送之图”对各组声母类发音部位、发音方法、拼合关系的分析描写

变音(合口)									经音(开口)							
八	七	六	五	四	三	二	一		一	二	三	四	五	六	七	八
第三成		第二成			第一成			清$_{\text{细}}$浊$_{\text{洪}}$五音	第一成		第二成			第三成		
阳$_{\text{浊}}$	阴$_{\text{清}}$	阴$_{\text{清}}$	阳$_{\text{浊}}$	阴$_{\text{清}}$	阴$_{\text{清}}$	阳$_{\text{浊}}$	阴$_{\text{清}}$		阴$_{\text{清}}$	阳$_{\text{浊}}$	阴$_{\text{清}}$	阴$_{\text{清}}$	阳$_{\text{浊}}$	阴$_{\text{清}}$	阴$_{\text{清}}$	阳$_{\text{浊}}$
轻重留送之间		重			轻				轻			重			轻重留送之间	
		送		留	送		留		留		送	留		送		
佽$_{\text{疑}}$	瓦$_{\text{疑上}}$	匡$_{\text{溪}}$	狂$_{\text{群}}$	光$_{\text{见}}$	荒$_{\text{晓}}$	黄$_{\text{匣}}$	汪$_{\text{影}}$	浊$_{\text{洪}}$宫$_{\text{喉}}$	阿$_{\text{影}}$	何$_{\text{匣}}$	呵$_{\text{晓}}$	歌$_{\text{见}}$	翗$_{\text{群}}$	珂$_{\text{溪}}$	我$_{\text{疑上}}$	莪$_{\text{疑}}$
鱼$_{\text{疑}}$	语$_{\text{疑上}}$	祛$_{\text{溪}}$	渠$_{\text{群}}$	居$_{\text{见}}$	虚$_{\text{晓}}$	余$_{\text{匣}}$	于$_{\text{影}}$	商$_{\text{细}}$清$_{\text{腭}}$	淹$_{\text{影}}$	盐$_{\text{匣}}$	忺$_{\text{晓}}$	兼$_{\text{见}}$	黔$_{\text{群}}$	谦$_{\text{溪}}$	俨$_{\text{疑上}}$	严$_{\text{疑}}$
轻重留送之间		轻			重				重			轻			轻重留送之间	
			留送之间		送		留		留		送	留送之间				
銮$_{\text{来}}$	卵$_{\text{来上}}$		烦$_{\text{泥娘}}$	暖$_{\text{泥娘上}}$	湍$_{\text{透}}$	团$_{\text{定}}$	端$_{\text{端}}$	浊$_{\text{洪}}$角$_{\text{舌}}$	丹$_{\text{端}}$	坛$_{\text{定}}$	滩$_{\text{透}}$	赧$_{\text{泥娘上}}$	难$_{\text{泥娘}}$		懒$_{\text{来上}}$	阑$_{\text{来}}$

续表

轻重 留送之间		轻			重				重			轻			轻重 留送之间	
			留送之间		送		留		留		送	留送之间				
间$_{\text{来}}$	吕$_{\text{来上}}$		衵$_{\text{泥娘}}$	女$_{\text{泥娘上}}$	烙$_{\text{透}}$	彤$_{\text{定}}$	冬$_{\text{端}}$	清$_{\text{细}}$角$_{\text{舌}}$	颠$_{\text{端}}$	田$_{\text{定}}$	天$_{\text{透}}$	捻$_{\text{泥娘上}}$	年$_{\text{泥娘}}$		琏$_{\text{来上}}$	连$_{\text{来}}$
			随魂$_{\text{邪}}$	孙$_{\text{心}}$	村$_{\text{清}}$	存$_{\text{从}}$	尊$_{\text{精}}$	浊$_{\text{洪}}$徵$_{\text{齿}}$	遭$_{\text{精}}$	曹$_{\text{从}}$	操$_{\text{清}}$	搔$_{\text{心}}$	似豪$_{\text{邪}}$			
			趞$_{\text{邪}}$	雪$_{\text{心}}$	絟$_{\text{清}}$	绝$_{\text{从}}$	蕝$_{\text{精}}$	清$_{\text{细}}$徵$_{\text{齿}}$	精$_{\text{精}}$	情$_{\text{从}}$	清$_{\text{清}}$	骍$_{\text{心}}$	饧$_{\text{邪}}$			
			辱$_{\text{禅日}}$	束$_{\text{审}}$	触$_{\text{彻穿}}$	躅$_{\text{澄床}}$	烛$_{\text{知照}}$	清$_{\text{细}}$浅徵$_{\text{齿}}$	遮$_{\text{知照}}$	蛇$_{\text{澄床}}$	车$_{\text{彻穿}}$	奢$_{\text{审}}$	石耶$_{\text{禅日}}$			
			如$_{\text{禅日}}$	书$_{\text{审}}$	樗$_{\text{彻穿}}$	躇$_{\text{澄床}}$	诸$_{\text{知照}}$	浊$_{\text{洪}}$中徵$_{\text{齿}}$	张$_{\text{知照}}$	长$_{\text{澄床}}$	伥$_{\text{彻穿}}$	伤$_{\text{审}}$	穰$_{\text{禅日}}$			
			濡$_{\text{禅日}}$	输$_{\text{审}}$	姝$_{\text{彻穿}}$	殊$_{\text{澄床}}$	朱$_{\text{知照}}$	浊$_{\text{洪}}$深徵$_{\text{齿}}$	钟$_{\text{知照}}$	重$_{\text{澄床}}$	冲$_{\text{彻穿}}$	舂$_{\text{审}}$	戎$_{\text{禅日}}$			
			瞒$_{\text{明}}$	满$_{\text{明上}}$	潘$_{\text{滂}}$	盘$_{\text{並}}$	般$_{\text{帮}}$	浊$_{\text{洪}}$羽$_{\text{唇}}$	拜$_{\text{帮}}$	败$_{\text{並}}$	派$_{\text{滂}}$	买$_{\text{明上}}$	埋$_{\text{明}}$			
			冥$_{\text{明}}$	茗$_{\text{明}}$	俜$_{\text{滂}}$	屏$_{\text{並}}$	摒$_{\text{帮}}$	清$_{\text{细}}$羽$_{\text{唇}}$	卑$_{\text{帮}}$	皮$_{\text{並}}$	披$_{\text{滂}}$	靡$_{\text{明上}}$	縻$_{\text{明}}$			
						轻	轻		轻	轻						
						留送之间			留送之间							
						无奉$_{\text{微}}$	敷非$_{\text{敷}}$	浊$_{\text{洪}}$闰$_{\text{下唇上齿}}$	泛$_{\text{非敷}}$	梵$_{\text{奉微}}$						
						非肥云云$_{\text{奉微}}$	非$_{\text{敷}}$	清$_{\text{细}}$闰$_{\text{下唇上齿}}$	非$_{\text{非敷}}$	肥$_{\text{奉微}}$						

2. “经声图”的体例、内容

“经声图”列出九韵部所含各韵的名称，各韵部按太极图的形状，以入声为中心，与上先天（阴声韵）、下后天（阳声韵）平上去三声相承。如第一部包括先天阴声韵“枯、苦、库”三韵，后天阳声韵“空、恐、控”三韵，两部相承入声同为“酷”韵。“经声图”实际上就是对九韵部六十三韵语音关系的说明。九韵部区分阴、阳、入，则二十七部，其中阴、阳声韵部平、上、去各二十七韵，入声九韵，共计六十三韵，“经声”篇以十八字代表阴、阳声韵十八部，九字代表入声韵九部（见入声栏括号内字）如表 2 所示：

表 2 “经声图”九部六十三韵

韵部		平	上	去	入 （韵部）	韵部		平	上	去	入 （韵部）	韵部		平	上	去	入 （韵部）
一	悟	枯	苦	库	酷 （独）	四	以	伊	倚	意	乙 （日）	七	右	收	首	狩	识 （立）
	穷	空	恐	控			韵	因	引	印			心	深	审	瘆	

续表

韵部		平	上	去	入(韵部)	韵部		平	上	去	入(韵部)	韵部		平	上	去	入(韵部)
二	化	华	踝	擭	获(握)	五	为	累	垒	类	捋(月)	八	道	桃	道	帱	沓(捷)
	情	黉	漯	横			天	銮	卵	乱			剑	覃	禫	啖	
三	者	赊	舍	赦	烁(钥)	六	左	波	跛	簸	八(阅)	九	在	皆	解	戒	甲(法)
	赏	商	赏	饷			关	班	板	扮			斩	缄	脸	鉴	

各韵部除平上去入声韵之外,各韵部先天、后天韵另有“下声”。“总纲”篇指出,“外加下声十八韵,合八十一韵”。不过,作者同时指出,下声“废不用”。(见下文分析)

三 《八矢注字图说》的实际语音特征

(一)“八矢注字图”的拼读方式及音节数量

顾氏精通字学、算学、乐律,《八矢注字图说》韵部表“经声图”、声母表“纬音图”、语音理论体系“图说”等内容,与《皇极经世书》“声音唱和图”理论、方法一脉相承。因此,《八矢注字图说》在图表的制作,声、韵、调乃至音节配合的数量方面具有鲜明的易学数理色彩。

与一般等韵著作不同,《八矢注字图说》只列出了韵部表与声母类表,而没有列出声、韵配合的图表。这与其编撰目的有关,该书并不是为了表现实际语音系统,而是从数理的角度,反映最大化的理想语音系统。其方法是:以“八矢”之法分析音节,描写声、韵、调系统;以反切之法拼切读音。“纬音图”声母类区分开合洪细,即四呼;“经声图”列四声韵部。以“纬音图”一百三十八声母类与九韵部八十一韵(含下声十八韵)相拼,加上六元音五声,则“人之声音尽矣”。“纬音图”说明部分指出:“八矢注字,盖取精详。而反切之便,仍亦不废。今如取纬图中一字为母,取经图中一字为子。以母之声求子之音,即得本字。三十六字母,《直图》《横图》都成乱道。”其音节拼合数量为:

63(韵)×138(声类)= 8694(音节)

81(韵,含下声18韵)×138(声类)= 11178(音节)
6(元音,即鼻化韵)×5(平上下去入)= 30(音节)
} 11208(音节)

这些音节这并不完全存在于现实语音中,"统字之音有万,而可状者得十之七而弱"。

不过,《八矢注字图说》虽带有非常鲜明的易学数理色彩,但其对语音的分析,对声母、韵部、声调的区分描写,是建立在实际语音基础上的,在一定程度上反映了实际语音特征,具有一定的语音研究价值。研究该书所反映的实际语音和音系基础,首要的工作是在对其语音理论进行解析的基础上,区分术数理论方面的语音成分和实际语音成分。

(二)"下声"的性质及实际语音声调系统

"经声图"列阴、阳声韵各九韵部,计平上去声五十四韵;入声九韵部,共六十三韵。但"总纲"篇指出,"外加下声十八韵,合八十一韵"。不过,作者同时指出,下声"废不用"。根据古代射字法,声母为箭,韵为的。"字的"篇指出:"君子引而不发,先视其的。经声合平上去下入阴阳得一百六十二的,唯下声废不用。""用韵"篇指出,"平上去入经纬相交得八千六百九十四声",实际参与拼读的只有六十三韵。

之所以加"下声"韵,一是为了从易学数理的角度,凑足九之方。"元音下声"篇说,"夫八十一者,九之方也。九,老阳之数,天数也"。二是"吴越之间多有焉"。"下声"的本质就是"上之闰","吴越之间多有"而"废不用"的原因是什么?应当就是在"八矢注字图"所反映的实际语音系统中,平去入三声均以声母清浊分阴阳调,而上声只有一个调,没有相应的阳上。其他吴越部分地区则保留了阳上调,顾氏名之为"下声",借以凑足"经声"九之方。

也就是说,在《八矢注字图说》实际语音系统中,声调系统包括:阴平、阳平,上声,阴去、阳去,阴入、阳入,共七个声调。

(三)《八矢注字图说》实际语音声母系统与语音特征

"纬音图"以"宫商角徵羽"五音与声母发音部位"喉腭舌齿唇"五音相配,以清浊、正变区分声母数量与类别,实际上反映了声母与不同洪细韵母的拼合关系。"纬音图"共一百三十八声母类,另加"元音"六声母类,共一百四十四类。不过"元音"不与韵母相拼,只有平、上、下、去、入之别,五声可得三十音。

"元音"之所以不与其他韵相拼,因为"元音者,鼻之本音也",即 m、n、ŋ 三个鼻化韵,"鼻之为音,箝口而出。无字可状,而字之正音无不根焉"。严格说来,"元音"或鼻化韵并不是声母,故"纬音图"未列。而"总纲"篇列入纬音,是为了凑足十二之方。其原因是“十二为六之倍数。六,老阴之数,地数也”。鼻音虽无字可状,但现实语音是客观存在的,也是阳声韵母的重要组成部分。

1. 一百三十八声母类的实际语音特征

“纬音清浊正变”反映的是根据四呼特征对声母类别的区分,因此一百三十八声母类并不等于所反映的实际语音有一百三十八声母。一百三十八声母类的实际语音特征如下:

(1) 次浊声母有阴有阳,上声为阴。但次浊声母分阴阳并不是客观存在的语音特征,而是仿邵雍“声音唱和图”“音图”,将上声次浊声母列“清”声母位。

(2) “角”音古端组、“徵音”古精组、“羽”音古帮组、“闰”音古非组声母各分清浊(洪、细),共八组。这只是声母与韵母拼合关系的分类,而不是声母发音部位的不同。以上八组声母类实际语音只有四组发音部位不同的声母。

古知照组声母分为浅、中、深三组,同样是与韵母拼合关系的分类,而不是声母读音的差异,见上文讨论。该组声母既可以与洪音韵母相拼,也可以与细音韵母相拼,当读舌叶音。

(3) “宫”“商”两组同来源于古见系声母,二者的不同,不仅仅是拼合关系的不同,也是声母读音即发音部位的不同。“纬音”说明部分指出,“宫”音为“喉”,与开口呼、合口呼相拼;“商”音为“腭”,“舌承牙”,与齐齿呼、撮口呼相拼。同中古来源的声母发音部位不同,拼合关系不同,说明实际语音中读音分化。反映了古见系细音声母腭化,读舌面音的特征。

2.《八矢注字图说》实际语音声母系统

根据以上分析及“纬音图”对各组声母的说明,将其所反映的实际语音声母系统归纳并构拟如下(喉、腭音取“纬音图”代表字,其他声母取三十六字母为代表字):

喉音:	歌 k	珂 k^h	翗 g	莪 ŋ	呵 x	何 ɦ	阿 ø	
腭音:	居 tɕ	祛 tɕ^h	渠 dʑ	鱼 ȵ	虚 ɕ	(余 ɦ | 於 ø)	
舌音:	端 t	透 t^h	定 d	泥$_{\text{娘}}$ n				来 l
齒音:	精 ts	清 ts^h	从 dz		心 s	邪 z		
	知$_{\text{照}}$ tʃ	徹$_{\text{穿}}$ tʃ^h	澄$_{\text{床}}$ dʒ		审 ʃ	禅$_{\text{日}}$ ʒ		
唇音:	帮 p	滂 p^h	並 b	明 m				
唇齿:	非$_{\text{敷}}$ f		奉$_{\text{微}}$ v					

其中“何”“阿”与“余”“於”应当只有拼合关系的区别。

3.《八矢注字图说》实际语音声母系统特征

根据“纬音图”各声母列字及以上分析,《八矢注字图说》实际语音声母系统具有以下特征:

(1) 保留全浊声母。

(2) 古见系声母洪细分化,匣母与喻母合流。

(3) 知照组声母合流,禅日合流。

(4) 非敷合一,奉微合一。

(四)《八矢注字图说》实际语音韵母系统及拟音

“经声图”同样带有明显的易学数理论色彩。“经声”篇说:“经声一十八,先天九,后天九,九各三度,度各三进……度各三进,三变成爻之道也。九各三度,三画而成象,十有八变而成卦也。”“经声图”各韵部的区分也不完全以实际语音为基础,部分是为符合数理要求而区分的。不过“经声”说明部分,顾氏将阴、阳声十八韵部与十二律吕、五行相配,同时也对各韵部的发音特征及相互之间的语音关系进行了说明。“经声图”后则以歌诀与说明的方式,对各韵部语音特征与实际语音关系进行了描写说明。兹将相关内容列表如表3所示:

表3 阴、阳声韵十八韵部的语音特征与语音关系

<table>
<tr><th>韵部</th><th colspan="2">语音描写及语音关系</th><th>韵部</th><th colspan="3">语音描写及语音关系</th><th>韵部</th><th colspan="2">语音描写及语音关系</th></tr>
<tr><td>悟</td><td>合也</td><td rowspan="3">化、者承悟而生……常并用</td><td>以</td><td rowspan="3">不开不合,平口而出</td><td rowspan="2">独亲</td><td>近清</td><td>右</td><td rowspan="3">自为开合,由开而合</td><td>上之于悟</td></tr>
<tr><td>化</td><td>合而开也,南疑枯北华比</td><td>为</td><td>近浊</td><td>道</td><td>与右相就</td></tr>
<tr><td>者</td><td>开</td><td>左</td><td colspan="2">学于者而通在</td><td>在</td><td>泄邻于以</td></tr>
<tr><td>穷</td><td colspan="2">胎于悟</td><td>韵</td><td colspan="3">求助于以</td><td>心</td><td>沈然</td><td rowspan="3">以因銮班为声带,率意出之必混因銮班</td></tr>
<tr><td>情</td><td colspan="2">呟然其盛以大,南方与因类</td><td>天</td><td colspan="3">求助于为</td><td>剑</td><td>揜然</td></tr>
<tr><td>赏</td><td colspan="2">皇然其昌以明</td><td>关</td><td colspan="3">求助于左</td><td>斩</td><td>斩然</td></tr>
</table>

1. 阴声韵部的语音特征

(1)“悟、化、者”三韵部的语音特征与拟音

顾氏对这三韵部读音的描写为:“人离母胎,落地一哭,即此三声……直而不

杀,宽而不散,久而不竭。”从顾氏描写来看,这三韵部当为后元音。

“悟”韵部“枯、苦、库”来源于遇摄一等,语音特征为“合”,“经声”称之为“气母”“声之祖”,其读音当为后圆唇元音 u。同样读合口洪音 u 的还有遇摄三等知照组字及非组字,“纬音图”将这些字作为“中徵”“深徵”“浊闰”合口呼声母类代表字。其他遇摄三等字则当读相应的撮口呼 y,“纬音图”为商音撮口呼声母类代表字。

“化”韵部“华、踝、擭”来源于假摄合口二等,其语音特征为“合而开”,当读开口呼圆唇元音,“南疑枯”,说明实际语音主元音当与“悟”韵相近,拟为 ɔ。

“者”韵部“赊、舍、社”来源于麻韵开口三等。“化、者”承“悟”而生,“化、者常并用”,则“者”韵部主元音当与“化”韵部相近,其语音性质为“开”,拟为 ɑ。不过“赊舍社”韵母当为 iɑ,因为“纬音图”“遮蛇車奢”为浅徵音细音声母类代表字。

(2)“以、为、左”韵部的语音特征与拟音

这三韵部的特征是“不开不合,平口而出”,当为前元音。“以”韵部“伊、倚、意”来源于止摄开口三等,与“为”韵部读音“独亲”“而近清”,拟为 i。“为”韵部“累、壘、类”来源于止摄合口三等,音“近浊”,当读合口呼,拟为 uei,相应的开口呼拟为 ei。

“左”韵部“波、跛、簸”来源于果摄合口一等,其语音“学于‘者’而通‘在’”,说明其主元音与“者”韵部相近,与“在”韵部相同,拟为 a。

(3)“右、道、在”韵部的语音特征与拟音

“右、道、在”的语音特征是“自为开合,由开而合”,说明这三韵部都是复合元音。“右”韵部“收、首、狩”来源于流摄,其语音“上之于‘悟’”,拟为 əu,当包括洪细两韵母,细音韵母为 iəu。

“道”韵部“桃、道、帱”来源于效摄,其音“与‘右’相就”,拟为 au,当包括洪细两韵母,细音韵母为 iau。

“在”韵部“皆、解、戒”来源于蟹摄一、二等,其音“泄邻于‘以’”,即当带有 i 韵尾,拟为 ai,开口细音为 iai,合口洪音为 uai。顾氏认为“在”与“右、道”一样,具有“由开而合”的特征,当是指口腔由开而闭。

2. 阳声韵部的实际语音类别及语音特征

(1)“心、剑、斩”与“韵、天、关”韵部的语音关系

“经声图”说明部分指出,“深覃缄兮人工蔽,以因銮班为声带,转空觼商随室蔽”。即“心、剑、斩”三韵部实际语音并不存在,其发音方法需要通过改变“因、銮、

班”韵尾辗转发音，并且“若率意出之，必混因、銮、班”。反映了实际语音中“心、剑、斩”三韵部当与“韵、天、关”三韵部读音合流。

“心”韵部“深、审、廪”来源于深摄；“韵”韵部“因、引、印”来源于古臻摄，其音“求助于‘以’”。“韵(心)”韵部正音拟为 iən，变音为 yən；臻摄合口一等“纬音图”为浊徵合口呼声母类代表字，拟为 uən，相应的开口呼拟为 ən。

“剑”韵部“覃、禫、啗”来源于咸摄三四等与一等韵；“天”韵部“銮、卵、乱”来源于山摄三四等与合口一等，其音“求助于‘为’”。“天(剑)”韵部正音拟为 ien，变音为 yen；洪音拟为 en、uen。

“斩”韵部“缄、脸、鉴”来源于咸摄开口二等；“关”韵部“班、板、扮”来源于山摄开合口二等，其音“求助于‘左’”。“关(斩)”韵部拟为 an、uan。

(2) “情”韵部与“因”韵(“韵”韵部)的关系

“情”韵部“黉、滉、横”来源于梗摄，其语音“呟然其盛以大，南方与‘因’类”。“呟然其盛以大”，说明这一韵部当读后元音，与假摄合口二等“化”韵同入，主元音相近。“南方与因类”“真文庚青时或混用”，说明曾梗摄字南方实际语音与“因”韵等来自臻摄的字读音相同。反映了梗摄字既有南北读音的差异，也有方言文白两读的现象。

(3) “穷”“情”“赏”韵部的语音特点

“穷”韵部“空、恐、控”来源于通摄，其音“胎于‘悟’”，说明主元音与“悟”韵部相近。通摄知照组字“纬音图”列“深徵”正音，读开口呼，其主元音拟为 o，韵母读 oŋ，相应的细音当读 ioŋ。“纬音图”“清角音”列了通摄合口韵一等“冬、彤、炵”，但并不表示这些字读撮口呼，这是依据《横图》将古冬韵字列撮口呼韵图的做法，以代表与撮口相拼的端组声母类，并不是实际语音的反映。

“情”韵部“黉、滉、横”与假摄合口二等“华、踝、擭”韵同入，主元音相近，拟为 uɔŋ，齐齿呼、开口呼拟为 iɔŋ、ɔŋ。

“商”韵部“商、赏、饷”来源于宕(江)摄，其音“皇然其昌以明”，与“者”韵部同入，拟为 ɑŋ。宕摄合口一、三等字同为合口洪音宫音声母代表字，拟为合口呼 uɑŋ；齐齿呼当为 iɑŋ。

3. 入声韵部的实际语音类别及语音特征

(1) 入声韵“立、捷、法”与“日、月、阅”的关系

“立、捷、法”为阴声韵“心、剑、斩”部入声，“日、月、阅”为“韵、天、关”韵部入

声。"心、剑、斩"与"韵、天、关"韵部实际语音合流,则"立、捷、法"同样当与"日、月、闼"韵合流。

"立(识)、日(乙)"韵来源于臻深曾梗摄入声,与"以"同入,据相承关系,拟为 əʔ、iəʔ、uəʔ、yəʔ。

"捷(沓)、月(捋)"韵来源于山咸摄三四等、山摄合口一等与咸摄开口一等入声,与"为"同入,根据相承关系,分别拟为 eʔ、ieʔ、ueʔ、yeʔ。

"法(甲)、闼(八)"来源于山咸摄开口二等,山摄开口一等与合口二等(含三等非组)入声,与"左"同入,根据相承关系,分别拟音为 aʔ、uaʔ。

(2)"独、握、钥"韵的语音特征

"独(酷)"韵来源于通摄入声,为"悟""穷"韵部入声,其中知照组入声"纬音图"为撮口呼声母类代表字。这一韵部韵母拟为 oʔ、yoʔ。

"握(获)"来源于江摄入声与宕摄一等入声,为"化"韵部入声,拟为 uɔʔ、ɔʔ。

"钥(烁)"韵来源于宕摄三等入声,为"赏、者"韵部入声,拟为 ɑʔ、iɑʔ。

从顾氏对韵部的区分来看,"经声图"兼顾了传统语音的特点,如保留古深、咸摄[m]尾韵,但在描写分析语音的过程中,又对其实际语音进行了说明。反映了"经声图"同样是从数理的角度保留了这些韵部,从而反映了包容古今的完整理想化语音系统。

四 《八矢注字图说》实际语音与现代太仓方言的比较

顾陈埒是江苏镇洋人,今属太仓市。太仓方言属吴语太湖片苏沪嘉小片,与邻近的昆山、常熟两市及上海市嘉定、宝山、崇明区十分接近。从顾氏"经声"篇对各韵部的关系及读音特征的说明来看,作者将南、北音进行了一定程度的对比。以上各韵部读音的说明具有明显的北方官话语音特征,同时声母、声调及韵部的区分又具有比较浓厚的方言特色。今将其实际语音与现代太仓话[相关方言材料参考江苏省地方志编纂委员会(1998)及闫淑琴等(2012)]比较如下。

(一)《八矢注字图说》声调系统与现代太仓方言完全一致

现代太仓方言共有七个声调:阴平、阳平,上声,阴去、阳去,阴入、阳入。太仓方言与昆山方言关系密切,《太仓州志》卷三"风土"篇(1919:11)记载:"州地割自三邑,而土音亦因之微异。大抵出声重而舌不圆。近昆山者十之六,近常熟、嘉定者十之三四。”今昆山方言全浊上声归阳去，只有七个声调，与太仓方言完全相同。而相邻的常熟方言则有八个声调，上声以清浊分调。《八矢注字图说》声调系统与现代太仓方言完全一致，而增加“下声”韵以凑足九之方，无疑是受到邻近方言的启发与影响。

（二）《八矢注字图说》声母系统、语音特征与现代太仓方言基本一致

现代太仓方言有声母二十八个，语音特征与《八矢注字图说》“纬音图”反映的特征基本一致。如《八矢注字图说》古精组声母同时和洪细音相拼，与洪音相拼的称为“员音”，与细音相拼的称为“尖音”。“齿为徵兮风外穿，清浊以舌分尖员”。现代太仓方言精组细音仍读舌尖音 ts、ts^h、dz、s、z，保留尖团对立。其他特征，如非敷母合流、奉微母合流，匣喻合流，禅日合流，二者完全相同。

声母方面最大的差异表现在古知照组的读音方面。《八矢注字图说》知照组声母合流，发音特征为“舌抑风，穿重缝而出”，同时具有和洪细音相拼的特征，上文认为应当读舌叶音。现代太仓方言知照组声母和精组声母合流，读舌尖音 ts、ts^h、dz、s、z。这一语音特征民国时期就有记载，《太仓州志》卷三“风土”篇（1919：16）记载：“伤为丧……读三如山，而声、生、甥、笙、牲亦如山。”

这些差异应当是两百多年来太仓方言语音发展演变的结果，《八矢注字图说》所反映声母系统是以太仓方言实际语音为基础的。

（三）《八矢注字图说》韵母特征与现代太仓方言基本一致

《八矢注字图说》韵母读音说明具有明显的官话特征，但韵部的区分很大程度上受太仓方言的影响。将上文归纳的韵母系统及其拟音与现代太仓方言比较如表4所示：

表4 《八矢注字图说》韵部特征与现代太仓方言的比较

《八矢》			太仓	《八矢》			太仓
韵部	来源	拟音		韵部	来源	拟音	
悟	遇	u、y	u、$ʮ_{知}$、$əu_{端精庄}$、y	穷	通	oŋ、ioŋ	oŋ、ioŋ
化	$假_{二}$	ɔ	$o_{合}$、$a_{白}$、$ia_{文}$	$情_{白}$	梗	uɔŋ	oŋ、ioŋ、$uã_{白}$、$ã_{白}$
者	$假_{三}$	iɑ	$o_{知}$、$a_{知}$、ia	赏	宕江	ɑŋ、iɑŋ、uɑŋ	ɑ̃、iɑ̃、uɑ̃

续表

《八矢》			太仓	《八矢》			太仓
韵部	来源	拟音		韵部	来源	拟音	
以	止$_{\text{开}}$	i	i、ɿ$_{\text{精}}$	韵心情$_{\text{文}}$	臻深曾梗	iən、ən、uən、yən	in、ən、uən、yn
为	止$_{\text{合}}$	uei、ei	uei、ei、ʮ$_{\text{知}}$	天剑	山$_{\text{合一}}$、山咸$_{\text{三四}}$,咸$_{\text{开一}}$	en、ien、uen、yen	ø$_{\text{山合一非见系、咸开一}}$、ie、iø
左	果$_{\text{一}}$	a	əu	关斩	山$_{\text{咸二}}$	an、uan	E、uE
独	通	oʔ、yoʔ	oʔ、ioʔ				
握	宕$_{\text{一}}$江	uɔʔ、ɔʔ	oʔ				
钥	宕$_{\text{三}}$	ɑʔ、iɑʔ	aʔ、iaʔ				
立日	臻深曾梗	iʔ、əʔ、uəʔ、yəʔ	iəʔ、uəʔ、yəʔ	右	流	iu、əu	y/ø、iø
捷月	山$_{\text{合一}}$、山咸$_{\text{三四}}$,咸$_{\text{开一}}$	eʔ、ieʔ、ueʔ、yeʔ	iəʔ、əʔ、uəʔ	道	效	eu、ieu	ɔ、iɔ
法闼	山$_{\text{开一}}$、山咸$_{\text{二}}$	aʔ、uaʔ	aʔ、uaʔ	在	蟹$_{\text{一二}}$	ai、iai、uai	E、uE$_{\text{一等}}$/a、ua$_{\text{二等}}$

参照上文拟音所反映的《八矢注字图说》实际语音特征,及其与现代太仓方言的比较,可以发现,《八矢注字图说》韵部的划分很大程度上是以太仓方言为依据的。具体表现在:

1. 《八矢注字图》立深咸摄"心、剑、斩"三韵部,但同时指出,三韵部需要"以因、銮、班为声带,率意出之必混因、銮、班"。现代太仓方言深、咸摄分别与臻、山摄合流。分化合流情况亦基本一致。

2. 山咸摄二等韵阳声韵与同摄其他韵有别,与现代太仓方言一致。

《八矢注字图说》山摄三四等与合口一等同为"天"韵部,与山摄二等"关"韵部有别;咸摄三四等与咸摄一等覃韵同为"剑"韵部,与二等"斩"韵部有别。现代太仓方言来自"天(剑)"韵部的山咸摄主元音为 ø 或 e,来自"关(斩)"韵部的主元音为 E。

3. 现代太仓方言梗摄文白两读,白读主元音较低;文读主元音较高。《八矢注字图说》"情"韵部的读音情况与现代太仓方言梗摄读音情况基本一致。

《八矢注字图说》梗摄字为"情"韵部,与通摄"穷"韵部、宕江摄"赏"韵部同类。三韵部的读音特征分别为:"穷"韵部"胎于悟","情"韵部"呟然其盛以大",

"赏"韵部"皇然其昌以明"。现代太仓方言梗摄合口字"猛、炯、琼"等字与通摄字同读 oŋ、ioŋ,二等白读与宕摄三等主元音同为 a。

同时,顾氏指出,"情"韵部"南方与因类";现代太仓方言曾摄、梗摄文读与臻深摄读音合流,分别读 in、ən、uən、yn。

可见《八矢注字图说》对"情"韵部读音的描写巧妙地结合了方言文白读的差异,以达到其"九各三度,三画而成象,十有八变而成卦也"的数理语音设计的目的。

4.《八矢注字图说》入声韵的分部与现代太仓方言语音特征吻合。

《八矢注字图说》共有九个入声韵部,实际语音只有六个韵部。主要特点是:通摄入声独立;宕江摄一二等入声合流,与三等入声有别;曾梗臻深摄入声合流;山咸摄入声合流,山摄合口一等、咸摄开口一等、山咸摄三四等入声同为一部,与山咸摄二等、山摄开口一等入声有别。

现代太仓方言在《八矢注字图说》的基础上,入声韵进一步合流,但保持着入声韵的基本特征与格局。如宕江摄一二等入声读 oʔ,与通摄入声读音合流;但宕摄三等入声读 aʔ、iaʔ,与山咸摄二等、山摄开口一等入声读音合流。山摄合口一等,咸摄开口一等及山咸摄开口三四等入声读 iəʔ、əʔ、uəʔ,与曾梗臻深摄入声合流;而与山摄开口一等、山咸摄开口二等入声 aʔ、iaʔ 有别。

不过,在各韵部的读音说明方面,顾氏则有意地向北方官话音靠拢,尤其在阴声韵的读音说明方面,带有明显的官话色彩。如现代太仓方言中,流摄、效摄以及蟹摄一二等字均无韵尾,主元音分别为 ø、ɔ、a。顾氏在韵部读音说明中特意指出,三韵部当"自为开合,由开而合",即需要带有韵尾。其中来自流摄、效摄的"右""道"韵部韵尾为 u;来自蟹摄的"在"韵部需要"泄邻于'以'",即需带有 i 韵尾。

(四)《八矢注字图说》实际语音的音系基础

《八矢注字图说》"经声图""纬音图"对语音的分析和对声韵调拼合关系的描写,具有非常明显的易学数理色彩:以下声凑足经声(韵部)八十一,表九之方;以六元音凑足纬音(声母类)一百四十四,表十二之方;经纬相拼,可得一万一千二百零八音节,则天下无遗音。不过,剔除其术数、五行、阴阳理论的影响,不难发现,《八矢注字图说》实际上就是一部以易数理论为指导,从声母发音部位、发音方法,韵头特征、主元音,声调,声、韵、调拼合关系等方面,对语音结构进行细致分析与描写的等韵著作。其编撰目的是力图反映一个符合易学数理色彩的理想化语音系统,其编撰方式与语音分析理论在明清等韵学著作中别具一格。

顾氏的这一理想化的语音系统并不完全是虚拟的,《八矢注字图说》实际语音声母、韵部、声调系统及其语音特征与现代太仓方言具有很大程度的一致性,反映了该书对声母、韵部、声调的区分是建立在自己最为熟知的现实语音,即清代初年太仓方言的基础上的。

当然,《八矢注字图说》"经声图"的韵部分类与现代太仓方言也有不一致的地方,如:

1. "经声图"蟹摄开口一、二等同属"在"韵部,现代太仓方言蟹摄开口一、二等有别,主元音分别读 ᴇ、a。

2. "经声图"山咸摄三四等与山摄合口一等,咸摄开口一等同属"天""剑"韵部,现代太仓方言山咸摄开口三四等主元音 e 与一等、合口三四等主元音 ø 有别。

3. "经声图"山咸摄字与蟹摄、流摄字有阴、阳声韵之别,现代太仓方言山咸摄字读音转化为阴声韵,部分与蟹摄、流摄字读音合流。

《八矢注字图说》其他阴声韵内部在现代太仓方言中也有不同程度的混同现象,如部分蟹摄字与假摄字读音混同。这些读音差异,很大程度上应当反映的是近三百年来太仓方言自身语音演变的结果。

顾氏曾官"行人司行人",在朝廷短暂为官,对北方官话有一定的了解。因此在对各韵部读音说明的过程中,力图以官话音规范方言读音。在区分韵部的过程中,传统韵书音也有一定的影响。为建立完整的易学数理语音体系,《八矢注字图说》的语音框架中,以自己的方言母语为基础,杂糅了传统韵书音、官话音、临近方言语音乃至方言俗读音。《八矢注字图说》编撰理论与宋邵雍《皇极经世书》"声音唱和图"一脉相承,部分语音特征同样也与"声音唱和图"一致,如将部分次浊声母上声归入清声母等。

因此,深入分析其语音理论体系,确定其理论的传承性,合理辨析其语音成分的构成,确定其语音基础,是研究《八矢注字图说》等明清等韵学著作语音理论与语音价值的前提条件。《八矢注字图说》音韵理论术语虽"皆变幻面目,别立名字",但其对语音的分析,无疑在传统等韵学的基础上有了进一步的发展,在汉语等韵学史上具有一定的等韵理论创新价值。"经声图""纬音图"虽没有反映完整的音系结构,但也在一定程度上反映了清初吴语太仓方言的基本特征,具有一定的方言语音史研究价值。

参考文献

[清]顾陈垿 《八矢注字图说》,清味菜庐集写本。

[清]永 瑢 [清]纪 昀(主编) 《四库全书总目提要》,乾隆四十六年(1781)刻本。

耿振生 1998 《明清等韵学通论》,语文出版社。

江苏省地方志编纂委员会 1998 《江苏省志·方言志》,南京大学出版社。

李新魁 麦 耘 1993 《韵学古籍述要》,陕西人民出版社。

南京师范大学古文献整理研究所 1996 《江苏艺文志·苏州卷》,江苏人民出版社。

王祖畬等 1919 《太仓州志》,民国八年刻本,成文出版社。

熊桂芬 2016 《清代韵图〈八矢注字图说〉述评》,《长江学术》第1期。

闫淑琴 顾 艳 2012 《太仓话与普通话音系比较》,《常熟理工学院学报》,第11期。

李 军 南昌大学客赣方言与语言应用研究中心 nammu@163.com

动词“挂”新义溢出及归化现象研究

王建军　孙容川　倪　裳

提要　流行语“外挂”“挂科”“挂了”“开挂”中的“挂”译自国外计算机专业用语，是一个新兴的外来词。“挂”的新义在外溢过程中逐渐与汉语原有的意义合流，最终促成了外来义归化本族词。这一案例真实生动地演绎了域外语言与本土语言、网络语言与现实语言之间的互动性和包容性，中间揉进了历史、现实与心理等多种因素。文章重点梳理了动词“挂”的历史用例与现实语义的发展轨迹，意在探明新词新义的生成过程与归化路径。

关键词　挂　语义溢出　语义归化　心理诱因

一　引　言

任何语言成分的语义都有一定的适用范围。如果一个成分的语义突破既定的范围或框架，向外扩散，这就是所谓的语义溢出。语义溢出是语言成分在拓展过程中的一种衍生现象，往往会带来一定的连锁效应，促使一系列新词新语的产生。语言成分的语义溢出是一种错综复杂的现象，往往受到多方面因素的制约。本文聚焦于流行语“挂科”“挂了”“外挂”“开挂”中动词“挂”的语义溢出现象，试图从历史、现实和心理等视角入手来探析语义嬗变和语词生成之间的相关性。

二　“挂”旧义溢出的历史路径

动词“挂”大约萌生于西周，起初表示“画”义，如《周易·系辞传》：“分而为二以象两，挂一以象三，揲之以四以象四时，归奇于扐以象闰。”许慎《说文解字·手部》：“挂，画也。从手，圭声。”“挂”在春秋战国之际即出现语义转移，用于表“悬挂”“钩取”等义。例如：

（1）主人左执角，再拜稽首受，复位，诗怀之，实于左袂，挂于季指，卒角，拜。（《仪礼·特牲馈食礼》）

（2）砥室翠翘，挂曲琼些。（战国屈原《招魂》）

（3）所谓四患者，好经大事，变更易常，以挂功名，谓之叨。（战国庄周《庄子·杂篇·渔夫》）

秦汉往后，“悬挂”成为“挂”的基本义项。魏晋开始，“挂”更是在口语中取代了“悬”的常用词地位，用例剧增，历代诗词中尤为习见。这些用例尽管意义和用法各有不同，但大致围绕“悬挂”义展开。例如：

（4）罩者抑之，挂者举之。（汉刘安《淮南子·说林训》）

（5）阮宣子常步行，以百钱挂杖头，至酒店，便独酣畅。（南朝宋《世说新语·任诞》）

（6）府吏闻此事，心知长别离，徘徊庭树下，自挂东南枝。（南朝陈徐陵《玉台新咏·古诗为焦仲卿妻作》）

（7）长风破浪会有时，直挂云帆济沧海。（唐李白《行路难》）

（8）高者挂罥长林梢，下者飘转沉塘坳。（唐杜甫《茅屋为秋风所破歌》）

（9）本是俗人女，出家挂佛衣。（唐王梵志《诗并序（其二十三）》）

（10）诸上座终日着衣吃饭，未曾咬着一粒米，未曾挂着一缕丝。（宋普济《五灯会元》卷十二）

（11）老僧不出院，挂起一枝藤。（宋刘克庄《病中杂兴五言十首（其一）》）

（12）头戴乌金盔，映日光明；身挂皂罗袍，迎风飘荡。（明吴承恩《西游记》第二回）

大约在西汉，“挂”的实体动作义开始虚化，逐步衍生出“牵挂”“挂念”等心理动作义并一直沿用至今。例如：

（13）生不足以挂志，死不足以幽神，屈伸俯仰，抱命而婉转。（汉刘安《淮南子·精神训》

（14）左回右顾还相慕，翩翩桂水不忍渡，悬目挂心思越路。（南朝梁沈君攸《双燕离》）

（15）知幸念咎之外，了无丝发挂心，置之不足复道也。（宋苏轼《答陈季常书》）

（16）从今日填还了妻子冤家债，我心上别无挂碍。（元岳伯川《吕洞宾度铁拐李》第四折）

（17）时常挂念，思欲做些功德，超度他们。（宋无名氏《京本通俗小说·错斩崔宁》）

（18）我自去年别后，朝朝凝望，刻刻挂怀。（明孟称舜《桃花人面》四出）

（19）人家牵肠挂肚的等着，你且高乐去！（清曹雪芹《红楼梦》第二十六回）

（20）倒是你呢，你和保霖的关系现在怎样了？我很挂心呢。（丁玲《韦护》第二章二）

近现代以来,随着一些新事物和新现象的出现,“挂”的意义不断外溢,增添了不少新的义项,诸如“放置(如挂靴)”“拨打(如挂电话)”“登记(如挂号)”“调整(如挂挡)”等。尽管“挂”的后起意义层出不穷,但万变不离其宗,大致由“悬挂”义隐喻或转喻而来。综上,动词“挂”历史上一直处于语义溢出的状态,每一次溢出就意味着一种新义的诞生。当然,新义的诞生不是自由放飞,而是始终有所根植、有所依傍。“挂”的语义溢出简史表明:动词“挂”的意义和用法无论发生什么样的变化,都始终遵循特定的演化路径。

三 “挂”新义外溢的现实路径

动词“挂”自产生以来,一直处于高频使用状态,因而形成了不少固定组合,诸如“悬挂”“牵挂”“记挂”“挂碍”“挂单”“挂甲”“挂冠”“挂齿”“挂名”“挂帅”等。值得注意的是,当下流行语中也有一组由“挂”构成的新组合如“挂科”“挂了”“外挂”“开挂”等。其中的“挂”呈现出两种新的意义:① 死亡,如“挂科”“挂了”;② 钩住,如“外挂”“开挂”。“挂”的这两个新义从何而来?与它的本义之间有无关联?需要在此进行一番追根溯源式的探析。

(一)“挂”死亡义的归化路径

“挂”表死亡始见于网络游戏语。这个“挂”直接译自计算机术语“hang”。根据《美国传统词典》(*American Heritage Dictionary*)的相关解释,“hang”在计算机领域的含义为“to cause (a computer system) to halt so that input devices, such as the keyboard or the mouse, do not function”,即中断计算机系统的运行,从而使键盘或鼠标等输入设备不起作用。“hang”于是就有了“中止”“暂停”的意义。“hang”的这个义项已被《新英汉词典》增补本收录。

国内 IT 行业之所以将“hang”意译为“挂”,关键在于汉语的“挂”很早就有一个与“中止”义密切相关的用语“挂碍”。汉语史上,“挂碍”除了有时表示牵挂之外,还有一个更为常用的意思“阻碍”或“障碍”。例如:

(21) 法师今日如着敝絮,在荆棘间行,触地挂碍。(《北堂书钞》卷九八)

(22) 天王下床走,仓猝畏挂碍。(宋苏舜钦《感兴三首(其三)》)

(23) 唐半偈大喝道:“蠢才! 不悔自家贪嗔生出许多挂碍,转怨道路难走。”(清佚名《后西游记》第三十五回)

（24）如行荆棘中，步步挂碍。（清纪昀《阅微草堂笔记·槐西杂志四》）

由“阻碍”到“中止”，这是一个十分自然的意义引申过程。正因如此，“挂”在现代就有了“中止”“搁置”的用法，诸如“挂断”“挂拍”。汉语的“挂”与英语的“hang”这种语义上的高度巧合性为它们合流提供了天然的契机。

计算机出现故障、停止运行，这种状态与人失去生命极为相似，因此被形象地称作“死机”。与之相应，当计算机系统处于“挂机”“挂起”状态时，自然就被称为“挂死”。在词义感染机制的自动作用下，“挂”很快就获得了“死亡”之义。

不过，“死亡”义“挂”的流行却要归功于风靡不衰的网络游戏。据调查，最初的网络游戏是一种“多空间虚拟游戏（Multiple User Domain，简称 MUD）”。玩家主要是通过输入文字来进行游戏，一旦在游戏中被“杀死”，游戏即告失败，必须从头再来。这种状况与电脑“挂死”后必须重启的情形很相似，所以游戏失败或中止也就被称为“挂”。

真正对“挂”表“死亡”的说法起到了推波助澜作用的当是 21 世纪初诞生的新型网络“角色扮演游戏”（Role-PlayingGame，简称 RPG）。比如，中文版游戏《暗黑破坏神》在所扮角色遭遇死亡后，往往会在屏幕上跳出三个大字：“你挂了。”作为较早产生广泛影响力的角色扮演游戏，《暗黑破坏神》对后来的网络游戏影响至深，并频遭模仿，致使“挂”的使用范围日益扩大。随着此类网络游戏的普及和参与人数的增多，表“死亡”义的“挂”又从虚拟世界渗入现实语境之中。人们在调侃影视作品乃至现实生活中的人物死亡时，往往都会戏谑地说“某某挂了”。这种用法不仅更委婉，而且受到“作战负伤流血”的褒义词“挂彩、挂花”中词根“挂”的类推影响，在口语中的传播力进一步加强。

众所周知，网络游戏的参与主体是既富有创造力、又面临考试压力的学生群体。于是，他们就用“某某科目挂了”来自嘲“考试不及格”或“考试失败”。而“挂科”一词正是“科目挂了”词汇化的产物。

（二）“挂”钩住义的归化路径

在网络游戏中，一些玩家为了追求一种超强或超人的体验，往往会采取“外挂”的作弊方式。所谓“外挂”，就是在游戏程序运行的过程中对数据进行改动，以改变程序运行结果。这种操作手段最初为某些国外游戏开发者所使用，被叫做“external program”。这一技术手段被国内玩家译作“外挂程序”，后简称“外挂”。

国内玩家之所以称之为“外挂”,一是表明这种修改程序是正常游戏之外的第三方程序,必须“挂靠”在游戏本体上才能起作用;二是由于这种程序在修改内存数据时经常使用“挂钩函数”等技术手段。“外挂”中的“挂”与表示“挂钩函数”的英文单词“hook”亦有对应关系。“hook”既可表示“钩子”“挂钩”,又可表示“钩住”“挂住”。国内玩家之所以普遍将“hook”译为“挂”而不是“钩”,主要在于“挂”不仅具有与“hook”相应的义项,而且表达上更为贴切形象。需要指出的是,“挂”的这种意义同样由来已久。例如:

(25) 日暮钟声相送出,袈裟挂着箔帘钉。(唐王昌龄《题净眼师房》)

(26) 青城山高风露寒,佩环挂着山花树。(宋汪元量《麻姑仙坛歌》)

(27) 一丝挂得虚空住,百忆丝头杀气生。(宋普济《蜘蛛》)

(28) 柳丝长玉骢难系,恨不倩疏林挂住斜晖。(元王实甫《长亭送别》)

近代汉语中出现的“挂搭”一词在意义上尤其与“外挂”相仿。例如:

(29) 满面着尽笑,喝骂叫吾去又记得入堂求挂搭,嫌我太蓝缕。(宋白玉蟾《云游歌》)

(30) 再调鲁智深、武松,扮做行脚僧行,去北京城外庵院挂搭。(元施耐庵《水浒传》第六六回)

(31) 动问长老尊姓何名,到敝地几时了,挂搭在何处?(明罗贯中《平妖传》第九回)

外挂原本只是一种游戏开发时使用的技术手段,但一部分玩家的滥用侵犯了其他玩家、开发者和运营方的权益,因此国外有人斥之为“cheating program”(作弊程序)。然而,作为一个情感中性且表达含蓄的用语,“外挂”一词凸显了有关技术细节的理性义,淡化了价值观问题,搁置了相关争议,因而颇受国内玩家的欢迎。

外挂程序的另一英文表达为“plug-in”,通常直译为“插件”。“插件”一词的含义更为宽泛,而且并不包含“外部”义素,有时也可指游戏官方开发的修改程序、除游戏外的其他程序的可选功能等,这样就与“外挂”在不同的义位上形成了分工。

“开挂”本是“开外挂”的缩略形式。由于使用外挂程序,玩家在游戏中往往会表现惊人,于是就有人用“开挂”来表示事情的不可思议或个人的神奇表现。有意思的是,“开挂”起初略带揶揄的意味,但不久即实现华丽转身,情感色彩迅捷由贬转褒,经常被用来夸赞某人具有超凡的能力或取得超级的成功,几乎成为“超常发挥”“超水平表现”的同义语。

四 “挂”新义溢出的心理诱因

语言既是一种社会现象,也是一种心理现象。任何一种语言现象的崛起或消亡,背后往往蕴含着隐秘的心理因素。可以说,“挂”新义新词的产生与流行正折射出当下年轻一代尤其学生族群的心理特征和心理状态。就“挂”的语义创新与发展而言,以下的心理因素恐怕起到了主导作用。

其一,求新心理。追求新奇、紧跟潮流是青年学生群体的普遍心理,而玩电脑、上网络、打游戏正是当下青年最为时尚的生活与学习方式。新的生活与学习方式必然引发一系列的语言创新,进而催生大量的新生语言现象。作为时尚一族,他们对新生的语言现象往往趋之若鹜,乐于先行先试,以此来标新立异。不仅如此,他们还热衷于将新兴的语言成分从虚拟的网络世界移植到现实的社会语境之中,从而在一定时空范围内改变了话语的表达方式。与“考试不及格”或“考试失败”这样的老套表达相比,“挂科”的说法不仅形式简洁、用词文雅,而且表达新颖、意蕴含蓄,极大地满足了青少年求新求变的心理,反映出特定族群追求词语时代化、陌生化的文化心态。

其二,认同心理。身份认同是一种普遍的社会心理现象,也是个体融入群体的必由之途。由于身心尚未完全成熟,青少年的价值观念与行为习惯往往更带集聚性,更容易受到所在团队的影响,从而呈现出较强的趋同性。青年学生的身份认同不仅体现在穿着打扮、兴趣爱好等方面,也表现在言语风格、遣词造句等方面。在任何时代、任何场合,语言都具有强烈的身份认同功能。流行于青少年群体中的行话或暗语往往是他们区别于其他社会族群的显著标签之一。“挂科”类词语自带群体特征和生活节奏,正是青年学生圈子里非常流行的行话。他们在使用这类词语彼此心照不宣,获得了一种“不足为外人道也”的交际乐趣。

其三,掩饰心理。对于青年学生而言,学习不上进、考试不及格等终究不是一件光彩的事,常常令人颜面难堪。尽管内心无奈、感觉不爽,但他们又不想让这样的无奈和不爽暴露无遗,更不想让局外人知晓。在他们看来,“考试不及格”或“考试失败”这样的负面评语,是对自己学习成效和考试能力的直接否定,杀伤力不小,侮辱性更强,自然难以启齿、羞于接受。而“挂科”则表达相对含蓄,正可以起到遮羞挡丑的作用。而用“外挂”来指称游戏中的作弊行为,本身也是出于一种掩饰不堪行为的心理,意在淡化自身行为对行业规则所造成的冲击性或破坏性。

五　结　语

通过对“挂”及其相关词语的历史跟踪和现实考察,我们不难从巧合中找到机缘,从偶然中发现必然,并从中归结出以下几点认识:

1. 外来词的汉译过程其实就是外来义归化本土义的过程。在语言接触风起云涌的当下,外来词的汉译可行与否,关键取决于能否在汉语中找到恰当的对口词,而对口词的妥帖与否则会直接影响该词的生命力和传播力。“挂”的两个新义尽管译自两个不同的英文单词,但均可与“挂”的汉语固有义进行无缝对接,这样就实现了外来义与本土义的融会贯通,最终促使异源合为一流,这就为相关新词语的普及与流行奠定了坚实的基础。可见,外来语言成分的归化必须充分顾及汉语本体成分的历史与现状。只有这样,归化才能做到自然顺畅,才能实现双方的和谐共生。以此类推,汉语词“秀”与英译词“秀(show)”也有异曲同工之妙。

2. 新义新词的诞生与运用往往是一个虚实交错、时空转换的互动过程。当下的语言体系理应全面观照社会的发展与时代的变迁,既要反映虚拟世界,又要反映现实世界,因而客观上需要拥有相当部分的跨界词语。跨界词语可以从虚拟跨越到现实,也可以从现实渗透进虚拟。“挂”的新义新词显然是先孕育于虚拟网络,然后再进入现实社会的。在这个过程中,青年群体扮演了播火者的角色。正是凭借他们特有的敏感性与行动力,越来越多的网络语言成分才能进入社会的文化视野、汇入大众的话语体系。语言成分的不断溢出恰好表明:网络语言和现实语言之间并不存在鸿沟。

3. 新词语的语义成分和语法属性往往具有瞬变性。新义的出现往往会造成语义场的改变,而新的语义场又势必会催生新批次的词语。而新词语持续不断地高频度使用,又势必会引发自身语义成分和语法属性的改变。毋庸讳言,语言系统的变化一般是渐进式的量变,而语言成分的变化则往往是突发性的质变。比如,“外挂”的情感色彩本是消极或中性的,可是当它与“开”结合成“开(外)挂”时,情感色彩迅速转为积极,从而造成了前后语义成分的巨大反差,给人一种瞠目结舌的感觉。在语义成分转变的同时,“挂”也由动词性瞬间转为名词性,以致人们一时难以觉察“外挂”与“开挂”之间的关联性。在这个过程中,网络强大的传播功能与暴涨的发酵效应无疑起到了加速器的作用。

参考文献

鲁　波　2012　《新“秀”族词之我见》,《现代交际》第3期。

沈家煊　2006　《“糅合”和“截搭”》,《世界汉语教学》第4期。

汪维辉　2000　《东汉—隋常用词演变研究》,南京大学出版社。

文俊威　2017　《“挂科”探源及相关词语探讨》,《武陵学刊》第3期。

许　慎　2020　《说文解字》,中华书局。

杨天才　张善文　2022　《周易》,中华书局。

姚小鹏　2010　《校园流行语“挂科”及其文化心理探析》,《焦作大学学报》第4期。

周国光　2004　《论词义发展演变的类型》,《韶关学院学报》第11期。

王建军　苏州大学文学院　jianjunwang1964@163.com

孙容川　复旦大学中文系　sunrongchuan0330@163.com

倪　裳　复旦大学国际文化交流学院　23210110029@m.fudan.edu.cn

中古汉语语料库名词性词语的切分问题*

化振红

提要 建立中古汉语语料库的分词规则，需要借鉴现代汉语分词规范的部分规则，充分考虑中古词语的具体特点，不违背学术界对于汉语词汇的普遍认识，便于自动分词、人工分词的实际操作。名词性词语是制定中古语料库分词规则的关键，最值得关注的词汇现象包括转义词语，处于凝固阶段的词语，同义连文，方位词组合，姓氏、职官、谥号、爵位等专有名词的组合，地名与普通名词的组合，缩略词语，外来词语等，其分词规则与现代汉语存在较大差异。针对各种词汇现象拟定出的分词规则，还需要从汉语词汇学、词汇史等角度做出理论性阐释。

关键词 中古汉语　语料库　名词　分词规则

一　引　言

21 世纪以来，汉语史语料库逐渐成为汉语研究不可或缺的利器。比较流行的文渊阁四库全书检索系统、北京大学中国语言学研究中心 CCL 古代汉语语料库、中国基本古籍库、瀚堂典籍数据库、中华经典古籍库等，在汉语词汇、语法等领域得到了广泛应用，定量描写因而成为汉语史领域最常用的方法之一。尤其是近 10 年来兴起的深加工古汉语语料库，如，南京师范大学“深加工中古汉语语料库”“先秦文献语料库”，台湾地区“中央研究院”研发的上古汉语、中古汉语、近代汉语标记

* 本文受国家社会科学基金项目“基于深加工语料库实践的汉语史分词规范研究”（项目编号 22BYY108）资助。

语料库等,[①]突破了以往的平面型语料库仅能搜读文本,或者查检异文、图像信息的局限,尝试对古代文献进行词语切分,并添加汉语研究需要的词性、义项、语法地位等信息。这些语料库虽然目前大多处在研发、试用或后期制作阶段,却被学术界寄予了厚望。

(一) 分词规则制定的理论困境

在深加工语料库建设过程中,把按字连写的汉语文本切分为单个的词语,是所有标注工作的基础,也是一个瓶颈性难题。无论是人工分词还是自动分词,都需要一套比较完整的分词规则,如郭曙纶(2013: 19)所说,“为了保证语料库加工的质量,也为了保证语料库的通用性,必须事先制定好一个能够被大多数人接受的加工规范”。这里的“加工规范”,包括词语切分、词性、词义信息、语法地位标注等多个层级的规范,其中最基本的就是用于词语切分的分词规则。现代汉语中,词和词组的界限问题并未完全解决,部分争议因而体现到了现有的各个语料库中。汉语史语料库则更为棘手,由于许多词语经历了由词组到词的动态演变过程,处在逐渐凝固阶段的词语很难判断其词汇性质,不同的学者往往各执己见,并且都有自己的依据。因此,分词规则不可能解决词与词组的界限问题,只能在词汇事实、词汇学理论、分词实践之间追求相对的合理性,至少不能违背汉语词汇学的常识性认知,才可能得到大多数学者“可以接受”的结果。正因为如此,汉语史语料库分词规则,不仅需要拟定出一些具体的条款,还需要从各种角度进行必要的解释说明。

分词规则、分词实践孰先孰后的问题也存在较大争议。理论上说,分词规则所包含的各种具体规则,应该是“事先”制定并在分词实践中得到贯彻的。但是,每一条分词规则都反映了特定的语言规律,与之相对应的则是由众多词语构成的纷繁复杂的词汇现象。对于汉语史语料库来说,即使抽象出了一些比较科学的认识,也不可避免会出现部分例外。突出表现在:(1) 一些规律能够覆盖特定阶段的大多数词汇现象,但难以适用于这一阶段的全部词语。(2) 基于特定阶段的某些规

① 台湾地区“中央研究院”语言所研究员魏培泉主持的古汉语语料库,包括上古汉语、中古汉语、近代汉语三个子库,分别始建于 1995 年、2011 年、1997 年,另外还建有现代汉语子库。其中的部分语料完成了分词及标注工作,已经可以进行线上检索。网址分别为: http: //lingcorpus. iis. sinica. edu. tw/ancient/、https: //lingcorpus. iis. sinica. edu. tw/middle/、https: //lingcorpus. iis. sinica. edu. tw/early/。

律,不能通用于其他阶段。(3)同类性质的若干词语构成了某种词汇现象,却无法归纳出规律性认识,难以形成明确的分词规则。由此可见,分词规则不可能完全依赖预先的理论设定,只有经过多个回合的实践、调整、完善,才能从宏观和微观层面比较准确地反映汉语词汇的特点及演变规律,最终实现"被大多数人接受"的目标。

(二)分词规则制定的语料基础

到目前为止,南京师范大学董志翘教授主持的国家社会科学基金重大招标项目"深加工中古汉语语料库建设研究",已经初步构建了一个1000万字规模的中古汉语语料库(MCC),其中包括人工分词语料700万字、自动分词语料260万字,前者完成了词语切分、词性及语法地位标注等加工处理工作;同时还建成了一个包含有词条、义项、词性等信息的义项数据库,也就是通常所说的词表;拟定了一套能够基本满足现阶段中古汉语语料库需要的词语切分规则。在这一过程中也出现了不少悬而未决的问题。众所周知,名词是汉语词汇系统中数量最多的词类,其内部的小类也极为复杂,因此,名词性词语是语料库建设过程中加工难度最大的,既存在与动词、形容词等其他词类相同的共性问题,也存在自身特有的一些问题。本文拟选取若干比较重要的名词性词汇现象,结合中古汉语语料库中的典型案例,从理论与实践相结合的角度展开比较深入的讨论。

二 名词性分词单位处理过程中与其他词类的共性问题

(一)中古词汇自身特点对分词规则的影响

与上古汉语相比,中古汉语词汇最显著的变化是复音化速度加快,由此而产生了众多的复音词。方一新(2010:544—561)结合大量例证论述了中古词汇的主要特点:出现了一批特别能产的构词语素;上古时期的许多单音词变成了中古文献中的复音词,中古新产生的词语多数是复音词;词语的聚合、组合关系日益丰富,同义连文、反义连文、临时性词语搭配都变得更为活跃,很容易形成新的复音词。到了近代汉语中,这些词语组合[①],一部分逐渐凝固,最终变成了近代文献中的词;大

① 词语组合是一个模糊性说法,用来指称那些尚未确定其词汇属性的双音节或多音节的词语成分,包括由两个或多个语素组成的词,也包括由两个或多个词构成的词组。

多数仍然作为可以临时搭配的自由词组出现在各种文献中;也有一部分词语组合几乎不再使用,变成了仅仅存留在中古文献中的历史词语。

这些复音化的词语组合,中古语料库中是否切分成不同的分词单位,关键在于它们的凝固程度。后世文献中仍然存在的词语组合,还需要考虑它们的动态变化过程。换言之,一些词语组合在汉语史的不同阶段,可能处在复音词或自由词组的过渡状态;同一个阶段的词语组合,也可能在部分语境中是词,其他语境中却属于自由词组。这是中古语料库名词性词语切分过程中最棘手的问题。其次,名词性词语中存在大量的习惯用法,如,典故词语、四字格词语,封号、爵位、职官、姓氏等专名词语及其组合搭配等。单纯从词汇学角度看,这些词语可能都应该加以切分。但是,其中往往又包含着历史、哲学、科技史等方面的信息,切分之后很可能会失去一些比较重要的信息,只剩下作为一般词语的学术价值,这种价值对于词汇史而言却又不太重要。再次,一些不具备词汇史价值的词语组合如果没有适当的切分规则,也会使语料库建设陷入无意义劳动,甚至因为工作量过大而难以完成。

便于实际的操作过程,也是必须考虑的一个因素。从中古语料库分词实践看,词语切分大致包括自动分词、人工分词两种加工方式①,人工操作者对于个案词语往往有不同理解并做出不同的切分,自动分词软件则存在对切分规则的理解和落实问题。理论上说,越是细化的分词规则越有利于人工操作者,也更有益于保持分词的一致性②,提高词语切分的正确率。但是,对于中古汉语语料库而言,分词规则既没有必要也不可能完全覆盖所有的词汇现象;过于细致甚至琐碎的分词规则,必然给分词软件的迭代学习带来更多麻烦,造成分词规则的相互矛盾,导致分词结果背离词语的演变过程,进而影响语料库的可信度。因此,分词规则需要在词汇现象

① 自动分词指利用计算机对文本中的词语进行自动识别和切分,人工分词指对文本中的词语进行手工切分。纯粹的人工分词无法处理海量的文献,自动分词又必然存在错误,因此,语料库分词实践中通常采用两者相结合的操作方法,利用计算机自动分词后,再通过人工干预纠正其中的差错。

② 分词一致性是衡量语料库分词质量的重要标准之一,首先是指在语义相同的前提下,个体词语在语料库中的分与合始终保持一致;也指结构类型相同的所有词语在语料库中的分与合,始终保持同样的处理。前者通过计算机程序扫描整个语料库就能轻松完成,后者从根本上说不仅无法实现,也完全没有必要。孙茂松《谈谈汉语分词语料库的一致性问题》(1999)着重讨论了现代汉语语料库的分词一致性问题,这一标准虽然也是衡量中古语料库质量的指标,其重要程度却显然不及现代汉语语料库,因为中古阶段的不少词语成分处在有时应该分、有时应该合的过渡状态,需要根据具体语境进行灵活地判断及处理。

的覆盖面、分词结果的一致性、自动分词与人工操作的便利度等方面尽量追求平衡,体现出一定的弹性。总体上说,分词规则“宜粗不宜细”;处理个案词语的分合问题时,“从分不从合”,“从严不从宽”。

(二)现代汉语语料库分词规则的借鉴价值

中古汉语语料库借鉴了现代汉语语料库的经验,以分词单位作为基本单位。国家技术监督局1992年颁布了国家标准《信息处理用现代汉语分词规范》(GB/T 13715—92),其中的术语部分对分词单位进行了界定,包括了各种规则限定的词和词组。也就是说,分词单位可以是词表中的词,也可以是词表中尚未收录的“未登录词”,以及一些不宜按照语法标准拆分的词语组合,如通常被作为整体来表示概念、词汇性质属于词组的行业词语,部分人名、地名、机构名之类的专名词语等。这种“绕行”策略大体上出于两方面考虑:现阶段难以彻底解决词和词组的界限问题,判定相对宽泛的分词单位则要容易得多;现代汉语语料库中的部分词语组合,并不具备学术研究价值,因而不必细究其词汇性质。

除了国家标准《信息处理用现代汉语分词规范》(GB/T 13715—92)之外,《北京大学现代汉语语料库基本加工规范》(俞士汶等 2002),以及经过调整的《北大语料库加工规范:切分·词性标注·注音》(俞士汶等 2003),《973当代汉语文本语料库分词、词性标注加工规范(草案)》(山西大学 2003)等,均以国家标准为基础,修正了其中一些不尽合理或不便操作的规定,各自拟定出了更为细化的操作标准。宋柔(1997)、靳光瑾等(2003)、郭曙纶(2013)等人又陆续提出了一些细节性意见,目前已经形成了能够大致满足现代汉语语料库需要的分词规则。

中古汉语语料库的情况比现代汉语更为复杂。如,中古阶段词与词组的判定更难把握,中古文献中同样包含着大量的不具备词汇学价值的词语成分等。因此,MCC课题组借鉴了以分词单位作为基本单位的操作思路。分词单位包括:(1)中古阶段全部的词;(2)少数使用频率、凝固程度较高的词组;(3)一部分经常作为整体表示特定含义、切分后可能丢失重要信息的词组;(4)部分不具备语言学价值因而不必切分的表达方式。

(三)各种词类的共性问题及其原则性对策

中古汉语语料库中的名词性分词单位,与其他词类相比,处理过程中既存在共性的问题,也存在名词性成分特有的一些问题。相对而言,后者显然更为重要。

共性问题主要表现在:

由词义相近或相关的单音词构成的同义连文、类义连文现象;

词形相同但在不同语境中呈现出不同意义的词语组合;

特定语境中不存在转义现象但是使用频率较高的词语组合;

使用频率较高的四字格词语;

包含外来语成分的词语组合;

音节数量超过五个又不是音译词的词语组合;

中古阶段可以单独使用,也可以在中间插入其他成分的离合词。

针对这些问题,MCC 课题组拟定了相应的切分规则,列举出比较典型的词语例证,并从词汇史、词汇学等角度进行了理论性说明。如:坚持语义标准,根据具体语境判定处于凝固阶段的词语组合;对于难以判断是否成词的同义组合,遵循“从分不从合”“从严不从宽”原则,切分为不同的分词单位。受篇幅所限,本文着重列举并讨论名词性分词单位中与其他词类不同的一些特殊问题。如果涉及其他词类中的共性问题,也会结合具体例证对拟定的分词规则展开必要的解释、说明。

三　名词性分词单位中的特有问题及其切分规则

(一) 名词性分词单位的分词歧异现象

中古汉语语料库中的名词性分词单位,存在一些与其他词类不同的特点,再加上操作者对于部分词语的认知差异,处理过程中很容易出现不同的分词结果,也就是通常所说的分词歧异现象。

从本质上说,分词歧异现象是汉语词汇的复杂性以及现有的词汇学理论缺乏解释力的必然产物。如:对于词和词组的认识,除了通行性概念,还有根据能不能单说或单用划分出的语法词、词汇词,根据在韵律结构中能否独立而分出的韵律词、超韵律词,以及句法词、心理词、词法词等说法。同时还存在蒋绍愚《汉语历史词汇学概要》(2015: 45)所说的“大小问题”“异同问题”[①]。后者与语料库的词语

① 异同问题是指形体相同的词在同一阶段或不同阶段如果有了较大的意义变化,是否仍属于同一个词。无论看成一个词还是两个词,本质上都属于词,因此完全不影响语料库的词语切分。

切分基本无关,可以忽略;前者其实就是词和词组的界限问题。该书所说的“各成分的原义融化在新的整体组合中”,“其中一个成分意义消失”,“其中一个成分是没有词汇意义的附加成分”,以及形式标志、意义标准、修辞手段、语法性质、词频标准、音节标准等,对判定词与词组都有一定的参考价值。但是,“不论用什么标准,都无法把词和短语彻底区分地区分开”,因为许多词语并没有明显的形式标志;更重要的是,从历史上看很多词语是由词组凝固而成的,凝固过程中的词语组合更难判断。

针对上述情况,中古语料库采用了与现代汉语相同的思路,把分词单位作为词语切分的基本单位,虽然并不能真正解决词和词组的界限问题,操作起来却相对容易得多。中古语料库的分词实践也证明了这种“绕行”策略确实是行之有效的。

名词性分词单位的切分过程中,容易出现分词歧异的词汇现象主要有：组合之后词性或词义发生变化的词语,方位词组合,职官名称,地理名称,姓、名、字、号与职官、爵位等连用的称谓词语,缩略语等。MACC 课题组研制的《中古汉语语料库加工规范》(初稿),借鉴《信息处理用现代汉语分词规范》《北京大学现代汉语语料库基本加工规范》等分词规则的整体架构,根据中古汉语词汇的特点进行了修正、增删,并在多年的分词实践中经过了反复修订,已经能够基本满足中古语料库建设的需要,同时也存在一些悬而未决的问题。

(二) 名词性分词单位的切分规则例析

针对名词性分词单位中容易产生分词歧异的问题,下文列举中古语料库的部分规则,结合《三国志》《北齐书》《洛阳伽蓝记》《世说新语》《齐民要术》等文献的词语案例,以及部分词语在自动分词、人工分词中的误切分实例,对其分词规则、理论依据进行说明、阐释,力图在词汇现象、分词规则、操作过程之间建立合乎逻辑的联系。①

1. 基于词性变化的分词规则

由两个非名词性单音成分并列而成以及动宾结构的名词性词组,作为一个分

① 其中的一些规则,见于化振红《试论中古汉语语料库佛教文献分词规范》(2019)、《建立中古汉语语料库分词规范的若干问题》(2021)。本文照录了其中的分词规则,增列了容易出现分词歧异的案例进行解释说明。对于新增加的分词规则,结合相应例证以及语料库中的误操作实例加以讨论。

词单位。

举止(《洛阳伽蓝记》:综形貌举止甚似昏主。)

亲信(《北齐书》:访之,则以力闻,常于并州市搭杀人者,乃署为亲信。)

丈六(《洛阳伽蓝记》:摹写真容,似丈六之见鹿苑。)

控弦(《北齐书》:吴越悍劲,带甲千群,秦兵冀马,控弦十万。)

“举止”属于名词,由动词“举”“止”组合而成;“亲信”指信任的人,属于名词,由形容词“亲”“信”组合而成;“丈六”指佛祖,属于名词,由单位名词“丈”、数词“六”组合而成;“控弦”代指军士,属于名词,原为动宾结构。

意义标准是判断词或词组的重要依据。其核心在于整体意义是否等于构成成分意义的总和。如果组合过程中存在词义扩大、缩小、转移、抽象、隐喻等转义现象,通常就被看作词;不存在任何转义现象者,则视为自由词组。多个语素组成新的词语后,如果整个词语的词性发生变化,其意义必然出现一定程度的变化,因此,存在词性变化的词语组合均属于一个分词单位。

2. 基于字数与结构的分词规则

两个字的词语组合较宽地作为一个分词单位;三个字的词语组合适当从严;四个字以上的词语组合,如果与现代的成语、习用语字面相同,作为一个分词单位;存在字面差异的,一律予以切分。

(1) 由前缀“阿”“老”,后缀“儿”“人”“子”加上单音节名词或名语素构成的词语组合,作为一个分词单位。

阿梁(《洛阳伽蓝记》:阿梁!卿忘我耶?)

阿兄(《世说新语》:阿兄,老翁可念,何可作此?)

阿奴(《世说新语》:阿奴欲放去邪?)

阿梁、阿兄、阿奴,分别是韦英对妻子梁氏、谢安对哥哥谢奕、谢奕对弟弟谢安的面称,均带有亲昵的意味。奴的意思相当于“你”,与谢安的名、字、号不存在关联。《洛阳伽蓝记》还有“自呼阿侬,语则阿傍”的说法,“阿侬”是吴人自称,“阿傍”是对他人的称呼。

“阿”的词缀用法在中古阶段已经完全成熟,志村良治(1995:27—28)有过详细论述,得到了汉语史学者的认可。因此,包含有词缀“阿”的词语均应视为同一个分词单位。

中古汉语语料库中,原操作者认为"阿梁"与"阿兄、阿奴、阿侬、阿傍"存在一些差别,把它切分成了两个分词单位。俞士汶等(2003)注意到了包含词缀"阿"的双音节名词有两种类型,以普通名词为后接成分,或者以专名词语为后接成分,并给予了不同的标注代码 n、nr,但是都看成了一个分词单位。我们认为这种处理是恰当的:"阿"用在普通的单音节名词或名语素前,构成了表示泛称的双音词,毫无疑问属于一个分词单位;用在指人的专名之前,所构成的是一个专有名词。由于它的指称对象是底层人士,任何词典都不会列为词条,中古汉语义项数据库也不可能作为"未登录词"予以收录。但是,这些情况并不影响其专有名词的本质属性,因此应该视为不必切分的分词单位。

偷儿(《世说新语》:偷儿在此!)

屠儿(《洛阳伽蓝记》:沽酒老妪瓮注项,屠儿割肉与秤同。)

吴儿(《洛阳伽蓝记》:时朝廷方欲招怀荒服,待吴儿甚厚。)

吴人(《世说新语》:王丞相初在江左,欲结援吴人,请婚陆太尉。)

偷儿、屠儿,分别指小偷、屠夫;吴儿,指吴地的人,此处略带贬义;吴人,指吴地的人,不含褒贬色彩。

汉代以前,"儿"的常见用法是年龄较小的人,也可以指一般的人。中古阶段,"年龄小"的意味明显淡化,表示从事某种职业的人,如偷儿、屠儿等。这些用法中,"儿"已经变成了一个词缀或者准词缀,所构成的词语均作为一个分词单位。

"吴人"代表了一个常见现象,即单音节地理名词加上"人、军、兵、师、民"等构成的词语组合,类似情况还有以"国、地"等为后接成分的词语。这类组合在历代文献中数量较多,使用频率也比较高。其共同特点是:(1)词义非常透明,完全等于两个语素义的简单相加,不存在引申、转义、隐喻等词义变化;(2)内部结构相同,可以类推出大量的同类词语;(3)凝固度普遍较高;(4)绝大多数不存在逐渐凝固的词汇化过程;(5)由于数量过多、词义简单,各种词典几乎从不收录。从词汇学角度看,其中只有极少数是真正的词,其他成员通常被看作自由词组。

从现有语料库的处理方式看,陈小荷等《先秦文献信息处理》(2012:59)面向25部先秦文献拟定了分词规则,在专有名词的条款中列举了例词"鲁国";课题组发布的《左传》分词样本中,"秦人、晋军、齐师、郑民、邓国"都被看作独立的分词单位。郑童哲恒、李斌《上古汉语分词与词性标注加工规范》(2023)针对《史记》建立的深加工语料库,遵循了大致相同的思路。现代汉语语料库中,国名通常作为一个分词单位,其他词语在现代文献中很少出现,没有专门制定明确的切分规则。

我们认为,这类词语的切分,应该兼顾词汇学理论、词汇演变规律、词语自身特点、语料库操作的便利性等因素进行综合考量。词汇学理论方面,上古汉语中单音词占绝对优势。因此,判定复音词时应该“从严不从宽”。如果把它们视为不予切分的分词单位,未来的研究者利用语料库统计单音词、复音词时,很容易产生比较严重的偏差,违背大多数人对于上古词汇的认知常识。中古阶段复音词快速增加,南北朝时比例已经超过单音词,这是学术界普遍认可的结论。考虑到这样的态势,可以适当从宽地视为独立的分词单位。这种操作方式也能够得到词汇学理论的支持,如蒋绍愚《汉语历史词汇学概要》(2015)、董秀芳《汉语的词库与词法》(2016),把汉语的词分为词库中的词、根据词法在线生成的词。前者储存在语言使用者的头脑中,也会体现在各种词典中,成员数量有限;后者则是按照一定的词法模式类推出来,不需要储存在词库中,少数成员最终有可能进入词库,其成员数量从理论上说是无限的,但是只有极少数会被各种词典收录。从语料库角度看,词库、词典中的词原则上都可以作为分词单位;词库、词典之外根据各种词法模式类推出来的词语,如吴人、北人、胡人、越国、楚地、宋兵,也可以视为不必切分的分词单位。这样的操作思路,不仅容易把握,也能够得到大多数学者认可。

(2) 定中结构的词语组合,双音节的可以较宽地视为一个分词单位;三音节的可以通过其结构特点进行判断,2+1 结构的一般视为一个分词单位,1+2 结构的一般切分为两个分词单位。

石碑(《洛阳伽蓝记》:有石碑一枚。)

青草(《齐民要术》:比至冬月,青草复生者,其美与小豆同也。)

天气(《齐民要术》:是月也,天气下降,地气上腾,天地同和,草木萌动。)

石碑、青草,与上文的“吴人”有很多共同点。比如,词义透明,整体意义完全等于两个成分意义的相加;结构简单,具有较高的能产性,每个语素都可以作为构词成分类推出更多的词语,如石桥、石山、绿草、水草等;历代文献中使用频率较高,不存在逐渐凝固的过程,也不存在转义、隐喻等现象。这样的双音节词语组合,语感上非常接近于词,无论各种词典或者中古汉语义项库是否已经收录,均作为一个分词单位。

中古汉语语料库中,操作者将第三个例词"天气"看成了分词单位,属于误切分。这里指天上的轻清之气,与后世文献中常见的"气候"义、"空气"义、"气数"义存在明显差异。从词汇史角度看,表示"天上的轻清之气"时,通常视为自由词组;表示气候、空气等泛化意义时,才属于严格意义上的词。因此,尽管各种词典和中古汉语语料库都收录了这个词语,仍然不能机械地视为分词单位,应该根据具体语境加以切分。即:天/气。

长分桥(《洛阳伽蓝记》:出阊阖门城外七里,有长分桥。)

张夫人桥(《洛阳伽蓝记》:今民间语讹,号为张夫人桥。)

夏白桃(《齐民要术》:桃有冬桃,夏白桃,秋白桃,襄桃。)

长分桥是洛阳城外谷水上的一座石桥,当水位超过桥面时,就会分流到旁边的洛水,因而得名。《洛阳伽蓝记》还记载了两个别名,一是因为晋代将领张方曾经驻军所以称为"张方桥",二是当地百姓不知道桥的由来而误读为"张夫人桥"。作为同一座桥的三个名称,长分桥、张方桥、张夫人桥均属于地理专有名词,因而均应作为分词单位。从内部结构看,长分桥、张方桥是"长分""张方"分别与"桥"组成的词语,属于"2+1"结构,因此也应该视为一个分词单位。

夏白桃、秋白桃是白桃的两个不同品种。从语义角度看,"夏""秋"指桃子成熟的季节。从结构上看,由"夏""秋"分别与"白桃"组合而成,属于"1+2"结构。一般情况下,"1+2"结构的词语,凝固程度远远低于"2+1"结构,因而需要切分为:夏/白桃,秋/白桃。

在中古汉语语料库中,操作者把"夏白桃""秋白桃"看成了表示植物品名的专有名词,没能做出正确的切分。

3. 方位词语的切分规则

方位词与名词组合时,切分为独立的分词单位;与虚词组合时,不予切分;两个方位词组成的复合结构,作为一个分词单位;方位词复合结构与其他成分的组合,切分为不同的分词单位。

第一组:城东　桥南　寺中　林外　府前　车后

第二组:西朝　南朝　江东　江左　河间　戎右　宫中

第三组：以西　之上　之间　其中

第四组：东南　上下　前后　内外　东面　南边

第一组词语，由方位词与其他名词组合而成，其中的方位词需要单独切分。即：城/东，桥/南，寺/中，林/外，府/前，车/后。

第二组词语，表面上由方位词与名词组成，整体意义却有很大的变化。西朝是晋王室南渡后对西晋的称呼，南朝指历史朝代，江东、江左泛指长江下游以东地区，河间是古代的郡府名称，戎右指坐在车子右边的警卫人员。这种情况下，整个词语的意义与字面义相比，发生了一定的变化，因此，应该作为一个分词单位。宫中，可以实指地理位置，也可以泛指整个宫廷。需要根据语境灵活判断，实的用法必须切分，泛指用法则不予切分。

第三组、第四组词语属于合成的方位词。前者的凝固程度较高，包含了一个虚化的语素，大多数工具书都予以收录，显然属于分词单位；后者的内部结构较为松散，各类工具书很少收录，但是使用频率较高，因而也视为不必切分的分词单位。

4. 专有名词中姓、名、字、号、职官及其连用的切分规则

（1）人名中的姓和名、字、号连用，以及姓氏与职官连用后带有名号性质，作为一个分词单位。

高欢、王长豫、万俟普拨、斛拔俄弥突

林道人、林公、谢公（《世说新语》：林道人诣谢公。东阳时始总角，新病起，体未堪劳，与林公讲论，遂至相苦。）

玄宗先生（《洛阳伽蓝记》：晖志性聪明……恒来造第，与沙门论议，时号为玄宗先生。）

谢镇西（《世说新语》：谢镇西少时，闻殷浩能清言，故往造之。）

庾小征西（《世说新语》：庾小征西尝出未还。）

陈太丘（《世说新语》：陈太丘与友期行，期日中。过中不至，太丘舍去，去后乃至。）

王悦，字长豫，东晋重臣王导的长子。万俟普，复姓万俟，字普拨，匈奴人，东魏时曾任朔州刺史。斛拔俄弥突，胡人，东魏时担任夏州刺史。林道人即东晋高僧支遁，字道林，世称“支公”或“林公”，兼通佛、道之学。玄宗先生是佛教人士孟仲晖的雅号。谢镇西即谢尚，东晋名士，曾任镇西将军，常常被尊称为“谢公”。庾小征西即东晋名士庾翼，与兄长庾亮都担任过征西将军，世称“小庾”“庾征西”或“庾小征西”。陈太丘即东汉名臣陈寔，年轻时曾任太丘县令。

现代汉语语料库遵循了《信息处理用现代汉语分词规范》的通用性规定,汉族人的姓和名单独切分,外国或少数民族的译名则不予切分。但是,古代文献中的人名、称号,往往包含着更为丰富的历史文化信息,有时还带有一些特定意涵,不像现代汉语一样仅仅是对人的指称,如林道人、林公、谢公、玄宗先生;将姓、名、字、号单独切分并不具备实际的词汇学价值。因此,中古语料库把姓与名、姓与字、姓与号以及各种名号,均视为不必切分的分词单位。外国或外族语言的音译人名,则与现代汉语语料库的做法保持一致。

谢镇西,属于姓氏与职官名的连用。现代汉语语料库中,姓氏后面的职务、职称或称谓通常是分开的,如:李/部长,孙/教授,刘/阿姨。中古语料库分为两种情况:① 姓氏与普通的官职、称谓等连用,予以切分,即:王/丞相,张/将军,何/太守。② 姓氏与官职、称谓等连用后,如果带有敬称、尊称的意味,则不予切分。如:以担任镇西将军而闻名的"谢镇西"(即谢尚),担任过太丘县令的"陈太丘"(即陈寔)等。"小庾、庾征西、庾小征西"等别号,本质上都是庾翼的专称,等同于一个整体概念,因而视为不必切分的分词单位。

(2) 职官名词中,五个字以内的爵位、封号、谥号、庙号、职官名称等,不予切分。如平阳郡公、刘昭仪、文献王、骠骑大将军。爵位、封号、谥号、庙号等个人称号与朝代名、地名的连用,五个字以内的也不予切分,如齐高祖、长沙王。职官名称与地名连用时,不论字数多少,均切分为不同的分词单位,如:洛阳/令,上洛/太守。

超过五个字的称号、职官名词的单用,以及与地名的连用,根据其内部结构予以切分。

抚军大将军录尚书事(《三国志》:以卫将军司马景王为抚军大将军录尚书事。)

南豫州刺史(《南齐书》:甲申,以晋安王子懋为南豫州刺史。)

第三镇人酋长(《南齐书》:寻与元天穆破邢杲于济南,累迁第三镇人酋长。)

各种称号的切分,主要依据这个称号是否属于特定的人。其中,长沙王、博陵郡公等封号,最初的受封者是一个特定的人,继承者仍然是他的家族成员,因而视为专名词语,中古语料库作为一个分词单位;汤阴令、幽州刺史等官职,不属于特定的人或家族,其词汇性质不是专名词语,中古语料库切分为不同的分词单位。

抚军大将军录尚书事,意思是以抚军大将军身份兼管尚书令的事务。尚书台是魏晋至唐宋掌管国家政务的中枢机构,其最高长官为尚书令。位高权重的大臣往往受命兼管尚书台事务,又称“领尚书事”或“平尚书事”,历代文献中经常出现这样的说法,如,太尉录尚书事、大将军录尚书事等。其中,“抚军大将军”是一个完整的封号,“大将军、将军”虽然可以独立为分词单位,“抚军”却不宜单独存在。因此,“抚军大将军”应该视为一个分词单位。“录尚书事”表示执掌尚书的职权,不是一个独立的官职,与前面的“抚军大将军”在性质上有较大差异,显然应该予以切分。“录尚书事”本身代表一个完整的概念,因而不必切分。即:抚军大将军/录尚书事。

南豫州、南青州、南徐州,是东晋王朝逃到江南后设在当地的侨置州,收复旧地后又撤销了这一行政建制。同样的情况还有侨置在南方的郡、县。一般会在原名前面加上“南”字以示区别。如南琅琊郡、南临沂县。唐宋元各朝遭遇强敌入侵时,也经常在安全地带设立同名行政区,用来安顿沦陷区百姓。现实社会只有“豫州”而没有“南豫州”这样的地理名称,但是,由于“南豫州”是一个整体概念,蕴含着比较特殊的历史文化内容。因此,侨置性质的州、郡、县名称,均被视为不予切分的分词单位。

镇人酋长是为归降的少数民族首领设立的高品级封号,北魏时称为“领民酋长”,唐朝修史时避李世民讳而改“民”为“人”。镇、领二字,周一良(1995：211)认为仅仅是两种不同的说法。其级别有第一、第二、第三之分,如:契胡族人尔朱荣的高祖尔朱羽健追随北魏道武帝征讨有功,受封为领民酋长,曾祖尔朱郁德、祖父尔朱代勤、父亲尔朱新兴代代相传,尔朱荣继位后加封为“第一领民酋长”;敕勒族人斛律金被孝明帝元诩封为“第二领民酋长”;高欢本人早期受封“第三领民酋长”,后来加升“第一领民酋长”。其品级大致介于正三品到从四品之间。同类性质的低级别封号则有北齐的“领民庶长”、隋代的“不领民庶长”,都有第一、第二、第三之别,品级则在从四品到七品之间。领民与不领民的区别,各种史书没有记载,大约是实号、虚号之别。

从词汇学角度看,因为存在级别的不同,将“第一、第二、第三”切分为独立的分词单位,基本上没有异议;领民酋长、领民庶长、不领民庶长等封号,按照现代汉语语料库的处理方法,通常会切分成两个或三个分词单位。MCC 课题组基于这些封号各自对应着不同的概念,权力、地位存在较大差异,因而遵循职官名词“宜合不宜分”“宜粗不宜细”的切分原则,分别视为完整的分词单位。即:第三/镇人酋长,第二/领民酋长,第一/不领民庶长。

5. 地理名词与其他成分连用的切分规则

两个字的地理名词一律作为分词单位,在现代汉语语料库中没有任何争议,中古语料库采用了同样的处理方式。存在争议的是地理名词与其他成分的连用,国家标准《信息处理用现代汉语分词规范》规定,民族名、地名中的"族、省、市、州、县、乡、区、江、河、山"应该单独划分,例如:哈萨克/族,北京/市,正定/县。地理面积比较小的街、路、村镇,一律作为分词单位,例如:长安街、周口店、刘家村。《北京大学现代汉语语料库基本加工规范》中,地名后边有"省、市、县、镇"等行政区划名称,有单音节的"江、河、山、海"等表示地形地貌的字眼,有单音节的"街、道、里、巷"等表示自然区划的字眼,统统作为一个分词单位。如此一来,上述词语就出现了不同的切分结果。中古汉语语料库的处理方法是,含"族、人、国、省、州、郡、县、里、桥、关、山、河、江、海、湖、寺、殿、堂、门、台、园"等字眼的民族名、地名,均作为分词单位,如:蠕蠕族,颍川郡、永和里,广阳门,泥兰禅河,张夫人桥。其中存在下列比较特殊的情况:

景兴尼寺(《洛阳伽蓝记》:石桥南道有景兴尼寺,亦阉官等所共立也。)

北徐州(《魏书》:衍以思祖为辅国将军、北徐州刺史,频寇淮北,数年而死。)

景兴尼寺是宦官集资修建的专供女性修行的寺院,魏晋六朝有很多尼寺,著名者有瑶光寺、胡统寺、魏昌寺等。从语料库分词角度看,"尼寺"显然是一个分词单位;"景兴寺、瑶光寺、胡统寺、魏昌寺"等,也属于独立的分词单位。"景兴尼寺"的后边是双音节词语,整体上虽然属于专名词语,中间却插入了限制性成分"尼",明显降低了内部结构的凝固程度。因此,应该切分为两个分词单位,即:景兴/尼寺。

魏晋六朝时期,徐州有东、西、南、北之别。晋安帝义熙年间,在淮北设立了"北徐州",淮南仍称"徐州";宋武帝又把淮南改为"南徐州",淮北则称为"徐州";北魏献文帝设立"东徐州",治所在山东沂水,孝明帝重设后改到了今江苏邳州;梁武帝攻取涡州后,改设为"西徐州"。这些行政区划,均因管辖区域而得名。"徐州"作为独立的分词单位毫无争议。从词汇学角度看,这类词语可以切分为方位词"东、西、南、北"和地理名词"徐州",但是,这样的切分就破坏了它们作为专有名词的词义完整性,也在一定程度上失去了历史文化价值。因此,中古语料库将它们视为与"徐州"性质相同、不必切分的分词单位。

6. 带数字的缩略语的切分规则

由数字和名词组合而成的缩略语,不论音节多少,均作为一个分词单位。

三坟、五典、九流、百氏(《洛阳伽蓝记》：三坟五典之说，九流百氏之言。)

八正(《洛阳伽蓝记》：投心八正，归诚一乘。)

八正道(《佛说菩萨本业经》：见异道人，当愿众生，远去邪见，入八正道。)

四子(《齐民要术》：尧命四子，敬授民时。)

四肢(《齐民要术》：四肢不勤，思虑不用，而事治求赡者，未之闻也。)

三坟、五典是传说中的古代书籍。具体内容历来有不同的说法，一般认为前者记载伏羲、神农、黄帝的事迹，后者记述少昊、颛顼、高辛、唐、虞的事迹。九流、百氏是各种学说的总称，九流指战国时期的九家学说，百氏相当于诸子百家。八正指佛教所谓通向涅槃解脱的八种正确的修行方法，又称为"八正道、八圣道"等。四子指尧时负责制订历法的官员羲仲、羲叔、和仲、和叔，后来也简称为"羲和"。四肢指人体的两上肢、两下肢。

上述由数字和名词组成的缩略语，在历代文献中的用法存在一些差别。三坟、四肢、八正、八正道、四子，意义明确，一直没有变化；五典、九流、百氏，历代的说法略有差异，即词语的含义存在时代性变化。八正道、八圣道与其他词语存在双音节、三音节之别。从词汇性质看，这些缩略语整体上表达了一个完整的概念，结构也比较稳定，通常被视为比较特殊的词组，也有少数学者认为是词。现代汉语语料库中，缩略语都被视为不必切分的分词单位。虽然在汉语史不同阶段，部分缩略语的指称对象存在一些细节差异，但是，与整体地表达概念、结构稳定等特点相比，词义的细微变化几乎可以忽略不计。因此，中古语料库中采用了与现代汉语相同的处理方式，一律作为不予切分的分词单位。

四　结　语

为名词性词语制定比较科学的分词规则，是中古汉语语料库建设的关键环节之一，其中包含了很多颇具挑战性的话题。如：词汇现象本身纷繁复杂，不同阶段的词汇有同有异；词汇学理论在许多问题上存在争议，人工操作者对于词汇现象的理解各有不同，对分词规则的把握也宽严不一；人脑对词汇现象的分析以及制定出的相应规则，电脑软件未必能够完全理解；分词规则如何繁简适度，以便于实际的操作过程；如何兼顾现有的国家标准，与现代汉语语料库适当接轨，为将来打通古今汉语语料库留下足够的空间，等等。本文选取了若干比较重要的中古词汇现象，拟定了相应的分词规则，结合部分词语进行了比较细致的学理分析，并列举了分词实践中的一些错误案例进行了相应的讨论。大体上,这些直接来自中古汉语语料库的现象及规则,解决了名词性分词单位中容易产生争议的部分问题,人工切分者比较容易把握,自动分词软件也比较容易理解。但是,相对于汉语史语料库这一巨大工程,目前的这些探讨只能算是初步搭建了一个粗线条的框架,其中肯定还包含着很多不尽合理的地方。随着中古汉语语料库建设的持续推进,现有的分词规则将会逐步得到更加合理的调整、修正,同时也会增加若干新的规则。我们有理由相信,经过今后的更多努力,一定能够逐步解决分词过程中存在的各种疑难问题,为中古汉语语料库提供一个更为科学的分词规范。

参考文献

陈小荷　冯敏萱　徐润华等　2012　《先秦文献信息处理》,世界图书出版公司北京公司。

董秀芳　2016　《汉语的词库与词法》(第二版),北京大学出版社。

方一新　2010　《中古近代汉语词汇学》,商务印书馆。

郭曙纶　2013　《汉语语料库应用教程》,上海交通大学出版社。

国家技术监督局　1993　《信息处理用现代汉语分词规范》(GB/T13715—92),中国标准出版社。

化振红　2019　《试论中古汉语语料库佛教文献分词规范》,《东南大学学报》第1期。

化振红　2021　《建立中古汉语语料库分词规范的若干问题》,《语言研究集刊》第二十八辑。

蒋绍愚　2015　《汉语历史词汇学概要》,商务印书馆。

靳光瑾　郭曙纶　肖　航等　2003　《语料库加工中的规范问题——谈〈信息处理用现代汉语词类标记集规范〉》,《语言文字应用》第4期。

山西大学　2003　《973当代汉语文本语料库分词、词性标注加工规范(草案)》。

宋　柔　1997　《关于分词规范的探讨》,《语言文字应用》第3期。

孙茂松　1999　《谈谈汉语分词语料库的一致性问题》,《语言文字应用》第2期。

俞士汶　段慧明　朱学锋等　2002　《北京大学现代汉语语料库基本加工规范》,《中文信息学报》第5期。

俞士汶　段慧明　朱学锋等　2003　《北大语料库加工规范:切分·词性标注·注音》,《汉语语言与计算学报》(新加坡)第2期。

郑童哲恒　李　斌　2023　《上古汉语分词与词性标注加工规范》,《语言文字应用》第4期。

志村良治　1995　《中国中世语法史研究》,中华书局。

周一良　1995　《领民酋长与六州都督》,《周一良学术论著自选集》,首都师范大学出版社。

化振红　南京师范大学文学院　huazhenhong1@njnu.edu.cn

合口三等介音与汉语音系历时变化三例

郑　伟

提要　文章从音系结构成分之间的互动和发音生理等角度观察汉语语音史上带合口三等介音[-iu-]音节的音韵演变特点。包括：（一）[m]与[u]之间的[i]介音失落(miu>mu)；(二) 复合介音[-iu-]引起的唇齿化演变，即[i]/[j]受[u]等非低后元音的影响变为唇齿擦音[v-]；(三) 复合介音[-iu-]引起的 iuei>yei>yi>y、iuei>uei>ui。

关键词　汉语语音史　合口三等字　音韵演变　音系结构　发音生理

一　引　言

音节结构因素对于汉语语音史的影响，主要应从两个方面来看：(1) 音节结构成分的音系性质与语音特点所引起的不同音类的分化或合并；(2) 不同音节结构成分之间的相互制约与影响。王力先生(1964：45)曾指出，"一种倾向性使韵母因声母不同而分化"，"例如《广韵》的寒韵(ân)在现代广州话里分化为[ɔn]和[an]。分化的条件是喉牙音变[ɔn](干[kɔn]汉[hɔn])，舌齿音变[an](蓝[lan]，残[tʃ'an])。这是由于喉牙音发音部位靠后，所以把元音往后拉，舌齿音发音部位靠前，所以把元音向前拉"。王力先生(1983)也讨论过音节结构成分相互影响的四种情形：(1) 声母对韵母的影响；(2) 韵母对声母的影响；(3) 等呼对韵母的影响；(4) 声母对声调的影响。其中传统音韵学的"等呼"概念，对应于现代语音学的术语，所指主要就是介音(medial)。

发音生理的空气动力学制约(aerodynamic constraints)也往往会决定语音演变的方向。比如浊音(voiced)相对难发，所以若某语言无清浊辅音的对立，则只有清辅音；若某语言有浊音类，就会有某些类别的浊辅音缺失(小舌浊辅音最难保持，软腭部位的次之,最常见的浊辅音应为双唇音)。赵元任(1935: 127)曾生动地说明软腭浊塞音[g]和软腭内爆音[ɠ]难以维持的生理基础,“在所有见处的方言里,都是只限于唇音跟舌尖音而从来不见于舌根音。这类的音是跟一般方言里的[p][t][k]相当的,在有这种特类声母的方言里,它总是['b]['d][k]或是[ʔb][ʔd][k],第三个总是个普通的[k]。这里的理由不难找,从舌根与软腭相接的地方到声门那里一共就没有多大的空间可以像口腔较宽绰的[b]或[d]音那么弄出些特别的把戏;声带稍为一颤动,那一点的空间马上就充满了气正压力了。所以也没有空间也没有时间可以造成第九类那种悬挂的印象或是第十类那种望里‘爆发’的印象”。

奥哈拉(Ohala 1983: 195—198)观察了包括七百多种语言在内的音段清单(segment inventory),发现相对于清塞音而言,浊塞音的出现几率仅有 4%。与双唇浊塞音[b]相比,发[g]时的喉部气流更少,口腔容积更小,持阻时间也更短。正因为[g]在发音生理上较难维持,所以隋唐汉语音系中[b](並母)和[d](定母)的出现不受后接介音或主元音的条件限制,而[g](群母)则只在介音或主元音为[i]的音节中得以保留。个中原因,朱晓农(2004: 9)的解释是,“现在[g]后面有了个腭介音[i],成阻点往前了,也就是说,这个/g/其实不是软腭音,而是硬腭音[ɟ]。这样一来,‘口腔较宽绰了’,浊声也就容易持续了”。从持阻时间的角度来看,当[g]后接高元音[i]、[u]时,其维持声带振动的时间要比后接低元音来得更长,而[b]后接低元音[a]时的声带振动时间无疑最长。(Ohala 1983: 197)

本文将以中古带复合介音[iu]的合口三等字为考察对象,指出[-iu-]介音所在的不同音节在演变过程中区别于其他音节类型的“特异”之处,并从音系结构、生理基础两方面,探讨有关语音变化的动因或机制。

二　带[-iu-]介音的鼻音声母音节及其弱化

在汉语音系的历史演变进程中,miu>mu 涉及不同的历史音类,包括:(1)先秦[*iu](幽部)的部分[m]声母(明母)字到隋唐音里“例外地”变作了豪韵字;(2)隋唐音的[*iu](尤韵)明母字自中唐以后“例外地”与模虞韵混同。

先秦幽部演变至隋唐(以阴声韵为例),分别变作一等豪、侯$_{明母}$(如“告道造宝$_{豪韵}$|牡矛茂$_{侯韵}$”)、二等肴(如“包茅卯巧胶较”),三等尤脂$_{重纽三等}$(如“求九殡臭首修酉袖由丑秋舟寿羞搜悠浮忧$_{尤韵}$|彪谬纠幼$_{幽韵}$|轨逵$_{脂韵}$”)、四等萧(如“叫条萧

彫”)诸韵。[①] 从发音生理来看,“主元音和唇音的舌位越是后,[i]介音就越容易失落。元音舌位最后的是[u],唇音中的[m]的舌位往往有偏后的趋势,所以音节[miu]中的[i]一定最先失去”(潘悟云 1985：59)。正由于此,来自先秦幽部的部分明母字失落[i]介音,从而失去了变为三等韵的可能性,转而进入了一等韵字(无[i]介音、带央后元音)行列。

再就自先秦至现代方言的变化结果而言,“有些方言中上古之部一等合口明母字‘谋某亩母’等字和上古幽部明母字‘茂贸’等字韵母和《切韵》模韵明母字同韵,和侯韵舌尖音、舌根音、喉音声母字不同韵”(张琨 1995：355)。如广东花县[mou]/[tɐu]、江苏涟水[mo]/[təu]、江苏泰兴[mɤɯ]/[təi]、安徽岳西[mu]/[təu]、山西平遥[mu]/[təu]。

慧琳《一切经音义》(成书于唐宪宗元和初年)卷一《大唐三藏圣教序》“覆载”条注云:“上敷务反,见《韵英》,秦音也;诸字书音为敷救反,吴楚之音也。”卷四《大波若波罗蜜多经》“浮泡”条注云:“上辅无反,……吴音薄谋反,今不取。”又同卷“茂盛”条云:“上莫候反,吴楚之音也;《韵英》音为摸布反。”(周祖谟 2004：252)

尤韵明母字用模虞韵字(“布务无”)作反切下字,是唐代关中方音的特点;用侯尤韵字(“救谋候”)作反切下字,本是《切韵》系韵书的一般条例,但在当时已被认为是“吴楚之音”。出现于中古后期北方的“侯尤入模/虞”(即“浮扶”同音)这一演变条例,到了现代南方方言,仍有许多地点仍保持着侯尤韵与模虞韵的对立。例如(平田昌司 1995：137):

	苏州	温州	长沙	南昌	梅县	广州	福州
浮$_{尤三奉平}$	vʏ	vɜ$_{文}$	xəu$_{文}$	fɛu$_{文}$	fɛu$_{文}$	fɐu$_{文}$	p^{h}ɛu$_{文}$
	—	vøy$_{白}$	pau$_{白}$	p^{h}au$_{白}$	p^{h}au$_{白}$	p^{h}ou$_{白}$	p^{h}u$_{白}$
扶$_{虞三奉平}$	vu	vu$_{文}$	fu	fu	fu$_{文}$	fu	xu$_{文}$
	—	vøy$_{白}$	—	—	p^{h}u$_{白}$	—	xou$_{白}$

张琨(1995：353—354)曾说:“‘王韵’[②]三等尤韵平声明母有‘谋矛鍪蝥牟侔

① 各韵例字皆引自李方桂(1971：31—32)。

② 引者按：即故宫博物院藏宋濂跋《王仁昫〈刊谬补缺切韵〉》,学界或称“全王”或“王三”。

眸’等字,这些字都应该在一等侯韵”,“《切韵》把‘谋矛’等字列在尤韵,也许有我们现在不明白的道理”,“可能是声母不同所以演变不同,另外一种可能是因为这些明母字上古来源和舌尖音、舌根音、喉音声母字的上古来源不同”。

本来按照一般性的假设,《切韵》时代三等韵具有[i]介音,尤韵字自然也应是如此,但如果如张琨先生所说,“这些字都应该在一等侯韵”,那就必须解释这种例外形成的原因;更重要的是,分辨“秦音”与“吴音”的唐代语音材料也无从着落。因此,我们还是应该把幽部字在隋唐音里入侯韵及尤韵字在中唐以后入模虞韵看作是不同历史阶段、涉及不同例字、但性质相同的音系结构性变化(miu>mu)。

以上所论均为不带韵尾或只带元音韵尾[i]、[u]的音节,另有与之相平行的,如 miuŋ>muŋ(例如“梦$_{\text{东韵三等去声}}$”)、miuk>muk(例如“目穆牧$_{\text{东韵三等入声}}$”),也符合 miu>mu 的古今变化条例。同时这也证明,发生 miu>mu 必要且充分的音系条件为声母[m-]和介音/韵腹[-u],与韵尾辅音的性质无所关涉。至于其产生的生理基础,相信应着眼于双唇鼻辅音发音时的“特异性”,即“舌腭肌(glossopalatinus)上面连着腭腱膜,下面连着舌侧缘的后部。所以当它收缩的时候,或者使软腭下降,或者把舌头拉向后上方。发[m-]的时候,正是通过舌腭肌的收缩使软腭下降,打开鼻腔通道,同时也产生一个舌头后拉的趋势。如果没有其他肌肉的协同动作,发[m]时候的舌位就会偏后一点”(潘悟云 1985: 59)。

语言经济原则在发音生理层面可以表现为发音动作的弱化,如避免发音动作的往复变化;在音系结构层面可以表现为音段之间的同化作用,如避免音系区别性特征相对立的音段在相邻位置出现。隋唐以后收[-u]尾和[-m]尾的音节一律缺少合口音节(即不带[-u-]介音),主元音为[o]、[u]的带[-ŋ]尾音节仅有合口音节,都能用这一原则加以解释。王力(1985: 574)亦曾专门论及唇音声母对韵尾[-m]、[-p]的异化作用(所谓“避同音”),“由于韵尾[-m]、[-p]也是唇音,它和唇音声母同性相斥,产生矛盾,以致韵尾[-m]转化为韵尾[-n]或[-ŋ],韵尾[-p]转化为韵尾[-t],这种情况从宋代起就发生了。例如:品 p‘i̯əm→p‘in、禀 pi̯əm→pin、凡 b‘i̯uɐm→fan、汎 p‘i̯uɐm→fan、法 p‘i̯uɐp→fat→fa、乏 bi̯uɐp→fat→fa”。

同样地,近代以后[-iai]韵母音节要么失去[-i-]介音变[-ai](例如“揩楷”),要么失去[-i]尾变[-ia](例如“佳”),或者是保留[-i-]介音,但主元音与韵尾发生中和音变(-iai>-iɛ,例如“皆階”)。

当然,正如王力(1983: 1)所说:“条件音变只是可能的,不是必然的。因此,甲方言会有这种音变,乙方言不一定也有这种音变。”亦即能不能变是一回事,会不会变则是另一回事。实际上,现代汉语(及各地方言)仍然可见基于发音动作往复运动的音节类型,如部分河北方言中有[-uau]韵母今读(刘淑学 2000:119—120)、台湾地区的普通话“涯$_{天～}$崖$_{悬～}$”仍读[-iai]等。

进一步说,认识到汉语语音历史发展中 miu>mu 这一条例,对古汉语若干音类的音值拟测也不无裨益。先秦幽部的读法,有[* -ʊg](高本汉)、[* -əu](王力)、[* -əgw](李方桂)、[* -u](包拟古)等不同的拟测方案。隋唐侯韵的读法有[* -əu]、[* -u]等不同拟测方案。如果考虑到语音发展的逻辑过程及其条件,相信会更容易判定各家观点的合理性。

与之相关的,还有汉语方言(主要是南方方言)、民族语中鼻音(也可包括边音)的自成音节化(syllabicalization)。参与该项变化的有合口三等虞韵字“无”(miu>mu>m̩)和合口三等鱼韵字“鱼”(ŋiu>ŋiu>ŋ̍)等。从各种现实语料来看,以 mu>m̩ 最为常见。关于汉语中鼻音自成音节现象的最早文献记录,可能是明代曲论家沈宠绥(卒于 1645 年)所著的《度曲须知》,他在该书“收音总诀”篇中对“吴中土音”(“无”字土音)做了如下描述:“闭口何音?‘无’字土音。原注:吴俗呼‘无’字,不作‘巫’音,另有土音,与闭口音相似。……以上土音凡四,缘无本字,又无叶切,故借用之。然唯吴俗能喻其音,概之他方,有漠不相同者,姑亦在吴言吴云尔。”“无”和一等韵字“母亩”等在很多南方方言中至今仍读作自成音节鼻音,其历史演变为 miu>mu>m̩(三等字)或 mu>m̩(一等字)。而否定词写作“冇/冒/毛”等字形的方言,则代表了另一种演变方向:mu>mou>mau(高元音低裂化)。

三　复合介音[-iu-]引起的唇齿化演变

钱玄同(2000:107)曾于 1922 年 9 月 1 日致胡适信中谈及“维”字的读音问题:

> 你问我“维”字的古音。考此字古音均与灰韵字押韵,可假定其元音为[ei]。至于它的声——辅音——可就难说了,《广韵》在喻纽,喻纽大概是[w]、[y](=yü)等音,至今官音还是如此,故国音亦注为ㄨㄟ(=wei),但江南多读为 vi 音,此等喉音(=舌根阻)与轻唇音(=唇齿阻)之转变,那班讲音韵学的老先生们是不以为然的,其实[v]是唇齿阻,[w]是舌根兼两唇阻,[y]是舌前兼两唇阻,都与嘴唇有关,何不可转变之有?

罗常培先生(2008:432)说:“《中原音韵》微母字惟齐微部‘微薇’纽下混入以

母‘惟唯’二字。案利玛窦标音亦注‘惟’为 üui,与其他喻母字不同。且今安南译音、客家、山西及闽语、吴语亦皆读为微母。故此二字乃喻母转微之例外,不足妨碍微母独立也。”

至于“维”字读[v-]的产生原因,周祖谟(1966：592—593)推测说:“唯今开封音止摄合口喻母四等读[vi],……则由于[j]与[u]相连而演成者也。”周先生想强调的是唇齿音声母是[j]、[u]连音造成的,道出了音变的结构性因素,也能得到现实方言的支持。浙江温州方言的早期记录,如“雨”字在孟国美《温州方言入门》(Montgomery 1893)、汤壁垣《瓯音字汇》(1925)中均记作[ɦyɥ4],对应与现代温州话的老派音[ɦʉ4]/[vʉ4]和新派音[vʊ4]。再如部分合口三等喻母在温州话中的读音(斜线前后分别为老派和新派读音)：芋[jy2]/[vu2]、卫[jy6]/[vu6]、围[jy2]/[vu2],这是年龄层的语音变异所体现的历时音变的佳例。此种音变的实质是腭近音[j]在圆唇后元音[u]、[o]之前发生了唇齿擦化：j/i>v/__V[+后,-低]。

多种不同性质的语料,均显示出复合性元音[iu](或“腭近音[j]+[w]”)会产生唇齿擦音声母[v-],如汉语(吴徽、客赣、湘、乡话、闽等方言)及民族语(藏缅、苗瑶、侗台语等)、梵语东部方言等。(Zheng 2015)这也不由得令人联想到,汉语语音史上有著名的“轻唇化”演变,其必要条件之一,即为带复合介音[-jw-]。(Chao 1941)麦耘(1995：100)曾对轻唇音声母的产生做了如下的语音阐释：

> 三等介音使下腭上抬,后元音使下腭后退,这些都有利于下唇触齿而导致双唇音的唇齿化,……元音的圆唇势对声母唇齿化也有帮助,因为圆唇动作时下唇上抬(在舌位、开口度相同的情况下,下唇的位置在圆唇时较不圆唇时为高),从而更易于触齿。

简单来说,就是零声母后的介音[i]或腭近音声母[j]能使下腭上抬,具有[-low]、[+round]特征的[u]、[w]、[o]等又容易使下腭后退,从发音的生理基础来看,这些都有利于下齿触唇而导致轻唇化。Ladefoged 和 Maddieson(1996：366—367)的观察可以引为旁证,他们曾论及 Kom、Kuteb 两种西非语言中,有些音节的辅音与元音之间会出现某些过渡音,如“天空”一词的舌面龈后擦音[ʒ]与[u]之间有个唇齿[v]的滑音段。详见图 1：

[u]前的擦音音段[ʒv]是一种罕见的双调音部位的协同辅音。图 1 显示擦音段具有较低的 F1,和高元音[u]的声学特征较为吻合,而和单纯擦音[ʒv]的声学表现不同。(Ladefoged & Maddieson 1996：366)另外,再从 Ewe 语双唇擦音[β]和唇

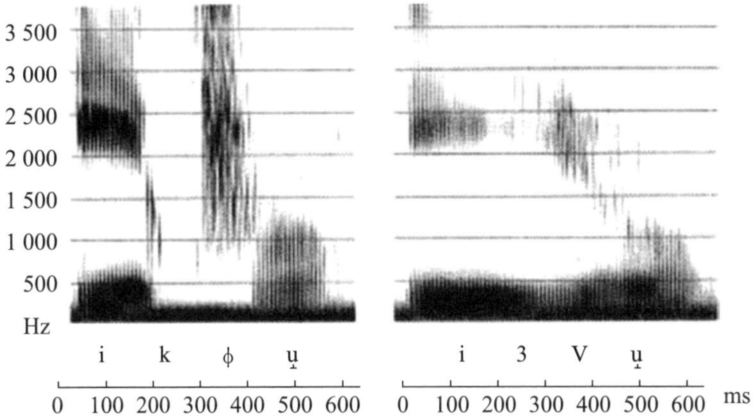

图 1　Kom 语[iku]"死"、[iʒu]"天空"二词的频谱图(Ladefoged & Maddieson 1996：367)

齿擦音[v]发音时调音器官的运动轨迹来看,发[β]时上唇向下、向后运动,下唇向上、向后运动。发[v]时则有比[β]更多的运动轨迹,并且向上到达的位置更高,部位也有更多后缩;同时,发[v]时上唇保持静止,不参与调音活动。详见图 2:

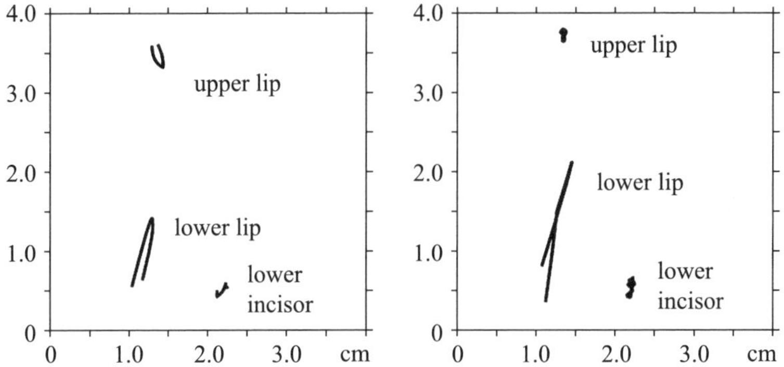

图 2　Ewe 语(左)[ɛ̀βɛ̀]"人"、(右)[ɛ̀vɛ̀]"二"的上下唇和下齿的运动轨迹(Ladefoged & Maddieson 1996：140)

四　复合介音[-iu-]引起的主元音演变

汉语语音史上与复合介音[-jw-]有关的第三类变化,是-jwei>-yei>-ye->-yi>-y,之前的研究文献常将其称作"支微入鱼/虞"。王力先生(1983：4)曾敏锐地指出:"韵头[i][y]使主要元音前化,是因为[i][y]是前元音,所以影响到主要元音的发音部位,使它由[a]变[ə]。"具体的例子是中古麻韵到了元代已然分化为[-ia](家麻韵)和[-ie](车遮韵)两类。又如“茄靴瘸”等戈韵合口三等字,亦由[-ia]、[-ya]变作了北京话的[-ie]、[-ye]。

将“支微入虞”与王力先生所说的情形比较,可以发现前者的变化也应当是韵头[y]对主元音[e]发生前化影响的结果。如果再往前追溯,唐五代西北方音就已经有“支微入虞”出现了(罗常培 1933/2008:68—69、142—143、231—232):

1. 扶 p'u|驱 k'u|务'bu|具 gu|寓'gu(虞合三);诸 cu|渠 gu|虑 lu|御'gu(鱼开三);梧'gu(模开一);吹 c'u|累 lu(支合三)。可比较:茂'bu(侯开一);疑'gu(之开三);妇 bu|富 p'u(尤开三)(《千字文》);

2. 夫 p'u|无'bu|殊 çu|须 su|愚'gu|住 c'u(虞合三);诸 cu/'cu|初 c'u|如 źu|虚 hu|於·u̇/i|所 çu|汝 zu|语'gu(鱼开三);水 çu|轨 gu(脂合三);为'u|髓 su(支合三);归 ku|违'u/wu|畏'u|谓'u(微合三)。比较:不'bu|否 p'u|覆 p'u(尤开三)(《大乘中宗见解》);

3. 须 su|俱 ku|树 çu|数 ço(虞合三);诸 ci|於 u̇/i(鱼开三);补'p'u(模合一)。比较:不 pu(尤开三)(《阿弥陀经》,止合三缺例字);

4. 无'bu|须 su|数 çu|具 gu(虞合三);为'u(支合三)|围'u(微合三)。可比较:不 pu/p'u(尤开三);牟'bu(侯开一);疑'gi(之开三)(《金刚经》);

5. 书 çu(鱼合三);水 çu(脂合三)(《唐蕃会盟碑》);

6. 虞支互注:为(盂)|为(騟)|髓(须)|伪(遇);以虞注脂:柜(具)|荽(须)|骓(朱);以微注虞:鬼(氍)(《开蒙要训》)。

以上是反映“支微入虞”最早的文献用例,但此类材料要么是藏文译音和汉藏对音,无法很确切地反映两种语言的真实音系;要么是汉字互注,同样无法标明具体音值。明代叶盛(1420—1474)《水东日记》卷四:“吾昆山,吴淞江南,以‘归’呼入虞字韵。”可以视作这种变化在吴语中的最早记录。

韵母[-ei]、[-əi]的主元音在介音[-y-]的影响下前移,还可以从现代方言中得到印证。下面是江淮官话通泰片的部分方言(顾黔 2001:214,242,245—246):

吹,南通 tɕhye1,海安 tɕhyei1,东台 tɕhy1 白/tɕhyei1 文,姜堰 tɕhyəi1;

税,南通 ɕye5,海安 ɕyei5,东台 ɕy5 白/ɕyei5 文,姜堰 ɕyəi5;

脆,南通 tɕhye5,东台 tɕhy5 白/tɕhyei5 文,姜堰 tɕhyəi5;

追,南通 tɕye1,海安 tɕyei1,东台 tɕy1,姜堰 tɕyəi1;

醉,南通 tɕye5,海安 tɕyei5,东台 tɕy5,姜堰 tɕyəi5。

从这些方言的材料可以看出,支微入虞后形成的读[-y]韵母的白读层,与不入虞的读[-yei](如海安)、[-ye](如南通)、[-yəi](如姜堰)的文读层形成了文白对比;据此也可以一窥-yəi>-yei>-ye>-y 的演变过程。①

Lindblom(1983)曾利用建模方法(modelling approach),指出了和协同发音有关的不同发音部位之间的静态空间关系,总结来说就是极端的发音部位(extreme articulation position)须被避免。该文将言语与非言语行为相类比:整个身体前移靠近目标,远比下肢后移、同时上肢前伸的擦玻璃姿势,要来得自然(natural);好比元音[i]的产生,如果一方面放低下颌,一方面又抬升舌体,就不是发[i]的自然状态,将下颌与舌体同时上抬,形成协同互动(synergistic interaction)的效应,才能更省力、更自然地发出[i]来。详见图 3:

图 3 非言语行为(左)与言语行为(右)的类比(Lindblom 1983:233)

较为理想的音节音段组织(segment organization),应当是能够在保持各自独立的前提下,使得发音器官在空间上具有兼容性,同时相邻的音素在发音部位具有时间上的可重叠性。以气流机制(airstream mechanism)为例,"[+带声辅音][-带声辅音]+元音"(如/bpa/、/dto/)这样的音节结构在词首或词尾都不允许出现。元音方面,瑞典语里发生 i-umlaut 变化如 hialpa>hiælpa("帮助")、biorn>biørn("承受"),

① 东台方言"吹税脆"的白读为[-y],文读为[-yei];"追醉"则只有白读[-y]。从其文白对比来看,[-yei]在音值上更加接近权威官话,[-y]则否。虽然二者来源不同,但从语音演变的逻辑过程来看,-yəi>-yei>-ye>-y 是比较合理的演变路径。

也是避免/ia/、/io/这类[+高][+低]或[+前][+后]"极端"发音出现的结果。

再看/iuei/、/jwei/这样的元/辅音组合,在音段组织层面属于典型的"极端发音":介音部分是[+前、+高][+后、+高]的元/辅音组合,同时韵尾部分又是[+前、+高]元音音段。这种"前—后—前"或"后—前—后"舌位往复运动所产生的"不自然"发音,在我们熟悉的各种语料中,几乎都不出现。职是之故,/iuei/的后续变化可以有三种途径,一是北京型,即止摄合口三等("吹水贵"等字)失落[-i-]介音后读[-uei](但仍有极个别字入虞,如"尉迟"的"尉"①);二是梅县型,即不但[-i-]介音失落,而且主元音亦被[-i]韵尾同化变作[-ui](李如龙,张双庆 1992;Hsu 2008),或进而[u]唇齿化作[vi],如武平客话(林清书 2004);三是真正的"入虞"型,即复合介音中和化作[-y-],从而造成主元音舌位抬升变作[yi],[y]再进一步将[i]同化为[y]。

五 结 语

语言的变异性(variability),或者说"可变性"(changeability),是语言的本质特征之一。所有的语言都会发生变化,包括语音演变在内的语言变化是有规律可循的。语言演变的方式、动因(motivation)和机制(mechanism)等,是19世纪以来西方历史语言学、语言地理学、语言类型学等领域都非常关心的问题。在解释语音演变的原因或机制时,省力原则、经济原则、认知心理等因素常常被提及(Paul 1880;Martinet 1955;Hockett 1958:440;Labov 2010),但是很明显,省力、经济等因素并非决定语音变化的唯一因素,世界语音也并没有随着时间的推移变得越来越简易。音系结构、类推拉平、借用、词频等语言学因素,以及避忌讳用、社会背景、文化变迁、人群流动、地理环境等文化层面的因素同样可以决定语言演化的方向与速度。其中心理、社会层面的因素在个人或社区的不同表现有所不同,但生理、物理等层面的因素,却具有普遍性意义。(Ohala 1983:189)

汉语历史音韵学的研究也需要音系结构与发音生理的观察视角。赵元任(1935)和王力(1964,1983)等前辈学者在这方面已有一些开创性的成绩,本文围绕复合介音[-iu]所在音节在汉语历史语音上的几种变化,指出了该介音与其前后

---

① 《开元释教录》记载,尉迟姓,亦作郁持。关于于阗尉迟氏的族系来历及读音,可参看向达(2001:10—14)。

声母辅音或韵母元音之间的在发音生理及音系结构两方面的制约作用，由此可见[-iu]介音在汉语历史语音变化中所起的“特异”作用，但同时又有语言内部的音系条件和语言外部的发音生理条件蕴含其中。

参考文献

顾　黔　2001　《通泰方言音韵研究》，南京大学出版社。

胡　适　2003　《胡适全集》（第29卷），安徽教育出版社。

李方桂　1971　《上古音研究》，《清华学报》（新9.1－2）。

李如龙　1996　《声韵调的演变是互制互动的》，李如龙著《方言与音韵论集》，香港中文大学中国文化研究所吴多泰中国语文研究中心。

李如龙　张双庆（主编）　1992　《客赣方言调查报告》，厦门大学出版社。

林清书　2004　《武平方言研究》，海峡文艺出版社。

刘淑学　2000　《中古入声字在河北方言中的读音研究》，河北大学出版社。

罗常培　1932　《中原音韵声类考》，《历史语言研究所集刊》第二本第四分册。

罗常培　2008　《唐五代西北方音》，《罗常培文集》第二卷，山东教育出版社。

麦　耘　1995　《音韵与方言研究》，广东人民出版社。

孟国美　1893　《温州方言入门》，上海别发洋行。

潘悟云　1985　《词汇扩散理论评介》，《温州师院学报》第3期。

平田昌司　1995　《唐宋科举制度转变的方言背景——科举制度与汉语史第六》，《吴语和闽语的比较研究》，上海教育出版社。

钱玄同　2000　《钱玄同文集》（第六卷・书信），中国人民大学出版社。

汤壁坦　1925　《瓯音字汇》，影印本。

王　力　1964　《先秦古韵拟测问题》，《北京大学学报》第5期。

王　力　1983　《汉语语音史上的条件音变》，《语言研究》第1期。

王　力　1985　《汉语语音史》，中国社会科学出版社。

向　达　2001　《唐代长安与西域文明》，河北教育出版社。

张　琨　1995　《〈切韵〉侯韵明母字在现代汉语方言中的演变》，《中国语文》第5期。

赵元任　1935　《中国方言当中爆发音的种类》，《历史语言研究所集刊》第五本第四分册。

周祖谟　1966　《宋代汴洛语音考》，周祖谟著《问学集》（下），中华书局。

周祖谟　2004　《唐五代的北方语音》，周祖谟著《语言文史论集》，学苑出版社。

朱晓农　2004　《从群母论浊声和摩擦——实验音韵学在汉语音韵学中的实验》，《语言研究》第2期。

Blevins J. 2004. *Evolutionary Phonology: The Emergence of Sound Pattern*. Cambridge University Press.

Chao Yuen-ren. 1941. Distinctions within ancient Chinese, *Harvard Journal of Asiatic Studies* 5. 3－4: 203－233.

Hsu Hui-chuan. 2008. /iu/ and /ui/ in Chinese dialect, *Interface in Chinese Phonology: Festschrift in Honor of Matthew Y. Chen on his 70th Birthday*. Institute of Linguistics, Academia Sinica: 121－138.

Labov W. 2010. *Principles of Linguistic Change: Cognitive and Cultural Factors*. Wiley-Blackwell.

Ladefoged P. 1968. *A Phonetic study of West African Languages*. Cambridge University Press.

Ladefoged P., Maddieson I. 1996. *The Sounds of the World's Languages*. Blackwell.

Lass R. 1984. Phonology: *An Introduction to Basic Concepts*. Cambridge University Press.

Lindblom B. 1983. Economy of speech gesture, *The Production of Speech*. MacNeilage P F. (ed.) Springer-Varlag: 217－246..

Martinet A. 1955. *Économie des Changements Phonétiques: Traité de Phonologie Diachronique*. Éditions A. Francke S A.

Montgomery P. H. S. 1983. *Introduction to the Wenchow Dialect*. Kelly & Wash.

Ohala J. 1983. The origin of sound patterns in vocal tract constraints, *The Production of Speech*. MacNeilage P F. (ed.) New York · Heidelberg · Berlin: Springer-Varlag: 189－216.

Paul H. 1880. *Prinzipien der Sprachgeschichte*. Niemeyer.

Zheng Wei. 2015. The labiodentalization of the palatal initial j, *Bulletin of Chinese Linguistics* 8: 195－213.

郑 伟 华东师范大学中国语言文学系 zhengwei0911@hotmail.com

丹阳方言单字调系统的层次叠置与边界属性*

徐娟娟

提要 丹阳方言位于吴语和江淮官话的边界地带，单字调系统存在层次叠置，体现在两个方面：一是中古调类到今音的归并规律复杂，且存在较多变异成分；一是阴调类和阳调类的调值高低没有呈现一致的特征。部分调类的归并显示出江淮官话和吴语在该方言的层次叠置，从而体现了其边界方言的特点。文章通过对中古四声的阴调类和阳调类调值的分别比较，可从整体的语音面貌方面，对丹阳方言归属的判断提供参考指标。

关键词 丹阳方言 单字调 层次叠置 边界 归属

一 引 言

位于方言区边界地带的方言，其语音特点的表现往往较为复杂，为这些方言归属的判断带来困难。处在这样边界地带的方言，通常会受到邻近几种方言相互接触的影响，因此可借助叠置式音变的理论，从语音层次的角度对其语音结构进行分析，从而能够对其语音特点的形成有更清晰的认识，也有助于判断其方言归属。

"语音层次研究的单位是音类"（陈忠敏 2007：136），即一个音节中的声母、韵母、声调。其中，方言调类的归并规律及一些声调的特征，能显示该方言的层次叠置情况，并反映出方言的某些属性。由于"长江南岸吴语和江淮官话在丹阳县[①]分界"（颜逸明 1994：49），从地理位置上来看，丹阳方言应是一种典型的边界方言。

---

* 本文受国家社会科学基金重大项目"苏皖鄂赣江淮官话与周边方言的接触演变研究及数据库建设"（项目编号 19ZDA307）资助。

① 文中的"丹阳县"在 1987 年已改为"丹阳市"。

因此下面以丹阳城区及下属乡镇方言的单字声调系统为例,对边界地区方言语音层次的特点及属性进行分析与探讨。

二　丹阳城区方言的调类归并规律

(一) 概述

声调系统体现方言属性的一个重要方面就是调类归并的规律。总体上看,江淮官话调类归并的特点主要有,平分阴阳,上声不分阴阳,去声有分阴阳也有不分的,此外保留 1—2 个入声。① 以与丹阳方言相邻的镇江方言为例,有 5 个声调:阴平、阳平、上声、去声、入声。

吴方言的调类归并特点总体上为:调类主要有 7—8 个,四声各分阴阳;也有部分简化趋势影响下的方言,声调只有 5—6 个。以与丹阳邻近的常州方言为例,有 7 个声调:阴平、阳平、上声、阴去、阳去、阴入、阳入。

而位于镇江与常州之间的丹阳城区方言口语音有 6 个单字调②:阴平 33,阳平 24,上声 55,去声 21,阴入 3,阳入 24。从中古 8 个调类到今音的归并来看,除了清平、清上归并较齐整,其他 6 类的归并都不是很一致,且有较多变异成分。详见表 1 所示:

表 1　中古调类到今丹阳城区方言声调的归并情况

中古调类		丹阳城区方言调类
清平	→	阴平
全浊平	→	阳平
次浊平	→	阴平,阳平
清上	→	上
全浊上	→	阳平,去
次浊上	→	阳平,上

① 参考鲍明炜《江淮方言的特点》(1993)中江淮方言声调的材料。

② 吕叔湘《丹阳方言的声调系统》(1980)中记载了读书音和说话音两个系统的单字调,其中读书音有 4 个单字调,说话音有 6 个单字调。现在丹阳方言中读书音已不再使用,这里的 6 个单字调为笔者调查丹阳城区方言口语音所得。

续表

中古调类		丹阳城区方言调类
清去	→	阳平,去
全浊去	→	去,阳平
次浊去	→	去,阳平
全清入	→	阴入,阳入
次清入	→	阴入
全浊入	→	阳入
次浊入	→	阳入,阴入,阴平,去

具体说来,调类的归并主要有以下特点:

(1) 次浊平主要归阴平,但也有部分与全浊平合流。

(2) 浊上字主要与全浊平合流,此外,全浊上与次浊上又有所区别,部分全浊上归今去声,而部分次浊上则与清上合流。

(3) 清去大部分归阳平,调值 24,浊去字调值则主要为 21,但部分去声字出现 24、21 混读的现象,如“盖”“贵”“树”等。特别是清去字有向浊去合并的倾向。

(4) 入声分阴阳,但总体来看阳入字调值高于阴入,这与吴语“阴高阳低”的特征不符。但全清入部分字有 3、24 混读的现象。而在对丹阳市东南、西南面乡镇的调查中发现,入声的调值为阴入 5,阳入 24,呈现出阴高阳低的特征。此外,城区的调查也有个别发音人的阴入调值为 5,因为数量较少,未列入城区方言声调系统。

此外,次浊入字的声调处于不稳定状态,有少部分与阴入混淆,少部分舒化为阴平 33 及去声 21。

声调的归并发生变异表明声调中可能存在层次叠置。下面选取几种变异情况最多的调类与邻近方言[①]及普通话声调进行比较,来分析不同层次的来源及发生变异的原因。

(二) 次浊平

丹阳城区方言中次浊平字声调的今音较为特殊,大部分归入阴平。但也发现

① 文中镇江、常州及丹阳的方言声调语料均为笔者调查所得。

部分次浊平字有向阳平归并的趋势。表2是部分例字在丹阳城区、两个邻近方言及普通话中的调类和调值。

表2　中古次浊平例字在丹阳城区、镇江、常州方言及普通话中的调类和调值

例字	镇江		丹阳城区		常州		普通话	
	调类	调值	调类	调值	调类	调值	调类	调值
猫	阳平	24	阴平	33	阳平	213	阴平	55
毛	阳平	24	阴平	33	阳平	213	阳平	24
门	阳平	24	阴平	33	阳平	213	阳平	24
南	阳平	24	阴平	33	阳平	213	阳平	24
年	阳平	24	阴平	33	阳平	213	阳平	24
鱼	阳平	24	阴平	33	阳平	213	阳平	24
吴	阳平	24	阴平/阳平	33/24	阳平	213	阳平	24
羊	阳平	24	阴平/阳平	33/24	阳平	213	阳平	24
圆	阳平	24	阴平/阳平	33/24	阳平	213	阳平	24
云	阳平	24	阴平/阳平	33/24	阳平	213	阳平	24

丹阳城区方言部分次浊平声调归入阳平的这种变化,在吕叔湘《丹阳方言语音编》[①](1993)中未有记录,蔡国璐《丹阳方言词典》(1995)也没有提到次浊平读阳平调的情况。相邻的镇江、常州方言则原本就是次浊平归阳平,未有新的变化。而再看丹阳城区方言的阳平调值与普通话调值较为类似,因此这一变化很有可能是受了普通话音值的影响。普通话的影响"打破了传统的调类对应,是以调值对应的方式进入"(刘泽民 2011:204),因此次浊平字的声调归并出现了变异成分,使其今音与中古调类的对应显得较为复杂。

(三)全浊上

丹阳城区方言中全浊上的调类归并也比较特殊,据《语音编》和《丹阳方言词

---

① 以下简称《语音编》。该文中记载的丹阳语音为20世纪初的方言情况。

典》的记录,主要归入阳平调。此次调查得到的结果也是大部分字与阳平合流,但有部分字读去声。详见表3所示:

表3 中古全浊上例字在丹阳城区、镇江、常州方言及普通话中的调类和调值

例字	镇江		丹阳城区		常州		普通话	
	调类	调值	调类	调值	调类	调值	调类	调值
稻	去声	55	阳平	24	阳去	24	去声	51
淡	去声	55	阳平	24	阳去	24	去声	51
动	去声	55	阳平	24	阳去	24	去声	51
竖	去声	55	阳平	24	阳去	24	去声	51
并	去声	55	阳平/去声	24/21	阳去	24	去声	51
棒	去声	55	去声	21	阳去	24	去声	51
赵	去声	55	去声	21	阳去	24	去声	51
市	去声	55	去声	21	阳去	24	去声	51
户	去声	55	去声	21	阳去	24	去声	51

虽然邻近的镇江和常州方言中全浊上都是归去声,但丹阳城区方言中全浊上归为去声的倾向却也是近年发生的,因此该变化应该不是邻近方言调类的影响。再从调值上来看,丹阳城区方言去声读低降调,而镇江或常州的去声都不是降调。因此全浊上读去声这一变化同样应该是受普通话调值影响而产生的。

(四)清去

从表1即可看到,清去和浊上一样,在丹阳城区方言中主要归阳平,这一归并规律与《语音编》及《丹阳方言词典》中的记载一致。然而在最新的调查中也发现,部分清去字的声调出现了24、21两读,还有一些清去字调查只得到21一个声调。详见表4所示:

可以发现,清去字近年来发生的变化,与次浊平、全浊上的情况都十分类似,因此也应是受普通话调值影响而发生的。由于口语中使用方言单字调的范围缩小,因此单字调很容易向目前的"文读音"即普通话靠拢。

表4 中古清去例字在丹阳城区、镇江、常州方言及普通话中的调类和调值

例字	镇江		丹阳城区		常州		普通话	
	调类	调值	调类	调值	调类	调值	调类	调值
怕	去声	55	阳平	24	阴去	41	去声	51
醋	去声	55	阳平	24	阴去	41	去声	51
贵	去声	55	阳平	24	阴去	41	去声	51
顾	去声	55	阳平/去声	24/21	阴去	41	去声	51
放	去声	55	阳平/去声	24/21	阴去	41	去声	51
套	去声	55	阳平/去声	24/21	阴去	41	去声	51
姓	去声	55	阳平/去声	24/21	阴去	41	去声	51
戒	去声	55	阳平/去声	24/21	阴去	41	去声	51
寄	去声	55	阳平/去声	24/21	阴去	41	去声	51
贩	去声	55	去声	21	阴去	41	去声	51
暗	去声	55	去声	21	阴去	41	去声	51

(五)次浊上

次浊上一类,丹阳城区方言中部分字与属吴语的常州方言一致,归入阳平;另一部分则与官话方言一致,归入上声。详见表5所示:

表5 中古次浊上例字在丹阳城区、镇江、常州方言及普通话中的调类和调值

例字	镇江		丹阳城区		常州		普通话	
	调类	调值	调类	调值	调类	调值	调类	调值
买	上声	11	阳平	24	阳平	213	上声	214
老	上声	11	阳平	24	阳平	213	上声	214
冷	上声	11	阳平	24	阳平	213	上声	214
藕	上声	11	阳平	24	阳平	213	上声	214

续表

例字	镇江		丹阳城区		常州		普通话	
	调类	调值	调类	调值	调类	调值	调类	调值
五	上声	11	上声	55	阳平	213	上声	214
养	上声	11	上声	55	阳平	213	上声	214
野	上声	11	上声	55	阳平	213	上声	214
雨	上声	11	上声	55	阳平	213	上声	214
远	上声	11	上声	55	阳平	213	上声	214

中古次浊上字在丹阳城区方言的声调归并特点,正显出了相邻两种方言声调系统的层次叠置,且这种不同层次的影响不是调值上的,而只在调类上显示出来。由于这一现状与《语音编》及《丹阳方言词典》的记载一致,也就是说近年来没有发生明显的改变,因此这种调类归并的方式受到的外来方言的影响早于普通话的音值对其他调类的影响。

从上面几种归并情况比较复杂的调类来看,丹阳城区方言声调现今的复杂状况并不都与其边界方言的性质有关。第四种次浊上字与前面三种的情况不同,前三种调类归并的变异现象是普通话音值影响造成的,而次浊上字的归并规律则真正体现了其边界方言的特点。

三　调类的阴阳与调值的高低

(一) 调查说明

为分析调类归并规律,我们选择了丹阳城区方言这一个点与相邻的镇江和常州方言做对比。但实际上丹阳城区方言与这两个方言并不直接接壤。因此为进一步探讨丹阳方言与相邻的两大方言区的关系,下面将调查对象扩大至整个丹阳市范围内的方言,使调查材料能在区域上显示出连续性,以便从另一角度考察声调系统的特点。

除调类归并的规律外,阴调阳调调值上的差异,也能反映不同方言的特点。如吴方言调值的一个重要特征就是“阴高阳低”(颜逸明 1994: 90);江淮官话则不同,总体上来看阴调类的调值比阳调类低。① 因而在吴语和江淮官话之间,对方言阴调类和阳调类调值高低的比较,也可作为判断方言归属的一个重要参考。且与调类归并规律相比,不同调类的调值高低更能从外部语音特征这一方面,给人以判断其方言区归属的总体印象。因此,下面对丹阳方言同一声类中阴调类字和阳调类字的调值高低进行考察。

调查的地域范围包括丹阳市区内的不同区域、丹阳市下属多个乡镇,以及与丹阳交界的镇江市和常州市。调查形式有两种:一是208字的声调调查详表,调查的人数为23人,其中9人使用丹阳城区方言,11人使用丹阳下属不同乡镇的方言,2人说常州方言,1人说镇江方言;一是只有8个字②的调查简表,简单调查8个中古调类的阴阳调值的高低情况,共45人。其中14人使用丹阳城区方言,26人使用丹阳下属不同乡镇的方言,3人说常州方言,2人说镇江方言。我们主要对丹阳城区及丹阳下属乡镇发音人的情况进行统计。

(二)调查结果概述

调查是按中古平上去入4个声类分别进行的,即对每个被调查人每个声类的今音调值分别记录。统计的方法是,仅比较同一声类下阴调类字和阳调类字的调值高低,不论该调类字的今读声调是否已与其他调类合流。调查得到五种结果:① 阴高阳低,体现吴语声调特征;② 阴低阳高,体现江淮官话声调特征;③ 阴阳相混,总体特征偏阴高阳低;④ 阴阳相混,总体特征偏阴低阳高;⑤ 阴阳合流。其中,调查详表会得到以上五种结果,而调查简表因为每个调类只有一个例字,因此只有①、②、⑤三种结果。

从整个丹阳市范围(包括丹阳城区与下属乡镇)内的方言情况来看,声调今读的具体情况如下:

(1)中古平声字今音主要体现江淮官话的特征,城区内全部为“阴低阳高”,乡镇中也只有少部分是“阴高阳低”。且没有合流的情况。

(2)中古上声字的声调今读大部分为“阴高阳低”,呈现吴语的特征。仅个别乡镇调查点是相反的特征。

---

① 参考钱曾怡《汉语官话方言研究》(2010:295)江淮官话声调的语料。
② 这8个字为:东、铜、懂、动、冻、洞、笃、毒。

(3) 中古去声字的今音主要为"阴高阳低"和"阴阳合流","阴低阳高"的情况只是在个别调查点出现。再从相邻两种方言的情况看,镇江方言(以及普通话)的阴去和阳去已经合流,但常州仍分阴去和阳去,因此可认为丹阳方言中去声"阴阳合流"的情况也反映了江淮官话或普通话的影响。

(4) 中古入声字的情况,是"阴高阳低"和"阴低阳高"两种特征同时存在,此外也有个别合流的情况。从简表的统计结果看,整个丹阳市范围内"阴高阳低",即吴语特征的略多;但详表统计却是"阴低阳高"的结果居多。这可能与详表调查对象中乡镇发音人较少有关。详表调查涉及的乡镇没有简表的范围广,而通过对城乡对比可以发现,城区发音人呈江淮官话特征的居多,而乡镇发音人则呈吴语特征的略多。

可以说,上述特点一定程度上显示出了吴语和江淮官话两种声调系统在这一地区的叠置。比如,四声的今读呈现出不同特征：中古平声字声调在丹阳市大部分范围内都与官话系统的特征较为一致,只在少部分乡镇是偏向吴语特征。入声则不同,虽然市区大部分调查结果是"阴低阳高",但乡镇的情况还是更偏向吴语特征。这种平声和入声的特征差异正反映出整个丹阳市方言的边界特点。

上声和去声的情况则复杂一些。考虑到现在丹阳城区及大部分乡镇方言中,上声和去声实际上都只有一个声调,不再分阴阳,原来的阴调类或阳调类已与其他调类合流,因此不能认为上声和去声中"阴高阳低"的表现能确切地体现吴语性质。然而,虽然今丹阳城区及大部分乡镇方言的单字调系统中只有一个上声和一个去声,但中古上声及去声中的阴调字和阳调字并没有合流。特别是上声,单从阴上字和阳上字的调值来看,基本都是"阴高阳低"的吴语声调特征。而小部分被调查人的去声字发音显示出的阴阳合流的趋势,则可能是受了后来普通话去声调值的影响。

(三) 调查结果的总体数量统计

为有一个总体的概括,下面对丹阳范围内调查的所有结果的出现频次进行了统计。

首先从总体上看,不论是详表调查还是简表调查,得到的结果①(或①和③)还是多于②(或②和④)。数据结果请见表 6 所示：

表 6　五种特征类型在整个丹阳市范围出现频率统计

	详表调查结果					
特征类型	①	③	②	④	⑤	合计
频次	37	8	32	1	2	80[①]
百分比(%)	46.25	10	40	1.25	2.5	100
合并统计(%)	56.25		41.25		2.5	100
	简表调查结果					
特征类型	①		②		⑤	合计
频次	89		52		19	160[②]
百分比(%)	55.63		32.5		11.87	100

从总的出现概率这一角度看,整个丹阳范围内的方言单字调系统仍略倾向于呈现吴方言的特征。

再对丹阳的城区和乡镇进行分别统计,以对比两者总体特征上的差异。具体数据见表 7 所示:

表 7　五种特征类型在丹阳城区和乡镇出现频率的分别统计

		详表调查结果					
特征类型		①	③	②	④	⑤	合计
频次	城区	14	5	16	1	0	36
	乡镇	23	3	16	0	2	44
百分比(%)	城区	38.89	13.89	44.44	2.78	0	100
	乡镇	52.27	6.82	36.36	0	4.54	100

① 详表调查的使用丹阳方言的人数为 20,再以四声分别调查,因此频次的总数为 80。

② 简表调查的使用丹阳方言的人数为 40,再以四声分别调查,因此频次的总数为 160。

续表

		简表调查结果			
特征类型		①	②	⑤	合计
频次	城区	28	24	4	56
	乡镇	61	28	15	104
百分比(%)	城区	50	42.86	7.14	100
	乡镇	58.65	26.92	11.42	100

从表7的结果看,总体上城区得到的江淮官话特征发音的比例还是高于乡镇,显示了城区先受官话方言的影响,而农村受的影响较小或变化较慢这一特点。但由于调查样本有限,且从调查结果看,特征类型①(③)与②(④)主要分布在不同的声类中,因此仅做数量比例上的统计还是有一定局限的。

下面将进一步比较两种特征类型在四声中的分布比例。

(四)两种特征在四声中的比例及地域分布情况

在整个丹阳市范围,方言的单字调在不同声类中呈现的是不同特征。因此下面取简表的调查结果,将四声的情况分别标注在丹阳行政区划图[①]上,以便从地域分布上直观地对两种类型的特征进行观察。

中古平声字的今音特征分布,在整个丹阳范围内大部分地区都呈现江淮官话声调特征。从出现比率来看,简表调查的40位丹阳发音人中,平声字呈"阴低阳高"的为32人,占80%;仅8人平声为"阴高阳低",且都不是城区发音人。具体的特征分布情况如图1[②]所示。

图1显示,只有丹阳市边缘的一些乡镇,声调特征与吴语一致。"丹阳方言

---

① 底图取自丹阳市人民政府网页(http://www.danyang.gov.cn)"魅力丹阳—区划人口"区块的"丹阳市域图"。

② 分布图主要用于观察几种特征的分布情况,不考虑人数的多少,因此若在同一地点的不同被调查人是相同结果,则只标一个类型符号。图中地域名的行政级别不太一致,有些是区名,有些是旧有的乡镇名。由于近年来市以下的行政区划有了较大调整,名称也有所改变,若仅用区名或镇名会使得被调查人所在位置不够清楚。因此布点使用了一些旧的乡镇名称。

图 1　中古平声字今读的两种特征在丹阳的分布情况

属吴语,却又深受官话影响。”(徐娟娟 2012: 522)而图 1 的结果表明,平声字的今读声调已深受官话的影响,且这一影响以城区为中心,向乡镇扩散。此外,丹阳市东面的乡镇主要还是呈现吴语特征,因为这一方位与方言属吴语的常州市接壤。

中古入声字在今丹阳方言中也分阴阳两类。阴入和阳入调值特征的分布,在城区和乡镇呈现不同特点。在城区,从数据统计来看,江淮官话特征的出现频率更高,城区 14 位发音人中有 10 人的入声都是“阴低阳高”,占 71.4%;但在下属各乡

镇,有26位乡镇发音人中入声为“阴高阳低”的有17人,占65.4%。具体的特征分布情况如图2所示:

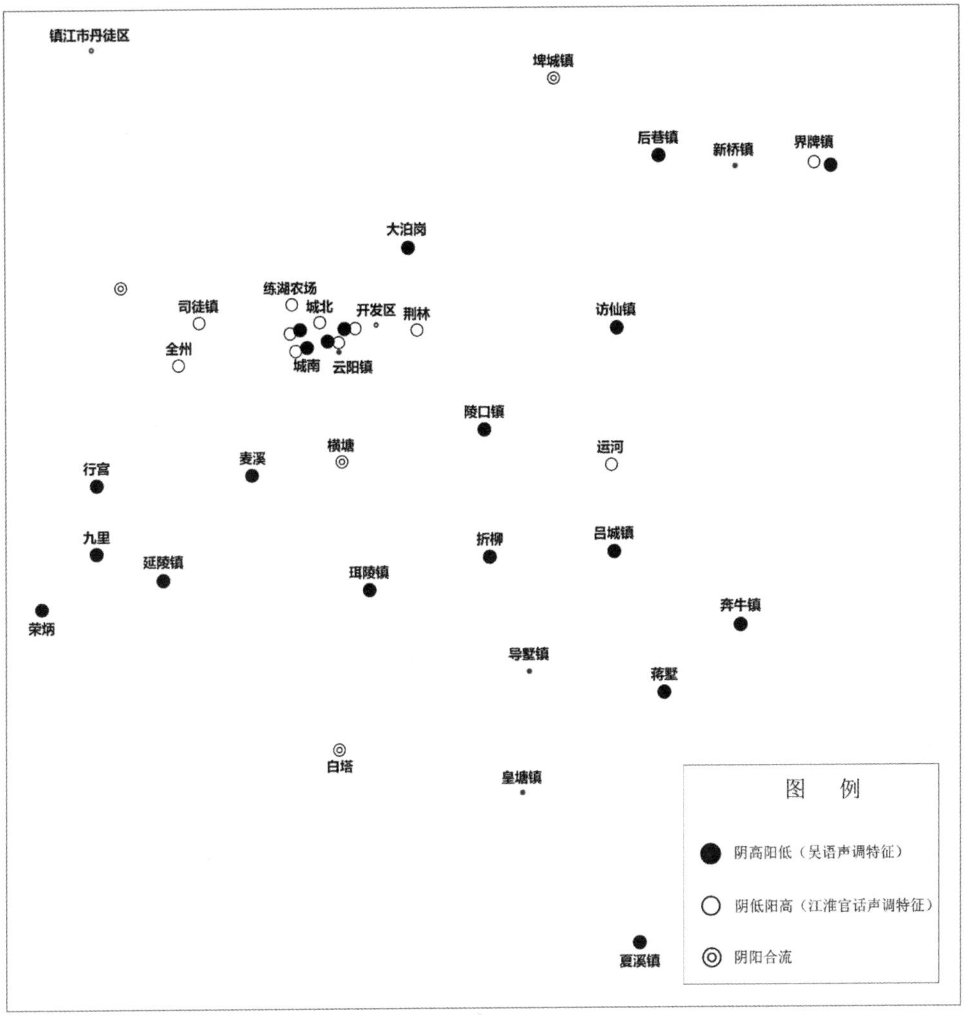

图2 中古入声字今读的两种特征在丹阳的分布情况

从图2的地域分布看,丹阳乡镇的大部分地区还是显示“阴高阳低”的吴语特征。其中,丹阳北部的区域受官话的影响更大,而南部及东部乡镇主要表现为吴语的特征。

再看上声的情况。虽然丹阳大部分地区方言今音中只有一个上声,但中古的阴上字和阳上字并未合流。而比较它们今读的调值高低可以发现,在丹阳大部分地区还是呈“阴高阳低”的状态。在40位发音人中,中古上声字呈“阴高阳低”的有36人,占90%;且城区的发音人全都是“阴高阳低”。具体地域分布情况如图3所示:

图3 中古上声字今读的两种特征在丹阳的分布情况

最后看去声。丹阳方言的去声与上声情况类似,今音中只有一个去声,但阴去字和阳去字大多没有合流,对比两者的调值仍主要是“阴高阳低”,占60%;当然也有部分“阴阳合流”的情况,占35%,而这也反映了江淮官话或普通话的影响。具体分布情况如图4所示:

图 4　中古去声字今读的两种特征在丹阳的分布情况

4 张分布图表明，四声的特征分布情况显然是不同的，不存在明显的四声特征重叠的分界线。但丹阳市东面以及西南角乡镇还是有一些特征重叠的区域，其单字调基本呈现吴语特征。

总体上看，丹阳方言单字调系统的特征在城区偏向江淮官话、乡镇则偏向吴语，这一调查结果也从声调系统的层面，论证了丹阳方言应是原属吴语、后受江淮官话影响而发生音系叠置的。

四 结 论

(一)丹阳城区方言的调类归并与边界方言特点

丹阳方言单字调系统中存在的层次叠置,可以从调类归并规律,以及阴阳调类的调值高低两个方面体现出来。通过这两方面的描述与分析,能对丹阳方言的语音层次特点有更全面的认识,也有助于对这一边界方言属性的判断。

从中古调类到今音的归并特点来看,丹阳城区方言与邻近的镇江和常州方言相比,情况更为复杂,变异成分也较多。而通过对四种变异成分较多的调类进行分析,发现丹阳城区方言中调类归并复杂状况的形成并非都是受相邻方言的影响。因此,经详细的层次对应分析,可以更清楚地分辨哪些特点是由层次叠置造成的,哪些特点的形成有其他影响或来源。

首先,丹阳城区方言中有些调类的归并本身就比较特殊,与邻近的方言都不相同。其次,近年来普通话语音的影响十分显著,使得在过去都未曾受邻近方言调类影响的丹阳城区方言声调在近些年却发生了很大变化,从而形成了部分调类中的变异成分。

同时,还是有部分调类的归并显示出了江淮官话和吴语在该方言的层次叠置,主要体现在中古次浊上一类。可见相邻两大方言区的共同影响确实也是边界方言形成复杂语音面貌的重要原因之一。

(二)阴阳调类的调值高低与方言归属

由于丹阳城区方言单字调的调类归并规律与邻近的江淮和吴语方言不同,因此我们再从阴阳调类调值高低的角度,探讨方言的归属问题。

通过对中古四声的分别分析发现,四声表现出的特征并不一致。从整个丹阳市范围看,平声在大部分地区都已显示为江淮官话特征,而入声则是表现为吴语特征的范围更大。上声和去声的情况则比较复杂,虽然今城区方言的上声、去声都只有一个调类,但从阴调类与阳调类今音的调值来看,中古上声字和去声字到今丹阳音的演变是趋向于"阴高阳低"的,这一语音表现与吴语一致。

若仅看丹阳城区方言,平声和入声都已基本表现为江淮官话特征,上声和入声在今方言音中又只有一类。因此丹阳城区方言的单字调系统从整体上来看,应与江淮官话更为接近。但同样由于中古上声字和去声字今读调值总体上“阴高阳低”，这样的语音面貌还是增加了确认其归属的难度；而这正是边界方言特点的体现。

当然，方言的归属应在多方面特征综合考量后判断，而不是仅依靠单字调系统这一个方面。但这方面的考察还是能为归属判定的综合考量提供一项参考指标。

此外，通过对四声特征的分别描述也可看到，在方言区交界的地域，并非总能画出一条重叠且连续的分界线，因为中古四声在方言中的演变方式，或受影响而产生变化的速度未必一致。如丹阳方言的情况是，中古平声字先受江淮官话影响而向官话靠近，但入声向官话靠近的速度则比较缓慢，特别是在乡镇地区更好地维持了吴语特征；此外，中古上声字和去声字的演变速度与趋势也与平声、入声不同，向官话靠拢的程度大致介于平声与入声之间。

参考文献

鲍明炜　1993　《江淮方言的特点》，《南京大学学报》第4期。

蔡国璐　1995　《丹阳方言词典》，江苏教育出版社。

陈忠敏　2007　《语音层次的定义及其鉴定的方法》，丁邦新主编《历史层次与方言研究》，上海教育出版社。

刘泽民　2011　《吴语浊上调的表现类型及演变分析》，《南方方言研究论稿》，中西书局。

吕叔湘　1980　《丹阳方言的声调系统》，《方言》第2期。

吕叔湘　1993　《丹阳方言语音编》，语文出版社。

钱曾怡　2010　《汉语官话方言研究》，齐鲁书社。

徐娟娟　2012　《语音层次与边界方言属性——以丹阳方言为例》，《语言科学》第5期。

颜逸明　1994　《吴语概说》，华东师范大学出版。

徐娟娟　上海师范大学对外汉语学院　xujuanjuan@ shnu. edu. cn

北部吴语歌模韵的音韵格局及相关问题*

侯　超

提要　北部吴语歌韵和模韵的主体层读音有合流、分立两种类型，各自内部又分为A、B两类。北部吴语歌韵和模韵音韵格局的形成与各自元音高化，尤其是后续的出位音变以及[u]韵的擦化特征有关，可以用音变路径的不同加以解释。歌韵和模韵的出位音变是各自独立发展的结果，佳、麻、歌三韵之间存在连锁音变关系。

关键词　吴语　歌模韵　音韵格局　链移

一　引　言

中古以后歌韵、模韵的音韵格局表现为舌位高低的对立，即歌韵读[o]，模韵读[u]。这种对立在很多吴方言点中由于元音高化及其后续的出位音变而进行了重新调整，并由此衍生出多种音韵格局。吴语歌、模韵音韵格局的变化还进一步牵涉到假摄二等的元音高化以及蟹摄二等的单音化问题，并引申出学界关于吴湘语元音“链式音移”的争论。赵元任（1956：87）指出，吴语“韵母比国音‘高化’，例如麻韵古前a，在国音变后a，在吴语变o；歌韵古后a，在中部官话o，在吴音u，或不圆唇的u。”袁家骅等（2001：117）观察到双峰方言“高元音化主要表现在果假二摄上。果摄一等变ʊ，少数三等字变o；假摄二三等变o或io”。徐通锵（1991：403）认为，“双峰话元音链式音变的模式与苏州话一样：蟹$_{二}$的*ai单音化为-a后使麻$_{二}$的*a

* 本文受国家社会科学基金一般项目“地理语言学视阈下苏皖浙交界地区吴语音变研究”（项目编号18BBY051）和国家社会科学基金重大招标项目“苏皖鄂赣江淮官话与周边方言的接触演变研究及数据库建设”（项目编号19ZDA307）的支持。

高化为-o，而这个-o 又迫使歌（戈）韵的-o 高化为-ʊ，而这一变化又使模韵的 *u 复元音为-əu，并由此而推动侯韵的 *əu 变为-e”。陈立中（2005）指出蟹假果遇四摄的主元音连锁变化曾是长江中下游地区的普遍特征，这种现象在南楚板块主要是历史传承的结果。彭建国（2009）则认为吴湘语元音高化链移音变只涉及果、假、蟹三摄，不涉及遇、流两摄。孙宜志（2012）否定了吴语假摄二等字元音后高化的推链说。本文在前人基础上进一步讨论北部吴语歌韵和模韵的音韵格局、音变关系，兼及吴语果、假、蟹三摄的“连锁音变”。

二　歌韵和模韵的音韵格局

《切韵》果摄只有歌韵，不分开合口，学界一般将其构拟为［*ɑ］。刘泽民（2014）认为，吴语和大多数南方方言一样，继承了果摄歌戈不分的格局。孙宜志（2017）则认为，南部吴语存在歌戈分韵的层次，该层次在广丰方言中表现为见系的歌韵读［o］，戈韵读［ye］（帮组读［ie］）。但根据施俊（2018），［ye］/［ie］和［o］属于不同的层次，前者是上古方音层，后者是近古读音层。潘悟云（2004）指出，吴语歌韵在唐代的主体层次是［ɑ］，后来主体层次分别经过了［ɔ］、［o］的阶段，现代吴语中的主体层次则成了［u］。就吴语而言，果摄的主体层读音确实是沿着 ɑ>o>u 的路线发展的，现代吴语仍然是歌戈不分，读作后高元音及其后续音变形式。朱晓农（2005）归纳了汉语历史上的两次长元音链移式高化，其中第二次涉及“麻歌模侯豪”五韵：*ra>*a>*o>*u>*ou>*au，歌韵和模虞鱼韵依次高化，逼迫侯韵裂化出位，再把豪韵压低。这次元音大转移之后，麻歌模侯豪韵的音韵格局是：［a o u ou au］，其中歌韵和模韵的音韵格局由［a］［o］型对立演变为［o］［u］型对立。下文讨论时以歌韵代指《广韵》歌戈韵，将歌韵的［o］和模韵的［u］以及由它们延伸出来的音变形式看作主体层读音。

绝大部分吴语歌韵的读音都有不同程度的高化或裂化，这也被视为吴语的一大特点。相对于早期读音形式［o］，北部吴语（含宣州吴语）歌韵主体层的读音有以下发展趋势：

（1）不变。［o］：金坛、杭州、萧山、临安、绍兴、象山、繁昌$_{城关}$、南陵$_{奚滩}$、铜陵$_{太平}$、青阳$_{童埠}$、泾县$_{查济}$、太平$_{仙源}$。

（2）高化。［u］：上海、松江、嘉定、崇明、南汇$_{周浦}$、海门、启东、安吉、德清、嘉善、平湖、桐乡、海盐、海宁、余杭、桐庐、马鞍山$_{博望}$、当涂$_{年陡}$、芜湖$_{湾沚}$、贵池$_{茅坦}$、石台$_{七都}$；［ʊ］/［ɷ］：富阳、宜兴、高淳。

(3) 裂化。[əu]:苏州、昆山、宝山霜草墩、罗店、奉化、鄞县、宁国南极、嘉兴、湖州、长兴;[ou]:余姚;[ɜu]:吴江黎里、盛泽;[ɤɯ]:常州、常熟、无锡;[ʌɯ]:溧阳;[əɯ]:江阴;[ɷu]:慈溪;[aɷ]:镇海;[ɐu]:宁波;[ɐɯ]:宁海;[au]:舟山。

(4) 展唇化。[ə]:丹阳、靖江;[ɤ]:嵊县崇仁、新昌;[ɯ]:嵊县太平、诸暨王家井。

根据我们对上述四种类型63个方言点的统计[①],歌韵主体层读音保持[o]韵不变的有12个,约占19%,发生高化音变的方言点有24个,约占38.1%,发生裂化音变的方言点21个,约占33.3%,发生展唇化音变的方言点6个,约占9.5%。数据表明北部吴语歌韵最突出的音变是高化和裂化。朱晓农(2004)将裂化现象划分为"前显高化裂化"和"后显低化裂化",前显高裂化是高元音的继续高化出位的结果,后显低裂化是出于低化以及其他原因(如朱文提到的回复到调音初始态)。吴语歌韵有前裂化和后裂化两种,前者如[əu]、[ou]、[ɜu]、[ɘu]、[ɤɯ]、[ʌɯ]、[əɯ]、[ɷu]、[aɷ]、[ɐɯ]、[au](最后三种是先前裂化,然后再主元音低化),后者如[uɤ]、[uo]、[uə]。吴语中,歌韵的前裂化占绝对优势,后裂化只在浙江西南部出现。

相对于中古以后的读音[u],北部吴语模韵主体层的读音主要有不变和裂化两种,主流读音是保持不变,约占78%,发生裂化音变的次之,约占17.5%。除此之外,个别方言点有通音化现象,如嵊县崇仁、太平[ʋ]。

歌、模两韵的元音高化及其后续音变促使两者之间的音韵格局重新调整。根据歌韵和模韵主体层的读音关系,刘泽民(2014)将吴语分为合流型、分立型和分层型三种。其中分层型是指主体层今读音在同一韵类相同的条件下还有文白读造成的历史层次。刘泽民所举分层型方言点均为南部吴语,我们认为不同语音层次的读音不宜放在一起组成一种读音类型,即吴语歌韵、模韵主体层音韵格局只有合流和分立两种类型。

1. 合流型

刘泽民(2014)列举的歌韵和模韵合流型的北部吴语方言点有宜兴、桐乡、海

① 宝山和吴江分别有两个调查点,它们内部的读音一致,这里把它们各自算一个方言点。后文同。

盐、余杭、桐庐、泾县茂林、芜湖湾沚、当涂年陡、贵池茅坦、石台七都、当涂湖阳，读音形式是[u]。[①] 郑伟(2009)列举的歌韵和模韵合流的北部吴语方言点有苏州、江阴、昆山、吴江盛泽、黎里、海门、丹阳童家桥、上海、松江、崇明、嘉定、南汇周浦、宝山罗店、海盐、桐乡、德清、湖州、长兴、安吉、平湖、余杭、桐庐、嘉兴、嘉善、富阳、鄞县、宁波、诸暨王家井、海宁、嵊县崇仁、太平。[②] 不少吴语方言点，模韵明母字往往与主体层读音不同，有的跟歌韵合流，如丹阳、常州、宁波、余姚、诸暨、嵊县等。刘泽民(2014)认为这种现象属于模韵的滞后层，我们认为将这种模韵的读音归为滞后层并不合适，因为有些方言点的模韵明母字已先于模韵主体层(读[u])出现裂化音变，如常州、溧阳、宜兴等，相对而言，模韵明母的读音反而是超前的。其实，模韵明母字跟歌韵读音相同，说明它们早就混入歌韵了，后来的语音变化都跟歌韵一致，而与模韵不同。这种现象在官话方言中也有残留，如普通话"模~范、摹"的韵母是[o]，跟主体层的读音[u]不同韵，而与歌韵帮组的韵母相同。所以，在考察歌韵和模韵的音韵格局时，应该排除模韵明母字，那些模韵只有明母字跟果摄合流的方言，并非真正歌、模合流。根据合流的程度，我们将合流型分为 A、B 两类。A 类是指歌韵和模韵完全合流，不受声母条件的限制[③]，B 类是指依据声母进行有条件的合流。A 类只有[u]型，B 类有裂化和不裂化两种，合流型方言举例见表 1 所示(T 代表舌头音，TS 代表舌尖音，K 代表牙喉音，M 代表唇音，"Ø"表示零声母[④]，下同)：

① 钱乃荣(1992)的字音材料显示宜兴方言歌模合流，都读[u]，但在韵母对照表中，合流出现在中新派，老派的歌韵读[ᵘu]，尚未跟模韵合流。另据江苏省地方志编纂委员会(1998)，叶祥苓、郭宗俊(1991)以及笔者调查，宜兴方言的歌韵均与模韵有别，本文依据叶祥苓、郭宗俊(1991)记音。蒋冰冰(2003)记载的当涂湖阳歌韵读[u]，跟模韵合流，但据郑伟、袁丹、沈瑞清(2012)以及笔者调查，湖阳的歌韵读[ʊ]，跟模韵仍有对立。

② 其中，宁波、诸暨王家井、嵊县等地只有模韵明母字跟果摄合流。钱乃荣(1992)，傅国通、郑张尚芳(2015)记录的浙江富阳方言果一和遇一主体层合流且有裂化现象，但据盛益民、李旭平(2018)，富阳方言果摄一等和遇摄一等主体层合流，合流后锐音声母后为[ʊ]，钝音声母后为[u]，未出现裂化。

③ 有的方言点某一声母类型下有不同读音层次，只取主体层读音，如海盐歌韵舌齿音主体层读[u]，但"躲朵"等个别字读[o]，这可能是受其他方言影响的外源层。

④ 吴语的[ɦ]实际上相当于零声母。

表1 吴语歌韵、模韵合流型方言例字读音[①]

		歌					模				
		T：多	TS：搓	K：果	Ø：河	M：婆	T：赌	TS：粗	K：古	Ø：湖	M：布
A类	上海	tu	tsʰu	ku	ɦu	bu	tu	tsʰu	ku	ɦu	pu
	海盐	tu	tsʰu	ku	u	bu	tu	tsʰu	ku	u	pu
B类	苏州	təu	tsʰəu	kəu	ɦəu	bu	təu	tsʰəu	kəu	ɦəu	pu
	吴江	tɜu	tsʰɜu	kɜu	ɦu	bu	tɜu	tsʰɜu	kɜu	ɦu	pu
	无锡	tɤɯ	tsʰɤɯ	kɤɯ	ɦɤɯ	bɤɯ	tɤɯ	tsʰɤɯ	ku	ɦu	pɤɯ
	常熟	tɤɯ	tsʰɤɯ	kɤɯ	ɦɤɯ	bu	tɤɯ	tsʰɤɯ	ku	ɦu	pu

据表1,A类的上海、海盐方言是歌、模韵全部合流,属于该类型的吴语方言点还有松江、嘉定、南汇$_{周浦}$、崇明、海门、启东、安吉、德清、嘉善、平湖、桐乡、海宁、桐庐、博望、当涂$_{年陡}$、芜湖$_{湾沚}$等。B类的情况略微复杂,苏州、吴江是对称合流,如苏州舌齿音、牙喉音的歌韵字跟舌齿音、牙喉音的模韵字合流,唇音的歌韵字跟唇音的模韵字合流。无锡、常熟是不对称合流,如无锡方言同是见系的歌、模韵字,歌韵裂化,模韵不裂化,如"果[kəɯ³]≠古[ku³]"。属于B类的北部吴语还有江阴、昆山、宝山、湖州、长兴、嘉兴、富阳等。在我们统计的63个北部吴语方言点中,合流型方言有34个(约占54%),其中A类21个点,B类13个点,A类方言略多于B类。合流型音韵格局的形成跟歌韵的元音高化以及歌韵、模韵的出位音变(裂化和展唇化)有关,A类是歌韵全部高化到顶同时模韵不变的结果,B类是歌韵高化到顶以后部分字发生出位音变,同时模韵部分字也发生出位音变的结果。

2. 分立型

刘泽民(2014)将分立型分成A、B两种类型,A型歌韵和模韵、鱼韵庄组、虞韵唇音字读音有别,B型果遇两摄出现不同程度的模糊,有些点果摄读入遇摄,有些点相反。本文只考虑歌韵和模韵的关系,也分为A类和B类,但分类标准不同,A类歌韵和模韵的对立保持中古以来舌位高低的对立,B类由于歌韵或者模韵出现裂化音变而形成新的单元音和复元音的对立。分立型方言读音举例如表2所示:

---

① 声调不影响讨论结果,为简洁起见,表格中字音不标调,后文表格同。

表 2　吴语歌韵、模韵分立型方言例字读音

		歌					模				
		T：多	TS：搓	K：果	匣：河	M：婆	T：赌	TS：粗	K：古	匣：湖	M：布
A 类	繁昌	to	ts^{h}o	ko	ho	hβo	tu	ts^{h}u	ku	hu	pu
	高淳	tʊ	ts^{h}ʊ	kʊ	hɦʊ	bʊ	tu	ts^{h}u	ku	hu	pu
	宜兴	tɷ	ts^{h}ɷ	kɷ	ɦɷ	bau	tu	ts^{h}u	ku	ɦu	pu
	丹阳	tə	ts^{h}ə	kə	xə	pə	tu	ts^{h}u	ku	vu	pu
B 类	常州	tɤɯ	ts^{h}ɤɯ	kɤɯ	ɦɤɯ	bɤɯ	tu	ts^{h}ɥ	ku	ɦu	pu
	鄞县	təu	ts^{h}əu	kəu	ɦəu	bəu	tu	ts^{h}u	ku	u	pu
	金坛	to	ts^{h}o	ko	xo	p^{h}o	təu	ts^{h}əu	kəu	fu	pu

表 2 中，属于 A 类的繁昌、高淳、宜兴三地歌韵和模韵继承了中古以后的高低对立格局，丹阳方言则由于歌韵的展唇央化音变形成了新的开合对立格局。此外，A 类的繁昌、高淳、丹阳方言歌韵和模韵内部没有新的条件分化，而宜兴方言歌韵高化以后唇音声母字又发生裂化音变。B 类歌韵和模韵主体保持中古以后两韵分立的音韵格局，但这种格局基本上已被新型的对立形式所取代，如常州、鄞县因为歌韵的裂化音变形成了新的复元音和单元音的对立，金坛方言因为模韵大部分字的裂化音变形成了新的单元音和复元音的对立，同时由于一部分模韵没有发生裂化音变而仍然保持着早期的高低对立格局。在 B 类方言中，有的模韵有新的条件分化现象，如常州方言模韵舌尖音声母的字率先出现了舌尖化音变。

三　歌韵和模韵的音变关系

徐通锵（1991）认为歌韵高化为[ʊ]，促使模韵裂化为[əu]。彭建国（2009）从语音分布和逻辑关系的角度否定了两者之间的链变关系，理由有二：（1）苏州歌韵和模韵的音类格局完全相同，都是帮组为[u]，其他组为[əu]，二者互补，互补状态下不能产生链移音变。（2）说苏州歌韵高化到[u]，又推动自己的一部分裂化为[əu]，不合逻辑。我们同意歌韵的高化和模韵的裂化不存在推链关系：其一，从理论上来说，歌韵的[ʊ]和模韵的[u]虽然音近，但并没有抢占模韵的位置，构不成真正意义上的推链；其二，有些吴语方言点，歌韵已经高化到[u]，抢占了模韵的位置,但模韵并没有因此发生进一步的裂化音变,如合流型A类中的上海、海盐等地。其三,个别吴语方言点歌韵虽然不高化,但模韵同样也有裂化现象,如分立B类中的金坛等地;其四,有些吴语方言点歌韵已经裂化了,但模韵仍然保持[u]韵不变,如分立B类中的常州、鄞县等地。

根据表1,吴语歌模合流型方言中的A类,上海、海盐等地是完全合流型,没有出现分化的迹象,这种合流显然是由歌韵高化到[u]所导致的。合流B类中的苏州、吴江方言均呈现出对称合流的迹象,苏州、吴江方言歌韵、模韵呈现出按条件分化的现象。苏州是歌韵、模韵帮组不裂化,其余裂化,吴江是歌韵、模韵帮组和零声母的字不裂化,其余裂化。苏州、吴江两地裂化和不裂化的字处于互补分布状态,那么这种互补分布是歌模韵合流以后产生的,还是合流之前就是如此呢?单从表面上看,很可能认为,歌韵先高化为[u],与模韵合流,然后两韵再按照一定的语音条件进行分化,但是如果联系邻近的无锡、常熟方言来看,就会发现事实并非如此。以无锡为例,歌韵和模韵在舌齿音以及帮组后都裂化,如"躲[təɯ^3]=赌[təɯ^3]""婆[bəɯ^2]=菩[bəɯ^2]",但在牙喉音后却存在对立,歌韵裂化、模韵不裂化,如"歌[kəɯ^1]≠姑[ku^1]""果[kəɯ^3]≠古[ku^3]"。这种现象说明歌韵和模韵的裂化音变不同步,因为如果是同步的变化,它们在牙喉音后应该都裂化,不可能歌韵在牙喉音后裂化而模韵不裂化,这违反同种语音条件下共同变化的音变规则。值得注意的是,南部吴语的龙泉方言,虽然歌韵和模韵都发生裂化音变,但仍然存对立,如"左[tsəu^3]≠祖[tsɤɯ^3]"。在分立B类方言中常州、鄞县方言歌韵裂化,但模韵不裂化,金坛方言模韵裂化,但歌韵不裂化。据我们统计,在63个北部吴语方言点中,歌韵裂化,模韵不裂化的方言点有11个,这些现象同样说明吴语歌、模韵的裂化音变不是合流以后的条件分化,而是歌韵和模韵各自独立发展的结果。

这里还有一个问题:吴语歌韵在裂化之前的音值是什么?前文已经论证了歌、模韵的裂化音变不同步,那么理论上歌韵不太可能直接高化到[u]以后再发生裂化音变,因为一旦高化到[u]就会跟模韵的[u]合流,而一旦歌、模合流,歌韵再独自发生裂化音变的可能性就很小了,正因为如此,上海、海盐等地歌模合流后都读[u],之后并没有出现歌韵或者模韵单独裂化的现象。那么无锡、苏州方言歌韵在裂化之前的具体音值是什么呢?一般认为,高元音裂化音变是元音高化到顶以后高顶出位的结果(朱晓农 2004),所以歌韵在裂化之前应该是[u]或者至少是非常接近[u]的[ʊ],如果歌韵既要高化到[u],又要不跟模韵的[u]合流并进一步独自裂化,两者就得在音值上有所区别,从而保持某种对立,恰好吴语的[u]本身就有很强的摩擦特征,如朱晓农(2004)指出,中派上海话的后高元音[u]有明显摩擦,“夫妇”的实际读音是一种同部位的摩擦音[fv ɣ̩],松江、吴江$_{黎里}$、嘉兴、绍兴、余姚、宁波等很多北部吴语都有这种现象。本文提到的苏州、吴江、无锡、常州等地的[u]也都有摩擦特征,汪平(2011)甚至直接将苏州方言的[u]记作成音节韵母[v]。侯超(2019)通过语音实验证明了吴语高淳方言歌韵[ʊ]的实际音值是[u],而模韵[u]的实际音值是带有强摩擦特征且唇形不圆的音。这些现象说明,吴语的[u]实际上是带有摩擦特征的展唇化的[ɣ̩]类音,所以即使歌韵高化到标准的[u],仍然能够跟模韵保持对立。这样我们就比较容易解释北部吴语歌、模韵音韵格局的形成。

(1) 如果歌韵不高化或者略微高化到[ʊ],同时模韵保持不变,歌、模韵就保持原先的高低对立,如繁昌。如果歌韵主体高化,个别裂化,同时模韵保持不变,那么总体上还是高低对立,如宜兴。

(2) 如果歌韵已经高化到标准的[u](只是音系上还记作[ʊ]),模韵保持不变,就会形成标准[u]和擦化、展唇[ɣ̩]的对立,如高淳。

(3) 如果歌韵发生展唇化音变,同时模韵保持不变,就会形成新的展唇和圆唇的对立,如丹阳。

(4) 如果歌韵不高化或者略微高化,同时模韵部分字进一步裂化,就会形成单元音和复元音的对立,同时还包含原先的高低对立,如金坛。

(5) 如果歌韵高化到标准[u]以后再出位,发展为擦化、展唇的[u],就会跟模韵的[u]合流,形成合流型方言,如上海、海盐。

(6) 如果歌韵高化到标准[u]以后再出位,发展为裂化的[əu]类韵(有的是有条件分化),同时模韵不裂化,就会形成新的复元音和单元音的对立,如常州、鄞县。

(7) 如果歌韵高化到标准[u]以后再有条件地裂化或展唇化,同时模韵也发生有条件地裂化或展唇化,而且没有裂化或展唇化的标准[u]再进一步擦化、展唇化,跟模韵的[u]合流,就会形成新的裂化、擦化双向合流,如苏州、吴江、无锡、常熟。

上述歌韵、模韵音韵格局的形成,说明北部吴语歌韵高化到顶以后,在后续的出位音变路上走了擦化、裂化、展唇化等不同的发展路径,而本身具有擦化特征的模韵[u]的后续出位音变主要是裂化,部分方言点则有展唇化、舌尖化音变。这些不同方向的元音高顶出位现象是北部吴语歌、模韵音韵格局形成的主要原因。

四　歌韵元音高化的动因

吴语多数方言点的歌韵在[o]的基础上发生了进一步的高化音变(包括裂化和展唇化)。北部吴语中,凡假开二麻韵(以下简称“麻韵”)读[o]的方言,它们的歌韵字大都进一步高化,例外是萧山、临安、绍兴、青阳$_{童埠}$,这几个方言点的麻韵虽然高化为[o]并抢占了歌韵的位置,且未促使歌韵进一步高化,但这并不能排除其他方言点歌韵的高化跟麻韵有关。从另一个方面来看,除宣州吴语外,北部吴语凡是歌韵在[o]的基础上有进一步高化音变的方言,它们的麻韵均已高化到[o](有的再进一步高化)。如果说麻韵对歌韵的高化音变没有推动作用,那么最好的证明应该是,歌韵在[o]的基础上发生了高化音变,但是麻韵仍然维持低元音读法,或者没有高化到[o]去抢占歌韵的位置,但这样的方言点在吴语的核心区域尚未发现,虽然宣州吴语和江淮官话的个别方言点有此现象,但都有特别的原因,如表3所示:

表3　宣州吴语和江淮官话歌韵和麻韵读音举例

	歌			麻		
	多	锅	婆	马	茶	家
博望	tu	ku	β^{h}u	ma	z^{h}a	ka
湾沚	tu	ku	hvu	ma	hʐa	ka
合肥	tʊ	kʊ	p^{h}ʊ	ma	tʂ^{h}a	tɕia
如皋	tʊ	kʊ	p^{h}ʊ	ma	ts^{h}a	ka

表3中博望、湾沚的歌韵高化为[u],合肥、如皋歌韵高化为[ʊ],但它们的麻韵字却读低元音[a],两韵之间不能构成推链关系。我们认为这种现象并不能够从根本上否定吴语歌韵和麻韵音变的推链关系:其一,宣州吴语受江淮官话的冲击非常明显,其麻韵字很可能曾经有过读[o]类后圆唇元音的阶段,如青阳$_{童埠}$读[o](与歌韵同),宁国$_{庄村}$、黄山$_{甘棠}$、泾县$_{查济}$、太平$_{仙源}$读[ɔ],石台$_{横渡}$读[ɒ]。相对来说,这些方言点离江淮官话稍远一些,保留的可能是早期形式。距离宣州吴语不远的南京话早期也有后高化的特点。赵元任(2002:294)指出,“别处的[a]音南京念

[ɐ]。别处人笑南京人就是笑他把‘家去吃茶’jia-chiuh chy char 说成了 jio-kih chyq chor。这个未免形容得过分,但也差不多是这个味儿”①。可见,“别处人”认为南京话的麻韵主元音是后高元音[o]或者很接近[o]。据刘丹青(1995)的调查,南京方言麻韵字在最老派和郊区方言中仍念成圆唇偏高的[ɒ],现在城区已经念成不圆唇的[ɑ]了。2010年,我们在做江苏语言资源调查时,发现南京老派发音人麻韵存在[ɒ](实际舌位稍高,接近[ɔ])、[ɑ]的两读现象(如“爬、马、茶、沙”等),前者属于旧白读,后者属于新文读。上述情况说明,博望、湾沚等地麻韵早期很可能也读后高元音,但是后来被官话方言的读音形式覆盖了。此外,宣州吴语的泾县等地蟹开二佳韵(以下简称“佳韵”)也像北部吴语一样单音化为[a],如查济:排[p^ha^2]、埋[ma^2]、柴[sa^2]、矮[a^3]。这说明早期宣州吴语的歌韵、麻韵、佳韵的音韵格局跟北部吴语是一致的。其二,合肥和如皋方言属于江淮官话,歌韵虽然高化为[ʊ],但是仍然保持着跟[u]韵的对立,因此,歌韵读成[ʊ]或者[o],并不涉及音位的变化,只有当歌韵高化到[u]以后,即歌韵的[u]韵合并到模韵的[u]中去了,才会产生音位性质的推移。另外,我们也不能由江淮官话的个别情况推及北部吴语。

鉴于目前缺乏反例,我们仍然认为北部吴语歌韵的高化是由麻韵高化到[o]所推动的。麻韵高化到[o]以后,假如歌韵不做出相应的改变,就会造成歌麻合流,如萧山、临安、绍兴、象山、青阳$_{\text{童埠}}$等地。为了保持跟麻韵的区别,许多方言点的歌韵字进一步高化,这就是推链的作用。以苏州方言为例,麻韵高化为[o],推动歌韵由[o]高化为[u],但一开始歌韵的[u]跟模韵擦化型的[u]仍保持对立,再后来,歌韵的[u]发生了前文所说的条件音变,舌齿音和牙喉音裂化,跟同样裂化的模韵合流,而没有裂化的唇音后来也跟没有裂化的模韵唇音合流了。需要指出的是,北部吴语歌韵高化到[u]以后的出位音变并不是由麻韵推动的,因为麻韵并没有继续高化去抢占歌韵[u]的位置。

五　麻韵元音高化的动因

既然北部吴语歌韵的元音高化由麻韵的元音高化所推动,那么势必又会牵出麻韵元音高化的动因。在讨论苏州方言歌韵元音高化的推动力时,徐通锵(1991)

① 据赵元任文中手绘的标准元音图和孙华先(2008),[ɐ]属排版之误,当为[ɒ]。

指出,蟹开二的[*ai]单音化为[ɒ],迫使假开二的[ɒ]或[ɔ]高化为[o]。陈立中(2005)进一步指出,湘语和吴语相关方言点蟹摄字韵尾脱失,主要元音演变为[a],给假、果、遇摄字主要元音的反时针运动增添了新的动力,使得这些方言里这三摄字的主要元音发生了连锁变化,演变成目前的格局。彭建国(2009:458)也认为"吴语凡是果$_{一}$读-u的方言,其麻二一般都为-o,蟹二一般读a、ᴀ、ɒ或ɑ,三者构成链移关系"。孙宜志(2012)以南部吴语的为例,对此持反对意见,理由是:(1)蟹二常山读[ɛ]、江山和上饶读[æ]、玉山读[ai],必然存在a>æ>ɛ>ai的变化,这种演变跟吴语蟹二韵尾脱落说主张的ai>a演变路径相反。(2)玉山蟹二读[ai],常山读[ɛ]、江山和上饶读[æ],它们的假摄二等字读音仍然后化。我们认为,这两条理由值得商榷,其一,常山、江山、玉山蟹二音变起点应是[ai],若有音变关系,路径应是ai>æ>ɛ,这也符合秋谷裕幸(2003)对原始形式[*ɑi]的构拟;其二,据秋谷裕幸(2003),原始处衢方言能够区分佳韵和皆韵,佳韵部分字读[*ɑi],部分字读[*ɑ],皆韵均读[*ɑi],可见皆和佳分韵的形式是[*ɑi]和[*ɑ],常山、江山、上饶都有佳韵读[ɑ]的现象,不能排除佳韵字对麻韵高化的推动;其三,上饶、玉山、常山、江山都有麻佳合流的读音层,合流的读音形式[ᴀ]、[ɑ]或[ɒ],但麻韵有部分字读[o],这说明它们的佳韵也有单音化现象,并由此推动了部分麻韵字的高化。孙宜志(2012)还提出了另一条否定性证据,根据钱乃荣(1992)提供的29个北部吴语方言点的字音情况,蟹二并不单音化或占据假二[*a]的位置,但是假二照样后化或高化的点也不在少数,如丹阳$_{童家桥}$蟹二为[aɪ],假二为[ɒ];金坛蟹二为[ɛ^{e}],假二为[o];靖江、江阴、杭州蟹二为[æ]或[ᴇ],假二为[o]。检视字音材料可以发现,丹阳$_{童家桥}$佳韵也有读后元音[ɒ]的,如:解$_{解开}$[kɒ^{3}]、斋[tsɒ^{1}]、差$_{出差}$[ts^{h}ɒ^{1}],这很可能是早期读音的残留。另外,丹阳城区的佳韵读[ɑ],另有文读形式[æ],这从侧面说明童家桥的佳韵早期读[ɒ]类单元音。金坛方言的情况跟童家桥相类,虽然钱乃荣记载的佳韵字读[ɛ^{e}],但金坛县地方志编纂委员会(1993)记载的字音却以读[a]为主,如:摆[pa^{3}]、派[p^{h}a^{5}]、排[ba^{2}]、买[ma^{4}]、柴[dʑa^{2}]、鞋[ɦa^{2}]、矮[a^{3}]。另据王洪钟(2011),海门方言佳韵部分字文读为[ɛ],白读为[ɑ],如:排[bɑ^{2}]/[bɛ^{2}]、买[mɑ^{4}]/[mɛ^{4}]、奶[nɑ^{4}]/[nɛ^{4}]。丹阳$_{童家桥}$、金坛、靖江处于吴语和江淮官话的混合地带,江阴也处在吴语和江淮官话接触的前沿①,而杭州历

① 江阴市的利港下乡方言就属于江淮官话。

史上曾受到官话方言的强烈影响,具有“半官话方言”的性质(周振鹤,游汝杰 2015)。在靠近吴语的江淮官话方言区,佳韵几乎是清一色的读前元音[ɛ],如合肥、庐江、芜湖、南京、镇江、扬州、盐城、泰州、如皋。以上语言事实说明,丹阳等地吴语佳韵的读音应是方言接触的产物,它们的早期形式应该是[ɑ]类单元音。就目前的材料而言,吴语佳韵和麻韵的链移关系确实存在。首先,现代吴语中尚未找到真正的麻韵高化而佳韵不单音化或不后化的实例。其次,在北部吴语中,如果麻韵高化,那么佳韵的读音有[a ᴀ ɑ]三种,如表4(有文白异读的字只记白读音)所示:

表4　常州、苏州、诸暨王家井假开二和蟹开二例字读音

	假开二						蟹开二				
	爬	马	茶	家	下	哑	排	买	柴	街	鞋
常州	bo	mo	dzo	ko	ɦo	o	ba	ma	za	ka	ɦa
苏州	bo	mo	zo	kɑ	ɦo	o	bɑ	mɑ	zɑ	kɑ	ɦɑ
诸暨王家井	bo	mo	dzo	ko	ɦo	ʔo	bᴀ	mᴀ	zᴀ	kᴀ	ɦᴀ

值得注意的是苏州方言,它的麻韵主体层高化为[o],但是“家”的白读音为[ɑ],与佳韵同音。大部分北部吴语方言点都有此类现象,如无锡“家=街[kɑ]”、上海“家=街[kᴀ]”、海宁“家=街[ka]”等。上述麻韵白读低元音的现象涉及几乎所有的见组字,如苏州:家[$kɑ^1$]、加[$kɑ^1$]、枷[$kɑ^1$]、假[$kɑ^3$]、架[$kɑ^5$]、嫁[$kɑ^5$]、驾[$kɑ^5$]、价[$kɑ^5$]、牙[$ŋɑ^2$]、芽[$ŋɑ^2$]、衙[$ŋɑ^2$]、蚜[$ŋɑ^2$]。张光宇(2006)、郑伟(2013)均认为苏州方言假开二读[ɑ]属于外源层,来自早期官话。我们认为,苏州方言麻韵见组读[ɑ]的现象是元音高化过程中留下的滞后层次(另文详论),这种滞后现象最终导致它跟单音化的佳韵字合流。从理论上讲,不管是接触说还是滞后说,都不能否定麻韵的高化跟佳韵的单音化有关。

孙宜志(2012)认为,假摄开口二等字的高化是拉链在起作用,理由是,如果是推链的作用,则无法解释:(1)假摄二等为什么会高化为[o]?只能认为是蟹摄二等的推动,可是蟹摄二等的今读与假摄二等是否高化或者后化无必然的关系。(2)丹阳童家桥假摄二等读[ɒ],并未高化,可是果摄一等照样复元音化为[ʌɤ],假摄二等推动果摄高化无从说起。关于第1条理由,前文已经做出否定性回答。关于第2条,根据钱乃荣(1992)的记音,丹阳城里的方言麻韵主体读音是[o],但个别字有读[ɑ]的现象,麻韵读[ɑ]应是官话方言影响下的文读音。据此,丹阳$_{\text{童家桥}}$的麻韵读[ɒ],很可能是外来文读层进入当地方言后的语音折合。另外,歌韵的复元音化是后续的出位音变,跟麻韵的高化无关,歌韵高化为[ʊ]/[u]才跟麻韵的推动有关。

孙宜志(2017)认为,果摄拉动假摄高化的解释力更强,果摄高化到[o]以后,有些方言点进一步高化到[ʊ]、[u],有的方言点甚至复元音化,留下的空格就吸引后化的假二填补。问题是,有一些吴语方言点,歌韵读[o],麻韵也读[o],歌韵并未高化留下空格来吸引麻韵高化,可是麻韵照样高化了,如萧山、临安、绍兴。还有的方言点歌韵读[o],麻韵虽然没有高化到[o],但也在往高化的方向发展,如太平$_{\text{仙源}}$歌韵读[o],麻韵读[ɔ]。可见,麻韵的高化不能用“拉链说”来解释。李姣雷、赵日新(2016)根据新派上海话麻二部分读[o]、部分读[u]的现象,认为假开二的元音高化不可能是受蟹开二推链的影响,而是一种自主音变现象。我们发现,北部吴语中的无锡、常熟、长兴三地麻韵也有进一步高化为[u]的现象,虽然这种进一步的高化不是由佳韵推动的,但是我们不能否定早期佳韵单音化为[a]抢占麻韵位置,并由此推动麻韵的高化。因为如果只是舌位高低的细微差异,由[o]>[ʊ]>[u]的自然音变很容易发生,但是由[a]到[o]的音变却需要经历后化、高化的复杂过程,这个过程很可能是由外部力量推动的。

语料主要出处:常州、无锡、苏州、常熟:江苏省地方志编纂委员会(1998);金坛、溧阳、昆山、吴江$_{\text{黎里、盛泽}}$、宝山$_{\text{霜草墩、罗店}}$、南汇$_{\text{周浦}}$、松江、诸暨$_{\text{王家井}}$、嵊县$_{\text{崇仁、太平}}$、宁波、余姚:钱乃荣(1992);当涂$_{\text{年陡}}$、芜湖$_{\text{湾沚}}$、繁昌$_{\text{城关}}$、南陵$_{\text{奚滩}}$、铜陵$_{\text{太平}}$、贵池$_{\text{茅坦}}$、青阳$_{\text{童埠}}$、宁国$_{\text{南极}}$、石台$_{\text{七都}}$:蒋冰冰(2003);丹阳:吕叔湘(1993);江阴:刘俐李、侯超(2013);靖江:靖江县志编纂办公室(1992);高淳:侯超(2019);海盐:黄晓东(2018);海宁:海宁市史志办公室/海宁市史志学会(2009);鄞县:陈忠敏(1990);舟山:方松熹(1993);嘉定:汤珍珠、陈忠敏(1993);海门:王洪钟(2011);富阳:盛益民、李旭平(2018);桐庐:浙江省桐庐县县志编纂委员会、北京师范学院中文系方言调查组(1992);绍兴:王福堂(2015);奉化:王森、赵则玲(2009);泾县查济:刘祥柏、陈丽(2017);宜兴:叶祥苓、郭宗俊(1991);上海:许宝华、汤珍珠(1988);崇明:张惠英(2009);萧山:张洁(1997);太平$_{\text{仙源}}$:张盛裕(1991);嘉善:徐越(2001);嘉兴:俞光中(1988);湖州、德清、平湖、杭州、余杭、临安、新昌、慈溪、镇海、宁海、象山:傅国通、郑张尚芳(2015);启东、长兴、安吉、博望:据笔者未发表的调查材料。

参考文献

安徽省地方志编纂委员会　1997　《安徽省志·方言志》,方志出版社。

鲍明炜　王　均　2002　《南通地区方言研究》,江苏教育出版社。

曹志耘　2002　《南部吴语语音研究》,商务印书馆。

曹志耘　秋谷裕幸　太田斋　赵日新　2000　《吴语处衢方言研究》,日本好文出版。

陈立中　2005　《论湘语、吴语及周边方言蟹假果遇摄字主要元音的连锁变化现象》,《方言》第1期。

陈忠敏　1990　《鄞县方言同音字汇》,《方言》第1期。

方松熹　1993　《舟山方言研究》,社会科学文献出版社。

傅国通　郑张尚芳　2015　《浙江省语言志》,浙江人民出版社。

海宁市史志办公室　海宁市史志学会　2009　《海宁方言志》,浙江人民出版社。

侯　超　2019　《江苏高淳吴语语音研究》,南京大学出版社。

黄晓东　2018　《浙江海盐方言音系》,《方言》第2期。

江苏省地方志编纂委员会　1998　《江苏省志·方言志》,南京大学出版社。

蒋冰冰　2003　《吴语宣州片方言音韵研究》,华东师范大学出版社。

金坛县地方志编纂委员会　1993　《金坛县志》,江苏人民出版社。

靖江县志编纂办公室　1992　《靖江县志》,江苏人民出版社。

李姣雷　赵日新　2016　《湘语蟹假果遇摄字元音推链之反思》,《方言》第2期。

刘丹青　1995　《南京方言词典》,江苏教育出版社。

刘俐李　侯　超　2013　《江阴方言新探》,世界图书出版公司。

刘祥柏　陈　丽　2017　《安徽泾县查济方言》,中国社会科学出版社。

刘泽民　2014　《吴语果摄和遇摄主体层次分析》,《语言科学》第3期。

吕叔湘　1993　《丹阳方言语音编》,语文出版社。

潘悟云　2004　《汉语的历史层次及其类型》,石　锋　沈钟伟(编)《乐在其中:王士元教授七十华诞庆祝文集》,南开大学出版社。

彭建国　2009　《吴语、湘语主元音链变类型比较》,《中国语文》第5期。

钱乃荣　1992　《当代吴语研究》,上海教育出版社。

秋谷裕幸　2003　《吴语处衢方言(西北片)古音构拟》,日本好文出版。

盛益民　李旭平　2018　《富阳方言研究》,复旦大学出版社。

施　俊　2018　《论南部吴语果摄一等韵的读音层次》,《中文学术前沿》第十一辑。

孙华先　2008　《赵元任〈南京音系〉研读》,《语文研究》第1期。

孙宜志　2012　《南部吴语古假摄二等今读类型及其相关音变》,《方言》第2期。
孙宜志　2017　《南部吴语果摄一等字的层次及演变》,《语言科学》第1期。
汤珍珠　陈忠敏　1993　《嘉定方言研究》),社会科学文献出版社。
汪　平　2011　《苏州方言研究》,中华书局。
王　淼　赵则玲　2009　《奉化方言同音字汇》,《台州学院学报》第2期。
王福堂　2015　《绍兴方言研究》,语文出版社。
王洪钟　2011　《海门方言研究》,中华书局。
徐　越　2001　《吴语嘉善方言研究》,黄山书社。
徐通锵　1991　《历史语言学》,商务印书馆。
许宝华　汤珍珠(主编)　1988　《上海市区方言志》,上海教育出版社。
叶祥苓　郭宗俊　1991　《宜兴方言同音字汇》,《方言》第2期。
俞光中　1988　《嘉兴方言同音字汇》,《方言》第3期。
袁家骅等　2001　《汉语方言概要》第二版,语文出版社。
张　洁　1997　《萧山方言同音字汇》,《方言》第2期。
张光宇　2006　《论汉语方言的层次分析》,《语言学论丛》第三十三辑。
张惠英　2009　《崇明方言研究》,中国社会科学出版社。
张盛裕　1991　《太平(仙源)方言同音字汇》,《方言》第3期。
赵元任　1956　《现代吴语的研究》,科学出版社。
赵元任　2002　《南京音系》,《科学》第13卷第8期,载《赵元任语言学论文集》,商务印书馆2002年。
浙江省桐庐县县志编纂委员会　北京师范学院中文系方言调查组　1992　《桐庐方言志》,语文出版社。
郑　伟　2009　《吴语太湖片果摄的演化模式与历史层次》,《语言科学》第4期。
郑　伟　2013　《吴方言比较韵母研究》,商务印书馆。
郑　伟　袁　丹　沈瑞清　2012　《安徽当涂湖阳吴语同音字汇》,《方言》第4期。
周振鹤　游汝杰　2015　《方言与中国文化》,上海人民出版社。
朱晓农　2004　《汉语元音的高顶出位》,《中国语文》第5期。
朱晓农　2005　《元音大转移和元音高化链移》,《民族语文》第1期。

侯　超　江苏第二师范学院文学院　lity01@163.com

CONTENTS

Research on Chinese Dialects in *Tang* 唐 and *Song* 宋 Dynasties ………………… ……………………………………………………………… **YOU Rujie(1)**

Abstract: The *Han* 汉 Dynasty marked the flourishing period of traditional dialectology while the *Sui* 隋, *Tang*, *Song* and *Yuan* 元 Dynasties can be said to be the declining period for the reason that the excellent tradition of investigating and recording spoken dialects was lost and no genuine dialectological works were born then. This paper outlines the research findings on dialects in the declining period of *Tang* and *Song* dynasties, as seen in the following types of works: Annotating works on *Yang Xiong's* 扬雄 *Fangyan* 方言, rhyming books, dictionaries, wordbooks and miscellaneous notes and essays.

Key words: history of dialectology, *Yiqie Jing Yinyi* 一切经音义, *Huangji Jingshi* 皇极经世, *Kuangmiu Zhengsu* 匡谬正俗, *Liushugu* 六书故

A Study on the Phonology of the Newly Discovered *Xinghua* 兴化 Dialect Mancescript *Dujiangshu Quanbu* 渡江书全部 ……………………………… **MA Chongqi(12)**

Abstract: This paper mainly discusses the phonology and nature of the newly discovered *Xinghua* dialect manuscript *Dujiangshu Quanbu*. It is divided into four parts: firstly, the historical evolution of *Xinghua* County. *Xinghua* is an old place name in *Fujian* 福建 province, which began in the 4th year of *Taiping Xingguo* 太平兴国 in the Northern *Song* Dynasty (in 979), and the partial territories of four counties: *Putian* 莆田, *Xianyou* 仙游, *Yongfu* 永福(now *Yongtai* 永泰) and *Fuqing* 福清 were placed in *Xinghua* County. In the second year of the Republic of China (in 1913), *Xinghua*

Prefecture was cancalled, and *Putian* and *Xianyou* counties were under the jurisdiction of the South Road in *Fujian* Province. Secondly, a phonological study of *Li Tiannan's* 李靦南 manuscript *Dujiangshu Quanbu*(in 1917). There are 52 rhymes in the rhyme book. The thirty *zizu* 字组 of *Zhengyin Zizu* 正音字祖 are inherited from that of *Dujiangshu Shiwuyin* 渡江书十五音, which is manifested in the almost same number of rhyme words, and [-m/-p], [-n/-t], [-ŋ/-k] rhyme words correspond very neatly. *Fuyin zizu* 副音字祖 twenty-two words belong to *Xinghua* accent. *Dujiangshu Shiwuyin* also has *fuyin shisanzi* 附音十三字, that is *zhen gua ni nuo mao nai mao qie ya wu mu me gang* 箴寡尼傩茅乃猫且雅五姆么缸. The word *nuo* 傩 is under the the word *tang* 糖 noting *benqian* 本咗 which means *Changtai* 长泰 accent according to research. Thirdly, a historical comparative study on the phonological system of *Dujiangshu Quanbu*. By comparing synchronically the phonology of *Dujiangshu Quanbu* and *Dujiangshu Shiwuyin* and comparing diachronically the modern *Changtai*, *Putian* dialects, we deem the phonology of *Dujiangshu Quanbu* reflects the standard pronunciation and native sound system of *Xinghua* dialect in the late *Qing* 清 Dynasty and the early Republic of China. *Dujiangshu Shiwuyin* reflects the phonetic system of *Changtai* County, *Zhangzhou* 漳州 Prefecture in the *Qing* Dynasty, which includes the literary reading and colloquial pronunciation. Fourthly, a study on the relationship between the phonological system of *Dujiangshu Quanbu* and *Shibu Zizu* 石部字祖. The phonetic system in *Shibu Zizu* is also the phonetic system of the *Xinghua* dialect in the late *Qing* Dynasty and the early Republic of China.

Key words: *Xinghua* dialect, study on the phonology of the new rhyme book, synchronic and diachronic comparison, discussion on phonological properties

Exploration on the First Person Pronouns ·················· ZHANG Huiying(32)

Abstract: This paper aims to introduce the relatively rare first-person phenomena in Chinese dialects and minority languages, and point out the implicit or explicit social and psychological states implied in them. For example, the first person pronouns of *Wo* 我 and *Wu* 吾 re used as weapons for self-strengthening and self-defense in primitive, barbaric wars, *Ye* 爷, *Laozi* 老子, *Da* 大, *Tou* 头 (chief) reflect the self-respect, pride and arrogance in the context of tribal competitions and struggles for social progress; meanwhile, *Sa* 洒, *Sha* 沙, *She* 社, *Che* 魏 and so forth reveal the historical and cultural phenomenon of referring to oneself or others as gods in *Huaxia* 华夏, a an ancient name for China, where ancestors and gods are deeply revered.

Key words: *Wo* 我, *Wu* 吾, *Ye* 爷, *Laozi* 老子, *She* 社

The Development of Western Phonology and the Formation of Modern Phonology in China ·· LI Baojia(42)

Abstract: This article first describes the development or evolution of Western phonology in the 20th century, From the schools of psychological phonemes, morphological phonemes, and physical phonemes, to the schools of functional phonemes, structural phonemes and phonemic features, and then to the school of generative phonetics derived from phonemic feature theory. Furthermore, this article outlines the process of Western modern phonetics and phonology being introduced to China. At the beginning of the 20th century, Western modern phonetics was introduced to China. Afterwards, Li Fang-Kuei (1927) followed Bloomfield, who advocated "practical phonetics", to study phonology and used it for language investigation and description. Chao Yuen-Ren (1934) introduced British and American phonemes theories and elaborated on the flexible evaluation of phonemic systems. In the second half of the 20th century, phonology went from "being criticized", to being translated and reviewed, and then to being applied to the analysis of Chinese languages phonology. Chao Yuen-Ren (1959) proposed six principles for inductive phonemes and phonemic system. During this process, Chinese scholars adhered to the traditional Chinese phonology that includes phoneme theory and phonetic analysis, absorbed Western phonetic knowledge and phoneme theories, and formed modern Chinese phonology. The China's languages are rich and diverse. It is still the goal of Chinese linguists to build phonetic theories based on the characteristics of the Chinese (and even broader East Asian) languages with universality.

Key words: western phonology, 20th century, development, spread to China, modern phonology in China

Syllable Final Stops in East Asian Languages: Southern Chinese Dialects, Thai and Korean …… **Ray Iwata, Hajime Hirose, Seiji Niimi, Masayuki Sawashima and Satoshi Horiguchi(80)**

Abstract: One of the remarkable characteristics for the languages spoken in East Asian continent, like Southern Chinese dialects, Thai, Vietnamese and Korean, regardless of their genealogical origins, is that the stops, like -p,-t,-k, are pronounced without their oral releases at the syllable final positions. Fiberoptic observations of the larynx on Southern Chinese and Thai revealed that final stops were pronounced with the glottis being closed, and particularly in the case of Southern Chinese, with the supraglottal structures being constricted. On the other hand, in Korean final stops were characterized by a slight degree of glottal opening. Different laryngeal strategies are employed among East Asian languages in producing the final stops. It is suggested that this might reflect the difference in syllabicity and suprasegmental features among these languages.

Key words: syllable final stops (-p,-t,-k), fiberscope, laryngeal control

Historical Phonology beyond the Rime Books: An Exploration of the Phonological Path of *ér* 儿 suffix Morphology ……………… **Richard VanNess SIMMONS(88)**

Abstract: The *ér* suffix is a rare morphological, or even only quasi-morphological, element within the Chinese grammatical system that plays a wide role in word structure across a broad range of dialects. Key elements of the *ér* suffix's morphological and phonological identity can be seen to be in a quasi-paradigmatic correlation within, and between, dialect varieties in its evolution from as early as the *Tang* 唐 to the present. The morphological function has remained fairly consistent over time, while the phonological identity of the *ér* suffix has evolved differently across the Chinese dialect landscape. Yet the *ér* suffix can still be comparatively identified within its corresponding but disparate phonetic or phonological manifestations across different dialects. In some cases, the changes in the suffix have affected the segmental makeup of the syllable it modifies, and the suffix *ér* is only preserved sub-syllabically as certain phonetic-phonological features, or combination of features, such as nasal ending, rhotacized finals or syllables, or even a stubborn remaining influence of its tone. The various manifestations of the *ér* suffix in the Chinese dialects thus present a phenomenon worth exploring from the perspective of Chinese historical phonology: multi-morpheme phonology that can be sub-syllabic in its articulation and phonetics. Due to its highly colloquial nature and rare appearance in written literature across the ages, the *ér* suffix also challenges us to study it primarily through word-based comparative dialectology outside the usual character—*zi* 字—based methodology. This article outlines the beginning of the effort to do that through a preliminary survey of words with the suffix in the modern Chinese dialects. The goal is to test a hypothesis that the *ér* suffix was grammaticalized once within a group of Central Plains dialects in the Middle Chinese period and then spread across China through the influence of a prestige Tɑ́ng-Sòng koine. The project hopes to uncover significant details about the history and spread of the *ér* suffix across time and space and to shed light on the actual colloquial language of earlier times.

Key words: *ér* suffix, historical morphology, comparative dialectology, Chinese morphology, affixation in Chinese

The Formation Process of *Zhongyuan Yinyun* 中原音韵 ………………………… ………………… Endo Mitsuhiro (Author), Isisa Ako (Translator) (114)

Abstract: This paper first confirms the assumption that *Zhongyuan Yinyun* by *Zhou Deqing* 周德清 is equivalent to *Di Ben* 的本 and *Zhongzhou Yuefu Yinyun Leibian* 中州乐府音韵汇编 by *Zhuo Congzhi* 卓从之 to *Mo Ben* 墨本 through a comparison between the two works. Then further comparing *Zhongyuan Yinyun* with *Guangyun* 广韵, it is found that the former extracts commonly used characters from *Guangyun* in sequence, also the order of characters basically following *Guangyun*. *Zhongzhou Yuefu Yinyun Leibian* reflects a more pure phonetic system of *Dadu* 大都, while the additions and modifications in *Zhongyuan Yinyun* is a reflection of the mandarin phonetic system I the minds of *Jiangxi* 江西 people. Thus, as a phonological resource, the former is more reliable. *Zhou Deqing* was unlikely to be the original author of the character table, but merely a contributor to its revisions. His major contribution lies in the part titled *Zhengyu Zuoci Qili* 正语作词起例.

Key words: *Zhongyuan Yinyu*, *Zhongzhou Yuefu Yinyun Leibian*, *Guangyun*, the phonetic system of *Yuan* 元 Dynasty, *Zhou Deqing*

Some Ideas on a Set of Translated Nominal Words Inspired by a Close Reading of Volume 6, Scroll 57 of the "Tenri Recension" of the *Sounds and Glosses to the Dai* Hannyakyō ·· LIANG Xiaohong(135)

Abstract: This paper examines a set of eight pairs of nominal words translated by *Xuanzang* 玄奘(602—664)(from Sanskrit into Chinese) that occur in his *Dabore jing* 大般若经, viz. the number 566th scroll found in Volume 6, Scroll 57 of the "Tenri Recension" of the *Sounds and Glosses to the Dai Hannyakyō*. These eight pairs of nominal words (nouns) are rarely seen in other Buddhist sutras translated into Chinese from Sanskrit (or Prakrit). Some of them are even hapax legomena. The commentaries and sub-commentaries to the Buddhist sutras, including some accompanying sounds and glosses, do not seem to have mentioned these paired nominal words; they are found only in such editions as the "Tenri Recension", "Ōsu Library Recension", etc. of the *Sounds and Glosses to the Dai Hannyakyō*. The paper has reflected on them, and some distinctive features of the sutras translated by *Xuanzang* and of the "Mukyūkai Recension Series" of the *Sounds and Glosses to the Dai Hannyakyō* have been identified and further examined.

Key words: Tenri Recension 天理本, *Da Borejing* 大般若经, Mahāprajñāpāramitā-sūtra), *Dai Hannyakyō ongi* 大般若经音义, Xuanzang 玄奘, *yiming* 译名[nominal words (nouns) translated]

An Analysis on the Sound Table of *Dengzhou* 登州 in *A Course of Mandarin Lessons*: *Based on Idiom* ·································· ZHANG Shuzheng(145)

Abstract: *A Course of Mandarin Lessons*, *Based on Idiom* written by Calvin Wilson Mateer in 1892 includes six sound tables of Mandarin dialects, among which is a sound table representing the dialect of *Dengzhou* (presently *Penglai* 蓬莱). This is the earliest record of *Penglai* dialect. Since each syllable is exemplified by only one Chinese character and the pronunciation is recorded utilizing Wade-Giles romanization system referenced by the author, the sound value and characteristics of sound category need to be clarified. Based on the features of *Penglai* dialect recorded by later generations and the eastern Shandong dialects, as well as the style and explanation of *A Course of Mandarin Lessons: Based on Idiom*, we can analyze the sound table of *Dengzhou* listed in the book, reconstruct the phonological characteristics of Penglai dialect over a century ago and further observe the phonetic changes of *Penglai* dialect over the past one hundred years.

Key words: Calvin Wilson Mateer, *A Course of Mandarin Lessons: Based on Idiom*, *Dengzhou*, *Penglai* dialect, *Jiaoliao* 胶辽 Mandarin

Tone System and Historical Evolution of *Tongtai* 通泰 Dialect …… GU Qian(166)

Abstract: *Tongtai* dialect, classified as *Jianghuai* 江淮 Mandarin, is spoken in the central part of *Jiangsu* 江苏 Province, covering ten cities and counties including *Nantong* 南通 and *Taizhou* 泰州. There are six to seven tones, with *pingsheng* 平声 and *rusheng* 上声 divided into *Yin* 阴 and *Yang* 阳 according to the initials, while *shangsheng* is not divided. In the seven-tone area, *qusheng* 去声 is divided into *Yin* and *Yang*, while in the six-tone area, it is not divided. This paper intends to employ the historical comparative method and internal quasi-measurement method to investigate the historical evolution of the tone system of Tongtai dialect, reconstruct the tone system of the early *Tongtai* dialect, and explore its relationship with *Wu* 吴, *Ke* 客, *Gan* 赣 and southwestern *Jin* dialects.

Key words: *Tongtai* dialect, tone system, historical evolution

On the Internal Differences of *Jilu* 冀鲁 Mandarin from the Perspective of the MC *Rusheng* 入声 Finals …………………………… SANG Yuhong, LI Qinghua(182)

Abstract: There are differences within *Jilu* Mandarin from the perspective of MC *Rusheng* finals: the colloquial reading of MC *Rusheng* finals of *Jilu* Mandarin in the south of the Yellow River, represented by *Jinan* 济南 dialect, has the characteristics of *Zhongyuan* 中原 Mandarin, while the colloquial reading of MC *Rusheng* finals of *Jilu*

Mandarin represented by *Shijiazhuang* 石家庄 dialect in *Hebei* 河北 province and that of *Shandong* 山东 in the north of the Yellow River shows the characteristics of *Beijing* 北京 Mandarin. Since the *Yuan* 元 Dynasty, with the expansion of the influence of *Beijing* Mandarin, the influence area of *Zhongyuan* Mandarin has gradually shifted southward and retreated eastward to the south bank of the Yellow River in *Shandong* province. The existence of a large number of the colloquial and literary readings of MC *Rusheng* finals in the present-day *Jilu* Mandarin is the result of the overlapping of the two forces of *Beijing* Mandarin and *Zhongyuan* Mandarin, which have come into contact and merged in *Hebei* and *Shandong* provinces due to the transformation of their strong and weak status.

Key words: MC *Rusheng* finals, *Jilu* Mandarin, *Beijing* Mandarin, *Zhongyuan* Mandarin

The Phonological Theory of *Bashi Zhuzi Tushuo* 八矢注字图说 and *Taicang* 太仓 Dialect Three Hundred Years Ago ······································ LI Jun(197)

Abstract: *Bashi Zhuzi Tushuo* is a book of rhyme tables with mathematical color written by *Gu Chenxu* 顾陈垿, a *Taicang* native in the reign of *Kangxi* 康熙 in the *Qing* 清 Dynasty. This paper analyzes the concept of *Bashi* 八矢 and the related phonological theory, and points out that *Bashi* is actually a set of theoretical terms to analysis the Chinese syllable and the relationship of combinations of initials, finals and tones, which consists of eight parts: four tones, rhymes, *hong* 洪 and *xi* 细, the place of articulation and the voicing of initials, the corresponding phonetic relations between unrounded and rounded articulation, the blocking way of initials, and whether or not with aspirated feature of initials. Although the number of initials, fianls and syllables which are reflected by *Jingsheng tu* 经声图 and *Weiyin tu* 纬音图 have a distinct mathematical color, through the comparison of the phonological characteristics reflected in the book and the modern *Taicang* dialect.

It can be found that the division of rhymes, the classification of initials and tones in the book are all based on the actual pronunciation. *Bashi Zhuzi Tushuo* is in line with the phonological theory of *Shengyin changhe tu* 声音唱和图 in *Huangji Jingshishu* 皇极经世书. Based on the *Taicang* dialect nearly 300 years ago, it taked *Bashi* as the term of phonological theory and attempts to reflect the maximization of the phonological system from a mathematical point of view.

Key words: *Bashi Zhuzi Tu*, phonological theory, *Taicang* dialect

A Study on the Verb *gua* 挂 and the Derivation of its Functional & Notional Usages ……………………………… WANG Jianjun, SUN Rongchuan and NI Shang(216)

Abstract: The morpheme *gua* in modern Chinese popular words *waigua* 外挂, *gua le* 挂了 and *kaigua* 开挂 originates from the translation of a computer science technical term. The conventional semanteme of *gua* gradually converged with its etymological semanteme initsenlarging of meaning, and contributed to the final domestication of foreign meanings. This case vividly demonstrates the interaction and inclusiveness between foreign language and local language, network language and real language, accompanied by multiple incentives in history, reality, and psychology. This essay mainly analyzed the usage of *gua* based on historical cases, and the derivation of its conventional semanteme, aiming to explore the generation and domestication process of new words and new meanings.

Key words: *gua*, the enlarging of meaning, the domestication of vocabulary, psychological incentive

The Segmentation Problem of Noun Words in the Middle Chinese Corpus …… ……………………………………………………………… HUA Zhenhong(224)

Abstract: To establish word-segmented rules for the Middle Chinese corpus, it is necessary to draw on some rules of Modern Chinese word-segmented criterion, fully consider the specific characteristics of the middle Chinese words, not violate the general understanding of Chinese vocabulary in the academic community, and facilitate the actual operation of automatic and manual word-segmentation. Noun words are the key to formulating the word-segmented rules of the middle Chinese corpus. The most noteworthy vocabulary phenomena include words with transformed meaning, words in the stage of fixed meaning, the synonym chains, combinations of location words, combinations of proper nouns such as family name, official position, posthumous title,

title of nobility, combinations of geographic nouns and common nouns, and abbreviations, loanwords, etc. Their word-segmented rules are quite different from those of Modern Chinese. The middle Chinese corpus word-segmented rules based on various vocabulary phenomena also require theoretical explanations from the perspectives of Chinese lexicology and lexical history.

Key words: Middle Chinese, corpus, noun, word-segmented rules

The Physiological Basis and Structural Cause on Chinese Historical Phonology: A Case Study of the Syllables with Diphthong Medial -iu- …… ZHENG Wei(241)

Abstract: In this paper, we discuss several phonological processes in Chinese historical phonology in detail. The processes involve the syllables with diphthong medial -iu- and our study focuses on the articulatory physiological basis and syllabic structural cause behind the processes. Speaking concretely, three types of process are mentioned. First, loss of /i/ between initial /m/ and vowel /u/ (miu>mu), and syllabication of sonorant initial consonants /m, n, ŋ, l/ followed by front high vowel /i, u/ (mu>m̩). Second, labio-dentalization of /i, j/ to /v/ followed by non-low back vowels like /u/. Third, different vowel changes such as iuei > yei > yi > y and iuei > uei > ui from dissimilation. On the whole, those phonological changes result from avoiding "extreme articulation".

Key words: Chinese historical phonology, diphthong medial -iu-, articulatory physiological basis, syllabic structural cause

Strata Overlay and Borderland Attribute of the Tone-system for Single Characters of *Danyang* 丹阳 Dialect ………………………………………… XU Juanjuan(253)

Abstract: *Danyang* dialect is spoken in the borderland area between *Wu* 吴 dialect and *Jianghuai* 江淮 Mandarin. The strata overlay in its tone-system for single characters was reflected in two aspects: first, the rules of classifying and combining of mid-ancient tones into modern tones are complicated and have many variations; second, tone contours of upper and lower series of tones don't show any accordant features. Classification and combination of some tones shows the fact of strata overlay of *Jianghuai*

Mandarin and *Wu* Dialect over *Danyang* dialect, which reflect its characteristic of borderland dialect. Through separate comparisons of tone contours of upper and lower series of four tone categories in Archaic Chinese, we can provide reference index to determine the ascription of *Danyang* dialect in terms of overall phonetics appearance.

Key words: *Danyang* dialect, tones for single characters, strata overlay, borderland, ascription

On Phonological Pattern of *Ge* 歌 and *Mo* 模 and Related Sound Changes in North *Wu* 吴 Dialect ·· HOU Chao(270)

Abstract: There are two types of the main pronunciation of rhymes *Ge* and *Mo* in north *Wu* dialect, which are divided into A and B respectively. The formation of the phonological pattern of rhymes *Ge* and *Mo* is closely related to their respective vowel raising, especially the subsequent sound change out of place and the fricativization of [u], which can be explained by the difference in sound change paths. The sound change of rhymes *Ge* and *Mo* is the result of their independent development. There is a pushing chain relationship among the rhymes *Jia* 佳, *Ma* 麻 and *Ge*.

Key words: *Wu* dialect, rhymes of *Ge* and *Mo*, phonological pattern, chain shift

稿　约

本刊由南京大学方言与文化研究所主办，刊载语言学各领域的学术论文。一年两辑，欢迎学界同仁赐稿。

一、来稿注意事项

1. 所有来稿请严格遵守学术规范，请勿一稿多投。若来稿不符合学术规范，或经查证一稿多投，将径予退稿。

2. 稿件字数以不超过 15 000 字为宜。除必须使用繁体字、异体字外，请使用简体字。

3. 本刊唯一投稿方式为电子邮箱投稿，请将邮件直接发至本刊邮箱：hyyjbjb@163.com。投稿时请同时提供 Word 版本和 PDF 版本。

4. 投稿时请确认稿件已符合本刊规定格式。

二、稿件格式要求

1. 稿件内容

来稿请按如下顺序撰写：论文标题，提要，关键词，正文，参考文献，论文标题（英文），提要（英文），关键词（英文），作者信息（包括姓名、出生年份、工作单位、研究方向、联系方式等）。

2. 题目、内容提要、关键词

来稿题目限 20 个字以内，副标题不超过 18 个字；提要字数在 400 字以内；关键词一般为 3 至 5 个。

3. 题注

来稿所关涉的课题及需要向有关人员表示致谢等，应以题注的形式标在稿件正文首页下方，同时注明课题的批准编号。

4. 正文格式

正文中所有标题均占一行,题号用汉字(从"一"开始),标题编排格式为:一级标题用"一"(依次类推),二级标题用"(一)"(依次类推)。

正文中涉及公历世纪、年代、年、月、日、时刻和计数、计量等,均使用阿拉伯数字。

正文中所使用的图片(包括以图片形式出现的自造字)应当准确清晰,大小适宜。

正文中所使用的国际音标应使用 IpaP 或 IPAPANNEW 字体。

5. 注释

行文中的注释一律使用脚注,每页连续编号,脚注符号用①②……,注释应是对正文的附加解释或者补充说明,仅是参考或引用的文献等内容一般不作为注释出现。

6. 参考文献

参考文献以著者姓氏的拼音为序,均另起一行排列。具体格式遵照《中国语文》。

三、稿件处理

1. 本刊实行同行专家匿名审稿制度。审稿周期为 4 个月。4 个月内若未收到编辑部的任何通知,可自行安排。如需撤稿,请及时告知编辑部。

2. 本刊不向作者收取版面费、审稿费等任何费用。